中国社会科学院创新工程学术出版资助项目

世经政丛书之世界政治系列

系列主编：张宇燕

大国无战争时代的大国权力竞争

行为原理与互动机制

杨　原　著

中国社会科学出版社

图书在版编目(CIP)数据

大国无战争时代的大国权力竞争：行为原理与互动机制／杨原著．
—北京：中国社会科学出版社，2017.1
ISBN 978 - 7 - 5203 - 0052 - 0

Ⅰ.①大…　Ⅱ.①杨…　Ⅲ.①国际关系—研究
Ⅳ.①D81

中国版本图书馆 CIP 数据核字(2017)第 047380 号

出　版　人	赵剑英	
责任编辑	赵　丽	
责任校对	王　斐	
责任印制	王　超	

出　　　版	中国社会科学出版社	
社　　　址	北京鼓楼西大街甲 158 号	
邮　　　编	100720	
网　　　址	http://www.csspw.cn	
发 行 部	010 - 84083685	
门 市 部	010 - 84029450	
经　　　销	新华书店及其他书店	

印　　　刷	北京明恒达印务有限公司	
装　　　订	廊坊市广阳区广增装订厂	
版　　　次	2017 年 1 月第 1 版	
印　　　次	2017 年 1 月第 1 次印刷	

开　　　本	710×1000　1/16	
印　　　张	25.25	
字　　　数	329 千字	
定　　　价	99.00 元	

系列序言

张宇燕[*]

世界经济与政治研究所（简称世经政所）是中国社会科学院所属的研究机构之一。经过半个多世纪的发展，世经政所已经成为国内外享有较高知名度的学术机构，并且在政府决策咨询中发挥了一定的作用。

顾名思义，世经政所的研究对象主要分为两大类：世界经济与世界政治。实际上，世经政所恰是由世界经济研究所与国际政治研究所合并而成。两所合并的原因也很简单：世界经济与国际政治两大领域很难截然分开，如果仅仅关注其中一个领域，我们很难对复杂多变的国际问题有完整、准确和深刻的理解，更遑论提出有价值的对策建议。

十八大以来，中央先后提出了"两个一百年"目标和"一带一路"战略构想，同时决定建设一批有中国特色和国际影响力的新型高端智库。中国社科院便是其中之一，而且世经政所又被社科院选定为智库建设的重点机构之一。这对世经政所而言，既是难得的发展机遇又意味着巨大的责任。以马克思主义国际政治经济学基本理论为指导，进一步提升研究所的理论水平和对策研究能力，是我们目前和今后的中心任务和目标。作为实现这一目标的一种努力，在推出"世界经济系列"研究成果之后，世经政所决定推出"世界政治系列"研究专辑。

---

* 张宇燕，中国社会科学院世界经济与政治研究所研究员、所长。

列入本系列研究专辑的研究成果主要出自世经政所研究人员之手。它们当中有的是学术专著，有的是政策研究报告，同时也包括对国际热点问题的评论。为了鼓励世经政所年轻研究人员更好地成长，他们所撰写且经过补充完善的博士论文，也成为本系列的一部分。

我们期待"世界政治系列"能够在展示世经政所研究成果的同时，也为中国国际政治理论和政策研究的进步有所贡献。

是为序。

序 言

时移而事易的国际关系科学理论

阎学通[*]

　　杨原著的《大国无战争时代的大国权力竞争：行为原理与互动机制》（以下简称《大国》）是一本原创性的国际关系理论著作。本书从第二次世界大战之后大国之间没有发生过直接战争这一现实情况出发，将多种理论的精髓糅合到一起，再引入博弈论的分析框架，分析为何大国战略竞争的策略偏好发生了改变，即使用胡萝卜策略的偏好增强且效率上升，而采取大棒策略的偏好弱化且效率下降。作者将"二战"结束的 1945 年作为两种国际体系的分水岭，将之前体系中的大国竞争比喻为象棋比赛，将之后的战略竞争比喻为围棋比赛。由于比赛的规则不同，所以大国的战略行为和行为结果都将随之发生变化。虽然《大国》的哲学理念与韩非子《五蠹》中的"时移而事易"的观点相同，但是其对于当代国际政治原理的论述，在逻辑完整性、因果解释力和实证说服力方面都展现了现代科学的特色。

　　《大国》在批判现实主义理论缺陷的基础上发展了现实主义理论。本书理论的五个假定都符合现实主义关于"逐利是国家行为动力"这一最基本假定。在这五个假定的基础上，作者推演出大国战略竞争策略的偏好

---

　　* 阎学通，清华大学国际关系研究院院长。

向"利益交换"转变，即大国通过为中小国家提供物质利益，特别是安全保障利益，换取它们的战略支持。作者的理论不仅能解释为何在冷战时期的美苏战略竞争中美国占有优势，而且还能解释为何在冷战后在没有同盟集团可以牵制美国的情况下，美国仍坚持同盟战略，特别是2012年出台的亚太再平衡战略，其核心内容就是扩大和加强美国的同盟网络。对于中国的崛起战略来讲，这个理论具有更为现实的意义：它不仅能解释为何中国物质力量的增长与战略友好关系的发展缺乏相关性，同时为如何改进中国崛起战略提出了宏观思路。

《大国》是在作者当年的博士论文的基础上发展完善而成的。现在的书稿比当年的毕业论文有了重大的改进，理论逻辑变得简洁了，而逻辑的缜密程度提高了。作为杨原的博士生导师，我不仅了解他研究创建这一理论的过程，更了解他的学术追求。他能创建出这样一个逻辑严谨的理论，当然有多方面的原因，但最为核心的因素是他对学术研究的那种孜孜不倦的兴趣。每年，中国有成百的国际关系专业研究生获得博士学位，但能像杨原一样具有浓厚学术兴趣的人却为数不多。多数博士生不仅毕业之后再也不从事国际关系的学术研究，而且在学习时就无意终生从事学术研究。

《大国》所展现的理论创新成果，使我看到了中国国际关系理论研究的希望。中国许多的70后和80后的国际关系学者，他们的理论素养、科研能力和知识基础都已经远远超越了老一辈学者。他们所从事的许多研究是老一辈学者做不了的，他们的研究成果已经接近美国学者的研究水平。美国是唯一在国际关系理论方面领先中国的国家，中国70后和80后学者有望在他们有生之年使中国在国际关系理论研究方面成为与美国比肩的国家，而且不排除超越美国的可能性。

《大国》在结尾建议了三个继续研究的理论问题。这意味着该理论有进一步深入研究的空间，同时，也意味着理论研究并没有到头的那一天。目前，中国许多博士生的毕业论文都是用个别案例证明一种现有理论。这种学习方法有助于理解现有理论，但却培养不出理论创新能力，更不可能产生理论创新成果。希望《大国》一书能激发起更多青年学者创新国际关系理论的兴趣，将中国的国际关系理论研究的科学水平推向更高层次。

2016 年 11 月 6 日于清华园

目　录

第一章　导论：如何理解当代的大国权力竞争 …………………（1）

第一节　理论问题和经验困惑 ……………………………………（1）

一　理论问题 …………………………………………………（1）

二　经验困惑 …………………………………………………（3）

第二节　研究目标和研究方法 ……………………………………（11）

一　研究目标 …………………………………………………（11）

二　研究方法 …………………………………………………（13）

第三节　对"大国"的定义 …………………………………………（17）

第四节　章节安排和内容简介 ……………………………………（21）

第二章　似是实非的解释及现有理论失败的原因 ……………（24）

第一节　相对实力的视角 …………………………………………（24）

一　对中国等其他大国不制衡美国的解释 ………………（25）

二　对美国积极巩固和扩大军事同盟的解释 ……………（33）

第二节　安全威胁的视角 …………………………………………（42）

一　对中国等其他大国不制衡美国的解释 ………………（43）

二　对美国积极巩固和扩大军事同盟的解释 ……………（45）

第三节　规避未来损失的视角 ……………………………………（51）

第四节　制度、内政与认同的视角 ………………………………（56）

第五节　现有理论难以解释现实的原因 ……………………（58）

　　一　缺乏互动的分析框架 ………………………………（59）

　　二　轻视国家的权力动机 ………………………………（63）

　　三　拒绝承认国际体系的变化 …………………………（72）

第三章　大国无战争时代大国权力获取的核心逻辑 ………（78）

第一节　战争频发时代大国争夺权力的主要方式 …………（78）

第二节　1945 年以后国际体系的两个重要变化 ……………（82）

　　一　主权规范的深化和领土不得兼并规范的确立 ……（86）

　　二　核武器的出现和核威慑的建立 ……………………（90）

第三节　体系变化对权力争夺行为的影响及利益交换逻辑的

　　　　凸显 …………………………………………………（95）

　　一　传统争霸路径的阻断与替代方式的浮现 …………（95）

　　二　作为一种占优战略的利益交换 ……………………（100）

　　三　利益交换成为占优战略的条件 ……………………（103）

　　四　武力和战争功能的转变 ……………………………（108）

　　五　利益交换：自助还是他助（助他） …………………（113）

　　六　利益交换：客观规律还是战略处方 ………………（116）

第四节　利益交换的主要利益类型和实现形式 ……………（117）

　　一　利益交换的主要利益类型 …………………………（117）

　　二　利益交换的主要实现形式 …………………………（121）

第四章　春秋时期与二战后大国权力竞争方式比较 ………（126）

第一节　春秋时期大国权力竞争方式的演化 ………………（126）

　　一　体系总体特点 ………………………………………（127）

　　二　前晋楚争霸时期 ……………………………………（138）

　　三　晋楚争霸时期 ……………………………………（143）

　　四　后晋楚争霸时期 ………………………………（157）

第二节　二战后大国的权力竞争 ……………………（160）

　　一　体系初期美苏两国的利益交换战略 ……………（160）

　　二　美苏两国对小国的争夺 ………………………（165）

第三节　比较与小结 ………………………………（186）

第五章　大国无战争时代大国权力竞争的具体机制 ……………（190）

第一节　类比寡头市场竞争 …………………………（191）

第二节　大国无战争时代的大国权力竞争机制 ………（196）

　　一　"同期竞争模式"下的权力竞争机制 …………（197）

　　二　"追赶模式"下的权力竞争机制 ………………（219）

第三节　"先动优势"与"防御性联盟形成时间"悖论 …………（227）

　　一　大国无战争时代权力竞争的"先动优势" ………（227）

　　二　"防御性联盟形成时间"悖论 …………………（235）

第六章　1945 年以后大国权力竞争的过程和结果 ……………（241）

第一节　美国和苏联联盟阵营的建立 ………………（241）

　　一　美国的联盟阵营 ………………………………（242）

　　二　苏联的联盟阵营 ………………………………（252）

　　三　比较和小结 ……………………………………（260）

第二节　美苏权力竞争的过程 ………………………（262）

　　一　对第三世界小国的争夺 ………………………（263）

　　二　对"后院"国家 ………………………………（277）

　　三　对非"后院"盟国 ……………………………（284）

第三节　冷战后大国的权力竞争 ……………………（293）

一　冷战后美国的权力竞争战略和行为 ·················（293）

二　中共十八大以来中国外交的转型 ·····················（300）

三　冷战后权力竞争的"利益交换"逻辑 ···············（301）

第七章　结论 ···（306）

第一节　理论总结及启示 ·······························（306）

一　理论总结 ···（306）

二　二战后体系的同质性及与此前体系的异质性 ·······（309）

三　体系的时代特点以及游戏规则的变化 ···············（312）

四　中国与小国结盟的意义 ·····························（314）

五　冷战后的"战略机遇期" ·····························（317）

第二节　理论和政策意义 ·······························（321）

一　理论意义 ···（321）

二　政策意义 ···（324）

第三节　新的研究问题 ·································（325）

参考文献 ···（327）

后记 ···（389）

第 一 章

导论：如何理解当代的大国权力竞争

◇◇ 第一节　理论问题和经验困惑

一　理论问题

1871 年，德国统一，之后其迅速崛起成为欧洲大陆实力最强的国家。德国的崛起促成了它在欧洲大陆的近邻——法国和俄国的结盟。大陆以外的大国——英国为了平衡德国的实力，也最终寻求与法俄等国接近，共同遏制德国。这种均势政治导致了协约国和同盟国两大军事联盟的对峙，并最终引发了一场世界大战。

一个世纪以后，欧亚大陆另一端的中国开始实行以发展经济为中心的改革开放政策，其实力因此迅速崛起。中国实力的不断强大引起了它周边地区国家包括日本、印度等主要国家在内的许多国家的疑惧。该地区以外的大国——美国为了抑制中国影响力的扩大，在其主要对手苏联解体之后，一直注意保持和加强与本地区盟友的关系。2008 年，金融危机之后，中国的国际地位开始凸显，这越发加快了美国战略重心向亚太地区转移的速度。美国在继续加强与传统盟友关系的同时，还在不断寻求与这一地区非盟友国家的接触和接近。

如果遵循"以史为鉴，可以知兴替"这一古训，类比第一次世界大战以前的历史经验，我们是否可以预测：21世纪的亚太地区即将出现类似一战前协约国和同盟国那样的两个彼此对立的军事阵营?① 对于一战前的德国来说，"取得霸权没有外交捷径，惟有诉诸战争"②。那么，对于目前同样处于崛起进程中且国内政治制度同样为主导国所反对的中国，面对他国的遏制，要想实现"中华民族的伟大复兴"，难道最终也只有诉诸战争这一条出路?③ 如果历史果真可以这样类比，那么面对美国的压力，中

---

① 将第一次世界大战前威廉德国与英国等其他大国的互动与冷战后中国与美国等西方国家的互动相类比的做法，自冷战结束至今始终未曾断绝。参见 Nicholas D. Kristof, "The Rise of China," *Foreign Affairs*, Vol. 72, No. 5, 1993, pp. 71 – 72. Arthur Waldron, "Deterring China," *Commentary*, Vol. 100, No. 4, 1995, p. 18. Fareed Zakaria, "Speak Softly, Carry a Veiled Threat," *New York Times Magazine*, February 18, 1996, pp. 36 – 37, quoted from David Scott, *China Stands Up: The PRC and the International System*, London: Routledge, 2007, p. 116. Edward Friedman, "The Challenge of A Rising China: Another Germany?" in Robert J. Lieber ed. , *Eagle Adrift: American Foreign Policy at the End of the Century*, New York: Longman, 1997, pp. 215 – 243. Paul Wolfowitz, "Bridging Centuries: Fin de Siecle All Over Again," *The National Interest*, Vol. 47, Spring, 1997, p. 7. Aaron Friedberg, "Will Europe's Past Be Asia's Future?" *Survival*, Vol. 42, No. 3, 2000, p. 148. Richard Posner, "Will China Overtake the U. S. ?" http: //www. becker-posner-blog. com/2005/04/will-china-overtake-the-us-posner-comment. html. Roger Scher, "China: A bully like Wilhelmine Germany?" http: //foreignpolicyblogs. com/2010/02/05/china-a-bully-like-wilhelmine-germany. Adam Taylor, "How China Resembles Pre-World War I Germany," http: //www. businessinsider. com/china-and-pre-world-war-i-germany – 2012 – 9. Hans Kundnani, "Germany's past, China's future?" http: //www. ecfr. eu/blog/entry/germanys_ past_ chinas_ future。对这种类比的质疑参见 Lanxin Xiang, "Washington's Misguided China Policy," *Survival*, Vol. 43, No. 3, 2001, pp. 7 – 23. Avery Goldstein, *Rising to the Challenge: China's Grand Strategy and International Security*, California: Stanford University Press, 2005, pp. 204 – 212. Sebastian Bruck, "Wilhelmine China?" *Asia Times*, July 31, 2009. http: //www. atimes. com/atimes/China/KG31Ad03. html。

② [美] 亨利·基辛格：《大外交》，顾淑馨、林添贵译，海南出版社1998年版，第165页。

③ 权力转移理论、长周期理论、进攻性现实主义理论等持静态历史观的理论对这一问题均持肯定回答。近来有学者提出"修昔底德陷阱"这一概念，重新强调这种宿命论色彩极为浓厚的悲观论断。Graham Allison, "The Thucydides Trap," in Richard N. Rosecrance and Steven E. Miller eds. , *The Next Great War? The Roots of World War I and the Risk of U. S. -China Conflict*, Cambridge: The MIT Press, 2015, pp. 73 – 80.

国为什么在冷战结束至今的长达20多年的时间里，都没有像威廉德国那样寻求与奥匈帝国等其他国家的结盟？一战前的大国权力竞争，最终导致了世界大战。以此类比，那么，目前由中国的崛起以及美国"重返亚太"所带来的东亚政治局势的紧张态势，是否又会是另一场世界大战的序曲？中美两国的竞争，是否最终也要像当年的欧洲诸强那样，必须通过一场霸权战争决出胜负才能确定主导权的最终归属？

对这些疑问的回答，涉及一些更为根本的理论问题：国际政治中大国所追求的权力，是通过什么途径和方式得到的？如果有不止一个大国都想追求对体系的主导性权力，那么这些大国竞争权力的过程和内在机制是怎样的？要想了解大国权力竞争的途径和机制，通过传统的简单类比历史的做法能得到准确的答案吗？假如不能，那么不能的原因又是什么呢？如果当代大国的权力竞争和历史上大国的权力竞争不一样，那么当代大国权力竞争的实现形式和内在机制又到底是怎样的呢？

所有这些问题归结为一条就是在我们所处的时代，① 大国间权力竞争的行为原理和互动机制是什么？或者更为直白地说，在一个大国间不发生战争的时代，大国们是怎么竞争权力的？这正是本书所要探究的核心理论问题。

二 经验困惑

一个问题是否具有理论意义，很大程度上取决于它是否与经验困惑（empirical puzzle）相关。当代大国的权力竞争机制这个理论问题，就直接源于一个经验困惑的驱动：为什么冷战后的（单极）霸权国看起来比崛起国更不满于自己的"安全现状"？

---

① 正如后文将要展示的那样，本书所研究的"我们所处的时代"，起始于1945年。后文所说的"当代"，也均指1945年以来的时期。

在国际关系理论中，霸权稳定论和权力转移理论都假定霸权国是现有体系的维护者，崛起国是现有体系的挑战者：正是崛起国对现有体系的挑战，才引起了一次又一次的权力转移战争；而作为现有体系的最大受益者，霸权国最有动机维护体系的稳定。① 即使是最为激进的进攻性现实主义强调国家应当永无休止地追求自身权力的最大化，也不得不承认，一旦某个国家成为世界唯一的地区霸权国时，它就将从一个改变现状的国家转变为一个维持现状的国家，而"当今的美国就处于这种令人羡慕的位置"。②

诚然，随着苏联的解体，美国成为国际体系内唯一的超级大国，在军事、经济、政治乃至文化等所有领域，都拥有史无前例的巨大的实力优势，现代国际体系也因此被认为第一次出现了真正意义上的单极结构。③

---

① A. F. K. Organski, *World Politics* (Second Edtion), New York: Alfred A. Knopf, 1968. A. F. K. Organski and Jacek Kugler, *The War Ledger*, Chicago: University of Chicago Press, 1980. Robert Gilpin, *War and Change in International Politics*, Cambridge: Cambridge University Press, 1981. 参见 Ronald L. Tammen, et al. , *Power Transitions: Strategies for the 21st Century*, Washington D. C. : CQ Press, 2000, p. 9。

② John J. Mearsheimer, *The Tragedy of Great Power Politics*, New York: W. W. Norton & Company, 2001, p. 42.

③ William C. Wohlforth, "The Stability of a Unipolar World," *International Security*, Vol. 24, No. 1, 1999, pp. 5 – 41. Stephen G. Brooks and William C. Wohlforth, "American Primacy in Perspective," *Foreign Affairs*, Vol. 81, No. 4, 2002, pp. 20 – 33. G. John Ikenberry, ed. , *America Unrivaled: The Future of the Balance of Power*, Ithaca: Cornell University Press, 2002. Joseph S. Nye, *The Paradox of American Power*, New York: Simon & Schuster, 2002. Barry R. Posen, "Command of the Commons: the Military Foundation of U. S. Hegemony," *International Security*, Vol. 28, No. 1, 2003, pp. 5 – 46. Stephen G. Brooks and William C. Wohlforth, *World Out of Balance: International Relations and the Challenge of American Primacy*, Princeton and Oxford: Princeton University Press, 2008. G. John Ikenberry, Michael Mastanduno, and William C. Wohlforth, "Unipolarity, State Behavior, and Systemic Consequences," *World Politics*, Vol. 61, No. 1, 2009, pp. 1 – 27. Carla Norrlof, *America's Global Advantage: US Hegemony and International Cooperation*, New York: Cambridge University Press, 2010.

在一个全球性的无政府体系里，冷战后美国的实力可以说已经达到了理论上所能达到的极限。[①] 正如一位国家的主要外交官员所说："当代的美国在经济、财政、技术水平以及文化领域都拥有主导性的优势。在权力和影响力方面，近代历史上没有任何国家能够与它相提并论。"[②] 在一位学者看来，无论在时间还是在空间上，冷战后的美国都是独一无二的"超级强国"（hyper-puissance）、"超超级大国"（hyper-power）。[③] 也正因为如此，不少学者在分析冷战后的大国互动时，都倾向于将美国视为理所当然的现状国家，而将中国这样的崛起国视为挑战国家或修正主义国家。[④]

　　然而令人不解的是，就是这个权势已达到极致的美国，却似乎从冷战结束一开始，就对自己的现状表现出了强烈的不满。[⑤] 最重要的表现就是其不遗余力地巩固和扩大自己的军事联盟体系。《美国亚太地区安全战略报告》于1995年年初正式出台。依据该报告，美国在冷战后将

　　① John J. Mearsheimer, *The Tragedy of Great Power Politics*, New York：W. W. Norton & Company, 2001, pp. 40 – 42. Stephen M. Walt, *Taming American Power：The Global Response to U. S. Primacy*, New York：W. W. Norton & Company, 2005, pp. 31 – 40.

　　② Quoted from Josef Joffe, "Defying History and Theory：The United States as the 'Last Remaining Superpower'," in G. John Ikenberry, ed., *America Unrivaled*, p. 156.

　　③ Ibid..

　　④ 例如 David Rapkin and William R. Thompson, "Power Transition, Challenge and the（Re）emergence of China," *International Interactions*, Vol. 29, No. 4, 2003, pp. 315 – 342. Michael D. Swaine, *America's Challenge*, *Engaging a Rising China in the Twenty-First Century*, Washington D. C. ：Carnegie Endowment for International Peace, 2011. Bennett Collins, "USA：Status Quo or Revisionist Power?" http：//www. e-ir. info/2010/10/07/usa-status-quo-or-revisionist-power/（访问时间：2012年10月25日）。

　　⑤ 有学者将美国对现状不满的原因归结为"9·11"恐怖袭击对美国造成的威胁，参见 Benjamin Miller, "Explaining Changes in U. S. Grand Strategy：9/11, the Rise of Offensive Liberalism, and the War in Iraq," *Security Studies*, Vol. 19, No. 1, 2010, pp. 26 – 65。但其他学者持相反的观点，指出美国早在"9·11"事件之前就已经有改变现状的强烈意愿，参见 Michael C. Desch, "America's Liberal Illiberalism：The Ideological Origins of Overreaction in U. S. Foreign Policy," *International Security*, Vol. 32, No. 3, 2007/2008, pp. 7 – 43。

在亚太地区保持约 10 万人规模的军事存在。① 日本作为这一地区其最重要的政治军事盟友，受到美国的高度重视。两国分别于 1996 年 4 月和 1997 年 2 月制定和发表了《日美安全保障联合宣言》和新的《美日防卫合作指针》，同盟关系进一步加强。② 与此同时，美国还不断扩大在欧洲的联盟规模。③ 1994 年年底，北约理事会正式决定吸纳东欧国家。1999 年 3 月，捷克、波兰、匈牙利成为北约新成员。2004 年 3 月，又有爱沙尼亚、斯洛伐克等 7 个东欧国家加入北约。此后，克罗地亚、阿尔巴尼亚两国也于 2009 年 4 月入盟。至此，美国在欧洲的盟友数量达到 27 个。④ 2010 年 10 月，时任美国国务卿希拉里·克林顿在夏威夷发表讲话，全面阐述美国亚太政策，强调美国将强化与这一地区传统盟友的战略关系。⑤ 此外，美国还积极寻求与越南、缅甸等与中国有良好外交传统的国家的接触。

与此同时，在缺乏直接核打击威胁的情况下，冷战后的美国始终在不懈地推进弹道导弹防御计划。正如其欧洲盟友所认为的那样，美国强

---

① Department of Defense, *The United States Security Strategy for the East Asia-Pacific Region*, February, 1995. 转引自王帆《美国的亚太联盟》，世界知识出版社 2007 年版，第 97 页。

② 王帆：《美国的亚太联盟》，世界知识出版社 2007 年版，第 98—100 页。

③ Gale A. Mattox, Arthur R. Rachwald eds., *Enlarging NATO: The National Debates*, Boulder, London: Lynne Rienner Publishers, Inc., 2001.

④ 许海云：《北约简史》，中国人民大学出版社 2005 年版，第 267、273 页；李学军、严锋：《东欧 7 国 29 日正式成为北约新成员》，http://news.xinhuanet.com/world/2004-03/30/content_1390530.htm；尚绪谦：《阿尔巴尼亚和克罗地亚正式加入北约》，http://news.xinhuanet.com/world/2009-04/02/content_11116166.htm（访问时间：2012 年 10 月 23 日）。

⑤ 《克林顿国务部长发表美国亚太政策讲话》，http://www.america.gov/st/eap-chinese/2010/October/20101029034247x0.4677175.html（访问时间：2012 年 10 月 19 日）。

大的核能力已足以慑止任何国家对美国的非常规打击。① 而即使是对导弹防御系统持支持态度的学者也承认，只要对敌方进行报复性打击是可置信的，那么导弹防御系统非但是不必要的，而且由此所引发的潜在挑战者对现状的不满会对威慑的稳定性产生严重的消极影响。② 然而，尽管导弹防御计划对美国安全的必要性低、副作用大，但冷战后美国历届政府始终坚持这项战略。早自克林顿政府时期，美国就在不断调整和改进战区导弹防御（TMD）和国家导弹防御（NMD）的研制和部署，并一度将 TMD 作为发展的重点。③ 在小布什政府时期，美国于 2002 年 6 月正式退出《反导条约》，并开始将 TMD 和 NMD 整合为统一的导弹防御计划。④ 奥巴马上台后，进一步将保卫北约盟国作为导弹防御计划的优先目标。⑤ 2016 年 7 月 8 日，美国正式宣布将在韩国部署萨德反导系统。⑥ 美国是冷战后唯一的超级大国，加强军事同盟、发展导弹防御计划等行为对美国本国安全的边际效用微乎其微，⑦ 同时还会加大俄罗斯

---

① 卿文辉：《霸权与安全——美国导弹防御史话》，吉林出版集团 2009 年版，第 424 页。

② Stephen L. Quackenbush, "National Missile Defense and Deterrence," *Political Research Quarterly*, Vol. 59, No. 4, 2006, p. 540.

③ 卿文辉：《霸权与安全——美国导弹防御史话》，吉林出版集团 2009 年版，第 291 页。

④ 同上书，第 298 页。

⑤ 参见 Department of Defense, *Ballistic Missile Defense Review Report*, Feb. 2010, http://www.defense.gov/bmdr/。根据这份《弹道导弹防御评估报告》，美国在欧洲的防御计划分为 4 个阶段，其中前 3 个阶段（2018 年以前）所部属的防御系统都只用来防御欧洲和北约盟国，直到第 4 个阶段才被用来防御美国本土。参见 Department of Defense, *Ballistic Missile Defense Review Report*, p. 24.

⑥ 《韩美宣布决定在韩部署"萨德"系统》，http://news.xinhuanet.com/2016-07/08/c_1119187178.htm（访问时间：2016 年 8 月 1 日）。

⑦ 正因如此，美国才会将保卫自己的盟国——而不是保卫自己——作为发展导弹防御计划所要优先实现的目标。参见 Department of Defense, *Ballistic Missile Defense Review Report*, p. 24.

和中国等主要国家的疑惧，① 但美国却不惜代价坚持这些战略。

作为单极霸权国的美国，没有表现出安于现状的特点，而冷战后实力迅速崛起的中国，其行为也没有表现出明显的修正主义色彩。根据国际关系学另一个重要理论——均势理论的预期，像中国、俄罗斯这样处于美国联盟体系之外的主要国家会采取诸如结盟这样的措施制衡美国的霸权。然而事实上，冷战后，面对美国不断扩大其联盟体系和推进导弹防御计划等一系列战略进攻态势，在相当长的时间内，中国等主要国家都保持了很大的战略克制，② 一个标志性的现象就是始终没有制衡美国联盟的出现。③也正因为如此，许多学者认为，并不能将冷战后的中国视为修正主义国家，反而在很大程度上应当将其视为现状国家；④ 相反，美国在许多方面

① 有关美国导弹防御系统负面影响的讨论，参见 Steven E. Miller, "The Flawed Case for Missile Defense," *Survival*, Vol. 43, No. 3, 2001, pp. 95 – 109; Charles L. Glaser and Steve Fetter, "National Missile Defense and the Future of U. S. Nuclear Weapons Policy," *International Security*, Vol. 26, No. 1, 2001, pp. 40 – 92。

② 近年来，有评论认为中国的对外行为开始变得自信和强势（assertive）。对这种观点的反驳参见 Kai He and Huiyun Feng, "Debating China's Assertiveness: Taking China's Power and Interests Seriously," *International Politics*, Vol. 49, No. 5, 2012, pp. 633 – 644. Alastair Iain Johnston, "How New and Assertive Is China's New Assertiveness?" *International Security*, Vol. 37, No. 4, 2013, pp. 7 – 48。

③ 对冷战后主要国家对美国制衡缺失原因的研究，构成了近年来均势理论研究的核心议题。相关综述参见刘丰《大国制衡行为：争论与进展》，《外交评论》2010年第1期。孙学峰、杨原：《大国规避体系制衡之谜》，《国际政治科学》2009年第2期。

④ Alastair I. Johnston, "Is China a Status Quo Power," *International Security*, Vol. 27, No. 4, 2003, pp. 5 – 56. David Shambaugh, "China or America: Which is the Revisionist Power?" *Survival*, Vol. 43, No. 3, 2001, pp. 25 – 30. Nicholas Taylor, "China as a Status Quo or Revisionist Power? Implications for Australia," *Security Challenges*, Vol. 3, No. 1, 2007, pp. 29 – 45. Huiyun Feng, "Is China a Revisionist Power?" *The Chinese Journal of International Politics*, Vol. 2, No. 3, 2009, pp. 313 – 334. Scott L. Kastner and Phillip C. Saunders, "Is China a Status Quo or Revisionist State? Leadership Travel as an Empirical Indicator of Foreign Policy Priorities," *International Studies Quarterly*, Vol. 56, No. 1, 2012, pp. 163 – 177.

更符合一个修正主义国家的形象。①

以上所展示的经验现象指向的核心困惑是美国已经强大到成为单极霸权的程度，为什么仍会积极维持和扩大其同盟体系；而作为崛起国的中国，面对美国不断的战略压制，为什么却会在很长时间内安于现状？

由于我们正处于这个时代之中，久而久之，难免司空见惯，不容易察觉这些现象的奇特之处。但只要稍稍跳出当下，与历史稍加比对，就会发现上述现象远没有看上去那样理所当然。

首先，在近现代历史上，军事联盟经常是一对对地出现，② 且持续时间都相对较短。③ 而冷战后却首次出现了长期有且只有一个联盟体系存在的情况。该体系以美国为中心，成员覆盖全球，是一个史无先例的、威权式的联盟体系，④ 而且还在不断扩大和强化。而处于该体系以外的崛起国家，却反而长时间地选择不与他国结盟，不主动去寻求和改变现有格局。

其次，在近现代历史上，往往是崛起国（而非霸权国）改变现状，

---

① Lanxin Xiang, "Washington's Misguided China Policy," p. 22. Steve Chan, "Realism, Revisionism, and the Great Powers," *Issues & Studies*, Vol. 40, No. 1, 2004, p. 147. 韦宗友：《解读修正主义国家：概念、指标及涵义》，《国际论坛》2006 年第 2 期。张家栋：《中国与美国：谁是当代国际秩序的挑战者?》，《美国问题研究》2007 年，第 172—220 页。

② 例如拿破仑法国时期的反法联盟和莱茵联盟、一战前夕的同盟国和协约国、二战时期的法西斯轴心和反法西斯联盟、冷战时期的北约和华约、中苏同盟和美日同盟等。这种规律性现象也是均势理论得以建立的经验来源和依据。

③ 1945 年以前的大多数同盟都非常脆弱，存续时间相对都很短暂。根据同盟条约义务与条款数据库（Alliance Treaty Obligations and Provisions, ATOP）的数据，在 1815 年至 1945 年间的全部 215 个同盟中，存续时间在 10 年以下的同盟所占比例达到 72.1%，存续时间在 20 年以下的更是高达 92.1%。与之相比，1945 年以来的全部 433 个同盟中，存续时间在 10 年以下的同盟所占比例骤降至 21.0%，而存续时间在 20 年以下的也仅占全部的 32.1%。原始数据来源：同盟条约义务与条款数据库（Alliance Treaty Obligations and Provisions, ATOP），http://atop.rice.edu/data。

④ 汪伟民、张爱华：《单极体系下的联盟理论与实践》，《世界经济与政治论坛》2006 年第 2 期。

霸权国制衡（遏制）崛起国的扩张；并且往往是崛起国改变现状在先，霸权国的制衡行为则经常滞后。[①] 但冷战后的情况却恰恰相反，中国作为崛起国，在很长一段时期都安于现状；美国作为霸权国，却在冷战结束一开始就积极且不断地扩大其同盟阵营，其制衡崛起国的行为明显超前。

基于上述这两方面的差异，我们推测，与历史上守成国和崛起国的关系相比，冷战后霸权国与崛起国的互动模式可能已经发生了重大变化。[②] 果真如此，那么我们想知道，是什么原因引发了这种变化？为什么这一时期的单极霸权国反而会显得焦虑和不安，而崛起国反而会十分克制和淡定？[③] 导致冷战后两个主要大国的行为模式如此反常的原因究竟是什么？

---

① 均势理论家将这种现象称为制衡不足（underbalancing）。Randall L. Schweller, *Unanswered Threats: Political Constraints on the Balance of power*, Princeton, NJ: Princeton University Press, 2006, p. 10. 此外，对"制衡不足"现象的探讨还可参见 Thomas J. Christensen and Jack Snyder, "Chain Gangs and Passed Bucks: Predicting Alliance Patterns in Multipolarity," *International Organization*, Vol. 44, No. 2, 1990, pp. 137 – 168. Paul W. Schroeder, "Historical Reality vs. Neorealist Theory," *International Security*, Vol. 19, No. 1, 1994, pp. 108 – 148. Richard Rosecrance and Chih-Cheng Lo, "Balancing, Stability, and War: The Mysterious Case of the Napoleonic International System," *International Studies Quarterly*, Vol. 40, No. 4, 1996, pp. 479 – 500. Richard Little, "British Neutrality versus Offshore Balancing in the American Civil War: The English School Strikes Back," *Security Studies*, Vol. 16, No. 1, 2007, pp. 68 – 95. Peter Thompson, "The Case of the Missing Hegemon: British Nonintervention in the American Civil War," *Security Studies*, Vol. 16, No. 1, 2007, pp. 96 – 132。

② ［美］罗伯特·J. 阿特：《美国、东亚和中国崛起：长期的影响》，载朱锋、［美］罗伯特·罗斯主编《中国崛起：理论与政策的视角》，上海人民出版社 2008 年版。

③ 中国在冷战后长期保持战略克制、不寻求建立军事同盟的直接原因或许是中国自 20 世纪八九十年代以来所奉行的"韬光养晦"政策和"不结盟"政策。但我们这里更为关心的是中国自冷战结束 20 余年来始终未曾改变这种政策原则的客观原因以及理论上的解释。中国的一些政策分析人士将"韬光养晦"和"不结盟"视为一种政治哲学和根本治国原则。在他们看来，"韬光养晦"和"不结盟"政策的存在本身就构成了坚持这种政策的理由，因此这种政策"永远不会过时"，中国"必须坚定不移地坚持下去"。参见王在邦《论创造性坚持韬光养晦、有所作为》，《现代国际关系》2010 年第 S1 期。林利民：《韬光养晦的长久生命力》，《瞭望新闻周刊》2005 年第 45 期。李广义、石左：《"不结盟"政策需要重新审视吗？》，《国际展望》1999 年第 21 期。这种政治宣示色彩浓厚的看法不在本书的讨论之列。

一个经验困惑能否真正被视为是"困惑"，取决于现有知识解释该困惑的困难程度。只有那些现有理论都难以圆满解释的经验困惑，才真正具有促进理论创新的意义。正如本书第二章将要展示的那样，现有的各种相关理论视角，不是其提供的因果机制不能同时自洽地解释互动双方的行为选择，就是其解释逻辑不能涵盖所有被解释的对象。因此，发展一个新的大国权力竞争理论，是回答这个经验困惑从而帮助我们更准确地理解当代大国政治的客观需要。

◇◇ 第二节　研究目标和研究方法

一　研究目标

本书尝试以第一节提出的经验困惑为切入点，探索当代大国权力竞争的一般机制以及在这一机制下大国的决策原理。要实现这一目标，本书最终所要提供的，不应是一份类似"倡议书"那样的研究议程（research agenda），也不应是一个粗糙宽泛的理论框架（theoretical framework），而应是一个严格完整的理论（theory），并且这个新理论应该比现有的各种试图解释 1945 年以后大国政治互动的体系层次的国际关系理论都要有所超越。有鉴于此，相比较于具体的政策分析以及对某大国行为直接原因的微观解释，笔者将更关心那些涉及一般原理的理论层次的解释。

考虑到该理论有可能引起的一些哲学层次的争论，有必要对该理论所持的本体论和认识论立场做出预先的说明。在本体论上，该理论坚持物质主义（materialism），相信物质性因素是观念性因素产生和发生作用的基础。同时，该理论认为，人的某些基本需要（如追求生存、地位等）的存在，在根本上源于人作为一种生物的演化。这些需要不会因后天的社会建构而泯灭。此外，笔者相信，现实中总会存在某些社会群体，它们之间的利益冲突是不可避免的，因此，社会整体的利益和谐是难以真正实现的，但这并不排除这些群体和另一些群体之间实现局部利益和谐的可能性。最后，笔者相信人类社会随着时间的推移在不断发生演化，因此无视"时间"维度而试图对社会现实做出准确解释的理论是不存在的。①

在认识论上，笔者的理论坚持科学实在主义（scientific realism）。首先，笔者相信科学研究的对象独立于研究者的主观意识，无论研究对象可观察还是不可观察，科学研究都至少能够大致准确地对其做出描述。② 其次，笔者相信，一个有效的理论，不仅其预测需符合客观事实，而且它的假定以及它所描述的因果逻辑本身都应与真实情形相吻合，或者至少尽可能地吻合。③ 此外，笔者虽然在本体论上坚持演化主义，但同时认为，国际体系在某一演化阶段内部具有相对的稳定性，因此，出于研究可行性的考虑，在解释该阶段内的国际体系现象时可以暂时忽略"时间"维度。④ 笔者的理论将解释大国权力竞争机制从战争频发时代（1945年以前的近代历史）向大国无战争时代（1945年至今）演化的原因，但不解释进入大国无战争时代后权力竞争机制在微观上的继续演化。但笔者对后一种演化持开放态度。

---

① 参见 Shiping Tang, "Foundational Paradigms of Social Sciences," *Philosophy of the Social Sciences*, Vol. 41, No. 2, 2011, p. 236。

② 参见 Anjan Chakravartty, "Scientific Realism," in Edward N. Zalta ed., *The Stanford Encyclopedia of Philosophy* (Summer 2011 Edition), http://plato.stanford.edu/archives/sum2011/entries/scientific-realism/（访问时间：2013年2月5日）。

③ 参见 Paul K. MacDonald, "Useful Fiction or Miracle Maker: The Competing Epistemological Foundations of Rational Choice Theory," *American Political Science Review*, Vol. 97, No. 4, 2003, pp. 551 - 565。

④ 这如同生物虽然始终处于进化过程中，不同地质年代的生物的特征不同，但对于某个特定的地质年代（如中生代白垩纪），古生物学家还是能够用一种相对静态的方式描述该年代生物的总体特征。

二　研究方法

　　本书将要使用到的主要实证检验方法是比较历史学方法和案例内过程追踪方法。这两种方法的相同点在于，都强调对机制的检验。比较历史学方法常常比较的是基于"非共同基础"的历史比较，所比较的对象在时间、空间和其他属性上往往存在很大的差异，这些差异使得这种比较无法满足严格的案例间求异比较对干扰变量完全受控的要求。① 但比较历史学方法关注的重点并非解释变量因果效应（causal effect）的普适性，而是因果机制（causal mechanism）的普适性，即关注某个因果机制是否在非常不同的环境中都能被观察到，以及它是否能够驱动不同环境中的初始变量产生理论上应当产生的结果，而无论不同环境中的最终结果（因变量的值）是否相同。② 相似地，案例内过程追踪方法最主要的功能同样是揭示原因与结果之间的作用过程，检验理论所宣称的因果机制在实际的案例中是否存在。③

---

　　① 这是比较历史学方法遭到一些学者批评的主要原因。参见赵鼎新《东周战争与儒法国家的诞生》，夏江旗译，华东师范大学出版社 2011 年版。

　　② 参见 Victoria Tin-bor Hui, *War and State Formation in Ancient China and Early Modern Europe*, New York: Cambridge University Press, 2005, pp. 7 – 8。

　　③ 有关过程追踪方法的讨论，参见 Alexander George and Andrew Bennett, *Case Studies and Theory Development in the Social Science*, Cambridge: MIT Press, 2005, pp. 205 – 232. John Gerring, *Case Study Research: Principles and Practices*, Cambridge: Cambridge University Press, 2007, pp. 172 – 185. Andrew Bennett, "Process Tracing and Causal Inference," in Henry E. Brady and David Collier eds., *Rethinking Social Inquiry: Diverse Tools, Shared Standards (Second Edition)*. Lanham, Maryland: Rowman & Littlefield Publishers, Inc., 2010, pp. 207 – 219. James Mahoney, "Process Tracing and Historical Explanation," *Security Studies*, Vol. 24, No. 2, 2015, pp. 200 – 218. Nina Tannenwald, "Process Tracing and Security Studies," *Security Studies*, Vol. 24, No. 2, 2015, pp. 219 – 227. David Waldner, "Process Tracing and Qualitative Causal Inference," *Security Studies*, Vol. 24, No. 2, 2015, pp. 239 – 250。曲博：《因果机制与过程追踪法》，《世界经济与政治》2010 年第 4 期。

在确定了研究方法后，还需确定实证检验的材料来源。实证主义方法论要求用于检验假说的证据必须是客观存在的经验事实。由于本书理论的目的就是试图解释 1945 年以后的大国权力竞争，因此 1945 年以后美国和苏联权力竞争的历史，以及苏联解体后美国与其他主要国家互动的历史，是当然的证据来源。尽管有学者反对用引发论点的案例来检验论点，[①] 但这种反对意见在实践上行不通。[②] 如果将 1945 年至今的大国关系史看作一个大的案例，那么本书的理论最首要的目的就是对这个案例做出解释。本书的理论能否成立，当然首先要看它对该案例的解释能否成立。因此 1945 年以后的历史是不应该也无法回避的。

但仅仅以引发论点的案例来检验论点显然是不够的。本书第三章将会提出本书理论的一个核心命题：核威慑和主权规范的出现会改变大国权力竞争的核心路径，从以"武力胁迫"方式为主转变为以"利益交换"方式为主。这个理论命题是随后第五章所推导出的大国权力竞争机制成立的前提。要想对这个命题做出有效的检验，我们必须找到与 1945 年前后的国际体系相近似但又有差异的案例，并将其与现当代的案例做出比较。这就触及本书实证检验案例选取上的一个困难。

依据本书的观点，1945 年以后的国际体系至少在大国权力竞争这个维度上与 1945 年以前的近代历史存在着性质上的不同，这种不同是演化的结果。换言之，笔者理论所研究和解释的对象，在很大程度上是一个全新的事物，是此前历史上所不曾出现过的，我们所研究的就是它与以前的历史有哪些不同。这意味着国际关系学界长期流行的从 1648 年威斯特伐利亚体系建立以来的历史中寻找相似案例或数据以验证假设的做法，在这

---

①　例如，［美］芭芭拉·格迪斯：《范式与沙堡：比较政治学中的理论建构与研究设计》，陈子恪、刘骥等译，张睿壮、刘骥校，重庆大学出版社 2012 年版，第 86—87 页。

②　［美］斯蒂芬·范埃弗拉：《政治学研究方法指南》，陈琪译，北京大学出版社 2006 年版，第 83 页。

里行不通了。① 根据定义，我们不可能在 1945 年以前的近代历史上找到与 1945 年以后的历史相似的案例。

适当的案例虽然难以在近现代历史中找到，但在其他历史时空中却是有可能找到的。如果我们将时空范围扩展到近代欧洲以外，就会发现在距今 2700 多年前的东亚大陆，在黄河长江流域存在着一个历时长达 5 个多世纪的多国无政府体系，该体系存续的时期在中国历史上被称为"春秋战国时代"，② 而该体系在很多方面与近现代由民族国家所组成的国际体系都有着相似和可资类比之处。③

虽然春秋和战国两个时代经常被连在一起提及，但实际上这两个时代的国际体系存在很大的差异。在春秋时期，尤其在春秋早期，周王室的权威虽然已经开始衰落，但仍具有相当高的合法性，周天子的天下共主地位仍然得到普遍的认同。④ 周王室的这种权威导致了当时虽然存在国家间的相互兼并，但在春秋初期，被兼并的都是原始氏族所封之国，而周王室所封宗亲之国，"似无敢作并灭之举者"。⑤ 从春秋时期诸国多次会盟的誓词和互动关系中可以看到，"不彼此伤害，尊重王室"是春秋时期各国普遍

---

① 事实上，这是任何遵循演化主义范式的理论在实证检验时所共同面对的困难。

② 历史学界一般认为，春秋战国时代始自公元前 770 年，终于公元前 221 年，共 550 年。春秋和战国时代的分界年份史学家看法不一，一种常见的看法是以公元前 453 年韩、赵、魏三家分晋为界。

③ Victoria Tin-bor Hui, *War and State Formation in Ancient China and Early Modern Europe*, New York: Cambridge University Press, 2005, pp. 3 - 7. 陈玉聃：《国际关系学中的经典与阐释》，《国际政治科学》2008 年第 3 期。杨倩如：《对先秦国家间政治思想的思考》，《国际政治科学》2009 年第 3 期。杨倩如：《先秦国际体系的类型与演变》，《国际政治科学》2010 年第 1 期。吴征宇：《先秦国家间政治思想与现代国际关系研究》，《当代亚太》2008 年第 6 期。胡波：《古代东亚国际关系体系的肇始》，《外交评论》2008 年第 1 期。

④ 事实上，这种认同一直持续到了战国中期。参见晁福林《春秋战国的社会变迁》，商务印书馆 2011 年版，第 200 页。

⑤ 台湾三军大学编著：《中国历代战争史》（第 1 册），中信出版社 2012 年版，第 102 页。

认可的国际规范，所谓"皆奖王室，无相害也"。① 正是由于这种为彼此所认同的规范的存在，不仅大的诸侯国自己的生存有较大的保障，而且还存在大国保护小国以防止其覆灭的现象。② 与此相应的是，春秋时期，诸侯的扩张通常都颇为节制，这一时期的战争大都是低烈度的、局部的和非摧毁性的。③

与之相比，战国时期的国际体系则更接近于一个纯粹意义上的霍布斯式的自然状态。这一时期战争的人员规模、持续时间、所耗费的物质资源等都远远超过了春秋时期。春秋时期，战争的首要目标是争夺霸主，而到了战国时期，战争的首要目标则已变成了领土扩张和兼并。④ 战争的目标究竟是争霸还是兼并，甚至在很大程度上成为区分春秋时期和战国时期的重要时代特征。⑤

由此可见，相比较于战国时期，春秋时期的国际体系无疑更接近于1945 年以后的国际体系。这两个体系最突出的相似之处是，两者都存在国家领土不应被他国兼并的规范。只不过春秋体系的这种规范来源于周王室作为天下共主的权威，而1945 年以后全球国际体系的这种规范则来源于主权规范的深化。但如果我们只关注领土兼并不具合法性这一点，那么春秋时期的国际体系将成为与1945 年以后国际体系相比较和对照的重要经验来源。根据笔者的理论，大国权力获取方式究竟是以利益交换为主还

---

① 冷鸿基：《制度内恶性竞争与春秋时期国际合作规范退化》，《世界经济与政治》2013 年第 3 期。

② 周方银：《松散等级体系下的合法性崛起——春秋时期"尊王"争霸策略分析》，《世界经济与政治》2012 年第 6 期。

③ 周方银：《松散等级体系下的合法性崛起——春秋时期"尊王"争霸策略分析》，《世界经济与政治》2012 年第 6 期，第 9 页。赵鼎新：《东周战争与儒法国家的诞生》，夏江旗译，华东师范大学出版社 2011 年版，第 21 页。

④ 赵鼎新：《东周战争与儒法国家的诞生》，夏江旗译，华东师范大学出版社 2011 年版，第 102—103 页。

⑤ 杨宽：《战国史》，上海人民出版社 2003 年版，第 1—2 页。

是以武力胁迫为主，核心因素是小国可否被兼并为大国国内政治系统的一部分。从这个意义上讲，小国领土从春秋初期的不易被合法兼并到战国时期的兼并成为常态，这种变化恰好为我们提供了一个观察大国权力竞争方式是否会随之演化的重要机会。更为重要的是，春秋时期和战国时期都不存在核武器，这使得我们能够在观察时控制住"核武器"这一变量的干扰。

总之，本书用以实证检验的经验材料主要源于两段历史：1945 年以后的大国政治互动历史和中国春秋时期及战国时期的大国政治互动历史。

◇◇ 第三节　对"大国"的定义

大国行为是本书的核心研究对象，为避免不必要的混淆和误解，有必要在一开始就对"大国"这个概念做出清晰而严格的界定。

"大国"（great power）是国际关系研究最常用到的概念之一，但长期以来缺乏明确而统一的定义。一种常见的处理办法是"不定义"，例如肯尼思·华尔兹（Kenneth N. Waltz）和马丁·怀特（Martin Wight）都认为，给出一个统一的"大国"定义是困难的，但这不妨碍人们就某个特定时期哪些国家属于大国达成共识。[①] 另一种常见做法是对"大国"进行分类。兰德尔·施维勒（Randall L. Schweller）按照实力等级，将"大国"划分为"极"（poles）和"次等大国"（second-ranking great powers）

---

① Kenneth N. Waltz, *Theory of International Politics*, Reading, Massachusetts: Addison-Wesley Publishing Company, 1979, p. 131. ［英］马丁·怀特：《权力政治》，宋爱群译，世界知识出版社 2004 年版，第 16 页。对近代历史各时期大国名单的列举，可参见 Kenneth N. Waltz, *Theory of International Politics*, Reading, Massachusetts: Addison-Wesley Publishing Company, 1979, p. 162; Edward D. Mansfield, *Power, Trade, and War*, Princeton: Princeton University Press, 1994, p. 60。

两类。① 巴里·布赞（Barry Buzan）将"大国"分为"超级大国""大国"和"地区大国"三类。② 不难看出，冷战后的美国可以被视为"极"或者"超级大国"，中、俄、日、英、法、德等可被视为"次等大国"或者狭义的"大国"。而当我们笼统地说"大国"时，往往包括了超级大国和一般大国两个子类型的国家。③

　　但当我们需要借用"大国"这个概念进行严格的理论推导和分析时，这种作为权宜之计的笼统指称就会出现不一致。例如，华尔兹虽然没有对"大国"做出明确的定义，但他所列举的冷战时期的大国只包括了美国和苏联两国。④ 显然，华尔兹所谓的"大国"是不包括"次等大国"这个范畴的。这与华尔兹自己的理论是一致的，因为在冷战时期，真正能够通过"自助"而确保国家安全的国家只有美苏两国，包括中国、日本、英国、法国在内的其他国家，都不得不依附于这两个超级大国中的其中一个以寻求安全保障。但如果坚持华尔兹这个隐含的定义，那么冷战后的英、法、德、日等国家，就不能被视作"大国"。如果仍然将冷战后的英、法、德、日等国视为"大国"，而我们的论述又跨越了冷战和冷战后两个时期，那么这将意味着同一个词汇"大国"在同一篇文章中拥有两个定义。这显然是不妥当的。为了保证论述的一致性，我们需要缩小"大国"的外延。

---

① Randall L. Schweller, "Tripolarity and the Second World War," *International Studies Quarterly*, Vol. 37, No. 1, 1993, p. 75.

② ［英］巴里·布赞：《美国和诸大国：21世纪的世界政治》，刘永涛译，上海人民出版社2007年版，第70—74页。

③ 参见［英］巴里·布赞：《美国和诸大国：21世纪的世界政治》，刘永涛译，上海人民出版社2007年版，第72页；Raimo Vayrynen, "Introduction," in Raimo Vayrynen ed., *The Waning of Major War*, London and New York: Routledge, 2006, p. 13; Stephen G. Brooks and William C. Wohlforth, *World out of Balance: International Relations and the Challenge of American Primacy*, Princeton and Oxford: Princeton University Press, p. 29.

④ Kenneth N. Waltz, *Theory of International Politics*, Reading, Massachusetts: Addison-Wesley Publishing Company, 1979, p. 162.

更重要的是，概念的界定需要与研究的主题相一致。本书研究的主题是"大国争夺体系霸权的行为和互动"。而争夺体系霸权的前提是，国家自身的安全能够通过自助得到保障。我们无法想象一个连自身安全都保障不了还需要依靠他国的国家，居然还有可能成为体系霸权。事实上，约翰·米尔斯海默（John Mearsheimer）正是根据是否具备自卫能力将美苏与冷战时期的其他国家进行区分，并据此定义了"极"。① 本书的研究主题决定了本书所说的"大国"必须是指那些有潜力竞争体系霸权的"极"国家，进入这个范畴的国家必须首先具备充足的自卫能力。

通过对照"小国"的含义，有助于我们进一步厘定"大国"的边界。罗伯特·罗斯坦（Robert L. Rothstein）将"小国"定义为那些认为自己难以主要依靠自身实力获取安全的国家。② 如果我们将"大国"视为在逻辑上与"小国"互不交叉的对应概念，那么那些不能运用自身实力保卫自身安全的国家，就必然不属于"大国"的范畴。依据这个标准，自二战结束以来长期依附于美国不对称军事同盟体系的日本、英国等国，以及冷战时期一度"一边倒"向苏联阵营的中国，都不应被视为"大国"，而应被划归为"小国"的行列。③

那么，什么样的国家才具备独立的自卫能力因而具备成为大国的资格呢？技术的进步，尤其是二战后核武器的出现，极大地削弱了主权国家保卫自身安全的能力，④ 这使得只有像美苏那样的超级大国，凭借其洲级性

---

① John J. Mearsheimer, "Back to the Future: Instability in Europe after the Cold War," *International Security*, Vol. 15, No. 1, 1990, p. 7, fn. 5.

② Robert L. Rothstein, *Alliances and Small Powers*, New York: Columbia University Press, 1968, p. 29.

③ 米尔斯海默依据同样的标准将冷战后的德国、日本等美国的盟国排除在"大国"范畴之外。参见 John J. Mearsheimer, *The Tragedy of Great Power Politics*, New York: W. W. Norton & Company, 2001, p. 382。

④ John Herz, "The Rise and Demise of the Territorial State," *World Politics*, Vol. 9, No. 4, 1957, pp. 485 – 489.

的巨大规模，才不会因为某次突然的核打击而遭到毁灭，因而才能够为自己提供安全防御。① 与此同时，规模巨大的国家拥有更庞大的国内市场和更充足的资源，能够使其在应对那些不利的外部经济动向时比非超级大国处于更有利的位置。② 从这个意义上讲，像英国和法国等欧洲"列强"，虽然在近代很长时期内被视为"大国"，但随着先进技术的全球化扩散，二战后这些国家已经无法再依靠其曾经的优势来支撑其大国地位了，因此被某些学者降格为"中等国家"或"主要国家"。③ 正如一些学者所指出的那样，二战结束以来的历史表明，在现今的历史条件下，只有那些达到洲级规模的国家才有可能获得大国的地位。④ 从这个意义上讲，"大国"是一个不断演化的概念，从近代到当代，其内涵和外延已经发生了很大的变化。

综上，本书所说的"大国"——无论是"大国无战争时代"里的"大国"，还是"大国权力竞争"里的"大国"——都是指那些有潜力或实力竞争世界霸权的拥有洲级规模的国家，比如霸权国和崛起国。⑤ 界定"大国"的一个重要的操作化指标是其自身安全不依靠其他国家的保护。⑥

---

① Robert Jervis, "Cooperation under the Security Dilemma," *World Politics*, Vol. 30, No. 2, 1978, p. 172.

② Kenneth N. Waltz, "The Myth of National Interdependence," in Kenneth N. Waltz, *Realism and International Politics*, New York: Routledge, 2008, p. 156.

③ 时殷弘：《现代国际体系史的一大理解范式和根本主题》，载时殷弘《国际政治与国家方略》，北京大学出版社 2006 年版，第 73 页。

④ ［英］巴里·布赞：《人、国家与恐惧——后冷战时代的国际安全研究议程》，闫健、李剑译，中央编译出版社 2009 年版，第 159—160 页。时殷弘：《现代国际体系史的一大理解范式和根本主题》，载时殷弘《国际政治与国家方略》，北京大学出版社 2006 年版，第 73—74 页。

⑤ 换言之，本书中"大国"这个概念近似于冷战时期以来人们常说的"超级大国"这个概念。有关"超级大国"概念的讨论，参见 Ken Aldred and Martin A. Smith, *Superpowers in the Post-Cold War Era*, New York: St. Martin's Press, 1999, pp. 18 - 20。

⑥ 根据定义，安全，特别是生存安全，至少不应是大国唯一重要的关切。这与第二章对现有理论过分强调安全动机的批评是一致的。

除此之外的其他国家，都统归于"小国"这个大的范畴。根据这个定义，冷战时期的大国为美国和苏联两国。冷战后除了美国之外，进入 21 世纪后的中国最具备成为大国的潜力。①

对于那些不符合这里的"大国"的定义，但在一定历史时期内具有相当国际影响力的国家（如冷战时期的英国、法国、中国，冷战后的英国、法国、德国、日本等），依据上述对"小国"的定义，在本书中它们同样被视为"小国"。但出于约定俗成的习惯，本书有时会将它们与这里所定义的"大国"一起，统称为"主要国家"（major power）。

◇◇ 第四节　章节安排和内容简介

除本章外，本书还将包括以下六章内容。

第二章是文献批评。对于第一章提出的经验困惑，学术界从不同角度已经对其做出了一定的解释。第二章的前四节将对这些似是而非的解释分别予以系统的回顾和评析，以展示这个经验困惑的"困惑"之处，凸显发展新理论的必要性和迫切性。在此基础上，第二章的第五节将探究现有理论研究均无法完满解释该困惑的原因，总结现有理论研究所存在的共同缺陷，为本书的创新工作做好理论准备。

第三章将系统提出本书的第一个大的理论命题：1945 年以后，国际

① 有关冷战后中国有可能成为超级大国或地区霸权国潜力的论述，参见 James Dobbins, "War with China," *Survival*, Vol. 54, No. 4, 2012, pp. 7 – 24. Denny Roy, "Hegemon on the Horizon? China's Threat to East Asian Security," *International Security*, Vol. 19, No. 1, 1994, pp. 149 – 168. Robert S. Ross, "The Geography of the Peace: East Asia in the Twenty-First Century," *International Security*, Vol. 23, No. 4, 1999, pp. 81 – 118. David Wilkinson, "Unipolarity Without Hegemony," *International Studies Review*, Vol. 1, No. 2, 1999, pp. 140 – 172。

政治进入了"大国无战争时代"，在这个时代，大国获取权力的主要途径，由1945年以前的"武力胁迫"转变为了"利益交换"。第三章将揭示核武器和主权规范这两个概念新的变化是导致大国权力获取的主要途径在这一时期发生转变的根本原因，大国间的权力互动和博弈进一步强化了这种转变。此外，第三章还将对大国"利益交换"战略的生效条件和具体实现方式做出讨论。

第四章是对第三章提出的理论命题的实证检验。为了检验核武器和主权规范是否以及如何对大国权力竞争方式的选择产生影响，第四章选择了春秋时期大国权力竞争过程和二战后大国权力竞争过程这两个大的案例进行案例间比较和案例内过程追踪。结果显示，春秋初期和二战后初期，体系中都存在能够保护小国决策自主性不受大国剥夺的主流规范（分别是周礼和主权规范），这使得在这两个体系的初期，大国都选择以"利益交换"的方式获取和维持权力。然而，由于春秋时期不存在像核武器这样能够极大地提高大国间战争成本的因素，因此虽然同样是两极结构，晋国和楚国之间战争频繁，"利益交换"未能成为两国权力竞争的主要战略；而美国和苏联虽然矛盾尖锐，却始终没有发生直接战争，"利益交换"逻辑始终决定着美苏两国的行为和结果。

第五章将在第三章理论的基础上，系统提出本书的第二个大的理论命题：在大国无战争时代，大国权力竞争的互动过程与结果与寡头垄断市场中的企业竞争相似。具体而言，第五章将类比寡头垄断企业的市场竞争机制，将大国权力竞争的互动类型划分为"同期竞争模式"和"追赶模式"两种。这两种模式的区别在于，在前者中，国际体系同时存在不少于两个有竞争能力的大国；在后者中，一开始只存在一个这样的大国。这两种模式中大国的行为和权力竞争结果，可以分别近似地以微观经济中的"古诺模型"和"斯塔克伯格模型"加以刻画。此外，第五章还将讨论"同期竞争模式"与均势理论的区别、"防御性联盟形成时间悖论""战略机遇期"等相关理论和政策问题。

第六章通过考察二战后大国权力竞争的过程和关键案例，对第五章的理论命题做出实证检验。其中，重点考察冷战时期美苏两国的互动过程，通过梳理美苏各自联盟阵营的建立过程，检验大国无战争时代大国与小国结盟的内在逻辑是"利益交换"，即大国为小国提供安全保障以换取小国的追随，而小国则通过追随大国换取安全保障。再通过美苏两国与"后院"国家、非"后院"盟国以及其他第三世界国家三类小国的不同互动方式，检验"小国行为自主性"对大国"利益交换"行为的影响，同时考察大国战略选择与自身影响力增减的关系。此外，第六章还将从"追赶模式"的视角对冷战后美、中等国家的行为做出分析和讨论。

第七章是结论。第一节对全书的理论观点做出总结，并讨论相关的理论和政策启示。第二节讨论本书的理论和政策意义。第三节讨论有待进一步研究的问题。

第 二 章

似是实非的解释及现有理论失败的原因

第一章提出了一个涉及冷战后霸权国和崛起国互动的经验困惑，但如果这个困惑仅仅停留于经验层面，而现有的国际关系理论仍然能够对其提供自洽的解释，那么这个困惑仍然不能算有多么的"奇特"，据此发展新理论的必要性和可能性也就会有很大程度的下降。然而，正如本章将要展示的那样，对于冷战后大国的政治行为和互动，虽然现有的以现实主义范式为核心的诸多理论研究已经尝试给出了许多不乏启发性的解释，但大都似是而非，并不能真正成功地解释冷战后霸权国和崛起国的战略行为和互动。现有理论难以准确解释现实，固然为我们理解当代国际政治制造了困难，但同时也为理论的更新和知识的进步提供了良机。

◇◇ 第一节　相对实力的视角

自汉斯·摩根索（Hans J. Morgenthau）确立现实主义研究范式以来，

特别是自华尔兹确立结构现实主义研究纲领以来，① 实力——尤其是相对实力——便成为国际政治学用以解释国家行为和国际结果的最常见的变量之一。在探讨冷战后霸权国和崛起国行为选择问题时，相对实力很自然地成为国际关系学者最常想到的、最常使用的解释视角。

一　对中国等其他大国不制衡美国的解释

许多学者认为，包括中国在内的其他主要国家冷战后之所以没有建立军事同盟制衡美国，原因很简单，就在于这些国家与美国的实力差距太大，在冷战后这样一个单极体系中，美国拥有巨大的相对实力优势，这为其他大国制衡战略的实施制造了非常高的门槛。威廉·沃尔福斯（William Wohlforth）是持这种论断的代表性学者。他认为，冷战后的美国是近现代历史上第一个在经济、军事、技术、地缘政治等所有权力构成要素上都拥有决定性优势的国家。美国一个国家的实力甚至超过了同时期体系内其他主要国家实力之和。而当权力高度集中于体系中最强大的国家时，其他国家对其实施的制衡需要付出极其高昂的成本。正是这种客观上的悬殊的实力差距，迫使冷战后其他国家放弃了制衡美国的努力。② 此外，也有

① 从范式的角度对现实主义的梳理可参见 John A. Vasquez, *The Power of Power Politics: From Classical Realism to Neotraditionalism*, Cambridge: Cambridge Univeristy Press, 1998, pp. 19 – 59。从研究纲领的角度对结构现实主义的讨论可参见 John A. Vasquez, "The Realist Paradigm and Degenerative versus Progressive Research Programs: An Appraisal of Neotraditional Research on Waltz's Balancing Proposition". Colin Elman and Miriam Fendius Elman, "Lakatos and Neorealism: A Reply to Vasquez," in John A. Vasquez and Colin Elman eds. , *Realism and the Balancing of Power: A New Debate*, Upper Saddle River, N. J. : Prentice Hall, 2003, pp. 80 – 86。

② William C. Wohlforth, "The Stability of a Unipolar World," *International Security*, Vol. 24, No. 1, 1999; William C. Wohlforth, "U. S. Strategy in a Unipolar World," in G. John Ikenberry, ed. , *America Unrivaled*, pp. 98 – 118; William C. Wohlforth, "Measuring the Power and the Power of Theories," in John A. Vasquez and Colin Elman, eds. , *Realism and the Balance of Power*, pp. 250 – 264; Stephen G. Brooks and William C. Wohlforth, "Realism, Balance-of-Power Theory, and the Counterbalancing Constraint," in Brooks and Wohlforth, *World Out of Balance*, pp. 22 – 59.

学者定量地指出，当一个国家拥有的资源超过了体系总资源的 1/2 时，该国将居于主导地位，其他国家将很难阻止其获得体系霸权。①

其他一些学者在沿袭了沃尔福斯单极制衡门槛思路的基础上，进一步细化了这一解释逻辑。刘丰指出，制衡的生成依赖于两条基本途径：外部建立军事同盟和内部加强军备建设。国际结构由多极、两极到单极，其体系实力分布的集中程度会越来越高，由此带来的结果是，可获得的外部盟友数量越来越少，而内部制衡的实力门槛则越来越高。冷战后的单极结构，使得其他主要国家外部和内部两种制衡机制都受到了极大的抑制，制衡因此也就难以生成。② 斯蒂芬·沃尔特（Stephen M. Walt）则指出，当一个国家比其他国家都强大很多时，制衡该国的联盟必须有更大的规模，这会带来更大的交易成本，由此产生的更加显著的集体行动难题会令有意实施制衡的国家望而却步。③

许多中国学者在讨论冷战后中国为什么不制衡美国这一具体问题时，同样遵循着这种相对实力的解释思路。朱锋认为，"权力分配的巨大差距抹杀了中国的制衡选择"，如果中国选择结盟，那么它将比历史上的其他崛起国家承受更大的体系和非体系约束。④ 其他一些政策分析人士同样从这一视角论证了中国在冷战后坚持韬光养晦和不结盟政策的合理性和必要性。他们认为，中国的人均 GDP 排名仍很靠后，经济结构、经济效率与西方发达国家仍有巨大差距，中国的综合国力远未达到"锋芒毕露"的

---

① Emerson M. S. Niou, Peter C. Ordeshook, and Gregory F. Rose, *The Balance of Power*：*Stability in International System*，New York：Cambridge University Press，1989，p. 76.

② 刘丰：《均势为何难以生成——从结构变迁的视角解释制衡难题》，《世界经济与政治》2006 年第 9 期。

③ Stephen M. Walt, "Alliances in a Unipolar World," *World Politics*, Vol. 61, No. 1, 2009, pp. 96 - 97.

④ 朱锋：《中国和平崛起：与单极的关系》，载朱锋、[美] 罗伯特·罗斯主编《中国崛起：理论与政策的视角》，上海人民出版社 2008 年版，第 41—45 页。

程度。在他们看来，和"邓小平提出'韬光养晦，有所作为'时的国际力量对比，今天并没有发生实质性的变化"，因此，中国必须坚持韬光养晦的外交路线。①

制衡门槛论是当前学术界对冷战后美国未遭其他国家制衡的最主流、最具影响力的解释。它逻辑清晰，思路直观，的确令人印象深刻。毕竟，实力是国家——甚至更为一般地说，是一切行为体——从事一切行动的物质基础和能量来源。实力不济，即使主观意愿再强烈也难以实现既定的目标。从这个意义上讲，应当承认，这种解释思路具有合理成分和启发意义。

尽管如此，制衡门槛论仍然存在不少疑点和缺陷。首先，并不是所有学者都认为，冷战后的单极结构会稳定和持久。华尔兹认为，国际体系在冷战后尽管暂时处于单极结构，但新的均势正在慢慢浮现；从历史的视角看，均势的恢复不过是眨眼一瞬。② 查尔斯·库普乾（Charles A. Kupchan）也认为，美国的单极地位不会持续太长的时间，欧洲和东亚的崛起以及美国自身对其承担国际责任的厌倦，将使多极世界再次出现。③ 克里斯托弗·莱恩（Christopher Layne）基于结构现实主义的逻辑，同样将冷战后的单极结构视为国际体系向多极过渡的一段插曲（interlude），他认为，即使是在单极结构下，其他主要国家仍然有着强烈的制衡美国的

---

① 冯昭奎：《争取实现"和谐世界"之策——也谈"韬光养晦，有所作为"》，《世界知识》2005 年第 20 期。李恒杰：《论邓小平"韬光养晦"的外交战略思想》，《国际关系学院学报》2008 年第 3 期。

② Kenneth N. Waltz, "Structural Realism after the Cold War," *International Security*, Vol. 25, No. 1, 2000, p. 30.

③ Charles A. Kupchan, "After Pax Americana: Benign Power, Regional Integration, and the Sources of Stable Multipolarity," *International Security*, Vol. 23, No. 2, 1998, p. 41. Charles A. Kupchan, "Hollow Hegemony or Stable Multipolarity," in G. John Ikenberry, ed., *America Unrivaled: The Future of the Balance of Power*, Ithaca: Cornell University Press, pp. 69 – 75.

动机，并且会付诸具体行动。①

其次，更重要的是，制衡门槛论难以解决其与均势理论在内在逻辑上的不相容。制衡门槛论所探讨的对象——大国的制衡行为——也是均势理论研究的核心内容之一。这两种理论（假说）共享现实主义范式的许多基本假定和分析框架，但制衡门槛论与均势理论的内在逻辑却难以自洽。② 尽管均势理论存在着诸多版本，但在两个核心命题上均势理论家存在着高度的共识：如果一个国家足够强大以至于有可能获得霸权地位，那么其他主要国家将对其实施制衡，因此，体系中真正的霸权国几乎不会出现。③ 正是根据均势理论的逻辑，米尔斯海默提出了与上述制衡门槛论完全相反的推论：潜在霸权国手中的权力越集中，换言之，体系权力分配越不均，其他主要国家就越有可能建立制衡性的联盟。④ 在现实主义看来，无政府状态下，国家安全缺乏更高权威的保障，因而其首要目标就是自

---

① Christopher Layne, "The Unipolar Illusion: Why New Great Powers Will Rise," *International Security*, Vol. 17, No. 4, 1993, pp. 5 – 51. Christopher Layne, "The Unipolar Illusion Revisited: The Coming End of the United States' Unipolar Moment," *International Security*, Vol. 31, No. 2, 2006, pp. 7 – 41.

② 值得注意的一点是，已有学者指出，均势理论具有"大国偏见"（great power bias），即认为只有大国才有能力实施有效制衡，因而均势理论只解释和预测大国的行为，小国究竟制衡还是追随取决于具体情境。参见 Jack S. Levy, "What Do Great Powers Balance Against and When?" in T. V. Paul, James J. Wirtz, and Michael Fortmann eds. , *Balance of Power: Theory and Practice in the 21st Century*, Stanford: Stanford University Press, 2004, pp. 38 – 39。根据本书对"大国"的定义，冷战后的英、法、德等国家都不属于大国范畴。从这个意义上讲，这些国家不对美国采取制衡行动，是能够同时符合制衡门槛论和均势理论的逻辑的。换言之，制衡门槛论和均势理论之间的这种内在矛盾，主要体现在中、俄、印等（潜在）大国的行为上。

③ Jack S. Levy, "Balances and Balancing: Concepts, Propositions, and Research Design," in John A. Vasquez and Colin Elman eds. , *Realism and the Balancing of Power: A New Debate*, Upper Saddle River, N. J. : Prentice Hall, 2003, p. 139.

④ John J. Mearsheimer, *The Tragedy of Great Power Politics*, New York: W. W. Norton & Company, 2001, p. 268.

保，这是均势理论预测制衡行为和均势状态的核心依据。① 然而制衡门槛论却回避了这一点。我们不禁要问：强弱悬殊时，弱势一方就不再在乎自己的生存（因而放弃制衡的努力）了吗？②

从另一个角度看，如果我们接受制衡门槛论的解释，那么均势理论的可靠性就会面临严峻的挑战。假设均势理论能够很好地解释冷战时期的大国行为，③ 那么为什么仅仅当体系结构由两极变为单极之后，同样的理论就不再具有解释力，而与其截然对立的逻辑反倒就成立了呢？这个被华尔兹视为最有资格成为真正意义上的"国际政治理论"的均势理论，④ 为什么一到了冷战后就变得如此"窘迫"了呢？单极制衡门槛论与均势理论之间的张力决定了如果要捍卫均势理论的正确性和普适性，我们将不得不反对制衡门槛论的逻辑；如果制衡门槛论成立，我们则必须正视均势理论的贫困。而无论做出上述哪一种选择，我们都还得给出反对和拒绝另一种理论解释的理由。

最后，制衡门槛论还面临着与客观经验事实的不一致。国家间实力悬殊的情形历史上存在很多，但许多这样的案例都显示，即使强弱对比极其悬殊，弱者同样会采取制衡战略，积极对抗强势方。公元前284年，齐国被反齐同盟打败，此后秦国成为当时国际体系的单极霸权。根据许

---

① Kenneth N. Waltz, *Theory of International Politics*, Reading, Massachusetts: Addison-Wesley Publishing Company, 1979, chap. 6.

② 为解决这个不一致，大卫德·费昂蒙奇在继承沃尔福斯观点的基础上提出，国家制衡行为与（潜在）霸权国相对实力之间不是一种线性的关系，在（潜在）霸权国相对实力到达绝对安全门槛之前，它的相对实力越大，其他国家制衡的动机越强烈。但在达到门槛之后，相对实力越大，其他国家制衡的动机越小。参见 Davide Fiammenghi, "The Security Curve and the Structure of International Politics: A Neorealist Synthesis," *International Security*, Vol. 35, No. 4, 2011, pp. 126 – 154。

③ 这是一种普遍的错觉。笔者将在后文中论证，均势理论甚至连冷战时期的大国行为都不能准确地解释。

④ 参见 Kenneth N. Waltz, *Theory of International Politics*, Reading, Massachusetts: Addison-Wesley Publishing Company, 1979, p. 117。

田波（Victoria Tin-bor Hui）的测算，受战争中决定性失败以及由此导致的核心领土丧失的影响，在公元前 260 年到公元前 221 年的秦始皇统一中国的 40 年时间里，体系内除秦国以外的所有国家都不再能够被视为大国。① 到公元前 257 年，秦国已经控制了体系内一半左右的领土。② 当时，秦国与其他国家实力差距的悬殊程度，至少不会逊于冷战后美国与其他国家的实力差距程度。但就是在秦国的相对实力优势已经强大到有潜力颠覆整个体系的无政府性质的情况下，在公元前 259—公元前 257 年、公元前 247 年、公元前 241 年，魏、赵、楚、韩、燕等东方诸国仍然先后组织了 3 次反秦同盟。在公元前 247 年的合纵同盟中，韩、魏等国的国土面积已经小到只相当于秦国一个郡的程度。③ 然而，就是在这种实力对比极度悬殊的单极结构下，体系内的其他国家依然做出了积极制衡单极霸权国的努力。

二战后，苏联成为除美国外唯一具有超级大国规模的国家。两极结构的轮廓在 1945 年时就已清晰可见。④ 在苏联共产主义的威胁下，西欧国家强烈感觉到仅仅获得美国的经济援助是不够的，它们还迫切需要美国的军事保障。⑤ 然而在二战结束初期，美国国内对苏联军事威胁的判断还存在分歧，对友邦究竟应提供什么性质、什么程度的援助也尚未达成共识，

---

① Victoria Tin-bor Hui, *War and State Formation in Ancient China and Early Modern Europe*, New York: Cambridge University Press, 2005, pp. 66, 254.

② 高锐:《中国上古军事史》，军事科学出版社 1995 年版，地图 26。Victoria Tin-bor Hui, *War and State Formation in Ancient China and Early Modern Europe*, New York: Cambridge University Press, 2005, p. 254.

③ Victoria Tin-bor Hui, *War and State Formation in Ancient China and Early Modern Europe*, New York: Cambridge University Press, 2005, pp. 68, 254.

④ A. W. DePorte, *Europe Between the Superpowers: The Enduring Balance*, New Haven and London: Yale University Press, 1979, p. 59.

⑤ John Spanier, *American Foreign Policy Since World War Ⅱ*, tenth edition, New York: CBS College Publishing, 1985, p. 40.

因此一度并未明确表明为西欧提供安全保障的积极意愿。① 与此相应地，美国 1947 年至 1949 年的军费开支不增反降。② 在未能明确获得美国安全保障承诺的情况下，1947 年 3 月，英国和法国首先签订了《敦刻尔克条约》，紧接着在第二年 3 月，英法与 3 个低地国家签订了《布鲁塞尔条约》，建立了"西方联盟"，彼此承诺在其他签约国遭到攻击时，为其提供能力范围内的全部军事和其他方式援助。③ 这些与苏联实力存在等级差距的西欧国家，同样毅然而坚决地做出了制衡苏联的努力。

在 20 世纪 50 年代末到 60 年代，中国采取了既反对美国霸权主义又反对苏联修正主义的"两个拳头打人"的战略。④ 这一时期，中国急剧增加经济和军事发展投入，坚决而果断地对美苏实施内部制衡。⑤ 1958 年 6 月，毛泽东提出钢产量 3 年赶上英国、5 年赶上苏联、最多 10 年赶上美国的"大跃进"目标。⑥ 同一时期，中国制订并实施了核武器和人造卫星发展计划，并于 1964 年 10 月和 1967 年 6 月先后试爆成功了原子弹和氢弹。1960 年，中苏关系恶化，苏联撤回专家并撕毁合作协定，同时由于

---

① 许海云：《锻造冷战联盟——美国"大西洋联盟政策"研究（1945—1955）》，中国人民大学出版社 2007 年版，第 316—317 页。

② Wallace J. Thies, *Why NATO Endures*, New York：Cambridge University Press, 2009, p. 95.

③ John Spanier, *American Foreign Policy Since World War II*, p. 40；Chester J. Pach, Jr., *Arming the Free World：The Origins of the United States Military Assistance Program, 1945 – 1950*, Chapel Hill and London：The University of North Carolina Press, 1991, p. 148.

④ 李宝俊：《当代中国外交概论》，中国人民大学出版社 1999 年版，第 119 页。王泰平主编：《中华人民共和国外交史（第二卷）1957—1969》，世界知识出版社 1998 年版，第 5 页。

⑤ 华尔兹将"内部制衡"定义为增强经济实力、军事实力和制定更高明战略的行动。Kenneth N. Waltz, *Theory of International Politics*, Reading, Massachusetts：Addison-Wesley Publishing Company, 1979, p. 118。

⑥ 沈志华主编：《中苏关系史纲——1917—1991 年中苏关系若干问题再探讨》，社会科学文献出版社 2011 年版，第 209 页。

"大跃进"政策的失败，导致了中国经济极度困难。但毛泽东依然坚持"要下决心搞尖端技术，不能放松或下马"。① 根据秦亚青的测算，中国提出"大跃进"政策的1958年，美国在美、苏、中、英、法5国中的相对军事实力值为0.5071，相对经济实力值为0.5922。② 美国一个国家的实力超过其他4国实力的总和，中国与美国的实力差距无疑是等级性的。根据孙学峰的测算，在中国明确提出反对苏联修正主义的1966年，苏联相对美国的实力值为0.56，中国相对美国的实力值为0.25。③ 由于同时对抗两个超级大国，中国事实上所需平衡的实力差距无疑会更加悬殊，然而当时的中国并没有放弃对大国的制衡。

在相对实力同样存在等级差距，甚至比冷战后中美实力差距还要悬殊的情况下，为什么上述这些处于不同历史时段、不同地理位置的国家却都采取了积极制衡单极霸权国或者超级大国，甚至同时制衡两个超级大国的行为呢？④ 同样是实力差距悬殊，为什么有时弱国会积极制衡强国而有时却不会呢？由此看来，用"相对实力"来解释冷战后中国等国的行为，看似直观明白，符合人们的直觉，但其实在理论和经验上都存在着无法忽视的不一致性。即使承认国家实力对国家行为会起到基础性的作用，我们依然有必要对相对实力与崛起国行为之间的具体机制做出更深入的探究。

---

① 王素莉：《"两弹一星"的战略决策与历史经验》，《中共党史研究》2001年第4期。

② 相对军事实力是当年美国军费开支与这5国军费开支总和的比值。参见秦亚青《霸权体系与国际冲突——美国在国际武装冲突中的支持行为》，上海人民出版社1999年版，第234—235页。

③ 孙学峰的测算方法与秦亚青的相同。参见孙学峰《战略选择与崛起成败 (1816—1991)》，清华大学博士学位论文，2005年，附录B，第169页。

④ 从方法论的角度说，上述案例分析是一种求同比较。在其他各种潜在影响变量差异极大的情况下，如果不同案例的自变量和因变量值保持一致，其结论具有一定程度的可靠性。参见 Alexander George and Andrew Bennett, *Case Studies and Theory Development in the Social Science*, Cambridge: MIT Press, 2005, p. 155。[美] 斯蒂芬·范埃弗拉：《政治学研究方法指南》，陈琪译，北京大学出版社2006年版，第55页。

二　对美国积极巩固和扩大军事同盟的解释

学者们同样喜欢从相对实力的视角来解释冷战后美国的行为。在这些学者看来，冷战后，中国等崛起国实力的迅速增强对美国的霸权地位构成了挑战，由此导致美国积极加强和扩大同盟体系、不断发展军事技术。这种解释的内在机理和理论渊源是现实主义阵营中另一个重要的研究纲领：权力转移理论。与均势理论认为国家在实力均衡时最为安全不同，权力转移理论认为，主要国家间实力彼此接近时，国际体系最不稳定。当大国间的权力分配趋于相等时，崛起国与霸权国爆发战争的概率最高。霸权国的主导地位使得它有强烈的愿望保持现状，而如果实力与霸权国迅速接近的崛起国不满足于霸权国所主导的现行秩序，那么，崛起国与霸权国之间的矛盾和冲突将是不可避免的。[①] 特别是当崛起国的崛起有可能引起国际结构由单极向两极转变时，这种冲突将尤其尖锐。因此，遏制（containment）几乎是霸权国在应对崛起国时的必然选择。[②]

马克·比森（Mark Beeson）回顾指出，在诸多杰出的国际事务观察家看来，中国的崛起意味着权力将向着美国所不愿意看到的方向转移。这种趋势对于美国对外政策的含义非常明确，那就是中国应当被遏制，美国

[①] 对权力转移理论作为一种研究纲领的全面梳理，参见 Jonathan M. DiCicco and Jack Levy, "Power Shifts and Problem Shifts: The Evolution of the Power Transition Research Program," *Journal of Conflict Resolution*, Vol. 43, No. 6, 1999, pp. 675 – 704。同样认为权力集中比权力分散和均衡更有助于维持稳定和和平的相近理论还有罗伯特·吉尔平（Robert Gilpin）的霸权稳定论和乔治·莫德尔斯基（George Modelski）的长周期理论。这些理论被统称为霸权现实主义（hegemonic realism），参见 Jack Levy, "War and Peace," in Walter Carlsnaes, Thomas Risse and Beth A. Simmons eds., *Handbook of International Relations*, London: Sage Publications, 2002, pp. 354 – 355。

[②] 参见 Randall L. Schweller, "Managing the Rise of Great Powers: History and Theory," in Alastair Iain Johnston and Robert Ross eds., *Engaging China: The Management of an Emerging Power*, New York: Routledge, 1999, pp. 1 – 26。

的霸权地位应当尽可能地延长。这种思想在美国战略界非常突出。① 陆伯彬（Robert S. Ross）认为，中国实力的增强，将无可避免地影响到美国与中国在诸多战略问题上讨价还价的能力，会削弱美国在亚洲地区的影响力，同时，还将扩大中国在全球秩序问题上的话语权。因此，美国必须寻求一种战略以遏制中国不断增大的影响力。美国在冷战后的国防政策和联盟政策正好具有这种潜在的功能。② 罗纳德·塔门（Ronald L. Tammen）等学者更具体地指出，如果霸权国不能在与崛起国的经济竞争中占据优势，而崛起国又始终对现状不满，那么霸权国维持其主导地位的唯一手段就是通过联盟体系的扩大来增加自己的权力。为此，冷战后的美国需要通过联盟政策最大限度地抵消中国权力的增长。③

正如制衡门槛论是包括业内诸多一流学者在内的很多人最先想到的对冷战后中国行为的解释，崛起遏制论也是对冷战后美国行为的一种最容易被想到和接受的，甚至被视为常识的流行解释。但这种看似理所当然的解释同样存在着许多不容回避的疑点。

首先，中国是"不满意国家"吗？在权力转移理论中，崛起国的意图是非常重要的变量。如果崛起国对现状满意，那么即使其实力与霸权国持平，也不会爆发战争。只有当实力强大与对现状不满两个条件同时具备

---

① Mark Beeson, "Hegemonic Transition in East Asia? The Dynamics of Chinese and American Power," *Review of International Studies*, Vol. 35, No. 1, 2009, p. 95.

② Robert S. Ross, "Engagement in US China Policy," in Alastair Iain Johnston and Robert S. Ross, eds., *Engaging China*, pp. 183 – 186.

③ Ronald L. Tammen, et al., *Power Transitions: Strategies for the 21st Century*, Washington D. C.: CQ Press, 2000, pp. 158 – 176. 塔门等学者同时指出，美国还应当促使中国对现状满意，并妥善解决领土争议，这几种应对中国崛起的战略相互影响，应当同时考虑。用其他学者的话说就是，美国对崛起的中国实际实施的是"遏触"（congagement，亦即遏制加接触）战略。Gerald Chan, *China's Compliance in Global Affairs: Trade, Arms Control, Environmental Protection, Human Rights* (N. J., London: World Scientific Pub., 2006), p. 26.

时，权力转移才会引发战争。① 如果实力迅速崛起的大国认为现行的国际
秩序对自己不利，或者不公平，它就会寻求改变，以建立新的国际领导秩
序。② 这也正是霸权国需要防范和遏制崛起国的重要原因。可问题是，中
国是"不满意国家"吗？道格拉斯·莱姆克（Douglas Lemke）等将崛起
国发展军备的速度超过霸权国发展军备的速度作为判断崛起国对现状不满
的核心指标。③ 但事实情况却是，冷战后，中国的国防建设并未构成军备
扩张。中国的大多数军事单位在训练和装备上仍然与美国有着明显的差
距。④ 除军备以外，在国际贸易、军控和裁军、环境保护以及人权问题等
其他领域，中国在总体上也表现出了遵守相关国际规范和规则的意愿和
努力。⑤

罗斯玛丽·福特（Rosemary Foot）和安德鲁·沃尔特（Andrew
Walter）考察了中国在有限使用武力、宏观经济政策监督、防核武器扩
散、气候保护和金融监管这 5 个当代全球秩序重要组成部分的规范遵守情
况，结果显示，中国自改革开放以来，在大多数领域的行为都体现出与相
应的国际规范日益相符的趋势。⑥ 斯科特·卡斯特纳（Scott L. Kastner）
和菲利浦·桑德斯（Phillip C. Saunders）通过定量统计分析发现，中国领

---

① A. F. K. Organski and Jacek Kugler, *The War Ledger*, p. 39.

② Ronald L. Tammen, et al., *Power Transitions: Strategies for the 21st Century*,
Washington D. C. : CQ Press, 2000, pp. 9 – 10.

③ Douglas Lemke and Suzanne Werne, "Power Parity, Commitment to Change, and
War," *International Studies Quarterly*, Vol. 40, No. 2, 1996, p. 240.

④ 罗纳德·塔门、亚采克·库格勒：《权力转移与中美冲突》，《国际政治科学》
2005 年第 3 期。

⑤ Gerald Chan, *China's Compliance in Global Affairs: Trade, Arms Control, Environ-
mental Protection, Human Rights*, N. J. , London: World Scientific Pub. , 2006.

⑥ Rosemary Foot and Andrew Walter, "Global Norms and Major State Behavior: The
Cases of China and the United States," *European Journal of International Relations*, Vol. 19,
No. 2, 2011, pp. 335, 348.

导人的出访模式总体上符合对现状国家行为的预期。① 对于近年来有关中国"新强势主义"（new assertiveness）的论调，江忆恩对其进行了系统的批评，他认为，中国的外交态势在整体上并未发生根本性改变，在多数问题上，中国依旧表现出了足够的维持现状的姿态，即使是一些看似强势的举动，也大多是中国的一贯反应，其延续性远大于变革性。② 总之，正如前文已经指出的那样，冷战后的中国并不比美国更不满于现状。根据权力转移理论，崛起国挑战现状是"因"，霸权国遏制崛起国是"果"，可为什么结果却发生在了原因出现之前？

其次，更为根本地，中国与美国的实力差距究竟有多小？崛起国的意图以及对现行秩序的态度固然是重要的影响变量，但权力转移问题的首要驱动因素当然还得是权力的转移。权力在美国和中国之间的确发生着转移，这是崛起遏制论成立的首要前提。现在的关键问题是，中国的实力真的已经在迅速接近美国并且已经具备超越美国的潜力了吗？

在许多学者看来，答案当然是肯定的。权力转移理论将一个国家的人口和该国的 GDP 总量作为测量该国实力的核心判断指标。③ 基于这种测量原则，20 世纪 90 年代的一项预测显示，中国的经济总量将于 2015 年超过美国。④ 2011 年，《外交政策》的一篇分析文章认为，中国当前经济的

---

① Scott L. Kastner and Phillip C. Saunders, "Is China a Status Quo or Revisionist State? Leadership Travel as an Empirical Indicator of Foreign Policy Priorities," *International Studies Quarterly*, Vol. 56, No. 1, 2012, pp. 163 – 177.

② Alastair Iain Johnston, "How New and Assertive Is China's New Assertiveness?" *International Security*, Vol. 37, No. 4, 2013, pp. 7 – 48.

③ David Rapkin and William R. Thompson, "Power Transition, Challenge and the (Re) emergence of China," *International Interactions*, Vol. 29, No. 4, 2003, pp. 322 – 323.

④ Angus Maddison, *Chinese Economic Performance in the Long Run* (Paris: OECD, 1998), quoted from David Rapkin and William R. Thompson, "Power Transition, Challenge and the (Re) emergence of China," *International Interactions*, Vol. 29, No. 4, 2003, p. 325.

非凡表现，已经足以使中国有能力挑战美国在全世界范围的影响力。① 同一时期《经济学家》的一份测算则显示，中国将于 2019 年取代美国成为世界第一大经济体。② 埃米利奥·卡塞蒂（Emilio Casetti）同样以 GDP 和人口数量为指标，设计了总共 7 种测算方法，其中的 4 种算法预测中国最迟将于 2018 年与美国的实力持平，7 种算法的平均预测结果是到 2022 年。③ 相比而言，塔门预测的时间要稍迟一些，他认为中国将于 2030—2040 年赶上美国。④

在乐观预测中国实力增长趋势的同时，也有学者质疑美国自身实力优势的可持续性。例如大卫·卡莱欧（David p. Calleo）就指出，美国实际的军事优势比单纯的军费预算所显示的要小得多，美国现有的巨大军费开支很有可能成为导致美国实力衰落的重要来源。⑤ 克里斯托弗·莱恩（Christopher Layne）认为，美国经济实力的衰落以及由此导致的潜在的财政危机和美元储备货币地位危机，是导致美国霸权衰落的重要内因。⑥ 大卫·莱克（David A. Lake）更是直截了当地宣称，无论如何测量，中国都是唯一有可能在较近的未来超越美国的国家，国际权力分布可能很快就会

---

① Gideon Rachman, "Think Again: American Decline," *Foreign Policy*, No. 184, Jan. /Feb. , 2011, p. 60.

② "How to gracefully step aside: China," *The Economist*, Jan. 10th, 2011, http: // www. economist. com/blogs/freeexchange/2011/01/china. （访问时间：2012 年 11 月 28 日）

③ Emilio Casetti, "Power Shifts and Economic Development: When Will China Overtake the USA," *Journal of Peace Research*, Vol. 40, No. 6, 2003, p. 672.

④ Ronald L. Tammen, "The Organski Legacy: A Fifty-Year Research Program," *International Interactions*, Vol. 34, No. 4, 2008, p. 325.

⑤ David p. Calleo, *Follies of Power: America's Unipolar Fantasy*, Cambridge: Cambridge University Press, 2009, pp. 71 – 79.

⑥ Christopher Layne, "This Time It's Real: The End of Unipolarity and the Pax Americana," *International Studies Quarterly*, Vol. 56, No. 1, 2012, pp. 203 – 213.

重回两极状态。①

但另外一些学者在中美实力差距、美国单极地位持续时间等问题上则持完全对立的看法。希娜·切斯特纳特（Sheena Chestnut）和江忆恩（Alastair Iain Johnston）指出，判断一个国家究竟能否被视为崛起国有两种方法，一种方法是看该国实力占霸权国实力的比例，另一种方法则是看该国与霸权国的实力之差。简单的数学原理决定了只要该国实力增长速度大于霸权国的增速，那么该国实力占霸权国的比例必然是会逐渐增大的。但由于该国的初始实力值低于霸权国，因此在该国与霸权国实力绝对差额开始缩小之前，存在很长一段时间，在这段时间中，该国与霸权国的实力差额实际上仍在逐年增大，即使该国的实力增速大于霸权国。切斯特纳特等认为，只有当一国与霸权国的实力绝对差额开始缩小时，才能将该国视为崛起国。因为如果按照第一种判断方法，世界上实力增速大于美国的国家有很多，而将这么多国家都视为崛起国，显然不符合常识。根据实力绝对差额是否缩小这一标准来判断，中国在很长时间里甚至都不能被算作真正的"崛起国"，中国与美国的实力差额并未缩小，反而还在逐年扩大。②

其他一些分析人士也认为，中国与美国的实力正在迅速接近并将引发权力转移的说法并不符合事实。迈克尔·贝克利（Michael Beckley）从财富、创新以及传统军事实力等方面对中美两国的相对实力做了重新评估，

---

① David A. Lake, "The Challenge: The Domestic Determinants of International Rivalry Between the United States and China," *International Studies Review*, Vol. 16, No. 3, 2014, pp. 442 – 443.

② Sheena Chestnut and Alastair Iain Johnston, "Is China Rising?" in Eva Paus, Penelope Prime, and Jon Western, eds., *Global Giant: Is China Changing the Rules of the Game?* New York: Palgrave Macmillan, 2009, pp. 242 – 248. 但也有学者指出，衡量中美两国实力差距是否缩小的标准不应是绝对数额是否减小，而应看两国实力的相对比例是否减小。如果从后者的角度看，中美实力差距则的确在缩小。参见 Joshua R. Itzkowitz Shifrinson, Michael Beckley, "Debating China's Rise and U. S. Decline," *International Security*, Vol. 37, No. 3 2012/13, pp. 172 – 181。

结论认为，美国面临的现状非常不错，体系中并不存在与它竞争霸权的对手，美国的主导地位将继续延续下去。① 丹尼尔·德茨纳（Daniel W. Drezner）也认为，从现状来看，美国包括经济、金融在内的各方面实力依然比中国强大得多。② 约瑟夫·奈（Joseph S. Nye）指出，从中国国内经济社会发展中面临的一些深层次问题和中国在地缘政治上存在的客观劣势来看，"后美国时代"的提法还言之过早。③ 约瑟夫·约菲（Josef Joffe）的观点更直白：所谓的中美权力转移，不过是历史上已经多次出现的美国衰落论的又一次循环。④

持同样观点的还有爱德华·鲁特沃克（Edward Luttwak），他进而认为，只要中国的政治制度不发生根本性的变革，中国就不存在超过美国的可能。⑤ 一些看衰中国的分析人士甚至更极端地认为，中国经济乃至现有的政治体系将会在很短的时间内崩溃。⑥ 中国学者宋伟则认为，受制度优势的影响，金融危机之后的美国从中长期来看，其霸权甚至反而可能变得更加强大，美国主导的单极结构在短期内难以改变。⑦

---

① Michael Beckley, "China's Century? Why America's Edge Will Endure," *International Security*, Vol. 36, No. 3, 2011/2012, p. 78.

② Daniel W. Drezner, "China Isn't Beating the U. S. ," *Foreign Policy*, No. 184, Jan. /Feb. , 2011, p. 67.

③ Joseph S. Nye, "The Twenty-First Century Will Not be a 'Post-American' World," *International Studies Quarterly*, Vol. 56, No. 1, 2012, pp. 215 – 217.

④ Josef Joffe, "The Default Power: The False Prophecy of America's Decline," *Foreign Affairs*, Vol. 88, No. 5, 2009, pp. 21 – 35.

⑤ Edward Luttwak, "The Declinists, Wrong Again," *The American Interest*, Vol. 4, No. 2, 2008, p. 10.

⑥ Gordon Chang, "The Coming Collapse of China: 2012 edition," *Foreign Policy*, Dec. 29, 2011. Peter Mattis, "Doomsday: Preparing for China's Collapse," *The National Interest*, March 2, 2015. David Shambaugh, "The Coming Chinese Crack-up," *The Wall Street Journal*, March 6, 2015.

⑦ 宋伟：《国际金融危机与美国的单极地位》，《世界经济与政治》2010 年第 5 期。

诚如有学者所指出的那样，由于统计指标和测量方法的差异，必然会得出不同的中美实力对比结果。① 如果中美实力差距真的如许多学者所认为的那样仍然很大，那么从相对实力的角度对冷战后美国行为的解释就难以成立，因为中国的实力并未达到挑战美国霸权地位的程度。而支持崛起遏制论的学者则会选择其他指标和方法反驳称现在的中美相对实力已经很接近。显然，两派学者很难在测算指标上达成一致。总之，崛起遏制论成立的前提——中美实力接近——是否存在，目前尚存争议。

但这还不是问题的关键。问题的关键是，相对实力视角的解释难以同时自洽地解释中美双方的行为选择。这是相对实力视角解释的核心症结。

一方面，假如制衡门槛论成立，换言之，冷战后中国的行为用相对实力来解释是适当的，那就意味着中美实力差距的确非常悬殊。可是，既然实力差距悬殊，那就意味着中国的实力还远远没有达到足以威胁美国霸权的程度。如制衡门槛论的学者所说，中国和其他主要国家联合在一起都抵不上美国一个国家的实力，那么试问，单单中国一个国家怎么反而有可能挑战美国的单极主导地位呢？据此说来，权力转移论的解释就不能成立，美国就没有理由如此迫不及待地加强自己的军事同盟。

另一方面，假如权力转移论的解释成立，换言之，冷战后美国的行为用相对实力来解释是适当的，那就意味着中国与美国的实力已经接近到足以引起权力转移的程度（就像冷战时期苏联对美国霸权的威胁一样），以至于美国有遏制中国的必要。可是，既然中国已具备威胁美国单极霸权的潜力，那就意味着中美之间的实力差距肯定不会"悬殊"。如此一来，"制衡门槛论"就不能成立，中国与其他主要国家就没有理由放弃联合起来制衡美国的努力。

而如果强行坚持从相对实力的角度进行解释，并认为相对实力能够同

① Steve Chan, "Is There a Power Transition between the U. S. and China? The Different Faces of National Power," *Asian Survey*, Vol. 45, No. 5, 2005, pp. 700 – 701.

时解释中美双方的行为，那么一个逻辑上的推论就是中美之间的实力差距，既悬殊又不悬殊。这直接违背了逻辑的矛盾律。再不然，就只能在解释中国行为的时候说中美之间的实力差距悬殊，而在解释美国行为的时候则转而说中美实力差距不悬殊。但是，中美之间的实力对比在一定时间段内是客观的和不变的。这种解释方法同样是荒谬的。

可能会有读者提出，之所以会出现这种"实力悖论"，是由于美中两国对彼此实力的主观认知差异所导致的。诚然，一个国家对自己和其他国家实力对比的主观认识，有可能与实际情况存在差异。从这个角度解释，美国之所以要遏制中国，是因为美国主观上认为中国与美国实力已经很接近，很可能已经接近权力转移的门槛；而中国之所以不通过结盟制衡美国，是因为中国主观上认为自己的实力还不够。

然而，这种辩护与事实不符。美国于 1993 年前后就开始推进北约东扩，1996 年又与日本发表《美日安全保障联合宣言》，加强其与亚洲盟友的关系。而在此之后的 1997 年，美国国防部《四年防务评估报告》仍然明确地指出："从现在起到 2015 年，美国将很可能处于一个'不存在全球性的同级别竞争对手'的安全环境中，在这段时期内，没有任何国家能够像冷战时期的苏联那样对美国构成军事上的挑战。不仅如此，在未来 10 年到 15 年内，一旦美国全部的军事潜力得到充分调动和部署，将很可能没有地区性大国或联盟能够聚集足够多的传统军事实力打败我们的武装力量。美国是当今世界上唯一的超级大国，并且可以预计，在 1997 年至 2015 年的这段时期内，这种状态将一直得到保持。"美国做出这种预测的一个重要依据是，美国将在未来 15 年至 20 年内"保持对当前以及潜在竞争者的军事优势"。①

中国方面，1990 年 3 月 3 日，邓小平在与中国高层几位领导讨论国际

---

① William S. Cohen, *Report of the Quadrennial Defense Review*, May 1997, Section Ⅱ, http：//www. dod. mil/pubs/qdr/sec2. html.

格局时曾明确指出：美国和苏联已经越来越难以垄断国际政治，国际格局
正在向多极方向变化，在多个"极"中，中国无论如何也属于其中一
极。① 然而就在同一时期，邓小平制定了"韬光养晦"的基本外交原则。
由此可见，美国与中国的决策者主观上都对本国的实力有自信，从主观认
知的角度依然难以解释美国为何会"超前地"遏制中国以及中国为何会
放弃制衡美国的努力。

总之，基于现实主义范式的"实力悖论"是存在的。相对实力至多
只能解释中美其中一方的行为。可即便如此，随之而来的问题是，另一方
的行为为什么就不遵循相应的相对实力的作用机制呢？一个有效的理论，
必须能够对它预设解释范围内的所有对象都成立。我们在用生物进化论成
功解释植物的进化之后，必须要能够接着用它来解释动物的进化，而不可
以转而用神创论或其他理论来替代。如果非如此不能解释动物的进化，那
么，进化论本身的有效性就面临严峻的挑战。现在，相对实力论正面临相
似的窘境。

◇◇　第二节　安全威胁的视角

自华尔兹创立结构现实主义理论以来，特别是自斯蒂芬·沃尔特
（Stephen M. Walt）提出"威胁平衡理论"以来，② 安全和安全威胁成为
许多国际关系学者用来解释国家行为的另一种主流分析视角。在这些学者
看来，安全，特别是生存安全，是无政府状态下所有国家的首要需求，消
除安全威胁是所有国家行为的第一驱动力。在分析冷战后霸权国和崛起国

---

① 《邓小平文选》（第三卷），人民出版社 1993 年版，第 353 页。
② Stephen M. Walt, *The Origins of Alliances*, Ithaca, N. Y. : Cornell University Press, 1987.

的行为选择时，安全威胁很自然地成为除相对实力之外的另一个同样非常流行的解释视角。

一　对中国等其他大国不制衡美国的解释

在坚持安全威胁视角的学者看来，冷战后，包括中国在内的其他主要国家没有寻求建立军事同盟制衡美国，核心原因在于美国对它们的安全威胁不够大。威胁平衡理论的创始人沃尔特是这种解释的代表人物。沃尔特认为，权力、地理邻近性、进攻能力和侵略意图这4种因素决定了威胁的大小。美国的地理位置决定了它和其他主要国家的距离都很远，这使得其他国家对彼此的担心超过了对美国的担心；冷战后，美国的行为又一直较为温和，没有任何的主要国家担心自己的领土会被美国占领；同时，美国的权力又具有积极和消极两方面的作用。因此，尽管美国的进攻能力会在一定程度上引起其他国家的担忧，但总体说来，冷战后的美国并没有对大多数国家的生存构成严重威胁，这是冷战后对美制衡始终没有出现的主要原因。①

持相似观点的还有米尔斯海默。这位将生存安全作为国家首要目标并由此推演出进攻性现实主义逻辑的重要学者，在分析冷战后的大国行为时指出，受太平洋和大西洋这样巨大水域的阻碍，美国难以将其权力投放到西半球以外的地区，这使得美国不会在欧洲或者东北亚地区为实现进攻性目标而使用武力。由于美国的霸权只局限在西半球，因此冷战后制衡美国的联盟不会形成。② 坎贝尔·克雷格 （Campbell Craig） 则指出，核武器对

---

① Stephen M. Walt, "Keeping the World 'off Balance': Self Restraint and U. S. Foreign Policy," in G. John Ikenberry ed. , *America Unrivaled*: *The Future of the Balance of Power*, Ithaca: Cornell University Press, pp. 133 – 141.

② John J. Mearsheimer, *The Tragedy of Great Power Politics*, New York: W. W. Norton & Company, 2001, p. 382.

大规模军事入侵的慑止作用为大国的生存提供了可靠保障，因而也从根本上消除了制衡战略的必要性。① 此外，一些中国学者也从安全威胁的角度来解释冷战后中国不结盟的原因。他们认为，当前中国所面临的外部安全威胁并不是很紧迫，"和平与发展"仍是当前时代的主题，因此"坚持独立自主不结盟的和平外交政策是我国目前最佳的战略选择"。②

这种从安全威胁的角度对冷战后中国行为的解释，虽然在逻辑上保证了与均势理论尤其是与威胁平衡理论的一致性，但在经验层面却存在明显的问题。冷战结束初期，以美国为首的西方集团曾因政治风波对中国采取严厉的政治封锁。美国还因向中国台湾出售武器、支持和纵容"台独"等做法而使得中美关系在台湾问题上长期存在尖锐的矛盾，这种矛盾曾直接导致 1995 年至 1996 年的台湾海峡危机。③ 1999 年 5 月，作为中国领土的一部分的中国驻南斯拉夫大使馆遭到美国巡航导弹的轰炸。小布什政府更是一度明确将中国视为美国的竞争者。2001 年 4 月，美国一架 EP - 3 侦察机在中国海南岛东南海域中国领空撞毁一架中国战斗机。更不用说美国自冷战结束以来始终推行的导弹防御技术对中国第二次核打击能力的威胁。④

---

① Campbell Craig, "American Power Preponderance and the Nuclear Revolution," *Review of International Studies*, Vol. 35, No. 1, 2009, pp. 27 – 44.

② 参见曲星《坚持"韬光养晦、有所作为"的外交战略》，《中国人民大学学报》2001 年第 5 期。郑瑞玲：《浅析"韬光养晦"外交战略的现实性》，《经济与社会发展》2010 年第 2 期。张竹云、王玉辉：《邓小平不结盟外交战略的现实思考》，《吉林师范大学学报》（人文社会科学版）2003 年第 3 期。张博文：《中国会放弃不结盟政策吗?》，《国际展望》2000 年第 10 期。

③ ［美］苏葆立：《美国对三次台湾"危机"的"管理"》，载张沱生、［美］史文主编《对抗·博弈·合作——中美安全危机管理案例分析》，世界知识出版社 2007 年版，第 229—233 页。

④ 这正是导致冷战后在双边关系中中国安全状况不及美国的重要原因。参见［美］罗伯特·J. 阿特《美国、东亚和中国崛起：长期的影响》，载朱锋、［美］罗伯特·罗斯主编《中国崛起：理论与政策的视角》，上海人民出版社 2008 年版，第 274 页。

从这些情况看，似乎很难说美国对中国的安全威胁不大。相反，美国对中国的安全威胁甚至一度非常紧迫。也正因如此，中国才会有意见认为，"反对霸权与斗争"，而不是"和平与发展"，应当成为中国外交政策的主题。① 如果认为冷战后美国对中国的威胁还不足以引发中国对美国的制衡，那么试问威胁究竟要大到什么程度才足以引发中国对美国的制衡？是得等到美国直接对中国实施军事打击之后吗？但在遭到外国直接军事进攻后一个国家才采取联盟等措施予以抵抗，这种行为就已经不再属于制衡而只是被迫自卫了。②

此外，安全威胁解释的逻辑与冷战后的客观发展趋势不一致。安全威胁论的核心逻辑是安全威胁越大，制衡的意愿和力度越强。但正如有学者所指出的那样，20 世纪 90 年代到 21 世纪初，中国所面临的安全威胁显然比 2012 年及之前两三年更严重，可是，90 年代，中国国内主张结盟的呼声远没有后来这样热烈和广泛。③ 总之，简单地将冷战后中国等主要国家不制衡美国的原因归结为美国对其安全威胁的不足，难以令人信服。

二　对美国积极巩固和扩大军事同盟的解释

学者们同样喜欢从安全威胁的视角来解释冷战后美国的行为。在这些学者看来，冷战后，美国之所以会不断加强和扩大军事同盟，不断加强军事技术发展，最核心的原因就是中国等崛起国对美国的安全构成了

---

① Avery Goldstein, *Rising to the Challenge: China's Grand Strategy and International Security*, California: Stanford University Press, 2005, p. 158. 张睿壮：《重估中国外交所处之国际环境——和平与发展并非当代世界主题》，《战略与管理》2001 年第 1 期。

② 刘丰：《制衡的逻辑——结构压力、霸权正当性与大国行为》，世界知识出版社 2010 年版，第 55 页。

③ Feng Zhang, "China's New Thinking on Alliances," *Survival*, Vol. 54, No. 5, 2012, p. 137.

威胁。[①] 邓尼·罗伊（Denny Roy）在冷战结束初期就提出，中国的迅速发展从长期来看将会对亚太地区的安全构成威胁。罗伊认为，中国有着比日本更大的经济潜力，并且拥有超级大国规模的军事实力的阻力更少。经济的不断发展将使得中国变得更加强硬和不易合作，而中国的一些国内因素又会使得中国更倾向于使用武力来实现自己的目标。为此，美国和其他主要国家一方面应当参与到中国的经济发展进程中并诱导中国向积极的方向发展，另一方面，则须保证能够对中国的强硬行动做出及时的反应，并在必要时组建和强化反华联盟。[②]

与其他安全威胁论的学者强调中国实力有赶超美国的潜力不同，柯庆生（Thomas J. Christensen）认为，中国的总体实力在二三十年内无法赶上美国。但他同时认为，这并不意味着中国不会对美国的安全构成威胁。恰恰相反，他认为中国现有的实力与中国的地理位置、中国的国内政治以及中国政治精英的偏好等因素相结合，足以对美国的地区安全政策造成严重的挑战。受这些因素的影响，中国在未来二三十年的对外战略将会越来越具有现实主义色彩。中国将发展实力以寻求对东亚地区的主导权，并将在美国介入涉及中国核心利益的冲突时对美国实施惩罚。柯庆生认为，如果中国的政治精英相信中国的军事实力和强制策略能够在政治上对中国台湾地区乃至美国产生有效的影响，那么中美之间爆发战争的可能性将变得非常现实。[③]

米尔斯海默从进攻性现实主义逻辑出发，同样认为遏制中国是美国确

---

① 有关"中国威胁论"的系统梳理，参见 Herbert Yee and Ian Storey, eds., *The China Threat: Perceptions, Myths and Reality*, New York: Routledge Curzon, 2002。

② Denny Roy, "Hegemon on the Horizon? China's Threat to East Asian Security," *International Security*, Vol. 19, No. 1.

③ Thomas J. Christensen, "Posing Problems Without Catching Up: China's Rise and Challenges for U. S. Security Policy," *International Security*, Vol. 25, No. 4, 2001, pp. 5 – 40.

保自身绝对安全的必然选择。他认为，在无政府状态下，任何国家都无法断定某国未来的真实意图，一个国家过去的行为不能作为判断其未来行为的依据，而且防御性军事能力和进攻性军事能力在实际中很难区分，因此随着中国实力的不断增强，中美安全竞争将不可避免地加剧。中国为了确保自身安全，必将争取成为东半球最强大的国家，为此，它必将寻求主导整个亚太地区，并努力将美国的存在排挤出去。而美国，当然不会容忍任何能与其比肩的竞争者存在，因此美国将不遗余力地遏制中国，直至将其削弱到不再具有称雄亚洲的潜力。①

　　这种从安全威胁的角度对冷战后美国和中国行为所做的解释，与威胁平衡理论、进攻性现实主义理论这些以国家安全为逻辑起点的主流理论的核心逻辑是一致的。美国对中国的威胁小，所以中国不制衡美国；中国对美国的威胁大，所以美国遏制中国——这种解释简洁直观，听起来似乎顺理成章，但与相对实力视角的解释一样，经不起推敲，看似符合直觉的解释实际上与其背后的理论逻辑之间存在着深刻的不一致性。

　　根据沃尔特的威胁平衡理论，一个国家对另一个国家威胁的大小由权力、地理邻近性、进攻能力和侵略意图4个因素决定。就权力来说，无论采取何种测量指标，从冷战结束至今，美国的权力都肯定大于中国的权力。就地理邻近性来说，中国距美国的距离和美国距中国的距离是同一个距离。就进攻能力来说，与权力相似，美国毋庸置疑远强于中国。就侵略意图来说，如前所述，中美两国究竟谁更像是现状国家，仍存在争议，但就冷战至今的20余年安全领域的具体行为来看，中国寻求改变现状的意愿至少并不比美国更强烈。在决定威胁大小的4个因素中，两个因素的变量值相等或差别不大，另外两个因素美国的变量值远大于中国的变量值，将这4个变量代入威胁平衡理论自己的"公式"，试问，究竟是美国对中

---

① John J. Mearsheimer, "The Gathering Storm: China's Challenge to US Power in Asia," *The Chinese Journal of International Politics*, Vol. 3, No. 4, 2010, pp. 381 – 396.

国的威胁更大，还是中国对美国的威胁更大？答案显然是前者。可为什么受威胁更小的美国，反而会比受威胁更大的中国，对对方采取更为积极——甚至积极得多——的防范措施呢？

如前所述，沃尔特本人根据其理论分析认为，冷战后，美国对中国的威胁小，那么根据同一种理论，中国对美国的威胁应当更小。如果冷战后美国对中国的威胁程度不足以刺激中国采取结盟等制衡措施，那么中国对美国的威胁程度就应当更加不足以刺激美国遏制中国。然而这与事实相反。而如果我们尊重客观事实，根据冷战后美国积极巩固和扩大同盟阵营而中国始终无动于衷这一事实反推，那么符合逻辑的推论就是，中国对美国的威胁大于美国对中国的威胁。可这又与沃尔特理论的推导结果相反。总之，看似能够解释冷战后现实的威胁平衡理论，非但与现实不符，两者甚至截然抵牾以至不可调和。

另一种流行理论——进攻性现实主义，在解释冷战后现实时的窘迫程度并不比威胁平衡理论更低。① 进攻性现实主义理论反复强调水域的阻遏力量（stopping power of water），认为巨大的水体会极大地削弱军事力量的投送能力，因此，包括美国在内的所有国家所能实现的最理想的结果也就是成为地区霸权，而不可能是全球霸权。同时，由于水域的这种阻遏力量，美国难以对其他主要国家构成足够的威胁，因此，其他国家不会制衡美国。②

这里的问题是，水域的阻遏作用显然应当是客观的、无选择性的和双向的，它能阻遏美国对中国的军事投送能力，同样也必然会阻遏中国对美国的军事投送能力，可为什么同样一片太平洋，对美国军事投送能力的阻遏效果就可以如此之好以至于中国感受不到美国的威胁因而放弃制衡美

---

① 如前所述，进攻性现实主义代表人物米尔斯海默曾对冷战后中国和美国的行为分别做过具体的解释，这使得这里的批评愈发具有针对性。

② John J. Mearsheimer, *The Tragedy of Great Power Politics*, New York: W. W. Norton & Company, 2001, pp. 40 – 41, 114 – 119, 382.

国，而它对中国军事投送能力的阻遏效果却如此之差以至于美国会为自身的安全而不遗余力地遏制中国？更何况，无论从任何意义上讲，美国的军事投送能力都远远强于中国。在这里，进攻性现实主义理论面临着与威胁平衡理论相似的困境：假如海洋对美国军事投送能力的阻遏作用已经足以将美国对他国的威胁削弱到他国无须担忧的程度，而同时他国的军事投送能力又都远逊于美国，那么相较于中国，美国就应当更加不必担心自己的安全，就应当同中国一样放弃结盟策略；而假如弱于美国的中国都有能力克服水域的阻遏作用而对美国施加足够程度的安全威胁以至于美国不得不积极做出防范，那么美国就更有可能克服水域的阻遏作用对中国构成更大的威胁从而迫使中国做出比美国更加积极的防范努力。

即使不考虑中美互动对安全威胁视角的解释所造成的两难局面，而只考虑美国单方的行为，进攻性现实主义的解释也同样存在逻辑缺陷。既然如进攻性现实主义理论所说，受水域阻隔的影响，成为地区霸权就足以确保一个国家的安全，那么早已成为西半球霸权的美国为什么还会对中国的崛起那么敏感和担忧呢？米尔斯海默对此的解释是，因为美国担心中国成为地区霸权后会支持美国的邻国（如墨西哥）挑战美国的霸权。[1] 乔纳森·科什纳（Jonathan Kirshner）对此进行了反驳：首先，中国即使不是地区霸权，也仍然可以这么做。美国不可能为防范这种行为而将所有区域外的国家都作为遏制对象。其次，假如中国采取这种行为就足以威胁美国的地区霸权，那么地区霸权就不可能像米尔斯海默所强调的那样能够确保国家的绝对安全。[2]

笔者还愿从另一个角度追问：假如国家的行为就如米尔斯海默所宣称

---

① John J. Mearsheimer, *The Tragedy of Great Power Politics*, New York: W. W. Norton & Company, 2001, pp. 142 – 143.

② Jonathan Kirshner, "The Tragedy of Offensive Realism: Classical Realism and the Rise of China," *European Journal of International Relations*, Vol. 18, No. 1, 2010, p. 65.

的那样就是为了确保自身的安全，而确立地区霸权已经是实现这一目标的最理想最可靠的方式，那么，当中国也如美国一样在自己所在的半球建立霸权之后，它还有什么理由和必要再去美国的后院挑战美国的地区霸权？这样做对中国有什么利益增量？如果支持美国的邻国真的足以威胁美国的地区霸权，那么中国难道就不担心自己的这种极具威胁的做法会招致美国的报复、刺激美国来支持自己在东亚的邻国从而颠覆自己好不容易获得的东半球霸权地位？

事实上，正如米尔斯海默自己回顾美国获取地区霸权的历程时所指出的那样，美国在 19 世纪后半叶获取西半球霸权后，就很少关心欧洲和东北亚的局势。当面对潜在的可堪匹敌的竞争者时，美国总是倾向于采取推诿责任的战略。① 他正是基于美国的经验指出，成为地区霸权就足以确保自身的安全，并主张地区霸权国应当充当离岸平衡手的角色而不应过多介入地区外的事务。既然如此，米尔斯海默又有什么理由认为将来的中国会积极介入美洲事务而挑战美国的地区霸权呢？同一个理论为什么会对中美两国行为的描述和预期如此大相径庭呢？总之，由于自身逻辑上的缺陷，进攻性现实主义理论并不能为冷战后美国在安全领域的行为提供自洽的解释。

可能会有读者提出，中国或许的确没有能力威胁美国的本土安全，但却有能力威胁美国在东亚地区的军事基地和盟友的安全。这是又一种非常普遍但同样似是而非的意见。首先，是美国在中国的家门口部署军队、扩大和加强军事同盟，不是中国在美国的家门口部署军队和结交盟友。发出初始威胁的一方是美国而不是中国。即使中国的某些反应"威胁"到了美国的军事基地和盟友，这种威胁也是美国（首先）威胁中国的结果而非原因。其次，即使我们退一步认为这种威胁是双向的且不区分谁先谁后的，但同样存在威胁程度大小的问题。无论从任何意义上讲，一个国家对

---

① John J. Mearsheimer, *The Tragedy of Great Power Politics*, New York: W. W. Norton & Company, 2001, pp. 236, 386.

自己的海外军事基地和盟友安全的担心程度，都不可能超过对本土安全的担心程度。如果说中国所威胁的是美国的军事基地及其盟友，那么美国及其在东亚的盟友所威胁的则是中国的本土。可为什么本土受到威胁的国家对威胁的反应程度反而弱于非本土受到威胁的国家呢？

综上可见，安全威胁视角的解释与相对实力视角的解释面临同样的困难，它们都难以同时自洽地解释中美两国的行为选择。从安全威胁角度解释中国的行为如果成立，那么解释美国的行为就不成立；反之亦然。然而如前所论，任何有效的理论对现象的解释都必须坚持逻辑的一致性。万有引力理论要想有效，不仅要能解释为什么苹果会落地，还要能解释火箭为什么会上天。只能解释预设范围内部分现象的理论，不是逻辑存在缺陷，就是解释力有限。总之，安全威胁视角的解释及其背后的相关理论，应当成为我们超越的对象。

◇◇ 第三节　规避未来损失的视角

以上两种视角的解释主要着眼于当前或已发生的状态，是相对静态的视角。因此一定会有学者指出，国家是有未来预见力的行为体，尽管目前自身的实力尚未被他国超越，目前自身的安全也尚未被他国威胁，但这并不意味着未来也不会。大国积极采取措施寻求改变现状，有可能是出于规避未来损失的考虑。戴尔·科普兰（Dale C. Copeland）正是基于这一视角提出了"动态差异理论"（dynamic differential theory）。该理论认为，出于规避未来更大损失的考虑，那些面临无可挽回的衰落前景的军事强国更愿意选择冒险而预先采取包括预防性战争在内的强硬手段，以试图扭转自己不断衰落的不利局面。对于处于这种情形中的国家来说，早发动战争比晚发动战争更有利。相反，那些正处于权力上升期的大国则更倾向于规避风险而选择等待，因为时间站在它们一边。[①]

　　沿袭这种分析的视角，史蒂夫·陈（Steve Chan）认为，假如一个后起大国的实力增长速度大于霸权国的实力增长速度，那么这个后起大国的理性选择就应当是推迟与霸权国正面冲突的时间，因为时间越往后，前者相对于后者的实力优势就会越大，赢得权力转移的可能性也就越大。而假如霸权国接受了其不可避免的衰落这一事实，那么后起大国甚至可以在不付出战争成本的情况下就赢得霸权。相反，挑战国的崛起会造成霸权国的相对衰落，这会给霸权国提供发动预防性战争的动机。当霸权国意识到自己的霸权地位将有很大可能在未来被崛起国取代时，霸权国更愿意在当下而不是更往后的时间采取包括预防性战争在内的遏制举措。基于这一逻辑，陈认为，由于中国正处于实力的迅速增长期，因此中国不会轻易采取改变现状的冒险举动。[②] 罗伯特·杰维斯（Robert Jervis）在分析冷战后的单极结构时，同样借鉴这一思想指出，行为体对现状越满意，它就越会担心未来潜在的损失。作为唯一一极的美国担心未来损失的心理，是导致其寻求扩张的重要动机。[③]

　　这种规避未来损失视角的解释，其核心理论依据是社会心理学中的前景理论（prospect theory）[④]。前景理论揭示的损失厌恶（loss aversion）原

　　① Dale C. Copeland, *The Origins of Major War*, Ithaca and London: Cornell University Press, 2000.

　　② Steve Chan, *China, the U. S., and the Power Transition Theory*, London: Routledge, 2008, Chap. 4, 5.

　　③ Robert Jervis, "Unipolarity: A Structural Perspective," *World Politics*, Vol. 61, No. 1, 2009, p. 200.

　　④ Daniel Kahneman, Amos Tversky, "Prospect Theory: An Analysis of Decision under Risk," *Econometrica*, Vol. 47, No. 2, 1979, pp. 263 – 292. 前景理论在国际关系学中的运用，参见 Jack Levy, "Loss Aversion, Framing, and Bargaining: the Implications of Prospect Theory for International Conflict," *International Political Science Review*, Vol. 17, No. 2, 1996, pp. 179 – 195。Jonathan Mercer, "Prospect Theory and Political Science," *Annual Review of Political Science*, Vol. 8, No. 1, 2005, pp. 1 – 21。林民旺：《国际关系的前景理论》，《国际政治科学》2007 年第 4 期。

理作为一种普遍存在的心理学规律，的确为我们理解包括国家在内的社会行为体的行为提供了很大的启发。而且，当前美国实力相对衰落以及中国实力迅速增长的现状似乎也能够在很大程度上为这种视角的解释提供现实的依据。但如果深入探究，我们仍会发现，这一视角的解释同样存在不容忽略的缺陷。

首先，面对美国的遏制，中国为什么不担心未来的损失？从规避未来损失的视角来看，冷战后，中国之所以会长时期保持克制而不制衡美国，是因为中国不像美国那样担心未来的损失，所以它更倾向于规避风险而安于现状。但问题是，为什么中国这样想崛起的大国就不担心自己未来的损失？难道中国意识不到如果现在不积极采取行动而任由美国打压，未来实现崛起的成本和难度都会更高更大吗？事实上，作为支撑科普兰理论最主要的两个案例，一战和二战中的德国都是崛起国，其实力相对于其他主要国家都是迅速上升的。① 为什么同样都是崛起国，威廉德国和纳粹德国就会出于规避未来损失（担心在未来无法超越俄国/苏联）而采取强制行动（预防性战争），而冷战后的中国却对自己未来的崛起前景漫不经心呢？科普兰总结了 3 种形式的衰落，其中一种就是由于其他国家开展军备竞赛或者结盟从而导致本国在军事和地缘政治方面相对衰落。出现这种形式的衰落，就将导致该国采取强硬反制措施。② 显然，冷战后的中国就长期经历着这种形式的衰落，但其行为与规避损失视角的理论预期并不相符。

其次，冷战后初期的美国为什么会那么急切地担心未来的损失？从规避未来损失的视角对冷战后美国行为的解释是，中国的崛起使得美国担心自己未来的霸权地位受损，因此才会预先遏制中国。但问题是，中国真正

---

① 参见科普兰自己所使用的国家实力数据：Dale C. Copeland, *The Origins of Major War*, Appendix, Table A. 2, Table A. 3.

② Dale C. Copeland, *The Origins of Major War*, Ithaca and London: Cornell University Press, 2000, p. 6.

对美国霸权地位构成威胁并非始于冷战刚结束时。1991 年，苏联解体，美国长达近半个世纪的最大威胁骤然消失，美国由两极中的一极一跃成为世界唯一的一极，当时美国的相对实力正处于上升势头。[①] 就连科普兰自己也认为，在 20 世纪 90 年代，美国在许多方面都对中国拥有明显的优势，因此尽管当时中国的经济在不断增长，但却没有理由认为中国会在整体上赶上美国，当时，中美之间的情形与冷战时期的美苏关系是完全不同的。[②] 既然如此，美国就没有理由在那么早的时候就开始对中国采取反制措施。然而客观事实却是，1992 年 3 月——苏联解体仅仅 3 个月后——美国就确立了新的对外战略，明确表示美国冷战后的首要战略目标就是防止新的有可能威胁到现有秩序的全球性竞争对手的出现。[③] 换言之，即使规避未来损失的视角可以解释 21 世纪以来特别是 2008 年金融危机以来美国为规避中国的未来威胁而采取的预防性遏制行为，这种视角也难以解释美国在此之前的行为。

再次，从历史看，为什么关心未来损失的国家如此有限？上述规避未来损失的理论认为，历史上大国间的战争，都源于其中某个大国对自身未来损失的担忧。但问题是，面临未来潜在损失是一种常见情况，任何国家都有可能因为发展速度的不均衡而面临相对衰落，可历史上却只有非常有限的大国采取了预防性战争等规避未来损失的行为。正如高程指出的，一

---

① 根据孙学峰的测算，在整个 20 世纪 90 年代，美国的经济实力占全部七个主要国家（中、法、德、日、俄、英、美）经济实力总和的比例一直超过 40%。并且这一数字在 1996 年以后还在逐步增加，到 2002 年时达到 47.9%。在军事实力方面美国的优势更加明显，军费开支占七国总值的比例始终高居 60% 以上。见孙学峰《中国对美政策的战略效应》，《国际政治科学》2005 年第 1 期。从这些数据来看，至少在 20 世纪 90 年代，美国实力不能被视作相对衰落。

② Dale C. Copeland, *The Origins of Major War*, Ithaca and London: Cornell University Press, 2000, p. 51.

③ "Excerpt from Pentagon's Plan: 'Prevent the Re-Emergence of a New Rival,'" *New York Times*, March 8, 1992, quoted from John J. Mearsheimer, *The Tragedy of Great Power Politics*, New York: W. W. Norton & Company, 2001, p. 386.

战后美国的经济实力和潜力已经取得了相当的优势，但当时的欧洲主要国家却并不大关心美国实力的动态变化；19 世纪末至 20 世纪初，英国的经济实力和发展潜力呈现出不可逆转的下降趋势，但它却并未向迅速崛起并逐渐获得欧洲大陆"准霸主"地位的德国发动预防性战争。①

最后，如果衰落是一个相对概念，并且所有国家都对自己未来的衰落敏感，那么大国之间的安全互动应当呈现为一个急剧升级的螺旋状态，因为其中一方出于规避未来损失的需要而采取的加强自身实力的行为和预防性措施，会反过来导致另一方实力的相对衰落，从而刺激另一方采取更为激烈的预防性措施。② 但历史上大国的互动却并非如此。典型的例子如纳粹德国的扩张，它所引起的并非是英法等国的反制性预防措施，而是不断的绥靖。科普兰对纳粹德国扩张的解释是它担心苏联的崛起。可问题是，面对纳粹德国的崛起，为什么其他大国就不担心呢？其他大国为什么就没像纳粹德国那样也采取积极预防措施从而更早一步发动第二次世界大战呢？

总之，对未来损失的考虑固然会对大国的决策产生不容忽视的影响，但这种影响在很大程度上只是一种必要的非充分条件，它的具体作用机制有待进一步探究。

---

① 高程：《市场扩展与崛起国对外战略》，《国际政治科学》2011 年第 3 期。
② 这类似安全困境模型所描述的螺旋状态，参见 Charles L. Glaser, "The Security Dilemma Revisited," *World Politics*, Vol. 50, No. 1, 1997, p. 171。科普兰曾对他的理论和安全困境理论做过区分，指出后者认为只有当互动中一方实际采取防御措施后，另一方才会采取应对措施，随之才会产生螺旋；而前者则认为，即使对方尚未采取实际的防御措施，己方仍然有可能因为不利于自己的实力发展趋势而采取预防性措施。参见 Dale C. Copeland, *The Origins of Major War*, Ithaca and London: Cornell University Press, 2000, p. 52。但这种区分并不否定安全困境理论的螺旋机制。当对方实际采取了某种安全行为后，其对己方未来前景所造成的威胁感显然应当比其尚未采取该行为时更强烈，依据科普兰的逻辑，己方采取预防性措施的态度应当会更积极更坚决，所采取的措施应当会更强硬。

◇◇ 第四节　制度、内政与认同的视角

在现实主义范式之外，冷战后，美国和中国的行为选择问题也吸引了自由主义和建构主义等其他范式学者的关注，他们尝试从制度、内政及认同等角度解释冷战后大国的战略反应。以约翰·伊肯伯里（G. John Iken-berry）为代表的制度主义学者认为，冷战后没有出现别的大国制衡美国的现象，源于美国独特的国际制度安排。美国自二战结束以来建立了一套较为完善的多边制度体系，这种制度体系对美国自身构成了有效的约束。同时，由于这种制度体系在美国的主导下长期保持着稳定性，因此其他国家已经习惯和依赖于现有的秩序。此外，美国国内政治制度的透明性也降低了他国的威胁感。① 约翰·欧文（John M. Owen）则从认同的角度指出，一个国家统治精英与其他国家统治精英在意识形态上的差异会对该国的战略选择产生重要的影响。美国自二战以来不断向外推广自由主义意识形态，这使得工业民主化国家倾向于接受而非制衡美国的霸权。②

爱德华·罗兹（Edward Rhodes）从民主和平论的视角认为，西方国家自由民主的政治体制是抑制这些国家制衡美国的重要原因。通过限制国家决策者随意与他国建立军事联盟或者任意扩张军备，民主制度从国内层面增加了制衡他国的实施难度。同时，实行民主制度的国家之间已经建立

---

① G. John Ikenberry, "Institution, Strategic Restraint, and the Persistence of American Postwar Order," *International Security*, Vol. 23, No. 3, 1998/1999, pp. 45 – 78; G. John Ikenberry, "Democracy, Institutions, and American Restraint," in G. John Ikenberry, *America Unrivaled: The Future of the Balance of Power*, Ithaca: Cornell University Press, pp. 213 – 238.

② John M. Owen, "Transnational Liberalism and American Primacy; or, Benignity Is in the Eye of the Beholder," in G. John Ikenberry, ed., *American Unraveled: The Future of the Balance of Power*, Ithaca: Cornell University Press, pp. 239 – 259.

起相对完整的机制来解决利益争端，保证国家主权以及确保物资的流通，从而降低了制衡的必要性。① 建构主义学者托马斯·里斯（Thomas Risse）认为，自由主义国家在当前的国际体系中居于主导地位，而自由主义国家相互间存在着强烈的集体认同感和共同的价值观、稳定的相互依赖性以及高度制度化的互动关系，这使得它们在安全认知上建构出一种"共同体"的观念，这些国家不再将共同体内的其他成员视作敌人，制衡行为因而也就不会出现。②

除此之外，金骏远（Avery Goldstein）试图从类似的视角为冷战后美国遏制中国寻找依据。他指出，中国拒绝承认民主价值观的普世性不是西方定义的自由民主国家，而且在重大安全问题上的决策不受代议制的约束，而是由少数领导精英所垄断的，这些都使得西方国家难以消除对中国的忧虑。不仅如此，中国还是一个从不民主体制向民主体制转型的国家，根据爱德华·曼斯菲尔德（Edward Mansfield）和杰克·斯奈德（Jack Snyder）的民主过渡理论，处于这一过程的国家最为危险，最有可能采取破坏性的对外政策。③ 随着老一辈领导人的逝去，中国政治的集体领导特性凸显，这可能会导致政府对社会的控制力下降，而这将使中国领导层不得不迎合民众在民族主义方面的诉求，无疑会增加中国的危险性。此外，中国目前对国际制度的态度仍然具有选择性，东亚地区的国际制度建设相较

① Edward Rhodes, "A World Not in the Balance: War, Politics, and Weapons of Mass Destruction," in T. V. Paul, James J. Wirtz, and Michel Fortmann, eds. *Balance of Power: Theory and Practice in the 21st Century*, Stanford: Stanford University Press, 2004, pp. 150 – 176.

② Thomas Risse, "U. S. Power in a Liberal Security Community," in G. John Ikenberry, ed. , *American Unraveled: The Future of the Balance of Power*, Ithaca: Cornell University Press, pp. 260 – 283.

③ Edward Mansfield, Jack Snyder, "Democratization and the Danger of War," *International Security*, Vol. 20, No. 1, 1995, pp. 5 – 38; Edward Mansfield, Jack Snyder, "Democratic Transitions, Institutional Strength, and War," *International Organization*, Vol. 56, No. 2, 2002, pp. 297 – 337.

于欧洲等其他地区也远未达到成熟的程度。所有这些都使得美国等西方国家认为对中国采取对抗性政策是合理的。[①]

这些基于自由主义和建构主义研究传统的解释，为我们理解当代国际政治提供了更为丰富的视角，而且在很多情况下，制度和认同也的确深刻地影响着国家间的关系和互动，但这些视角的解释同样不足以充分解释本书的困惑。对于制度视角的解释，支持者认为是因为制度对美国行为的约束作用使得其他国家对其不再担心。但这个逻辑与前面安全威胁的逻辑存在相似的问题：美国是世界上实力最强大的国家，因此它违背制度的能力和可能性最大。既然其他国家认为国际制度对美国都能实施有效约束（因而觉得无须制衡美国），那么它们为什么还会担心国际制度对中国的约束力呢？假如国际制度连中国都无法有效约束（因而美国必须对中国采取遏制），那么其他大国又有什么理由相信它反而能够有效约束比中国强大得多的美国的行为呢？对于民主和认同视角的解释，支持者认为，其他国家不制衡美国是因为它们同属一个安全共同体，拥有共同的价值观和身份认同。但是对于中俄等不属于西方观念共同体的大国，这种视角的解释就无能为力了。而冷战后的中国的行为正是本书所要解释的核心对象之一。

◇◇ 第五节　现有理论难以解释现实的原因

以上各种视角的解释，涵盖了目前国际关系学中的大部分主流理论思想。如上所述，这些解释在面对第一章提出的那个经验困惑时无一例外地失败了。为什么冷战后美国和中国的那些看似理所当然的行为，现有理论却不能给出逻辑一致和自洽的解释呢？本书旨在寻求一般性理论的创新，

---

① Avery Goldstein, *Rising to the Challenge*: *China's Grand Strategy and International Security*, California: Stanford University Press, 2005, pp. 93 - 99.

因此我们不仅需要知道现有理论解释存在哪些错误和不足，更需要知道为什么会有这些错误和不足。只有明确现有理论难以完满解释现实的原因，才有可能避免重蹈前辈学者的覆辙，才有可能发展出相较于现有理论更好的新理论。导致现有理论在解释冷战后国际政治现实时陷入窘境的原因有以下三个方面。

一 缺乏互动的分析框架

从前面的批判性回顾可以看出，现有的大部分解释视角存在的最突出问题是难以同时自洽地解释霸权国和崛起国两者的行为。然而，前面已经反复指出，对于理论预设解释范围内的现象，无论其运动和变化方向如何，都需遵循该理论所预先规定的同一套逻辑和机制。现有大部分理论只能在解释美国和中国其中一方时保持自身的逻辑一致性，一个根本性的症结在于学者们在建构和运用这些理论时缺乏互动的分析框架。

国际关系的主流理论范式如现实主义和自由主义，都坚持或支持理性主义认识论和理性选择方法，都假定国家等行为体的决策是理性的，这也是这些理论相信其能够对具有主观能动性的行为体的行为做出因果解释的一个重要前提。① 但是，理性决策存在两种不同性质的类型，这个至关重要的区分常常为国际关系学者所忽视。第一种类型的理性决策适用于这样一种情形：一个行为体的决策独立于其他行为体的决策。换句话说，无论

---

① 关于国际关系理论中有关理性、理性主义和理性选择的讨论，可参见 Miles Kahler, "Rationality in International Relations," *International Organization*, Vol. 52, No. 4, 1998, pp. 919 – 941. James Fearon and Alexander Wendt, "Rationalism v. Constructivism: A Skeptical View;" in Walter Carlsnaes, et al. eds., *Handbook of International Relations*, London: Sage Publications, 2002, pp. 52 – 72. Duncan Snidal, "Rational Choice and International Relations," in Walter Carlsnaes, et al. eds., *Handbook of International Relations*, London: Sage Publications, 2002, pp. 73 – 94。

其他行为体如何决策，都不会影响该行为体每个策略选项的效用。完全竞争市场中的企业的决策是这种类型的理性决策的一个典型例子。在完全竞争市场中，生产同一种商品的企业数量非常多，因此，每个企业的生产决策都无须考虑其他企业的决策，而只以市场供求关系为依据。在这种情形下，理性决策是一个"自动"的过程，各个策略选项的成本和收益是独立且自在的，决策者只需将其效用按大小排序，选择效用最大的策略选项即可。

另一种类型的理性决策则适用于这样一种情形：一个行为体的决策依赖于其他行为体的决策，其他行为体所做的不同决策会对该行为体决策的效用产生影响。不完全竞争市场中的企业的决策就属于这种类型，它们不仅要考虑市场的供求关系，还必须考虑其他企业的生产决策，各个企业的决策会对彼此决策的效用产生不可忽略的影响。在这种情形下，不同行为体的目标、可选策略选项及其效用大小等信息会影响每个行为体的决策及最终的结果。这种类型的理性决策是一个"互动"的过程，每个策略选项的成本和收益无法独立地求解，每个行为体的任何一种行为的效用都将受到其他行为体行为的影响而自己无法完全地控制。在这种情况下，引入博弈论这样的分析工具，从互动的视角分析行为决策就变得自然而有必要。①

国际关系学研究的核心对象是国家的行为。国家处于国际体系之中，国际体系则是指由国家等行为体组成的系统，在这个系统中，每个国家的

---

① 有关这两种理性决策类型的讨论，参见周方银《小国为何能长期存在》，《国际政治科学》2005 年第 1 期。有关博弈论对国际关系学中行为体战略决策分析的意义，还可参见 [美] 托马斯·谢林《选择与结果》，熊昆、刘永谋译，华夏出版社 2007 年版，第 265—299 页。Emerson M. S. Niou, Peter C. Ordeshook, and Gregory F. Rose, *The Balance of Power: Stability in International System*, New York: Cambridge University Press, 1989, pp. 4 – 6. Robert Powell, "Game Theory, International Relations Theory, and the Hobbesian Stylization," in Ira Katznelson, and Helen V. Milner, eds., *Political Science: State of the Discipline*, New York: Norton, 2002, pp. 755 – 783.

行为选择都会影响到他国的行为选择。① 根据这个定义，处于国际体系中的任何国家，其决策都是一个"互动"的过程。如果说国际关系理论的主要功能就是解释国家行为，那么，从理论上讲，任何脱离"互动"视角的理论构建和运用都将是无效的。应当承认，现有国际关系理论中并不乏互动和博弈的思想，经典成果如沃尔兹从国际体系层次对战争的解释，② 托马斯·谢林（Thomas C. Schelling）、罗伯特·阿克塞尔罗德（Robert Axelrod）等学者从互动的视角对威慑、合作等问题的研究，③ 约翰·赫兹（John H. Herz）和罗伯特·杰维斯（Robert Jervis）等学者的安全困境理论，等等。④ 但毋庸讳言，在国际关系理论研究中，互动和博弈的研究路径尚未形成一个连贯的研究纲领。⑤ 同样是以人类行为作为核心研究对象的社会科学，国际关系学对互动思想的自觉意识和理论化程度远低于经济学。

---

① Barry Buzan, "From International System to International Society: Structural Realism and Regime Theory Meet the English School," *International Organization*, Vol. 47, No. 3, 1993, pp. 327–352. ［美］罗伯特·杰维斯：《系统效应：政治与社会生活中的复杂性》，李少军、杨少华、官志雄译，上海人民出版社 2008 年版，第 3—19 页。［美］詹姆斯·多尔蒂、小罗伯特·普法尔茨格拉夫：《争论中的国际关系理论》，阎学通、陈寒溪等译，世界知识出版社 2003 年版，第 3 章。

② Kenneth N. Waltz, *Man, the State and War: A Theoretical Analysis*, New York: Columbia University Press, 1959.

③ Thomas C. Schelling, *The Strategy of Conflict*, Cambridge, Mass.: Harvard University Press, 1960. Thomas C. Schelling, *Arms and Influence*, New Haven: Yale University Press, 1966. Robert Axelrod, *The Evolution of Cooperation*, New York: Basic Books, 1984. Robert Axelrod, *The Complexity of Cooperation: Agent-Based Models of Competition and Collaboration*, Princeton: Princeton University Press, 1997.

④ John H. Herz, "Idealist Internationalism and the Security Dilemma," *World Politics*, Vol. 2, No. 2, 1950, pp. 157–180. Robert Jervis, "Cooperation under the Security Dilemma," *World Politics*, Vol. 30, No. 2, 1978, pp. 167–214.

⑤ David A. Lake and Robert Powell eds., *Strategic Choice and International Relations*, Princeton: Princeton University Press, 1999, p. 5. 有关博弈论在国际关系研究中的应用问题的较早讨论，参见 Duncan Snidal, "The Game Theory of International Politics," *World Politics*, Vol. 38, No. 1, 1985, pp. 25–57。

忽视互动的分析视角，理论对国家行为的解释就只能是静态的和孤立的，它必须或明确或暗含地假定其他国家的行为选择是固定的或者是不受被解释国家行为影响的。但显然，这种假定严重背离了国际政治的现实，所以注定会损害理论的解释力和逻辑的一致性。不妨以前面反复提及的米尔斯海默的进攻性现实主义为例。米尔斯海默基于5个假定演绎出其理论的核心逻辑：因为无政府状态下国家的生存缺乏更高权威的保障，而他国的意图又难以确定，所以国家为了确保自己的生存，"理性"的选择就是追求自身权力的最大化。① 这个看似"理性"的演绎其实遗漏了一个至关重要的假定：一个国家在追求权力最大化的过程中，其他国家的行为始终保持不变。只有在这个前提下，该国追求自身权力最大化才是理性的，才是确保自身生存的最佳战略。换言之，米尔斯海默所理解的"理性"是上述第一种类型。

但显然，这个假定违背了国际政治的基本常识。一个国家在追求自身权力最大化的过程中，其他国家不可能视而不见，无动于衷。科什纳在批判米尔斯海默理论时就曾犀利地指出，"当一个霸权国"（being a hegemon）和"竞标霸权"（bidding for hegemony）是完全不同的两件事。当一个国家已经成为霸权国后，那么它业已获得的"霸权"的确可以保证它的生存，但争夺霸权却是"导致一个大国走向毁灭的少数几条途径之一"。② 道理很明显，一个大国如果选择争夺霸权而追求权力最大化，其行为势必会引发其他国家相应的战略反应。其他国家的战略反应会对该国追求霸权的效用产生抵消性的影响，从而使得该国权力最大化的行为变得

---

① John J. Mearsheimer, *The Tragedy of Great Power Politics*, New York: W. W. Norton & Company, 2001, Chap. 2. 这5个假定分别是国际体系处于无政府状态；大国总是具备一定的进攻性军事能力；国家永远难以确定他国的意图；生存是大国的首要目标；大国是理性行为体。

② Jonathan Kirshner, "The Tragedy of Offensive Realism: Classical Realism and the Rise of China," *European Journal of International Relations*, Vol. 18, No. 1, 2010, p. 61.

不再理性。

如科什纳所论，一个有潜力竞标霸权的大国，在其选择竞标霸权之前，其生存概率的一个非常保守的估计是98%，而假设其最终成功成为霸权国，这个概率将会提高到99.999%，但竞标失败（并因此遭到毁灭）的可能性的一个同样非常保守的估计是50%。① 也就是说，该大国不追求霸权就已经有相当高的把握确保其生存，其获得霸权的边际收益非常有限，但其追求霸权的行为却有着相当大的风险使其遭遇灭顶之灾。在这种情况下，如果该国依然坚持选择追求霸权，那么它无论如何也很难被认为是"理性"的。正是由于米尔斯海默没有从互动的视角去建立分析框架，没有将其他行为体的反应和影响纳入推导过程中，因此导致了其理论在学理上是缺乏解释力的，在政策建议上是危险的，同时也注定了这样的理论不可能成功解释处于互动中的霸权国和崛起国的行为选择。

为了成功地解答本书一开始所提出的那个困惑，我们必须首先正视一个事实：美中两国的行为选择都是在互动状态下做出的，两国在做各自的决策时，必然会对另一国已经做出的决策以及未来有可能做出的反应给予足够的重视和充分的考虑，而不可能在"孤立"状态下决策。既然如此，要想对冷战后中美双方的行为——以及更为一般地，对霸权国和崛起国的行为——做出完满而自洽的解释，就必须将它们看作一个互动的整体，引入博弈的视角和方法加以研究。

二　轻视国家的权力动机

任何理论的演绎都需要依赖一定的假定（assumption）和前提（prem-

---

①　这是一个非常保守的估计值。因为根据米尔斯海默自己的论述，实际有80%的竞标霸权的国家都失败了。Jonathan Kirshner, "The Tragedy of Offensive Realism: Classical Realism and the Rise of China," *European Journal of International Relations*, Vol. 18, No. 1, 2010, p. 63.

ise），这些假定和前提为理论设定了逻辑起点和初始状态，是理论大厦得以建立的基石。同时，假定和前提恰当与否，也直接影响着理论与现实的吻合程度及理论自身的解释力。自二战结束以来，特别是自 1979 年华尔兹《国际政治理论》出版以来，大多数以国家的政治行为为主要解释对象的主流理论①都将国家对军事安全的需求，特别是对生存安全的需求，作为其分析演绎的重要初始条件和核心关切点。国家的军事安全既是国家行为的第一驱动因素，也是理论在价值层面的终极归宿。② 似乎争取和实现国家的军事安全就是国家和理论家所做工作意义的绝大部分，如果不是全部的话。但遗憾的是，这种对国家安全需求的过分强调，是导致许多理论难以准确解释冷战后大国行为的另一个重要原因。

以摩根索为代表的古典现实主义理论家，曾一度视权力为国家的核心追求目标。摩根索明确断言：与其他任何政治活动一样，国际政治同样是围绕权力竞争的活动，它的直接目标就是追求更大的权力。③ 此后，以华尔兹为代表的新一代理论家为规避人性这一不可证伪的命题，同时为了追求理论的简约性，将理论的逻辑起点由人性转移到国际政治的无政府性上。这个逻辑起点转移的直接后果，就是使得安全取代权力成为理论家构建理论、解释国家行为的首要出发点。

华尔兹理论的核心逻辑是，因为国际政治是无政府的，所以国际体系是一个自助体系，国家的安全除了自己之外再无任何可靠的保障，因此生

---

① 亦即不包括那些用政治因素解释国际经济现象的国际政治经济学理论。在国际关系学中，以政治现象为主要解释对象的理论研究，有时被含混地称为"国际安全研究"，这个称谓并不恰当，但却很好地反映了现有研究对安全的关切点。有关国际安全研究的内涵及其演变过程，参见 Barry Buzan, and Lene Hansen, *The Evolution of International Security Studies*, Cambridge: Cambridge University Press, 2009。

② David A. Baldwin, "The Concept of Security," *Review of International Studies*, Vol. 23, No. 1, 1997, p. 9.

③ ［美］汉斯·摩根索：《国家间政治——权力斗争与和平》，徐昕、郝望、李保平译，王缉思校，北京大学出版社 2006 年版，第 55 页。

存安全是国家的首要考虑。为了确保生存，国家需要足够的实力。又因为太强的实力会引发其他国家对自身安全的担忧从而引发制衡，因此国家间的实力均衡是维持国家安全的最优机制。① 不仅如此，华尔兹的理论还凸显了一个有悖直觉而又令人不寒而栗的情境：即使国际体系中的所有国家都只追求自身的安全，但由于安全困境原理，所有国家也会相互攻击，从而使自身的安全更加恶化。② 换言之，由于无政府状态，因此所有的国家都必须追求安全性；而追求安全性的举动又会使得各国更不安全，从而反过来又进一步强化了国家对安全的需求。总之，在华尔兹的理论框架中，国家的安全需求是所有理论推导的前提，实现国家安全是所有战略处方的目标。

华尔兹的理论尽管不断受到现实主义阵营内外学者的猛烈批评，但在安全需求这个假定上，该理论对此后国际关系理论研究的影响力却无疑是范式性的（paradigmatic）。可以毫不夸张地说，"对国家军事安全的首要关切"已经成为华尔兹以后主流国际关系理论界的一种"规范"，在发展国际政治宏观理论时，很多理论家都自动地将国家对军事安全的追求作为其理论推演的重要前提，并将这种做法视为理所当然。③ 例如，在结构现实主义理论提出之后，现实主义阵营又涌现出两个重要的理论分

---

① Kenneth N. Waltz, *Theory of International Politics*, Reading, Massachusetts：Addison-Wesley Publishing Company, 1979, Chap. 6.

② 参见 Randall L. Schweller, "Realism and the Present Great Power System：Growth and Positional Conflict Over Scarce Resource," in Ethan B. Kapstein and Michael Mastanduno eds. , *Unipolar Politics：Realism and State Strategies After the Cold War*, New York：Columbia University Press, 1999, p. 34。

③ 根据托马斯·库恩（Thomas Kuhn）的范式理论，一种范式一旦确立，学术共同体就不会再质疑这种范式本身，学者们将遵循该范式的假定和理论框架，沿袭其设定的研究议程，解决具体的问题，学术研究随即进入常规科学阶段。而范式的确立与否，会受到学者们的心理、文化和价值观等社会性因素的影响，其本身并没有绝对的客观标准。参见［美］托马斯·库恩《科学革命的结构》，金吾伦、胡新和译，北京大学出版社 2003 年版。

支：防御性现实主义和进攻性现实主义。而无论是防御性现实主义还是进攻性现实主义，都将国家对军事安全（核心是生存安全）的追求作为其基本假定之一，两者的分歧仅在于它们所认为的国家实现安全的最佳方式不同。①

安全需求假定还影响到其他宏观层次理论的建构。查尔斯·格拉泽（Charles L. Glaser）尝试将现有的安全困境理论、攻防平衡理论、螺旋模型以及基于华尔兹结构现实主义框架的理性选择理论进行整合，提出"国际政治的理性理论"，试图从体系层次分析不同条件下国家的最优战略。②该理论同样将国家对军事安全的压倒性需求作为重要的隐含假定。在该理论所描绘的世界中，所有国家都始终生存在恐惧之中，这种恐惧来源于贪婪而不安的邻国随时可能发动的军事进攻。③ 在格拉泽看来，该理论的任务就是告诉人们，在这样一种环境下，一个国家究竟能够实现多大程度的安全。④ 不仅现实主义阵营的学者如此，其他宏观层次理论的构建者也同样很难摆脱"安全需求"这种理论教条的束缚。例如，唐世平尽管承认恐惧和对安全的需求并非在任何时候都是国家行为的主导性动机，对利益和荣誉的追求同样重要，⑤ 但是他在构建其国际政治的社会演化理论时，仍然将国家对生存安全的追求视为推动国际政治演化的核心驱动力。依据其理论，国家为了避免被他国征服因此需要征服他国，是由"进攻性现实

---

① Shiping Tang, *A Theory of Security Strategy for Our Time：Defensive Realism*, New York：Palgrave Macmillan, 2010, pp. 18 – 19, 29 – 32.

② Charles L. Glaser, *Rational Theory of International Politics：The Logic of Competition and Cooperation*, Princeton and Oxford：Princeton University Press, 2010.

③ Randall L. Schweller, "Rational Theory for a Bygone Era," *Security Studies*, Vol. 20, No. 3, 2011, p. 460.

④ Charles L. Glaser, *Rational Theory of International Politics：The Logic of Competition and Cooperation*, Princeton and Oxford：Princeton University Press, 2010, p. 3.

⑤ Shiping Tang, "Fear in International Politics：Two Positions," *International Studies Review*, Vol. 10, No. 3, 2008, p. 451.

主义世界"进化为"防御性现实主义世界"的"根本机制"。① 就连反对
物质主义本体论和理性主义认识论的建构主义，虽然强调国家利益可以通
过后天社会互动建构而成，但也承认国家对生存的需求是根植于人性的第
一需要。②

　　不仅宏观层次理论强调国家对安全的追求，现有的以政治现象为主要
解释对象的各种经典中层理论，也大都将国家的军事安全作为理论的出发
点或政策归宿。在均势理论中，均势的首要功能就是维护国家安全，避免
被他国征服，而维护国家安全同样也是国家选择制衡战略的重要原因。③
权力转移理论和霸权稳定论关注的核心都是权力分配的变化对国际安全的
影响，探究的是什么样的实力对比最有可能引发/避免体系性的战争。④
前面提及的以权力转移理论为基础的科普兰的动态差异理论，甚至直接明
确假定，安全而不是效用或利益的最大化是国家的唯一目标。⑤ 在经典联
盟理论中，无论是解释联盟的生成，⑥ 还是探讨联盟内部的政治关系，⑦

---

① Shiping Tang, "Social Evolution of International Politics: From Mearsheimer to Jervis," *European Journal of International Relations*, Vol. 16, No. 1, 2010, pp. 31–55.

② [美] 亚历山大·温特:《国际政治的社会理论》，秦亚青译，上海人民出版社 2000 年版，第 162—164 页。

③ 对均势理论的梳理，可参见 Michael Sheehan, *The Balance of Power: History and Theory*, London and New York: Routledge, 1996; Richard Little, *The Balance of Power in International Relations: Metaphors, Myths and Models*, Cambridge: Cambridge University Press, 2007。

④ A. F. K. Organski, *World Politics*; A. F. K. Organski and Jacek Kugler, *The War Ledger*. Robert Gilpin, *War and Change in International Politics*, Cambridge: Cambridge University Press, 1981.

⑤ Dale C. Copeland, *The Origins of Major War*, Ithaca and London: Cornell University Press, 2000, p. 28.

⑥ Stephen M. Walt, *The Origins of Alliances*, Ithaca, N. Y.: Cornell University Press, 1987.

⑦ Glenn H. Snyder, "The Security Dilemma in Alliance Politics," *World Politics*, Vol. 36, No. 4, 1984, pp. 461–495.

安全都是理论家分析和推导的起点。时至今日，国家的军事安全依然是联盟政治研究的核心关切。① 更不用说安全困境理论、威慑理论、攻防理论这些原本就是以军事冲突和安全状态为出发点和解释对象的狭义的国际安全理论了。就连民主和平论、贸易和平论这些现实主义研究传统之外的理论，尽管在诸多方面与现实主义理论存在分歧，但在议程设置的根本出发点上，它们与上述现实主义理论别无二致：规避战争，确保安全。

然而，包括上述那些以安全需求作为理论"第一推动"的学者在内的整个国际关系学术共同体，恐怕都不会否认安全并不是国家追求的全部，也不是影响国家行为的唯一因素。结构现实主义的重要思想源泉是霍布斯的政治思想，但正如有学者已经注意到的那样，霍布斯本人并未将无政府状态下人的行为完全归结为对自身安全的追求。在霍布斯看来，在自然状态下导致纷争的主要动因有三个：追求收益而竞争，担心安全而缺乏自信，在乎声望而追求荣耀。在无政府状态下，人的确会因为恐惧和不信任而相互攻击，但这仅仅是导致冲突的原因之一。不同的人在同一时刻想占有同一物品，而往往他们又不愿与他人分享该物品，又或者该物品无法被切分，在这种情况下，人们只有通过武力决定该物品的归属，这才是导致无政府状态下暴力冲突频发的最主要的原因。②

在政治领域，行为体除了自身安全以外追求的最重要的目标无疑就是权力。即使权力不包括物质性利益而只包含荣誉和地位等象征性利益时，同样如此。马克斯·韦伯（Max Weber）指出，对一个国家利益的损害或许能够得到该国的宽容，但对其尊严和荣誉的伤害却不可能得到容忍，尤

---

① 有关联盟理论研究的梳理，参见曹金旭《同盟政治理论的发展》，《国际政治科学》2011 年第 4 期。

② Quoted from Randall L. Schweller, "Realism and the Present Great Power System: Growth and Positional Conflict Over Scarce Resource," in Ethan B. Kapstein and Michael Mastanduno eds., *Unipolar Politics: Realism and State Strategies After the Cold War*, New York: Columbia University Press, 1999, p. 34.

其当这个国家非常自负和自以为是的时候，更是如此。① 在国际政治中，由此引发的对国家间地位的竞争，是导致国际形势恶化的重要原因。② 这种对权力地位的追求，在古典现实主义中被归因为人性。后来的新现实主义以人性不可证伪为由，将国家的这一重要需求排除在了理论框架之外。③ 但事实上，人对权力的欲望和追求，有着深刻而坚实的生物学和心理学依据。

演化心理学的研究显示，人类对支配地位的追求根源于对更多繁殖机会的追求。处于支配地位的人能够为配偶提供更多更好的资源，因而更容易取得异性的青睐，同时，处于支配地位的人能够更轻易地从竞争对手手中争夺到异性。因此，漫长的自然选择和演化的结果就是，那些成功追求到支配地位的人的基因更多地得到了延续，而那些不热衷追求支配地位的人的基因则由于繁殖机会的匮乏而逐渐被自然选择所淘汰。④ 事实上，不仅是人类，科学家在螯虾和黑猩猩等动物身上同样发现了非常广泛的支配等级现象。对螯虾的实验还表明，动物的生理机制不愿意接受其从支配地位到从属地位的变化。⑤ 从这个意义上讲，将国家对权力的追求归结于"人性"，的确是不太准确。更彻底地说，对支配地位的渴望是一种"动物性"。与演化心理学密切相关的社会生物学的相关理论也显示，人类具有利

① Max Weber, "The Profession and Vocation of Politics," in Peter Lassman and Ronald Speirs eds. , *Weber: Political Writings*, Cambridge: Cambridge University Press, 1994, p. 356.

② Richard Ned Lebow, *A Culture Theory of International Relations*, Cambridge: Cambridge University Press, 2008. Jonathan Renshon, "Status Deficits and War," *International Organization*, Vol. 70, No. 3, 2016, pp. 513 – 550.

③ Bradley A. Thayer, "Bringing in Darwin: Evolutionary Theory, Realism, and International Politics," *International Security*, Vol. 25, No. 2, 2000, pp. 124 – 125.

④ 心理学相关实证研究的综述，参见 [美] D. M. 巴斯《进化心理学：心理的新科学》，熊哲宏、张勇、晏倩译，华东师范大学出版社 2007 年版，第 389—396 页。

⑤ Marcia Barinaga, "Social Status Sculpts Activity of Crayfish Neurons," *Science*, Vol. 271, No. 5247, 1996, pp. 290 – 291.

己的动机以及对支配地位的追求，并不是某种神学或者形而上学的假说，而是随机遗传漂变、迁徙、突变以及自然选择等演化过程的自然结果。①

此外，人对社会认同的追求同样也是促使国家追求权力的重要因素。社会认同理论（social identity theory）指出，人的社会认同的获得，在很大程度上取决于他所在的群体。由于所在的群体会反映人的身份，因此人们总是希望自己所属的群体拥有好的社会认同。而获得社会认同的重要方式，就是获得更高的社会地位。②

一些国际关系学者也意识到现有国际关系主流理论在国家动机假定上的这一问题。沃尔福斯认为，现有的那些与战争相关的理论都假定人的主要动机就是追求物质安全和繁荣这样的有形目标，这是导致这些理论与大国间的真实互动越来越不相关的重要原因。人们的行为还受到许多非工具性动机的驱动，其中尤为重要的就是对相对社会地位的追求。③ 施维勒和沃尔福斯在总结现实主义不同分支理论的共性时也认为，所有战争所追求的目标，其实都只不过是权力的不同变体。④ 理查德·勒博（Richard Ned Lebow）基于历史经验的考察，指出国家发动战争的原因很少是出于安全的目的，对地位的追求才是现代国家体系形成以来战争爆发的主要动机。⑤

---

① Bradley A. Thayer, "Bringing in Darwin: Evolutionary Theory, Realism, and International Politics," *International Security*, Vol. 25, No. 2, 2000, pp. 124 – 151. 依据生物进化理论对国家行为动机的早期探讨，可参见 Roger D. Masters, "The Biological Nature of the State," *World Politics*, Vol. 35, No. 2, 1983, pp. 161 – 193。

② 对社会认同理论的系统阐述，参见 Henri Tajfel, ed., *Differentiation between Social Groups: Studies in the Social Psychology of Intergroup Relations*, London: Academic Press, 1978。

③ William C. Wohlforth, "Unipolarity, Status Competition, and Great Power War," *World Politics*, Vol. 61, No. 1, 2009, p. 29.

④ Randall L. Schweller and William C. Wohlforth, "Power Test: Evaluating Realism in Response to the End of the Cold War," *Security Studies*, Vol. 9, No. 3, 2000, p. 71.

⑤ Richard Ned Lebow, *A Culture Theory of International Relations*. Richard Ned Lebow, *Why Nations Fight: Past and Future Motives for War*, New York: Cambridge University Press, 2010.

其他一些实证研究也显示，国家的社会地位与其实际成就之间的不一致性，是导致战争和冲突的重要原因。①

虽然一提起"权力是国家行为的重要动机"这一点，很少有国际关系学者会表示反对，而且学者们在进行政策分析或者对某经验现象做出具体解释时，通常也不会遗忘这一点，② 但是，一旦进入理论建构的层面，受新现实主义范式的影响，诸多以国家政治行为为解释对象的理论研究又都会不自觉地将行为体的动机简化为纯粹地追求安全，甚至纯粹到只追求自身的生存安全。③ 诚然，科学理论的确需要与现实保持一定的距离，需要对现实进行一定程度的抽象。也正如华尔兹所说，评价理论的第一标准是该理论的解释力。④ 但现在的问题恰恰就在于基于这个高度抽象后的假定，现有的主流理论难以解释现实。

在前面的文献回顾中，从安全威胁的视角对冷战后美国和中国行为的

---

① Thomas J. Volgy and Stacey Mayhall, "Status Inconsistency and International War: Exploring the Effects of Systemic Change," *International Studies Quarterly*, Vol. 39, No. 1, 1995, pp. 67 – 84.

② 例如 Jaap W. Nobel, "Morgenthau's Struggle with Power: The Theory of Power Politics and the Cold War," *Review of International Studies*, Vol. 21, No. 1, 1995, pp. 61 – 85; Kai He, "The Hegemon's Choice between Power and Security: Explaining US Policy Toward Asia after the Cold War," *Review of International Studies*, Vol. 36, No. 4, 2010, pp. 1121 – 1143; Stefan A. Schirm, "Leaders in Need of Followers: Emerging Powers in Global Governance," *European Journal of International Relations*, Vol. 16, No. 2, 2010, pp. 197 – 221; Daniel Flemes and Thorsten Wojczewski, "Contested Leadership in Comparative Perspective: Power Strategies in South Asia and South America," *Asian Journal of Latin American Studies*, Vol. 24, No. 1, 2011, pp. 1 – 27, etc。

③ 例如 Davide Fiammenghi, "The Security Curve and the Structure of International Politics"; John J. Mearsheimer, *The Tragedy of Great Power Politics*; Dale C. Copeland, *The Origins of Major War*; Charles L. Glaser, *Rational Theory of International Politics: The Logic of Competition and Cooperation*, Princeton and Oxford: Princeton University Press, 2010, etc。

④ Kenneth N. Waltz, *Theory of International Politics*, Reading, Massachusetts: Addison-Wesley Publishing Company, 1979, p. 6. Kenneth N. Waltz, "International Politics is Not Foreign Policy," *Security Studies*, Vol. 6, No. 1, 1996, p. 57.

解释，就充分暴露了这种将国家行为过度归因为安全需求的做法的弊端。如果假定冷战后美国和中国的第一动机是军事安全，那么与冷战后美中两国行为相一致的解释就是，冷战后中国对美国（可能）造成的安全威胁远大于美国对中国（可能）造成的安全威胁。然而如前文已经详细展示的那样，这种解释违背了国际政治的基本常识。此外，相对实力视角的解释和规避未来损失视角的解释，其核心逻辑其实也与军事安全密切相关。作为这两种解释背后的理论，无论是均势理论还是权力转移理论，国家之所以会关注相对实力及其在未来的变化，其核心是担心实力对比向不利于自身的方向变化以至于威胁到自身的（生存）安全。然而如前所述，这些视角均难以对冷战后美中两国的行为给出自洽的解释。

既然如此，我们就有必要对现有的以军事安全为核心关切的理论假定做出反思和超越。在政治领域，除了安全以外，国家追求的最重要的目标就是权力。事实上，正如有学者已经指出的那样，冷战后中国的许多战略和行为都是为了在美国权力优势的情况下谋求自身地位的提升。① 为了成功解答本书第一章提出的经验困惑，为了获得更具现实解释力的大国行为理论，我们需要扩大国家动机的范围，从追求权力地位而不是仅仅追求军事安全的视角，去思考和分析冷战后大国的行为选择。

三　拒绝承认国际体系的变化

与现有主流理论对军事安全需求过度关切紧密相关的是它们对国际体

---

① Deborah Welch Larson and Alexsi Shevchenko, "Status Seekers: Chinese and Russian Response to U. S. Primacy," *International Security*, Vol. 34, No. 4, 2010, pp. 63 – 95. 关于大国追求地位的更广泛讨论，参见 Thomas J. Volgy et al. eds. , *Major Powers and the Quest for Status in International Politics: Global and Regional Perspectives*, New York: Palgrave Macmillan, 2011; T. V. Paul, Deborah Welch Larson, and William C. Wohlforth eds. , *Status in World Politics*, New York: Cambridge University Press, 2014。

系演化的无视。这涉及如何从时间的维度看待国际政治的本质这一问题。①
受以牛顿经典力学为代表的近代自然科学的价值观的影响，为了追求不受
时空约束的普遍有效的"广义"理论，华尔兹、吉尔平、米尔斯海默等现
实主义的代表学者都曾明确宣称，国际政治的本质不会随着时间的变化而
改变。② 这种观念为众多"国际安全研究"的学者所接受。在这些学者看
来，国际政治是一个封闭而循环的体系，只要无政府状态不发生改变，无
论国际政治的外在形式如何改变，国家的行为模式都不会随时间的变化而
变化。在应对其所处的国际环境方面，处于不同历史阶段的国家所面临的
挑战不存在质的差异，最主要的挑战永远都是如何确保本国的生存安全。

格拉泽的《国际政治的理性理论》是过去三四十年"国际安全研究"
理论的集大成之作，在该理论中，这种静态化的理论路径得到了非常集中
的体现。正如施维勒所评论的那样，"该书所呈现的理论根植于 18 世纪经
典的均势逻辑"，它所描绘的世界"在很大程度上由对领土的关切所定
义，而领土则决定了谁将拥有权力、威望和安全。在这个世界中，贪婪和
不安的邻国随时有可能发动领土进攻，为此国家永远都生活在这样的恐惧
之中"。"该书所描绘的国际政治，拿破仑会非常熟悉，他如果从长眠中
突然醒来读到这本书，一定会觉得在他离开的这段岁月里几乎没有任何事
情发生了变化。"③

这种静态的体系观在主流学界非常普遍的另一个表现是，关于大国崛

---

① 关于时间因素对政治结果重要影响的系统性研究，参见 Paul Pierson, *Politics in Time: History, Institutions, and Social Analysis*, NJ Princeton: Princeton University Press, 2004。

② Kenneth N. Waltz, *Theory of International Politics*, Reading, Massachusetts: Addison-Wesley Publishing Company, 1979, p. 66; Robert Gilpin, *War and Change in International Politics*, Cambridge: Cambridge University Press, 1981, p. 7; John J. Mearsheimer, *The Tragedy of Great Power Politics*, New York: W. W. Norton & Company, 2001, p. 2.

③ Randall L. Schweller, "Rational Theory for a Bygone Era," *Security Studies*, Vol. 20, No. 3, 2011, p. 460.

起战略的研究存在一个共识，都认为如何避免或者推迟崛起国和霸权国的战争是崛起战略成功的关键和难点。① 历史上大国的崛起大都伴随着体系性的战争，并且最终的霸权总是属于战胜方的，既然当代的国际政治与此前的历史没有本质的区别，那么在研究崛起战略的学者看来，崛起国所需要做的就是从历史中汲取教训和经验，尽可能避免与霸权国过早地发生战争，与此同时，抓紧时间发展本国实力，等到国力完全超越霸权国时赢得与霸权国的战争就可以了。

但问题是，国际政治是否真的如这些学者所说，在涉及对国际体系的根本理解和准确解释的层面上是"千年不变"的？持建构主义、历史主义和演化主义的学者肯定会持否定立场。在建构主义者看来，国际体系中连同"无政府状态"在内的一切都是由社会互动后天建构而成的，既然是后天建构，国际体系的互动模式就有可能被建构成具有性质差异的不同类型，比如霍布斯式的、洛克式的甚至康德式的。② 在历史主义者看来，对国际政治的任何解释只有在具体的历史背景下才是有意义的，当代的国际体系只有从世界历史的视角出发才能得到充分的理解。包括国际关系学在内的任何一门学科都必须避免根据某个特殊时段或地域来研究的倾向。③

----

① 参见 Richard Rosecrance and Chin-Cheng Lo, "Balancing, Stability, and War: The Mysterious Case of the Napoleonic International System," *International Studies Quarterly*, Vol. 40, No. 4, 1996；孙学峰《战略选择与崛起成败（1816—1991）》，清华大学博士学位论文，2005 年；Stacie E. Goddard, "When Right Makes Might: How Prussia Overturned the European Balance of Power," *International Security*, Vol. 33, No. 3, 2008/2009, pp. 110 – 142; Michael Glosny, "The Grand Strategies of Rising Powers: Reassurance, Coercion, and Balancing Responses," Ph. D. Dissertation, Massachusetts Institute of Technology, 2011。有学者将这个难点称为"修昔底德陷阱"（Thucydides Trap），Graham Allison, "The Thucydides Trap," in Richard N. Rosecrance and Steven E. Miller eds., *The Next Great War? The Roots of World War I and the Risk of U. S. -China Conflict*, Cambridge: The MIT Press, 2015, pp. 73 – 80.

② ［美］亚历山大·温特：《国际政治的社会理论》，秦亚青译，上海人民出版社 2000 年版。

③ Barry Buzan and Richard Little, *International Systems in World History: Remaking the Study of International Relations*, Oxford: Oxford University Press, 2000.

　　演化主义者更明确地指出，国际体系的运转模式会随时间的推移而发生变化，因此在不同的时代，国家的最优战略也会有所不同，需要适时予以调整。早在中国的战国时期，韩非子就曾提出这种基于演化视角的思想，他指出，不同时期国家所面临的国际环境是不同的，因此"圣人不期修古，不法常可，论事之事，因为之备"。① 与之相应的是，不同时代的国家所选择的竞争方式也不相同，所谓"上古竞于道德，中世逐于智谋，当今争于气力"。② 唐世平系统地研究了国际政治的演化属性，明确提出国际政治是不断演化的，不同时代的国际政治有着显著的不同，因此能够完全覆盖和解释所有历史时期国际政治的理论是不存在的。基于进攻性现实主义的内在机制，国际政治大约在第二次世界大战之后，已经稳定地从一个"进攻性现实主义世界"演化为一个"防御性现实主义世界"。③

　　无论我们是否接受演化主义的观点，一个不争的事实是，自二战结束以来，大国与大国之间几乎不再发生直接的战争。即使以非常宽松的标准将 1950 年的中国和 1962 年的印度算作"大国"，④ 那么自 1945 年至今也仅发生过两次大国间的战争。⑤ 据学者统计，在 1816 年至 1945 年间，大国与大国间由于冲突升级而爆发战争的可能性为 34.6%。而在 1946 年至 1992 年间，这一数字骤降至 7.7%。该统计数据显示，与 1945 年前相比，1945 年之后大国间战争爆发的难度大幅上升。⑥ 此外，在对未来的预测

---

① 《韩非子·五蠹第四十九》。

② 同上。

③ 唐世平：《国际政治理论的时代性》，《中国社会科学》2003 年第 3 期；Shiping Tang, "Social Evolution of International Politics: From Mearsheimer to Jervis," *European Journal of International Relations*, Vol. 16, No. 1, 2010.

④ 严格来讲，根据第一章对"大国"的定义，当时的这两个国家都不是大国。

⑤ 这两场战争分别是中国抗美援朝战争和中印边境自卫反击战。参见 Raimo Vayrynen, "Introduction," in Raimo Vayrynen ed., *The Waning of Major War*, London and New York: Routledge, 2006, p. 14。

⑥ Marie T. Henehan and John Vasquez, "The Changing Probability of Interstate War, 1986 – 1992," in Raimo Vayrynen ed., *The Waning of Major War*, p. 288.

上，目前也没有依据认为大国之间会爆发大规模的全面战争。大国间的战争已趋近消亡已成为众多研究战争问题的学者的共识。①

1945 年以来，大国间战争近乎消亡，是 1648 年以来近代国际体系的一个重大变化。本书以"大国间是否发生战争"为标准，将国际体系划分为两个大的类型：战争频发体系和大国无战争体系。在近代，这两类体系分别对应 1648 年至 1945 年这段时期和 1945 年至今这段时期的国际体系。笔者在下一章将详细阐释，近代国际体系由 1945 年以前的"战争频发"类型演变为 1945 年以后的"大国无战争"类型，对大国对外战略的实施造成了重要影响，并由此导致大国追求权力的方式和互动机制发生了深刻变化。换言之，至少在"大国间是否发生直接战争"这个维度上，我们目前所处的国际体系，已经与两次世界大战时期的国际体系，以及十八九世纪欧洲的国际体系，大不相同了。遗憾的是，许多理论家预先排除了国际体系发生变化的可能性，因此他们的理论先天地过滤掉了 1945 年之后国际政治的重大变化。这些理论大都基于十八九世纪的欧洲历史和两次世界大战史，受静态体系观的影响，理论家们坚信它们同样能够解释 1945 年之后的历史。然而，这些理论在解释第一章提出的经验困惑时纷

①   Joshua Baron, *Great Power Peace and American Primacy: The Origins and Future of A New International Order*, New York, NY: Palgrave Macmillan, 2014; Christopher J. Fettweis, *Dangerous Times? The International Politics of Great Power Peace*, Washington, D. C.: Georgetown University Press, 2010; John Mueller, "War Has Almost Ceased to Exist: An Assessment," *Political Science Quarterly*, Vol. 124, No. 2, 2009, p. 298; Martin van Creveld, "The Waning of Major War," in Raimo Vayrynen ed., *The Waning of Major War*, p. 110; Robert Jervis, *American Foreign Policy in a New Era*, New York and London: Routledge, 2005, pp. 12 – 13; Robert Jervis, "Theories of War in an Era of Leading-Power Peace," *The American Political Science Review*, Vol. 96, No. 1, 2002, p. 1; Michael Mandelbaum, *The Ideas That Conquered the World: Peace, Democracy, and Free Markets in the Twenty-first Century*, New York: Public Affairs, 2002, pp. 121 – 122; Michael Mandelbaum, "Is Major War Obsolete?" *Survival*, Vol. 40, No. 4, 1998/1999, p. 20; John Keegan, *A History of Warfare*, New York: Knopf, 1993, p. 59; Martin van Creveld, *The Transformation of War*, New York: Free Press, 1991, p. 2; Michael Howard, *The Lessons of History*, New Haven, CT: Yale University Press, 1991, p. 176, etc.

纷遇到了困难，这意味着这种信念或许是错误的。

1945 年以后，国际体系的变化程度在日益加深，而 1945 年以后的国际关系理论所依据的经验基础却迟迟未能予以根本性的更新，这使得这些基于静态体系观的理论都必然或多或少存在时代错误（anachronism）。在冷战时期，现有的基于十八九世纪欧洲经验的主流理论还能在一定程度上对现实给出似是而非的解释。随着国际体系变化对国家行为的影响效果不断地累积，到冷战结束之后，现实与理论的差距终于大到现有理论再也难以掩饰其错讹和贫困的程度。承认国际体系的变化，是准确理解和解释 1945 年以后大国政治的前提。

第三章

大国无战争时代大国权力获取的核心逻辑

本书希望创造一个新的国际关系理论，更好地解释当今时代大国权力竞争的行为和结果。在这一章里，笔者将从"大国无战争"这个国际政治的重大变化入手，讨论 1945 年以后大国权力获取核心方式的变化以及导致这种变化的原因，并为第五章探究大国无战争时代大国权力竞争的具体机制做好理论准备。

◇◇ 第一节　战争频发时代大国争夺权力的主要方式

权力是国际政治最重要的概念之一。[1] 与之相应地，大国间对权力的竞争是国际政治的主要矛盾之一，是影响国际体系进程的重要因素，因而也是国际关系学的核心研究议题。然而，现有研究关注更多的是权力分布及其变化对国家行为和国际安全形势的影响，相比之下，学界对大国权力竞争具体实现路径问题的研究要少得多。权力转移理论和霸权稳定论虽然涉及了霸权国与崛起国之间的权力转移问题，但关注的核心并不是"权力

---

[1]　David A. Baldwin, "Power and International Relations," in Walter Carlsnaes, Thomas Risse and Beth Simmons eds. , *Handbook of International Relations*, London：Sage Publications, 2002, p. 177.

如何转移"，而是"权力转移对国际秩序和国际安全有何影响"。[1] 这两种理论在一定程度上代表了目前国际安全研究领域的一种主流的研究模式，即将"权力转移"作为研究的自变量（independent variable）而非因变量（dependent variable）。

国际关系学者对权力转移实现路径问题的轻视，与主流理论对国际政治无政府状态的强调有关。的确，在一个战争频发的无政府世界中，武力不仅是决定价值分配的最终手段，而且往往是首选和常用手段。[2] 国家间利益纷争的结果最终取决于战争的结果，而战争的胜负则在根本上受到国家相对实力的制约，相对实力的增长意味着赢得战争的概率的增长。同样，由于战争频发，大国在战争中获胜会帮助大国产生一种权威和威望，[3] 从而强化大国在其他国家心目中实力强大的印象，使得小国即使在大国不施加武力和胁迫的情况下也会服从大国的意愿。[4] 因此，在战争频发的情况下，权力在很大程度上是随着国家实力的增长而自动获得的，[5]

① 权力转移论核心探究的是什么样的实力对比最有可能引发崛起国与霸权国之间的战争，其给出的答案是在两国实力接近时，战争的可能性最大。A. F. K. Organski, *World Politics*, New York: Alfred A. Knopf, 1968. A. F. K. Organski and Jacek Kugler, *The War Ledger*, Chicago: University of Chicago Press, 1980. 霸权稳定论则认为，霸权国优越的实力地位是体系稳定的根本保证。Robert Gilpin, *War and Change in International Politics*, Cambridge: Cambridge University Press, 1981. Robert Gilpin, *The Political Economy of International Relations*, Princeton: Princeton University Press, 1987.

② Kenneth N. Waltz, *Theory of International Politics*, Reading, Massachusetts: Addison-Wesley Publishing Company, 1979, p. 113.

③ ［美］汉斯·摩根索：《国家间政治》，徐昕、郝望、李保平译，王缉思校，北京大学出版社 2006 年版，第 115—116 页。

④ Kenneth N. Waltz, *Theory of International Politics*, Reading, Massachusetts: Addison-Wesley Publishing Company, 1979, p. 113.

⑤ 杨原：《武力胁迫还是利益交换——大国无战争时代大国提高国际影响力的核心路径》，《外交评论》2011 年第 4 期。正是由于在这种情况下实力与权力的距离非常接近，因此在相当长的时间内，学者们都倾向于用权力资源（如经济实力、军事实力等）来界定和测量权力本身，而不强调权力的关系属性。David A. Baldwin, "Power and International Relations," in Walter Carlsnaes, Thomas Risse and Beth Simmons eds., *Handbook of International Relations*, London: Sage Publications, 2002, p. 178.

所谓"拥有足够军事力量的国家无须讨价还价"。① 总之，在战争频发时代，大国获得权力的方式相对简明直观，这或许是学者们不愿花费太多精力在这个问题上的重要原因。

纵观 1945 年以前的国际关系史，大国追逐和争夺权力的路径在很大程度上与现实主义的逻辑是吻合的。历史学家艾伦·泰勒（Alan J. p. Taylor）研究了 1848 年至 1918 年的欧洲历史，指出一个国家是否能成为一个大国，最基本的检验标准就是看它是否有能力发动战争，进而看它发动战争的力量有多大。② 在漫长的战争频发时代，取得军事上的胜利是赢得权力和地位的首要标志。③ 正如杰克·利维（Jack S. Levy）在系统研究了 1495 年至 1975 年的战争历史后指出的，一场决定性战争的结束是标志新大国崛起或旧大国衰落的最明显的象征，因而被用作判断大国地位变化的重要指标。④ 基于同样的思想，军事史学家马丁·范·克里费德（Martin van Creveld）直接宣称，战争不仅仅服务于权力，它本身就是权力。⑤ 正如库普钱所总结的一样，大多数学者认为国际关系中权力再分配的起源在于两个方面：一是生产能力和物质资源在时空维度上的长期性扩散，二是国家受安全和威望动机驱动而对权力集中的

① Thomas C. Schelling, "The Diplomacy of Violence," in Robert J. Art and Kenneth N. Waltz, eds., *The Use of Force*, 2nd edition, Lanham, MD: University Press of America, 1983, p. 101.

② Alan J. p. Taylor, *The Struggle for Mastery in Europe* 1848 – 1918, Oxford: Oxford University Press, 1954, p. xxiv.

③ Randall L. Schweller, "Realism and the Present Great Power System: Growth and Positional Conflict Over Scarce Resource," in Ethan B. Kapstein and Michael Mastanduno eds., *Unipolar Politics: Realism and State Strategies After the Cold War*, New York: Columbia University Press, 1999, p. 43.

④ Jack S. Levy, *War in the Modern Great Power System*, 1495 – 1975, Lexington: University Press of Kentucky, 1983, p. 24.

⑤ Martin van Creveld, *The Transformation of War*, New York: Free Press, 1991, p. 219.

制衡。①

　　抽象说来，战争频发时代大国获得权力的核心路径是武力掠夺和军事征服。其中，战争是最重要的实现手段，此外还包括基于武力的恐吓、讹诈、胁迫、威慑、炫耀等手段。② 具体到 1648 年至 1945 年这段近代史中，大国赢得体系霸权的方式，主要是通过在周边（即在欧洲）扩张和兼并领土以及在海外争夺殖民地。首先，在周边扩张领土将不可避免地与其他大国发生直接的军事冲突。③ 而一个大国要想成为体系的霸权国，一个首要而必需的条件就是赢得这场因领土扩张而引发的与体系内其他大国正面对抗的霸权战争（hegemonic war）。通过霸权战争，国际秩序得以重建，获胜的一方也得以由此缔造一个符合其意志的新的国际体系。④

　　其次，在海外建立和扩大殖民地，也同样是这一时期大国确立和提升

　　①　Charles A. Kupchan et al. , *Power in Transition*: *The Peaceful Change of International Order*, Tokyo: United Nations University Press, 2001, p. 3.

　　②　Robert J. Art, "The Four Functions of Force," in Robert J. Art and Robert Jervis eds. , *International Politics*: *Enduring Concepts and Contemporary Issues*, 8th edition, New York: Pearson, 2007, pp. 141 – 148. John J. Mearsheimer, *The Tragedy of Great Power Politics*, New York: W. W. Norton & Company, 2001, pp. 152 – 155. ［美］汉斯·摩根索：《国家间政治》，徐昕、郝望、李保平译，王缉思校，北京大学出版社 2006 年版，第 115—116 页。

　　③　许多学者认为，国家对领土的追求和争夺是近代战争爆发最主要的原因。相关梳理和探讨，参见 Paul R. Hensel, "Territory: Theory and Evidence on Geography and Conflict," in John A. Vasquez ed. , *What Do We Know About War?*, Lanham, MD: Rowman & Littlefield, 2000, pp. 57 – 84. Paul K. Huth, "Territory: Why are Territorial Disputes between States a Central Cause of International Conflict?" in John A. Vasquez ed. , *What Do We Know About War?* pp. 85 – 110. Dominic D. p. Johnson, Monica Duffy Toft, "Grounds for War: The Evolution of Territorial Conflict," *International Security*, Vol. 38, No. 3, 2013/2014, pp. 7 – 38. Monica Duffy Toft, "Territory and War," *Journal of Peace Research*, Vol. 51, No. 2, 2014, pp. 185 – 198.

　　④　Robert Gilpin, *War and Change in International Politics*, Cambridge: Cambridge University Press, 1981. Robert Gilpin, "The Theory of Hegemonic War," in Robert I. Rotberg and Theodore K. Rabb, eds. , *The Origin and Prevention of Major War*, Cambridge: Cambridge University Press, 1988, pp. 15 – 37.

权力地位不可或缺的实现途径。正如怀特所说："大国必须获得殖民地，方可以世界大国自居。"① 一战以前，许多大国都将拥有更多的殖民地视为赢得和证明自身权力地位的重要途径。② 拥有和扩大殖民地，不仅意味着更多的生产和人力资源，以及更广阔的商品和资本市场，更是一国荣誉和尊严的象征，以至于许多殖民强国并不将殖民地视为"殖民地"，而是将其视为一种"几乎可以为任何牺牲提供正当理由的至关重要的目标"。③ 正因为如此，欧洲大国在海外争夺殖民地并因此而产生的纷争和冲突，构成了 1945 年以前国际关系史和全球化进程的重要内容。

简而言之，扩张领土、争夺殖民地和赢得霸权战争是 1945 年以前大国获取和争夺权力乃至体系霸权的主要实现方式。这种方式的核心逻辑是基于威胁和强制的武力掠夺和武力胁迫。

◇◇ 第二节　1945 年以后国际体系的两个重要变化

第二章已指出，国际体系未必如现实主义者所认为的那样永恒不变。事实上，1945 年以后的国际体系与此前国际体系的一个最直观的不同就是大国与大国之间的战争变得稀少且越来越难以想象。这种"大国无战争"的变化是如此的显著，以至于连坚信国际政治千年不变的华尔兹也不得不承认，在 1648 年的《威斯特伐利亚和约》签订以来的近现代历史

---

① ［英］马丁·怀特：《权力政治》，宋爱群译，世界知识出版社 2004 年版，第 28 页。

② Randall L. Schweller, "Realism and the Present Great Power System: Growth and Positional Conflict Over Scarce Resource," in Ethan B. Kapstein and Michael Mastanduno eds., *Unipolar Politics: Realism and State Strategies After the Cold War*, New York: Columbia University Press, 1999, pp. 45 – 46.

③ ［美］阿诺德·沃尔弗斯：《纷争与协作——国际政治论集》，于铁军译，世界知识出版社 2006 年版，第 63 页。

上，大国之间还从来没有出现过像二战以后这样长的和平时期。① 杰维斯也指出，战后世界最显著的特征就在于它能够被称为"战后"（postwar）。因为自 1945 年以来，大国之间就没有再发生过战争，大国之间如此长时间的和平是史无先例的。② 约翰·加迪斯（John Lewis Gaddis）更是干脆地将这段缺少大国间战争的历史称为"长和平"（the long peace）。③

对于 1945 年以后出现的这种"大国无战争"现象的原因，不少学者都尝试做出回答。例如约翰·缪勒（John Mueller）就曾指出，两次世界大战所带来的巨大灾难，彻底改变了战争在人类社会中的意义。对世界大战的恐惧使得 1945 年以后的人们很难再将大国间的战争纳入决策的范畴。久而久之，不再以战争的方式解决矛盾逐渐被人们所内化，成为一种行为规范，从而使 1945 年以后的国际体系变得越来越和平和稳定。④ 更多的学者则将注意力放到了世界生产方式和经济联系的变化对国际政治的影响上。奥根斯基认为，当所有国家都成为工业高度发达的国家之后，国家权力"巨大和突然的变化"就将近乎停止，"权力转移"所产生的大国竞争也将随之不复存在。⑤ 卡尔·凯森（Carl Kaysen）也认为，社会政治经济

① Kenneth N. Waltz, "Nuclear Myths and Political Realities," *The American Political Science Review*, Vol. 84, No. 3, 1990, p. 744.

② Robert Jervis, "The Utility of Nuclear Deterrence," in Robert J. Art and Kenneth N. Waltz, eds., *The Use of Force*, 6th edition, Lanham, MD: Rowman & Littlefield Publishers, 2004, p. 94.

③ John Lewis Gaddis, *The Long Peace: Inquiries into the History of the Cold War*, New York: Oxford University Press, 1987. John Lewis Gaddis, "The Long Peace: Elements of Stability in the Postwar International System," *International Security*, Vol. 10, No. 4, 1986, pp. 99 – 142.

④ John Mueller, *Retreat from Doomsday: the Obsolescence of Major War*, New York: Basic Books, 1989; John Mueller, *The Remnants of War*, Ithaca, NY: Cornell University Press, 2004; John Mueller, "War Has Almost Ceased to Exist," pp. 297 – 321.

⑤ 朱锋：《"权力转移理论"：霸权性现实主义?》，《国际政治研究》2006 年第 3 期。

结构在工业革命以后发生了彻底的改变，这使得战争逐渐变得不再是获利的恰当方式。① 以理查德·罗斯克兰斯（Richard Rosecrance）为代表的另一些学者，则从外部经济联系的角度阐释了国际贸易和经济相互依赖对国际战争和暴力冲突的约束作用。②

受包括上述解释在内的诸多因素的共同作用，③ 国际体系演化到1945年以后，日益呈现出一种大国与大国之间再难有战争的状态，并且随着时间的推移，这种特点和趋势体现得越来越明显。唐世平借用防御性现实主义的概念，将1945年以后的世界称为"防御性现实主义世界"，亦即国家的主导安全战略不再是主动扩张和武力征服，而是制衡和寻求合作。④在本书中，为突出国际体系随时间的变化，同时为使表述更为直观，笔者

① Carl Kaysen, "Is War Obsolete: A Review Essay," *International Security*, Vol. 14, No. 4, 1990, pp. 42 - 69.

② Richard Rosecrance, *The Rise of the Trading State: Commerce and Conquest in the Modern World*, New York: Basic Books, 1986. Edward D. Mansfield, *Power, Trade, and War*, Chap. 4. Alfred Tovias, "The Economic Aspects of Stable Peace-Making," in Arie. M. Kacowicz et al. eds., *Stable Peace among Nations*, Lanham: Rowman & Littlefield Publishers, Inc., 2000, pp. 150 - 164. Philippe Martin, Thierry Mayer, and Mathias Thoenig, "Make Trade Not War?" *Review of Economic Studies*, Vol. 75, No. 3, 2008, pp. 865 - 900; Solomon Polachek and Jun Xiang, "How Opportunity Costs Decrease the Probability of War in an Incomplete Information Game," *International Organization*, Vol. 64, No. 1, 2010, pp. 133 - 144. Eric Gartzke, Quan Li, and Charles Boehmer, "Investing in the Peace: Economic Interdependence and International Conflict," *International Organization*, Vol. 55, No. 2, 2001, pp. 391 - 438; Erik Gartzke and Quan Li, "War, Peace, and the Invisible Hand: Positive Political Externalities of Economic Globalization," *International Studies Quarterly*, Vol. 47, No. 4, 2003, pp. 561 - 586.

③ 对1945年以后大国间战争趋于消亡的解释的梳理，参见杨原《武力胁迫还是利益交换——大国无战争时代大国提高国际影响力的核心路径》，《外交评论》2011年第4期。

④ Shiping Tang, "Social Evolution of International Politics: From Mearsheimer to Jervis," *European Journal of International Relations*, Vol. 16, No. 1, 2010. Shiping Tang, *A Theory of Security Strategy for Our Time: Defensive Realism*, New York: Palgrave Macmillan, 2010.

将 1945 年以后的时代称为"大国无战争时代"，而将 1945 年以前的时代称为"战争频发时代"。其中，"大国无战争"是指大国与大国之间难以爆发战争。①

遗憾的是，学者们大都只关注大国无战争的"原因"而不关注其"影响"。② 学者们热衷于谈论为什么 1945 年之后大国之间不再打仗，却很少有人进一步追问导致大国无战争背后的机制是否还会对国际政治的其他方面产生影响？或许是受前文提到的静态体系观的束缚，包括那些业已注意并指出大国无战争这一重要变化的学者在内，很少有人对这一变化所蕴含的理论和战略意义予以足够的重视。③ 有鉴于此，本书不解释大国无战争的原因，只解释"大国无战争时代"大国寻求权力的行为、互动和结果。"大国无战争时代"大国权力竞争的方式与"战争频发时代"存在很大的差异，这是现有的以"战争频发时代"的历史为样本的国际关系理论难以解释冷战后的大国行为的重要原因。

---

① 如前所述，1816—1945 年，大国之间由冲突升级为战争的概率为 34.6%，1946—1992 年，这一概率则骤降为 7.7%，参见 Marie T. Henehan and John Vasquez, "The Changing Probability of Interstate War, 1986 – 1992," p. 288. 1945 年以前，虽然有所谓的"百年和平"，即 1815 年维也纳会议至 1914 年一战爆发之间欧洲乃至世界范围内没有出现大规模的全局性战争，但事实上大国与大国间的战争并不少见。例如 1853—1856 年的克里米亚战争、1866 年的普奥战争、1870—1871 年的普法战争、1898 年的美西战争、1904—1905 年的日俄战争等。参见 Michael Mandelbaum, *The Nuclear Revolution: International Politics Before and After Hiroshima*, New York: Cambridge University Press, 1981, p. 71。

② 当然，对大国无战争原因的研究，还远远少于对大国发生战争原因的研究。John Mueller, *Retreat from Doomsday*, p. 5. John Lewis Gaddis, *The Long Peace: Inquiries into the History of the Cold War*, p. 217.

③ 唐世平、施维勒、杰维斯等是极少的例外。参见唐世平《国际政治理论的时代性》。Shiping Tang, "Social Evolution of International Politics: From Mearsheimer to Jervis," *European Journal of International Relations*, Vol. 16, No. 1, 2010, Randall L. Schweller, "Rational Theory for a Bygone Era," *Security Studies*, Vol. 20, No. 3, 2011. Robert Jervis, "The Future of World Politics: Will It Resemble the Past," *International Security*, Vol. 16, No. 3, 1991 – 1992, pp. 39 – 73.

需要特别提醒的是，"大国无战争"这个现象本身，并不是导致大国权力竞争方式在 1945 年以后发生变化的原因，而是这种原因的一个"副产品"。以下将展示"大国无战争时代"的两个本源性变化，从根本上修改了——如果不是彻底改变的话——大国获取权力的方式。

一 主权规范的深化和领土不得兼并规范的确立

主权规范作为一种思想，最早由 16 世纪法国思想家让·布丹（Jean Bodin）明确提出，其核心是强调民族国家对内的最高权威。此后，主权原则又逐渐增加了国家间相互独立和平等的内涵。1648 年，《威斯特伐利亚和约》的签订，是主权原则开始被欧洲各政治实体接受并被付诸实践的第一次具体体现。[①] 在此之后，主权规范成为国际体系的基础性规范，贯穿整个近现代国际政治的进程。[②]

主权规范的核心是对既定领土范围内既定人群的自主权的承认。[③] 受这种规范的约束，国家需承认彼此生存的权利，这就在价值观和合法性的层面抑制了国家的侵略行为，从而为包括小国在内的体系成员的生存和发展创造了条件。[④] 罗伯特·杰克逊（Robert H. Jackson）和卡尔·罗斯博格（Carl G. Rosberg）对非洲小国的生存状况的实证研究显示，受国际社会承认的主权规范是维持小国生存的重要原因。当小国的安全受到外部威

---

① 任晓：《论主权的起源》，《欧洲研究》2004 年第 5 期。

② 有关主权的起源和演进历史，参见 Daniel Philpott, *Revolutions in Sovereignty: How Ideas Shaped Modern International Relations*, Princeton: Princeton University Press, 2001。

③ Samuel Barkin and Bruce Cronin, "The State and the Nation: Changing Norms and the Rules of Sovereignty in International Relations," *International Organization*, Vol. 48, No. 1, 1994, pp. 107 – 130.

④ ［美］亚历山大·温特：《国际政治的社会理论》，秦亚青译，上海人民出版社 2000 年版，第 409 页。

胁时，国际社会对其主权的承认会帮助它们免遭主权覆灭之虞。①

不过，在第二次世界大战结束以前，主权规范在国际社会的内化程度仍有限。以军事入侵他国领土为主要标志的对他国主权的侵犯行为不仅频繁发生，而且侵略方往往可以通过成功的军事入侵将他国领土占为己有。这一时期的国际体系规范更多的是一种"弱肉强食"的丛林法则与主权规范相并存的混合状态。② 直到 1945 年《联合国宪章》的签订，国际社会才第一次在主权问题上达成了更高层次的全球性共识。在第一次世界大战之前，征服他国的行为是被国际社会认可或至少是被默许的，征服他国是国家的一种权利。而直到第二次世界大战之后，征服他国的行为才彻底失去了合法性，尊重他国主权和领土完整才真正成为国际社会的主导性规范。③

《联合国宪章》第一章第二条规定："各会员国在其国际关系上不得使用威胁或武力，或以与联合国宗旨不符之任何其他方法，侵害任何会员国或国家之领土完整或政治独立。"④ 这种领土不得兼并的原则，是对国家主权平等原则所做的更为具体和严格的界定，同时，也是主权规范在第二次世界大战以后在世界范围内得到接受和深化的重要体现。二战后国际政治的实践显示，尽管存在如以色列与巴勒斯坦争夺领土这样有悖于《联合国宪章》原则的现象，但总体来说，领土不兼并规范在这一时期的国际社会得到了很好的遵守和维持。迄今为止，包括美国和苏

---

① Robert H. Jackson and Carl G. Rosberg, "Why Africa's Weak States Persists: The Empirical and the Juridical in Statehood," *World Politics*, Vol. 35, No. 1, 1982, pp. 1 - 24.

② 从覆盖范围看，1945 年以前，主权规范只局限于欧洲等有限的地区，全球国际体系尚处于主权国家和其他类型政治组织相混合的状态。参见 Daniel Philpott, *Revolutions in Sovereignty: How Ideas Shaped Modern International Relations*, pp. 33 - 35。

③ Sharon Korman, *The Right of Conquest: The Acquisition of Territory by Force in International Law and Practice*, Oxford: Clarendon Press, 1996.

④ 《联合国宪章》，http://www.un.org/zh/documents/charter/chapter1.shtml（访问时间：2013 年 2 月 20 日）。

联这样的超级大国在内，还没有任何国家敢于像纳粹德国或军国主义日本那样公然违背这种以领土不得兼并为核心的主权原则，而且即使出现如伊拉克入侵科威特这种违背主权规范的行为，也会为国际社会所制裁和纠正。①

至于为什么早在十六七世纪就已经存在的主权规范会在 1945 年以后被真正内化为国际社会的主导性规范，并为体系成员所自觉遵守，学者们也做出了解释。坦妮萨·法扎尔（Tanisha M. Fazal）认为，主权规范之所以会在 1945 年之后得以强化，一个很重要的原因是作为霸权国的美国对这种规范的倡导和坚持。霸权国对主权规范的护持会对其他意图挑战这种规范的国家构成潜在的威慑，使得它们为规避惩罚从而也选择遵循这一规范。② 周方银指出，主权规范是一种有短期利益诱惑的国际规范。在单轮博弈中，国家不尊重他国主权是一种占优战略，因而该博弈呈现为一个典型的囚徒困境。但当国家在较长时间的互动中认识到彼此的博弈将会长期重复，并且意识到彼此不尊重主权会不断付出战争成本之后，原本的相互背叛就会逐渐转变为相互合作，主权规范因而得以稳固和内化。③ 唐世平从社会进化的角度指出，在 1945 年以前漫长的历史中，国家为了确保自身安全而不得不采取进攻性的战略，不断征服和相互兼并。这种征服和兼并会导致幸存下来的国家的规模不断扩大，从而反过来使得征服战略本身变得日益困难。当两次世界大战使人们充分认识到征服和兼并的成本已经异常高昂之后，国家被迫开始承认彼此

---

① Mark W. Zacher, "The Territorial Integrity Norm: International Boundaries and the Use of Force," *International Organization*, Vol. 55, No. 2, 2001, pp. 215 – 250. 徐进：《国际社会的发育与国际社会核心价值观的确立》，《国际关系学院学报》2008 年第 5 期。具体案例分析，参见 Sharon Korman, *The Right of Conquest: The Acquisition of Territory by Force in International Law and Practice*, Chap. 7。

② Tanisha M. Fazal, *State Death: The Politics and Geography of Conquest, Occupation, and Annexation*, Princeton University Press, 2007, pp. 47 – 53.

③ 周方银：《国际规范的演化》，清华大学博士学位论文，2006 年，第 6 章。

的生存。①

无论是什么原因导致了主权规范在 1945 年之后的强化，这种规范得以强化本身对国际政治的影响力都是深远而巨大的。1945 年以前的国际体系如现实主义所描述的那样，处于或者至少接近于霍布斯式的自然状态。在那种体系中，国家面临和思考的主要问题，一方面，是如何在周边进行领土扩张和兼并，如何在海外争夺更多的殖民地，另一方面，则是如何防范别国入侵和兼并自己的领土，如何防止自己的殖民地被别国掠夺。正因为如此，"战争与和平"才会成为那个时代国际关系的主题，以现实主义为代表的主流理论才会将"安全"作为国家的首要目标。然而在 1945 年以后，由于主权规范的深化，这种霍布斯式的自然状态在很大程度上被削弱。1945 年以后的国际体系，依然处于"无政府"的状态，但国家的领土却已经不再像此前那样可以被"合法地"任意更改，"弱肉强食"的丛林法则已经不再那么地适用于这个时代。② 通过分析 1816 年至 1992 年国家消亡的数据，有实证研究指出，国家因暴力原因（征服和占领）的消亡在 1945 年以后已经几乎不复存在，③ 导致这种变化的直接原因就在于国家领土主权规范的强化。④

主权规范的深化，特别是领土不得兼并规范的确立，是 1945 年以后国际体系的第一个重要变化。正如本章第三节将要详细展示的那样，这一变化会对大国以权力为导向的对外战略产生重要影响。

---

① Shiping Tang, "Social Evolution of International Politics: From Mearsheimer to Jervis," *European Journal of International Relations*, Vol. 16, No. 1, 2010, pp. 36 – 43.

② Mark W. Zacher, "The Territorial Integrity Norm: International Boundaries and the Use of Force," *International Organization*, Vol. 55, No. 2, March 2001, pp. 215 – 250.

③ Tanisha M. Fazal, "State Death in the International System," *International Organization*, Vol. 58, No. 2, 2004, pp. 327 – 332.

④ Tanisha M. Fazal, *State Death: The Politics and Geography of Conquest, Occupation, and Annexation*, Princeton University Press, 2007, pp. 44 – 47.

二　核武器的出现和核威慑的建立

如果说主权规范自其产生到 1945 年以后的深化还是一个渐进的过程，那么，1945 年原子弹的出现则无疑是历史上破天荒的第一次。核武器出现之前，冲突的结果总有可能是一方胜利另一方失败。而核武器出现之后，利益冲突导致的战争则有可能使冲突双方都遭到毁灭。这种因双方冲突而导致共同毁灭的可能性，反而成为国家间规避全面冲突的根本原因。从这个意义上讲，核武器的出现是一场"核革命"（nuclear revolution）。① 正是这样一场前所未有的革命，将原本规模和程度都越来越趋于无限的大国间的战争在很短的时间内变得荒谬而无法想象。②

更准确地说，核革命包括了 1945 年的"原子革命"（atomic revolution）和 20 世纪 50 年代中期的"热核革命"（thermonuclear revolution）两个阶段。原子革命的"革命"程度还不是十分彻底，那时，各国仍然试图将原子弹整合进传统的军事思维框架中。大国的领导人或许认为新的世界大战的爆发还很遥远，但都认为参与并赢得下一次世界大战的可能性还是存在的。然而随着比原子弹威力大 1000 倍的氢弹的研制成功，加上洲际弹道导弹的出现，热核革命真正使得所有领导人都不得不承认这样一个事实：他们所处的世界已经彻底发生了变革，相互摧毁使得没有任何一个战争参与者能够在战争结束后幸存。③ 事实上，正是对冲突升级为核战争

---

① Robert Jervis, *The Meaning of the Nuclear Revolution: Statecraft and the Prospect of Armageddon*, Ithaca, NY: Cornell University Press, 1989, p. 15.

② Robert L. O'Connell, "War: Institution Without Portfolio," in Richard W. Bulliet ed. , *The Columbia History of the 20th Century*, New York: Columbia University Press, 1998, p. 253.

③ John Lewis Gaddis, "Conclusion," in John Lewis Gaddis, Philip H. Gordon, Ernest R. May, and Jonathan Rosenberg eds. , *Cold War Statesmen Confront the Bomb: Nuclear Diplomacy since* 1945, Oxford: Oxford University Press, 1999, pp. 261 –264.

的恐惧，使得冷战时期美国和苏联或者北约与华约之间爆发战争的可能性实际上降为了零。①

核武器对大国间战争如此显著的抑制作用，其核心源于核威慑这一重要机制。核威慑是威慑（deterrence）的一种实现形式。根据谢林的经典定义，威慑是指通过使对手害怕出现某种结果来阻止其某种行为的发生。② 在前核武器时代，威慑要想生效，关键是需要使对手认识到其发动的攻击能够被击退或击败。传统威慑因此又被称为"基于抵消的威慑"（deterrence by denial）。而在核武器时代，大国慑止对手靠的并不是威胁、打败它们，而是通过将冲突本身的成本提高到不可接受的程度，核威慑因此又被称为"基于惩罚的威慑"（deterrence by punishment）。在核威慑情境下，目标国放弃行动并不是害怕行动的失败，而是害怕行动本身的成本。③ 换句话说，与传统威慑相比，核威慑所发出的威胁并不仅仅是造成对方军事上的失败，更主要的是对对方施加包括灭绝其种族在内的巨大的痛苦。④

核威慑是用核武器作为惩罚工具的威慑，它与传统威慑最根本的不同来源于核武器本身的特性。与常规武器相比，核武器有着异乎寻常的政治效应。首先，核武器在战争中所造成的破坏程度巨大到难以想象。作为常规战争的两次世界大战，无论再怎么残酷和惨烈，所摧毁的也不过是国家的政权，而核战争则会直接将国度本身从地球上抹掉。其次，参与核战争

---

① Robert J. Art and Kenneth N. Waltz, "Technology, Strategy, and the Use of Force," in Robert J. Art and Kenneth N. Waltz, eds., *The Use of Force*, 2nd edition, Lanham, MD: University Press of America, 1983, p. 28.

② Thomas C. Schelling, *Arms and Influence*, New Haven: Yale University Press, 1966, p. 71.

③ Robert Jervis, *The Meaning of the Nuclear Revolution: Statecraft and the Prospect of Armageddon*, Ithaca, NY: Cornell University Press, 1989, p. 9.

④ Thomas C. Schelling, *Arms and Influence*, New Haven: Yale University Press, 1966, p. 23.

的所有国家都将遭到毁灭而没有赢家。常规战争的意义就在于总有一方会获胜并获得由此带来的好处，相互确保核摧毁则使这种意义不复存在。再次，与常规战争相比，核战争带来的破坏非常迅速，往往只需几天或几小时，这意味着即使是一场仅仅有限使用武力的危机也有可能在很短的时间里升级为一场致命的全方位战争。① 最后，常规战争的结果往往存在很大的不确定性，这为战争的发动提供了机会主义的动机。而核战争的后果则是确定无疑的。灾难性后果的确定性使得核威慑远比常规威慑可信。② 正是基于核武器的这些独特的属性，在任何危机中，核威慑都要远远比传统武器威慑稳定，也更容易生效。③

冷战时期，美国和苏联尽管在很多战略目标上存在巨大分歧，但在一个问题上这两国的目标高度一致，那就是避免第三次世界大战④以及美苏之间的一般性战争和核战争的发生。这几点是等价的。为此，美苏双方都努力将它们之间的冲突控制在一定范围之内，这种默契根源于核武器的出现。⑤ 有学者比较了1945 年以后的冷战体系和此前国际体系的不同，指出冷战时期的国际体系与此前传统的欧洲均势体系的一个最显著的差异就在于大国对战争这种手段的极端谨慎。在使用战争有可能导致美苏发生直接军事冲突的情况下，出于对热核战争的恐惧，两国都会选择放弃战争，哪怕这么做会使大国间的竞争向着对自己不利的方向改变。这一点无疑是

① Robert Jervis, "The Utility of Nuclear Deterrence," in Robert J. Art and Kenneth N. Waltz, eds., *The Use of Force*, 6th edition, Lanham, MD: Rowman & Littlefield Publishers, 2004, pp. 96 – 99.

② Kenneth N. Waltz, "Nuclear Myths and Political Realities," *The American Political Science Review*, Vol. 84, No. 3, 1990, p. 734.

③ Patrick M. Morgan, *Deterrence: A Conceptual Analysis*, London: Sage Publications, 1977, p. 208.

④ Gordon A. Craig and Alexander L. George, *Force and Statecraft: Diplomatic Problems of Our Time*, New York: Oxford University Press, 1995, p. 105.

⑤ Michael Mandelbaum, *The Nuclear Revolution: International Politics Before and After Hiroshima*, New York: Cambridge University Press, 1981, pp. 66, 72.

此前的国际体系所不曾有过的。①

　　美国发展军备的核心思想就是吓阻苏联动用武力，这也正是其冷战时期一以贯之的威慑战略。而对苏联来说，扩充军备的意义在于"为了和平而准备战争"，这同样是威慑思想的体现。② 1945 年，美国成功研制原子弹并对日使用后，斯大林曾对美国驻苏大使哈里曼说，这种炸弹"将意味着战争和侵略者的终结"。③ 到赫鲁晓夫时期，导弹和核武器技术的发展更加使得赫鲁晓夫确信此前苏联所坚持的"战争与革命"的教条已经不再适用。④ 总之，美国和苏联都无意主动发起与对方的战争。双方都不再像此前的德国或日本那样，在焦急地等待机会对对方发动攻击。即使出现第三次世界大战，也不会像第二次世界大战那样是由于某个（些）大国对现有秩序的不满而主动挑起的战争，而更可能像第一次世界大战那样源于误判和信息的不对称。⑤ 两国之所以会变得如此谨慎而不愿再单方面改变现状，其核心就在于双方都充分认识到核武器对国际政治规则的深刻改变。⑥

　　冷战后，核威慑对国家安全和大国间和平的维持作用得以延续。除美

----

　　① Gordon A. Craig and Alexander L. George, *Force and Statecraft: Diplomatic Problems of Our Time*, New York: Oxford University Press, 1995, p. 107.

　　② Robert L. O'Connell, "War: Institution Without Portfolio," in Richard W. Bulliet ed., *The Columbia History of the 20th Century*, New York: Columbia University Press, 1998, p. 254.

　　③ Vladislav M. Zubok, "Stalin and the Nuclear Age," in John Lewis Gaddis, Philip H. Gordon, Ernest R. May, and Jonathan Rosenberg eds., *Cold War Statesmen Confront the Bomb: Nuclear Diplomacy since 1945*, Oxford: Oxford University Press, 1999, p. 44.

　　④ Vladislav M. Zubok and Hope M. Harrison, "The Nuclear Education of Nikita Khrushchev," in John Lewis Gaddis, Philip H. Gordon, Ernest R. May, and Jonathan Rosenberg eds., *Cold War Statesmen Confront the Bomb: Nuclear Diplomacy since 1945*, Oxford: Oxford University Press, 1999, p. 166.

　　⑤ Michael Mandelbaum, *The Nuclear Revolution: International Politics Before and After Hiroshima*, New York: Cambridge University Press, 1981, p. 78.

　　⑥ Robert L. O'Connell, "War: Institution Without Portfolio," in Richard W. Bulliet ed., *The Columbia History of the 20th Century*, New York: Columbia University Press, 1998, p. 254.

国外，中国、英国、法国等核国家都明确将核军事力量的部署作为捍卫本国核心利益的首要方式，均将核威慑视为本国安全战略不可缺少的核心内容。① 强大的核力量使得美国能够自信地慑止任何一个国家对其发动的第一次打击。而同样拜核威慑所赐，中国不必担心包括美国在内的任何强国对其主动发起战争。② 对于中美两国而言，无论美国多么担心与潜在的挑战者发生冲突，也无论崛起的中国"野心"有多大，中美的紧张关系都不大可能引发霸权战争。③ 简单地说，时至今日，中美之间爆发全面战争，已经难以想象。④

核威慑的存在及其对世界和平的长期维持，还逐渐改变了人们对大国安全环境的主观判断。在冷战初期，包括美苏在内的主要国家普遍担心第三次世界大战的出现。各国之所以不遗余力地发展包括核武器在内的各种军备，并不惜与他国展开激烈且成本高昂的军备竞赛，就是因为担心他国

---

① Avery Goldstein, *Deterrence and Security in the 21st Century: China, Britain, France, and the Enduring Legacy of the Nuclear Revolution*, Stanford: Stanford University Press, 2000.

② [美] 罗伯特·J. 阿特：《美国、东亚和中国崛起：长期的影响》，载朱锋、[美] 罗伯特·罗斯主编《中国崛起：理论与政策的视角》，上海人民出版社 2008 年版，第 279 页；[美] 埃弗里·戈尔茨坦：《中国的崛起及国际社会的反应：国际环境和民族特性》，载朱锋、[美] 罗伯特·罗斯主编《中国崛起：理论与政策的视角》，上海人民出版社 2008 年版，第 78 页。有学者曾质疑中俄两国是否具有对美国的核威慑能力，参见 Keir A. Lieber and Daryl G. Press, "The End of MAD? The Nuclear Dimension of U. S. Primacy," *International Security*, Vol. 30, No. 4, 2006, pp. 7 – 44。但另一些学者对这一观点进行了反驳，参见 Bruce G. Blair and Chen Yali, "The Fallacy of Nuclear Primacy," *China Security*, Autumn, 2006, pp. 51 – 77; Lin Bin, "Paper Tiger with Whitened Teeth," *China Security*, Autumn, 2006, pp. 78 – 89。

③ Avery Goldstein, *Rising to the Challenge: China's Grand Strategy and International Security*, California: Stanford University Press, 2005, pp. 100 – 101.

④ [美] 罗伯特·J. 阿特：《美国、东亚和中国崛起：长期的影响》，载朱锋、[美] 罗伯特·罗斯主编《中国崛起：理论与政策的视角》，上海人民出版社 2008 年版，第 278 页。Randall L. Schweller, "Rational Theory for a Bygone Era," *Security Studies*, Vol. 20, No. 3, 2011, p. 466. Randall L. Schweller, Xiaoyu Pu, "After Unipolarity: China's Visions of International Order in an Era of U. S. Decline," *International Security*, Vol. 36, No. 1, 2011, p. 44.

会对自己或自己的盟国发动军事入侵。但随着时间的推移，以及对国际和平内在机制的了解，各国决策者的主观威胁感开始下降。1985 年 11 月，里根和戈尔巴乔夫在《美苏联合声明》中宣称，"核战争没有获胜的可能，永远也不应发生"。① 20 世纪 80 年代，中国的主要决策者邓小平也意识到"战争是可以避免的"，"在较长时间内不发生大规模的世界战争是有可能的"。② 时至今日，大多数主要国家都认为，它们之间不大会再为安全原因而彼此打仗了。③

总之，核武器的出现及核威慑的形成，对大国安全和体系和平产生了革命性的影响。不过，本书更为关心的是核武器对大国权力竞争方式的影响。正如下一节将要展示的那样，核武器对大国间战争的巨大的抑制作用，将会对大国获取权力的战略选择产生根本性的影响。

◇◇ 第三节 体系变化对权力争夺行为的影响及利益交换逻辑的凸显

一 传统争霸路径的阻断与替代方式的浮现

诚如现实主义所强调的那样，在 1945 年以前的那个无政府体系里，

---

① *New York Times*, Nov. 22, 1985, A12, quoted from Robert Jervis, "The Utility of Nuclear Deterrence," in Robert J. Art and Kenneth N. Waltz, eds., *The Use of Force*, 6th edition, Lanham, MD: Rowman & Littlefield Publishers, 2004, p. 96.

② 《邓小平文选》（第三卷），人民出版社 1993 年版，第 25、127、233 页。

③ Robert Jervis, "Realism in the Study of World Politics," *International Organization*, Vol. 52, No. 4, 1998, p. 981. 简单地说，在冷战的绝大部分时期，大国间的战争客观上打不起来，但决策者主观上仍认为有可能打起来；而自 20 世纪 80 年代以后，大国间的战争不仅在客观上打不起来，而且决策者主观上也认为打不起来。随着决策者主观认识与客观现实逐渐趋于一致，那些基于国家安全动机假定的旧理论将愈加难以解释此后的国际政治。

由于战争和武力的使用不受制约，因此大国要想扩大其权力乃至获得世界范围的霸权，的确需要——而且在很大程度上只需要——积累以军事实力为核心的物质实力，并努力赢得包括霸权战争在内的尽可能多的战争。然而到了1945年之后，国际体系虽然仍然处于无政府状态，但除此之外的其他一些方面的改变，却已经足以使大国争夺体系霸权的方式变得与此前完全不同。具体说来，前文所指出的1945年以后的两个新的变化——主权规范的强化和核威慑的出现——阻断了大国争霸的传统路径，并迫使大国选择新的争霸战略。

首先，随着主权和民族自决规范的深化，包括小国在内的所有国家的领土不再可以被（合法地）兼并。在战争频发时代，领土扩张以及争夺和建立海外殖民地是大国扩张权力的主要途径。然而到了大国无战争时代，由于主权规范的深化，兼并他国领土和建立殖民地将承受前所未有的巨大的规范和舆论压力，并将承担由此带来的物质成本。这意味着大国已经无法再像以前那样通过领土兼并将别的国家吞并为自己的领土，也不再能够用武力和掠夺等方式将小国变成自己的殖民地。

其次，核武器的出现使得大国间战争的成本高得无法承受。在战争频发时代，具有扩张野心的崛起国往往会伺机发动对其他大国的挑战和入侵，从而引发霸权战争。① 但在大国无战争时代，核武器对战争所造成的巨大成本会极大地抑制大国机会主义扩张的动机，这迫使大国不再选择主动对另一个大国进行武力扩张，不再会主动军事入侵另一个大国。正是核武器的存在，使得大国间的战争机制不复存在。② 事实上，正是

---

① John J. Mearsheimer, *The Tragedy of Great Power Politics*, New York: W. W. Norton & Company, 2001, pp. 37 – 40.

② 正如伊肯伯里所指出的，在核武器的时代，美国由于不能通过军事手段来征服其他大国，因此呈现出更大的自我克制。但同时，由于战争推动秩序变革的历史已经成为过去，美国的领导地位因此更加不易被替代。［美］约翰·伊肯伯里：《中国的崛起：权力、制度与西方秩序》，载朱锋、［美］罗伯特·罗斯主编《中国崛起：理论与政策的视角》，上海人民出版社2008年版，第157页。

拜核武器及其他一些辅助性因素所赐，进攻性战争在二战后已不再具有合法性。

也就是说，随着核武器的出现和主权规范的深化，1945 年以前大国争夺权力的主要方式在 1945 年以后变得不再适用。这就逼迫大国不得不另辟蹊径，选择其他方式来提升其影响力和权力地位。那么，除了武力掠夺和武力胁迫之外，还有什么方式能够增加一个国家在国际体系中的权力呢？这涉及权力的概念和构成。

在一段时间内，学界对权力的认识和分析倾向于遵循一种"作为资源的权力"路径（"power-as-resources" approach），这种路径将权力视为国家所固有的一种资产和属性，强调构成权力所需的物质资源。[1] 随后，这种路径受到另一种"关系性权力"路径（"relational power" approach）的挑战，后者强调权力对人的行为的影响效果。[2] 正是基于"关系性权力"的研究路径，罗伯特·达尔（Robert A. Dahl）给出了国际关系学界广泛接受的经典定义：让他人做其原本不愿做的事情的能力。[3] 事实上，这两种路径并不矛盾，反而通过对不同层面的强调帮助我们更好地理解了权力的构成：一方面，物质资源是实现权力的基础和前提；另一方面，实现对他人行为的影响是权力的目标和表现形式。简单说来，权力（power）等于实力（capability）加影响力（influence）。[4] 在客观物质实力既定的情况

---

[1] David A. Baldwin, "Power and International Relations," in Walter Carlsnaes, Thomas Risse and Beth Simmons eds., *Handbook of International Relations*, London: Sage Publications, 2002, p. 178.

[2] Ibid..

[3] Robert A. Dahl, "The Concept of Power," *Behavioral Science*, Vol. 2, No. 3, 1957, pp. 202 – 203. 相似的定义，参见［美］丹尼斯·朗《权力论》，陆震纶、郑明哲译，中国社会科学出版社 2001 年版，第 3 页。

[4] ［美］詹姆斯·多尔蒂、［美］小罗伯特·普法尔茨格拉夫：《争论中的国际关系理论》（第五版），第 77 页。［美］康威·汉森：《国际关系：世纪之交的冲突与合作》，金帆译，海南出版社 2004 年版，第 98 页。

下，追求权力在很大程度上就是追求影响力。①

现在的问题是，一个国家如何才能对他国的行为产生影响力？② 现实主义理论将"权力"具体化为"一国利用其物质资源胁迫（compel）他国做其原本不愿做的事情的能力"。③ 在战争频发时代，国家解决相互间利益冲突的最常用的手段就是武力和战争，④ 因此如前所述，武力胁迫是对他国施加影响的主要方式。但很显然，武力和武力胁迫并非获得影响力的唯一方式。正如阿诺德·沃尔弗斯（Arnold Wolfers）所指出的那样，想要驱动和改变他人的行为，除了威胁或施加剥夺之外，还可以通过许诺或者提供好处来实现。⑤ 约翰·罗斯格伯（John Rothgeb）将实施权力的手

---

① 因此学者们经常将"影响力"和"权力"两个概念不加区分地互换使用，参见 Robert A. Dahl, "The Concept of Power," p. 202; David A. Baldwin, "Power and International Relations," in Walter Carlsnaes, Thomas Risse and Beth Simmons eds., *Handbook of International Relations*, London: Sage Publications, 2002, p. 177. 本书也将沿袭这一做法。

② 需要指出的是，"影响力"有广义和狭义之分。在广义上，只要一个国家的存在及其行为对其他国家的决策构成了影响，那么我们就可以说这个国家具有影响力。这里所说的影响，既包括了积极的影响，也包括了消极的影响。只要一个国家的物质实力不断增加，那么它的广义影响力必然增加，因为它对他国决策和行为的结果的影响会因为它实力的增强而增大。从这个意义上讲，媒体中常见的类似"随着中国综合国力的不断扩大，中国的国际影响力不断提升"这样的描述并不必然值得政府和民众欣喜和骄傲。20 世纪 30 年代，纳粹德国实力的迅速提升，同样极大地提升了它在欧洲的国际影响力。一个国家真正应该追求的是狭义的影响力。狭义的影响力是指一个国家让其他国家做出符合前者意愿的行为的能力。根据"权力"的定义，这里的"影响力"显然应仅指狭义的影响力。关于影响力的第二种含义，参见 James W. Davis, Jr., *Threats and Promises: The Pursuit of International Influence*, Baltimore and London: The John Hopkins University Press, 2000, p. 1.

③ Michael Barnett and Raymond Duvall, "Power in International Politics," *International Organization*, Vol. 59, No. 1, 2005, p. 40. 着重号为笔者所加。

④ Kenneth N. Waltz, *Theory of International Politics*, Reading, Massachusetts: Addison-Wesley Publishing Company, 1979, p. 113.

⑤ 与本书的做法稍有不同的是，沃尔弗斯将前者狭隘地定义为"权力"，将后者定义为"影响力"。他所说的"权力"实际就是指基于武力胁迫而实现的权力。主要依据 1945 年以前的经验（此处所援引的原始文献出版于 1962 年），沃尔弗斯认为，与他所说的"权力"相比，"影响力"通常处于次优的位置。[美] 阿诺德·沃尔弗斯：《纷争与协作——国际政治论集》，于铁军译，世界知识出版社 2006 年版，第 93—104 页。

段分为强制、说服和交换。① 霍尔斯蒂（K. J. Holsti）则更加细致地将获取影响力的途径划分为6种：使用武力、以非暴力方式施加惩罚、以惩罚相威胁、给予奖赏、悬赏和劝说。② 简而言之，我们可以将大国获取影响力的途径划分为两大类型：武力胁迫和利益交换。③

作为一种争取权力的方式，利益交换是指通过为其他国家提供某种好处来换取其他国家对本国的支持。如果说武力胁迫获得影响力的核心逻辑是"因为害怕你，所以支持你"，那么利益交换获取影响力的核心逻辑就是"因为需要你，所以支持你"。④ 在大国无战争时代，由于武力胁迫逻辑实现的具体方式因客观条件的变化变得不再可行，因此利益交换就自然地凸显出来，成为大国获取权力和提高影响力的主要方式。冷战时期，美国和苏联分别为与自己意识形态一致的国家提供大量的经济、技术援助和军事保障，以换取这些国家在政治上对自己的追随和支持，并且两国通过

---

① John M. Rothgeb, Jr. , *Defining Power: Influence and Force in the Contemporary International System*, New York: St. Martin's Press, 1993, Chap. 4.

② K. J. Holsti, *International Politics*, 6ᵗʰ ed. (Englewood Cliffs, N. J.: Prentice-Hall, 1992), Chap. 5. 转引自［美］布鲁斯·拉希特、哈维·斯塔尔：《世界政治》，王玉珍等译，华夏出版社2001年版，第115页。

③ 有学者会指出，获取影响力还有第三种途径，即制定有利于自己的规则。但在社会生活中，几乎所有规则的建立都源于暴力强制或者利益诱导。规则的制定，是武力胁迫和利益交换的结果，而非独立的原因。从规则和设定议程的角度理解权力的早期论述，可参见 Peter Bachrach and Morton S. Baratz, "Two Faces of Power," *The American Political Science Review*, Vol. 56, No. 4, 1962, pp. 947 - 952。除此之外，还可能有学者会强调除胁迫、诱导之外的吸引力。但在理性主义的范式中，吸引力的产生同样源于被吸引者对未来从吸引者那里获得好处的预期。对吸引力作为获取权力的重要途径的集中探讨，参见 Joseph S. Nye, "Public Diplomacy and Soft Power," *Annals of the American Academy of Political and Social Science*, Vol. 616, 2008, pp. 94 - 109. Joseph S. Nye, "Get Smart: Combining Hard and Soft Power," *Foreign Affairs*, Vol. 88, No. 4, 2009, pp. 160 - 163。

④ 杨原：《武力胁迫还是利益交换——大国无战争时代大国提高国际影响力的核心路径》，《外交评论》2011年第4期，第106—107页。Yoav Gortzak, "How Great Powers Rule: Coercion and Positive Inducements in International Order Enforcement," *Security Studies*, Vol. 14, No. 4, 2005, pp. 663 - 697.

对第三世界国家的援助以树立和扩大自己在相应地区的影响力，这些都是这种利益交换战略付诸实践的具体体现。①

二 作为一种占优战略的利益交换

如上所述，由于核武器的出现以及主权规范的强化，武力胁迫作为一种争霸战略的适用性受到了极大削弱，这为利益交换取代武力胁迫成为大国获取权力的主要手段提供了可能性。不过这还仅仅是利益交换逻辑在大国无战争时代得以凸显的初始性条件。更为决定性的原因是，1945年以后，主权规范的强化以及其他一些因素的存在，使得在这一时期利益交换成为一种相对于武力胁迫的占优战略（dominant strategy）。

政治学的一个基本常识是单纯依靠暴力固然也能实现统治，但通过为被统治者提供生存保障和发展的秩序不仅能实现统治，而且还能建立统治的合法性。② 这意味着，对于小国而言，利益交换比武力胁迫更易于接受，也更具有吸引力。③ 在多数情况下，国际体系中都存在着不止一个觊

---

① 这方面的文献，参见 A. W. DePorte, *Europe Between the Superpowers*；Roy Allison and Phil Williams eds. , *Superpower Competition and Crisis Prevention in the Third World*, New York：Cambridge University Press, 1990；Chester J. Pach, Jr. , *Arming the Free World*；Odd Arne Westad ed. , *Brothers in Arms：The Rise and Fall of the Sino-Soviet Alliance*, 1945 – 1963, Stanford：Stanford University Press, 1998；Odd Arne Westad, *The Global Cold War：Third World Interventions and the Making of Our Times*, Cambridge：Cambridge University Press, 2005；沈志华主编《冷战时期苏联与东欧的关系》，北京大学出版社 2006 年版；［美］梅尔文·P. 莱弗勒《人心之争——美国、苏联与冷战》，孙闵欣等译，华东师范大学出版社 2012 年版。

② ［德］马克斯·韦伯：《经济与社会》（上卷），林荣远译，商务印书馆 1997 年版。Mancur Olson, *Power and Prosperity：Outgrowing Communist and Capitalist Dictatorships*, New York：Basic Books, 2000. David Lake, "Escape from the State of Nature：Authority and Hierarchy in World Politics," *International Security*, Vol. 32, No. 1, 2007, pp. 47 – 79.

③ 其实对任何国家都是如此。

舰体系霸权的大国。① 假如 A 大国通过利益交换方式（比如提供安全保障）争取某小国的支持，而 B 大国则通过武力胁迫的方式争取该小国的支持，只要该小国能够自主决策，那么它几乎肯定会倒向 A 国而非 B 国。即使该小国当时无法自主做出选择（例如正处于 B 国的胁迫之下），只要 B 国对其的武力控制一有减弱，该小国同样极有可能毫不犹豫地背叛 B 国而倒向 A 国。② 一出一进，B 国实际上将因失去该小国的追随而遭受两倍的权力损失。这意味着，当 A 国知道它的竞争对手会选择武力胁迫战略时，它的理性选择一定是利益交换而非武力胁迫。

而如果 B 国改为采用利益交换战略，A 国知道自己这时采用利益交换战略的效果肯定没有当 B 国采用武力胁迫战略时的好，但自己无论如何不能选择武力胁迫战略，因为如此一来，自己就会遭遇像第一种情况下 B 国所遭遇的那种最为不利的局面。由此可见，无论 B 国选择武力胁迫还是利益交换，A 国选择利益交换都比选择武力胁迫更合算。用博弈论的术语来说，相对于武力胁迫而言，利益交换战略是大国权力竞争的占优战略。该博弈可如图 3 - 1 表示，（武力胁迫，利益交换）是该博弈的占优战略均衡（dominant-strategy equilibrium）。③

在真实的世界中，大国在互动初期可能会由于对该博弈的相关知识（如互动双方不同战略组合的相对效用）尚不大清楚，因而有可能在一开始仍有意图对小国采用武力胁迫而非利益交换的战略。但随着互动的深入，当它意识到自己如果这么做，别的大国就会因此而选择利益交换从而

① 规避未来损失视角的解释正确地指出，即使某个特定时期体系内只存在一个有能力问鼎体系霸权的大国，它的决策也需考虑未来可能的权力竞争。

② 20 世纪 80 年代末，东欧国家在苏联放松对其控制后积极接近西方，都是大国无战争时代以武力胁迫方式争取小国政治支持而遭遇失败的典型例证。

③ 请注意，图 3 - 1 中的"武力胁迫"战略和"利益交换"战略，如上文所述，均指大国对小国施加的、用以谋求小国支持的战略，而非两个大国相互施加的战略。这两个战略的实施对象都是小国，而非博弈中的对方。

		B 大国	
		武力胁迫	利益交换
A 大国	武力胁迫	2, 2	1, 4
	利益交换	4, 1	3, 3

图 3 - 1　大国无战争时代大国权力获取方式的取舍博弈

轻松将小国吸引走之后，大国就会逐渐学习到上述知识。而当所有参与权力竞争的大国都学到了上述知识之后，该博弈的均衡就会出现，所有大国都会采用利益交换作为与对手竞争体系主导权的首选战略。[①] 正是这种竞争性的互动环境，促使利益交换成为大国无战争时代大国获取权力的主导性手段。

利益交换战略比武力胁迫战略更具优势，还有另外一个重要原因，即信号释放效应。即使某个大国在某个特定时期能够以强制性的手段成功地令某个（或某几个）小国被迫臣服，该大国的这种行为也会向国际社会中的其他国家释放一种负面的信号：该大国具有暴力压迫他国的倾向。出于对该大国的恐惧以及对它所使用的胁迫手段的厌恶，其他小国必然将倾向于远离该大国，甚至倒向该大国的竞争对手一边。该大国虽然在短时期内通过武力胁迫对少数小国实施了有效的控制，但从更大的空间和更长的时间范围看，这种做法可能削弱该大国的影响力。戈尔巴乔夫时期，苏联对东欧"松绑"后，东欧国家纷纷倒向西方就是这种情况的一个典型例证。

---

① 当然前提是参与博弈的大国都是单一理性行为体。在真实世界中，受各种因素的干扰，大国的决策不可能都是理性的，这会使得大国的实际行为选择有可能偏离该博弈的均衡结果。然而该博弈的支付结构决定了大国虽然有做出偏离均衡结果的行为的"自由"，但也将为此付出相应的代价。

三 利益交换成为占优战略的条件

如上一节所述，对所有国家来说，获得好处都比受到武力威胁更有吸引力，这是利益交换战略能够成为占优战略的核心原因。但如图 3 - 1 所示的大国权力获取方式的取舍博弈，要想得以运转，从而发挥出利益交换战略的优势并让大国选择该战略，还必须具备以下 4 个条件。

条件 1：在初始状态下，小国享有自主决策的权利。

这个条件包含两层含义：首先，在大国争夺前，小国在政治上是独立的，小国的一切行为只听命于自己；其次，大国剥夺小国自主性会受到规范和合法性方面的压力。

条件 2：大国所争夺的是对小国的主导权。

这个条件意味着大国所争夺的是一种零和性利益，这种利益难以被分割。

条件 3：对于某个（或某些）特定的小国，有不少于两个的大国有足够的意愿将其作为自己的权力争夺目标。

这个条件有两层含义：首先，大国在谋求对某个（或某些）小国的主导权时，面临与其他大国的竞争；① 其次，所有参与权力竞争的大国都有足够的竞争意愿，竞争意愿不是它们做出决策的约束条件。

条件 4：对于参与权力竞争的各个大国来说，物质实力（资源）不是其决策的约束条件。

这 4 个条件对于上述博弈的运转都是必不可少的。首先，小国必须要有决策和行动的自由，才能在某个大国对其实施武力胁迫时有可能选择倒

---

① 如果某个特定时期体系内只存在一个有能力问鼎霸权的大国，但存在其他有潜力在不远的未来拥有这种能力的国家，前一个大国在决策时也需考虑到未来可能的权力竞争。

向另一个大国。如果小国缺乏行动的自由和决策的自主性，甚至在一开始就已经处于某大国的绝对控制之下，那么该大国也就不会在乎小国的反应，此时"利益交换"的优势就难以显现。在无政府状态下，条件 1 要想在一定程度上得到满足，必须存在一种强势规范，为小国的独立自主赋予合法性，并使得大国伤害小国自主性的行为面临规范的压力。

其次，大国所争夺的主要目标必须是一种不可与其他大国彼此分割的利益，这种利益主要是对某个（或某些）小国的主导权。在目标排序上，对小国的主导权或领导权应当排在对小国领土、资源、经济利益等其他可分割利益的占有之前，否则，上述博弈难以运转。例如，1939 年，德国和苏联对波兰的争夺都只满足于争夺到波兰的部分领土，因此当时两国得以达成《德苏互不侵犯条约》，并都选择使用武力胁迫战略瓜分了波兰。

再次，占优战略的出现源于互动状态下的竞争态势，即参与互动的一方在决策时必须考虑另一方的战略选择。因此，上述博弈要想运转，必须至少存在两个权力的竞争者。当只有一个大国谋求主导权并且在可预见的将来不存在任何可能的竞争对手时，即使存在规范的约束，武力胁迫和扩张也很有可能是该大国的首选战略。例如，春秋时期，秦穆公时的秦国成为西戎霸主的主要战略是向西军事扩张和征服，这主要就是由于地理条件和当时技术水平的限制，西北地区除了秦国外，没有其他大国参与权力争夺。①

最后，参与竞争的大国必须具备足够的物质实力和战略意愿。两者缺一，都会改变上述博弈的支付，甚至使得博弈的情境不复存在。例如，20世纪 80 年代末到 90 年代初，原属苏联卫星国的东欧国家改变其政治经济制度投向西方阵营而没有遭到苏联的阻止，这主要就是因为当时的苏联不再具有足够的权力竞争的战略意愿。而 20 世纪 90 年代以来，北约不断向

---

① 参见台湾三军大学编著《中国历代战争史》（第 1 册），中信出版社 2012 年版，第 199 页。

东吸纳东欧国家，挤压俄罗斯的战略空间而没有遭到俄罗斯的实质性反抗，主要是因为当时的俄罗斯不再具有与美国争夺小国的物质实力。

尽管上述 4 个限定条件对于利益交换战略成为占优战略都是必要的，但是在无政府状态下，相对来说，后 3 个条件比第 1 个条件得到满足的情况更常见。毕竟，对于一个纯粹的无政府体系来说，强国可以做任何它想做的事，这其中就包括剥夺小国的行动自由，甚至直接将其吞并为自己的一个国内行政单位。① 小国拥有某种规范的保护，从而能够使自身的决策和行动独立于大国主观意愿之外，这显然是无政府状态下的一种不太常见的情况。因此，是否满足条件 1，亦即是否存在这种保护小国决策自主性的规范，以及这种规范的约束力的强弱，将是决定大国战略取舍的天平向"利益交换"和"武力胁迫"哪一边倾斜的关键性条件。而如前所述，二战后，主权规范在全世界范围内的普及和深化，使得条件 1 在普遍范围内得到了满足。

利益交换战略成为大国权力获取的占优战略，这并不意味着这种占优战略一定能够稳定地延续下去。对于那些执意通过暴力试图强行改变现状的国家，即使上述 4 个条件都满足，仍不足以抑制它们机会主义扩张和兼并小国的动机。当某个小国因某大国的胁迫而寻求其他大国的保护时，前一个大国有可能会采取突然的手段抢在后一个大国为该小国提供有效保护之前以武力兼并该小国。尤其是当大国之间发生直接战争的成本在可接受范围内时，那些修正主义国家就越发敢于冒因武力扩张而与其他大国开战的风险，以武力胁迫的方式谋求权力。而如果一个大国成功地以武力兼并了小国，其他小国将逐渐不再信任其他大国的安全保障是可靠的，这时，武力胁迫战略就会逐渐变得有效，利益交换战略则会逐渐失去吸引力。由此将引发恶性循环，促使其他大国越来越频繁地选择使用武力胁迫战略。

---

① 无政府状态的这一特点，正是现实主义范式赖以建构其理论的根本出发点。

换言之，尽管从静态来看，当上述 4 个条件满足时，利益交换战略是大国权力竞争的占优战略，但在大国与大国间战争成本不高的情况下，利益交换战略的这种"占优"状态是不稳定的。在这种情况下，大国权力竞争的互动模式就有可能从以利益交换为主导退化为以武力胁迫为主导，而小国行动自主性受保护的规范也将随之被不受保护的规范所取代。而只有当小国行动自主性和大国间的战争成本都很高时，利益交换才能稳定而持久地取代武力胁迫成为大国获取权力的主要方式。幸运的是，如前所述，二战后核武器的出现以及核威慑的形成，史无前例地将大国间战争的成本提高到了任何大国均无法承受的程度。本书的第四章将通过比较春秋时期和二战后大国权力竞争的过程，实证检验主权规范和核武器两者对二战后大国权力竞争方式的影响机制。①

明确了大国权力获取方式取舍博弈的运转条件以及利益交换战略稳定延续的条件之后，我们就能解释为什么在 1945 年以前的近代国际体系中，利益交换没能成为大国争霸的主要途径。首先，在国际规范层面，1945年以前，对无主土地存在着先占原则，这意味着抢先扩张的大国更有可能获得更多的领土或殖民地。再加之这一时期保护小国领土不受侵犯的主权规范尚未完全确立，扩张领土对于大国而言既是理性的，又是具有合法性的。其次，在战略有效性层面，由于大国间战争的结果是不确定的且成本是可承受的，因此大国武力扩张和领土征服的可能性随时存在。在这种情况下，小国总是面临着现实而紧迫的生存威胁，这使得小国对利益的预期非常短视，背叛而非合作是小国主导性的战略原则。如果大国为小国提供某种利益，小国非常有可能在享受了这种利益之后马上背叛该大国。

不仅如此，在动机层面，战争频发时代的大国对体系主导权的追求并

---

① 笔者在其他地方运用演化博弈的方法对这个问题做了更形式化的讨论，参见杨原《大国权力竞争方式的两种演化路径——基于春秋体系和二战后体系的比较研究》，《当代亚太》2014 年第 5 期。

不单纯是出于追求社会地位或荣誉的目的。受历史发展阶段的影响，当时的大国在很大程度上需要通过扩张领土和殖民地来获取国家发展所必需的资源和市场。① 更为基本的是，战争频发时代的大国甚至需要通过扩张领土来确保自身的生存。② 这意味着，战争频发时代，大国有着比大国无战争时代更加强烈的武力扩张动机。

基于上述三方面的原因，对于战争频发时代的大国而言，相比较于通过利益交换这种长期且软性的影响手段，直接将小国变成自己的领土或殖民地无疑是更为可靠的权力获取方式。③ 大国对小国的领土兼并固然存在着大国间博弈的制约，④ 但由于尚未出现核武器这样的高可靠性的威慑技术，大国之间的冲突成本并不总是高到无法接受，这也为大国以武力征服和兼并小国创造了可能性。

进入大国无战争时代，虽然武力仍然是大国的一个可选的战略选项，但毕竟由于主权规范的深化，大国已不可能以暴力形式（合法地）兼并小国。而只要小国的主权没有被完全剥夺，只要小国尚未完全被兼并为大国国内政治体系的一部分，小国就有自主决策的可能性。在这种情况下，如图 3 - 1 所示的博弈逻辑就会开始起作用。而核武器的出现，又极大地抑制了大国与其他大国发生正面军事冲突的意愿，这使得当小国因为某大国的胁迫转而寻求其他大国的保护时，寻求保护的小国和为小国提供保护

---

① Carl Kaysen, "Is War Obsolete: A Review Essay," *International Security*, Vol. 14, No. 4, 1990, pp. 48 - 59.

② John J. Mearsheimer, *The Tragedy of Great Power Politics*, New York: W. W. Norton & Company, 2001. Shiping Tang, "Social Evolution of International Politics: From Mearsheimer to Jervis," *European Journal of International Relations*, Vol. 16, No. 1, 2010.

③ 相关讨论，还可参见陈寒溪、杨原《通信：当代大国行为发生了本质变化?》，《外交评论》2012 年第 1 期。

④ 周方银：《无政府状态下小国的长期存在》，《世界经济与政治》2005 年第 2 期。周方银：《小国为何能长期存在》，《国际政治科学》2005 年第 1 期，第 24—47 页。

的大国能够通过利益交换机制稳定地各取所需：前者获得安全保障，后者获得小国的追随。

总之，小国主权的不可剥夺性是导致 1945 年以后武力胁迫不再是大国的有利战略的核心变量。① 核武器对大国间战争的抑制，进一步巩固了这种不可剥夺性。这种不可剥夺性保障了小国战略选择的自主性，从而确保了如图 3 – 1 所示的博弈逻辑的运转，使得利益交换成为大国无战争时代大国获取权力的核心途径。

四　武力和战争功能的转变

利益交换不意味着不使用武力和不发生战争，而是武力和战争的功能发生了变化。在战争频发时代，使用武力的核心逻辑是直接的掠夺和征服。大国对小国使用武力是为了征服这个与其交战的国家，将其兼并或者将其变为殖民地，抑或强制性地从该国掠夺资源和占领其市场。② 大国与大国的战争同样是为了争夺领土，或者为了争夺某个小国或某个殖民地，直至争夺对地区和世界的主导权。③ 然而在第二次世界大战之后，大国卷入战争的直接原因已不是直接的资源掠夺和领土征服，而主要是出于争取和笼络追随者的目的而（不得不）对其提供军事支持和帮助。

1950 年，朝鲜战争爆发后，美国之所以会出兵卷入这场战争并使之国际化，直接目的是为了维护其作为非共产主义世界守护者的信誉，并为

---

① 当然，随着第三次科技革命的兴起，1945 年以后，世界主要国家的生产方式开始由依赖资源和土地向依赖技术和知识转变，这也是大国传统扩张战略不再被采用的一个重要的内在原因。

② 典型战争如 1840 年中英鸦片战争、1935 年意大利入侵阿比西尼亚战争等。

③ 典型战争如 1799—1815 年的拿破仑战争、1853—1856 年的克里米亚战争、1904—1905 年的日俄战争、1898 年的美西战争等。

韩国提供援助以抵御苏联在这一地区影响力的扩大。① 出于同样的目的，美国支持越南共和国从而卷入越南战争。② 如果不是为了保护和支持其政治追随者，美国很可能不会卷入这两场战争中。与此类似的是，美国和苏联之所以会在第三世界扶植代理人甚至由此发生代理人战争，并非为了其内在的直接利益（这种利益往往是边缘性的，甚至是微不足道的），而主要是为了维护对代理人提供保护的战略信誉。③ 总之，在大国无战争时代，利益交换逻辑并不排斥战争，战争往往是大国以利益交换的方式获取影响力的一种副产品。④

相应地，利益交换逻辑的凸显并不意味着军事实力不再重要，而只是意味着其主要功能发生了变化。⑤ 在战争频发时代，大国的军事实力首先是用于自卫，其次则是用于武力掠夺、争夺和征服。在大国无战争时代，军事实力固然仍肩负着保卫大国自身安全的任务（当然大国的军事安全压力已显著小于战争频发时代），但更重要的功能则是为小国提供安全保障

---

① Warren I. Cohen, *The Cambridge History of American Foreign Relations*, *Volume IV*, *America in the Age of Soviet Power*, *1945 – 1991*, New York：Cambridge University Press, 1993, pp. 67 – 68.

② Ibid. , pp. 154 – 158.

③ Roy Allison and Phil Williams, "Superpower Competition and Crisis Prevention in the Third World," in Roy Allison and Phil Williams eds. , *Superpower Competition and Crisis Prevention in the Third World*, New York：Cambridge University Press, 1990, p. 3.

④ 当然，这并非意味着大国无战争时代中所有有大国参与的战争都遵循利益交换逻辑。正如战争频发时代也存在利益交换一样，大国无战争时代也并不保证所有大国参与战争都不是直接的军事入侵，这样的例外如 1979—1989 年的阿富汗战争和 2003—2010 年的伊拉克战争等。至于战争频发时代大国的"他助"行为，参见 Paul W. Schroeder, "Historical Reality vs. Neorealist Theory," *International Security*, Vol. 19, No. 1, 1994, pp. 124 – 129. Paul W. Schroeder, "Why Realism Does Not Work Well for International History?" in John A. Vasquez and Colin Elman eds. , *Realism and the Balancing of Power：A New Debate*, Upper Saddle River, N. J. : Prentice Hall, 2003, pp. 122 – 123。

⑤ 有关国家实力的功能的讨论，参见杨原《武力胁迫还是利益交换——大国无战争时代大国提高国际影响力的核心路径》，《外交评论》2011 年第 4 期，第 103—105 页。

（其目的是获得对小国的政治领导），自身军事实力的强大是大国吸引和笼络小国的重要资本。① 从这个意义上讲，军事实力本身无所谓"硬"或"软"，而取决于将军事实力转化为能够影响他国行为的权力的方式是强制（coercion）还是诱导（inducement）。②

在国际关系领域，常将权力比喻为"货币"，③ 这个比喻是不准确的。事实上，权力（具体地说，军事实力）真正像货币那样发挥作用，主要发生在1945年以后。1945年以前，权力更像是劫匪手中的枪，大国只需用它来逼迫小国就范，而无须将它偿付于小国。直到大国无战争时代，军事实力才真正开始像货币那样被广泛用于交换：大国寻求小国的支持和追随，为此它需要"支付"用于为小国提供安全保障的军事成本。④

与大国武力和战争功能转变密切相关的另一个重要问题是大国追求安

---

① Joseph S. Nye Jr. , *Bound to Lead: The Changing Nature of American Power*, New York: Basic Books, 1991, p. 31. Susan Strange, "The Persistent Myth of Lost Hegemony," *International Organization*, Vol. 41, No. 4, 1987, pp. 551 – 574. Carla Norrlof, *America's Global Advantage: US Hegemony and International Cooperation*, New York: Cambridge University Press, 2010, p. 10.

② 这正如经济实力既可以通过制裁手段转化为硬权力，也可以通过利诱转化为软权力一样。Joseph S. Nye, "Think Again: Soft Power," *Foreign Policy*, February 23, 2006, http://www.foreignpolicy.com/articles/2006/02/22/think_ again_ soft_ power.

③ John M. Rothgeb, Jr. , *Defining Power: Influence and Force in the Contemporary International System*, p. 13.

④ 笔者早年也曾笼统地将权力与货币相类比，并试图据此探寻一种权力的量化方法。参见杨原《国家利益与国家实力量化的新思路》，载王缉思主编《中国学者看世界：世界和中国（2007—2008）》，新世界出版社2008年版，第169—178页。该研究未能成功的原因在于笔者当时尚未意识到大国使用权力获利的过程在很多情况下与人用货币获利的过程是根本不同的。也有学者从权力不具备货币那样的可转换性以及不具备价值尺度功能等角度否定权力与货币的可类比性，参见 Raymond Aron, *Paix et Guerre Entre Les Nations* (Paris: Calmann-Lévy, 1984), quoted from Guzzini Stefano, *Realism in International Relations and International Political Economy*, London: Routledge, 1998, pp. 47 – 48. [美] 大卫·A. 鲍德温：《新自由主义、新现实主义和世界政治》，载 [美] 大卫·A. 鲍德温主编《新现实主义和新自由主义》，肖欢容译，浙江人民出版社2001年版，第21—23页。

全的方式和追求权力的方式在大国无战争时代不再重合。

如前所述，在战争频发时代，大国为了追求权力，可以而且在很大程度上必须采取对外武力扩张、兼并他国领土、发动霸权战争等方式。但同时，大国也要防范其他大国为了权力而对自己发动战争、兼并自己的领土。因此，即使是那些无意争夺霸权的大国，纯粹出于自身安全的考虑，有时也可能采取预防性的或者先发制人式的方式来确保自身的安全。这些方式同样包括了对外扩张和兼并领土。① 这意味着在战争频发时代，大国追求安全的方式与其追求权力的方式在很大程度上是重合的（如图 3-2 所示），② 这是导致在战争频发时代难以通过对行为的观察判断一个国家真实动机究竟是追求安全还是追求权力的核心原因。③ 也正因为如此，现有的那些以追求安全为主要动机的国际关系理论，能够佯装解释战争频发时代许多并非纯粹由安全动机驱动的大国行为。

如前所述，进入大国无战争时代，由于核武器的出现和主权规范的强化，兼并领土和霸权战争不再是可行的选项。④ 这意味着，图 3-2 中大国获取安全和获取权力的两组方式中相重合的那一部分被剜去了。换言

---

① John J. Mearsheimer, *The Tragedy of Great Power Politics*, New York: W. W. Norton & Company, 2001. Shiping Tang, "Social Evolution of International Politics: From Mearsheimer to Jervis," *European Journal of International Relations*, Vol. 16, No. 1, 2010.

② 图 3-2 里没有体现"结盟"这种方式。联盟包括了进攻性联盟和防御性联盟两类。前者是军事扩张领土或发动霸权战争前的准备，后者是借助他国力量增强自身的防御性能力，两者分属大国"获取权力的方式"和"获取安全的方式"。

③ 有关权力与安全动机难区分的论述，参见［英］巴里·布赞《人、国家与恐惧——后冷战时代的国际安全研究议程》，闫健、李剑译，中央编译出版社 2009 年版，第 159—160 页。Reinhold Niebuhr, *Moral Man and Immoral Society: A Study in Ethics and Politics*, New York: Charles Scribner's Sons, 1960, p. 42, quoted from Shiping Tang, *A Theory of Security Strategy for Our Time: Defensive Realism*, New York: Palgrave Macmillan, 2010, p. 53.

④ Tanisha M. Fazal, *State Death: The Politics and Geography of Conquest, Occupation, and Annexation*, Princeton University Press, 2007, p. 49.

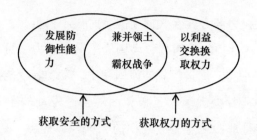

图3-2　大国获取安全方式与获取权力方式的关系

之，在大国无战争时代，大国追求安全的行为和追求权力的行为不再重合。美国和苏联出于对自身安全的担忧会不断地搞军备竞赛，但无论它们对对方可能存在的军事打击有多大的担忧，它们都不会选择首先进攻对方。相应地，美国和苏联会为了争夺霸权而竞相与小国结盟，但无论两国争夺霸权的动机有多强烈，它们也不可能主动发动霸权战争。总之，它们无法再像战争频发时代的大国那样，通过同一种手段就能实现安全和权力两种目的了。①

　　大国无战争时代，大国追求权力和追求安全的方式的分离，是导致传统的以追求安全为主要动机的国际关系理论难以准确解释大国无战争时代大国行为的重要原因。相应地，大国无战争时代，大国以权力为目标的行为和以安全为目标的行为，需要发展不同的理论分别予以描述和解释。本书的任务是解释这个时代以权力为目标的大国行为。至于如何解释这个时代的大国追求安全的行为，虽然也很重要，但笔者更愿将它留给其他学者。②

---

　　① 大国追求权力和追求安全的方式不再重合，并不意味着追求权力的行为和追求安全的行为的客观效果也互不相扰。事实上，基于两种动机的行为在很多情况下存在张力。正如第五章将要详细论及的，大国追求权力的行为，有可能会增加其在安全方面的压力。

　　② 这方面已有的尝试，参见 Shiping Tang, *A Theory of Security Strategy for Our Time: Defensive Realism*, New York: Palgrave Macmillan, 2010。

五　利益交换：自助还是他助（助他）

现实主义理论认为，国家一切战略的核心任务是自助（self-help），帮助他国或者等待他国的帮助都是危险的。[①]　而利益交换战略却要求大国主动为其他国家提供好处，这是否与现实主义的"自助"假定乃至与理性主义的利己假定相违背?[②]

当然不是。在以理性人假定为理论基石的经济学中，"交换"是市场中行为体互动过程的核心环节。企业正是为了追求自身的收益，才会向市场供应商品。为了尽可能多地获利，企业会努力降低价格、提高商品和服务的质量，竭尽全力地迎合和满足尽可能多的消费者的需求。对于那些深陷"自助"逻辑的现实主义"原教旨主义者"来说，"自私"的企业为消费者提供服务以迎合消费者需求的行为是难以理解的甚至是不可思议的。现实主义学者摩根索就曾说："在引入现代对外政策实践中的各种表面的和真正的创新中，无论是对于理解还是对于行动而言，没有什么比对外援

[①]　在许多学者看来，国家行为究竟是"自助"还是"他助"，是现实主义和非现实主义理论的一个关键区别。Paul W. Schroeder，"Why Realism Does Not Work Well for International History，" in John A. Vasquez and Colin Elman eds.，*Realism and the Balancing of Power：A New Debate*，Upper Saddle River，N. J.：Prentice Hall，2003，p. 122.

[②]　现实主义学者查尔斯·格拉泽曾指出，在结构现实主义的框架内，自助也可以以合作的形式来实现。但他所谓的合作是指国家为避免军备竞赛而采取协调性的政策，与这里所说的基于利益交换逻辑的"他助"不同。Charles L. Glaser，"Realists as Optimists：Cooperation as Self-help，" *International Security*，Vol. 19，No. 3，1994/1995，pp. 50 – 90. 另一位现实主义学者施维勒指出，意图改变现状的小国会为了得到大国许诺的回报而追随大国，这种观点更接近这里所说的"利益交换"逻辑下的"助他"行为。Randall L. Schweller，"Bandwagoning for Profit：Bringing the Revisionist State Back In，" *International Security*，Vol. 19，No. 1，1994，pp. 72 – 107. 不过这一观点已经背离了新现实主义研究纲领关于国家自助假定的内核。

助更令人困惑的了。"① 面对二战后美国的"助他"行为，政治家李光耀也曾惊讶地表示："任何老牌强国都会努力在尽可能长的时间内保持其独一无二的优势地位，然而美国却曾着手帮助过那些曾经被它打败的对手使其重新站立起来……这在历史上是前所未有的事。"② 纯粹依据以"胁迫"和"掠夺"逻辑为主线的1945年以前的国际政治经验，将难以顺畅地理解1945年以后以"交换"逻辑为主线而追逐私利的大国行为。

不仅经济学家从交换的角度探究人类的理性行为，社会学家同样也基于理性的假定捕捉到了社会领域的利益交换现象，并由此发展出了"社会交换理论"（social exchange theory）。社会交换理论认为，人出于利己的动机，会自愿地将自身的利益或资源提供给他人，以换取他人回报给自己的另一种利益。这种利益交换的过程，广泛存在于包括权力形成在内的诸多重要的社会互动中。③ 社会领域的利益交换与经济领域的利益交换的一个关键区别是经济领域的利益交换受到有明文规定且有强制力约束的法制的保障，而在社会领域则缺乏对交换义务的成文规定。④ 但这并不妨碍社会

---

① Hans Morgenthau, "A Political Theory of Foreign Aid," *The American Political Science Review*, Vol. 56, No. 2, 1962, p. 301. 转引自丁韶彬《大国对外援助——社会交换论的视角》，社会科学文献出版社2010年版，第2—3页。

② Fareed Zakaria, "A Conversation with Lee Kuan Yew," *Foreign Affairs*, Vol. 73, No. 2, 1994, pp. 124 – 125, quoted from Victoria Tin-bor Hui, *War and State Formation in Ancient China and Early Modern Europe*, New York: Cambridge University Press, 2005, p. 234.

③ 社会交换理论的重要文献包括［美］彼得·M. 布劳《社会生活中的交换与权力》，李国武译，商务印书馆2012年版；George Caspar Homans, *Social Behavior: Its Elementary Forms*, New York: Harcourt, Brace & World, Inc. , 1961; John W. Thibaut and Harold H. Kelley, *The Social Psychology of Groups*, New York: John Wiley & Sons, Inc. , 1959; Richard M. Emerson, "Power-Dependence Relations," *American Sociological Review*, Vol. 27, No. 1, 1962, pp. 31 –41。对这一理论的详细梳理，参见［美］乔纳森·H. 特纳《社会学理论的结构》，邱泽奇、张茂元等译，华夏出版社2006年版，第16—20章。

④ ［美］彼得·M. 布劳：《社会生活中的交换与权力》，李国武译，商务印书馆2012年版，第158—164页。

交换行为的发生。受理性动机的驱动，人们如果对他人提供的好处不予以回报，那么，未来很可能将无法继续得到这种好处。此外，受社会规范的制约，对于接受好处的人来说，对他人提供的好处不予回报将降低自己的地位，失去"面子"；而对于提供好处的人来说，在对他人提供好处时明确规定对方回报的方式和时间，反而不利于唤起对方的义务感和感激之情。①

正如黛博拉·拉尔森（Deborah Welch Larson）所说："国际关系可以被视作一系列交换活动。大国可以通过向其他国家提供贸易优惠、贷款或者军事保护来影响这些国家的政策。作为回报，小国可以向大国提供对后者有用的资源，例如准许大国使用自己的领土作为其军事基地或者为其提供战略性原材料。"② 对于 1945 年以后的大国政治来说，利益交换构成了大国权力建设的核心。大卫·莱克（David A. Lake）的实证研究表明，二战后，美国通过为其盟国提供安全秩序和发展援助，在其盟国中建立了一种关系性的权威。这种权威使得美国与其盟友的关系得以在一定程度上摆脱无政府式的自然状态，并形成一种等级制关系。在等级制下，美国的盟友甘愿将自身主权的一部分让渡给美国，并遵从美国的指挥。美国之所以能够建立这种权威，就是因为它采取了利益交换方式，与其盟友建立了一

---

① Deborah Welch Larson, "Exchange and Reciprocity in International Negotiations," *International Negotiation*, Vol. 3, No. 2, 1998, pp. 124 – 127；[美] 彼得·M. 布劳:《社会生活中的交换与权力》，李国武译，商务印书馆 2012 年版，第 160 页。当然，国际关系领域互惠（reciprocity）行为的产生还取决于一些具体条件，相关探讨可参见 Martin Patchen, "When Does Reciprocity in the Actions of Nations Occur?" *International Negotiation*, Vol. 3, No. 2, 1998, pp. 171 – 196. Russell J. Leng, "Reciprocity in Recurring Crises," *International Negotiation*, Vol. 3, No. 2, 1998, pp. 197 – 226. Joseph Lepgold and George Shambaugh, "Rethinking the Notion of Reciprocal Exchange in International Negotiation: Sino-American Relations, 1969 – 1997," *International Negotiation*, Vol. 3, No. 2, 1998, pp. 227 – 252。

② Deborah Welch Larson, "Exchange and Reciprocity in International Negotiations," *International Negotiation*, Vol. 3, No. 2, 1998, p. 134.

种关系性的契约（relational contract）。① 事实上，二战后，美苏两国都通过为小国提供安全保障，从而在大的无政府状态下分别建立起两个各自独立的等级制体系，并以此与对方竞争世界主导权。

六　利益交换：客观规律还是战略处方

这里需要明确辨析一个重要的问题：大国无战争时代大国获取影响力的主要方式是利益交换，这个命题究竟是解释性的（explanatory）还是规范性的（normative）？换言之，它究竟是对大国客观行为的一种描述，还是对大国应当采取的"好的"战略的建议？如前所述，大国获取影响力的主要方式由武力胁迫转变为利益交换，是受到1945年以后国际体系两方面变化的影响。而无论是主权规范的强化，还是核威慑的出现，都与具体国家的属性无关。这意味着，"大国无战争时代大国获取影响力的主要方式是利益交换"这一命题在体系层次上是一个解释性命题，因为这种权力获取方式的凸显与体系层次因素的变化存在因果联系。

但同时，由于各国的内部属性千差万别，不同文化、不同政体、不同政党、不同决策者，甚至不同地理位置等各种国家层次变量都在影响着国家的决策。国家具有主观能动性，因而其行为不可能像牛顿力学所描述的

---

① David A. Lake, *Entangling Relations: American Foreign Policy in Its Century*, Princeton: Princeton University Press, 1999; David A. Lake, "Escape from the State of Nature: Authority and Hierarchy in World Politics," *International Security*, Vol. 32, No. 1, 2007, pp. 47 - 79; David A. Lake, *Hierarchy in International Relations*, Ithaca and London: Cornell University Press, 2009. 值得注意的是，尽管莱克反复强调国际体系中等级制的普遍性，但他用以实证的几乎所有数据和案例都是1945年以后的（具体说来都是1950年以后的）。这从一个侧面印证了1945年以后国际体系的变化对大国政治的深刻影响：只有在一个领土无法被随意兼并且大国间战争成本非常高昂的体系中，才有可能稳定地、大规模地出现大国与小国之间的这种基于利益交换的"契约"关系，也才能够因此形成莱克所定义的这种等级制。

天体运行那样完全一致且永远不变。因此在国家层次，体系层次的因素只可能起到一种约束性的作用，而不可能成为决定某个具体国家在某个具体时刻做出某个具体行为的直接原因。① 从这个意义上讲，在国家层次，"大国无战争时代大国获取影响力的主要方式是利益交换"这一命题是一种规则或者原则。② 它"规定"了在大国无战争时代，大国如果主要通过利益交换来获取影响力，那么它将获益；当然，大国有"自由"选择不这么做，但如果它主要采取武力胁迫，它将相应地受到规则的惩罚，承担相应的恶劣后果。正如第六章将要展示的，美国之所以能够赢得冷战，其联盟阵营之所以能够保持至今，而苏联领导的社会主义阵营之所以早在20世纪60年代就宣告瓦解，苏联之所以最终失去东欧国家的追随进而输掉冷战：两国权力竞争结果如此悬殊的核心原因，就在于它们战略选择的差异。

◇◇ 第四节　利益交换的主要利益类型和实现形式

一　利益交换的主要利益类型

作为一种获取权力的战略，"利益交换"是指大国为了获得小国的追

---

① 这正是华尔兹坚持其从体系层次提出的国际政治理论无法成为解释具体国家行为的对外政策理论的原因。Kenneth N. Waltz, *Theory of International Politics*, Reading, Massachusetts: Addison-Wesley Publishing Company, 1979, pp. 71 – 73; Kenneth N. Waltz, "International Politics Is Not Foreign Policy," *Security Studies*, Vol. 6, No. 1, 1996, pp. 54 – 57.

② 形象地说，它就像一个"比赛规则"。在比赛中，大部分参赛者都会遵守比赛规则。但由于个体层次的种种原因，参赛者有时也会犯规，其行为会偏离比赛规则的规定。"比赛规则"的意义在于，尽管无法保证所有参赛者在任何时候都会按照规则规定的模式行动，但可以保证一旦某个参赛者违反规则，他（她）将受到相应的惩罚。

随和政治依附，主动为其提供某种利益。对于小国来说，可以通过追随和支持大国，获得大国所给予的好处。在现实世界中，具体某个小国在某个时刻所希望得到的好处无疑是多种多样的。但概而言之，小国的战略利益可分为安全和发展两大类。那么，大国究竟为小国提供哪种类型的利益才能更有效地换取小国的政治支持呢？

这涉及利益交换的基本原理。在经济学中，利益交换的效力在很大程度上取决于供求关系：当某商品供大于求时，市场价格将低于商品的自然价格，从而对商品的供给方不利；当供不应求时，市场价格将高于自然价格，此时对供给方有利。① 社会学中的社会交换理论也指出，利益提供者所提供的物品的价值，取决于利益接受者对该物品的需求的迫切程度和该物品的稀缺程度。② 利益接受者越看重该物品，从其他渠道获得该物品的难度越大，利益接受者对利益提供者的权力依赖就越大，利益提供者对利益接受者的影响力就越强。③ 因此，从需求的迫切程度和供给的稀缺程度两方面分析，大国要想换取小国的政治支持，一般来说，满足其安全利益需求要比满足其经济利益需求更有效。

首先，生存是小国的首要利益。诚如现实主义所反复强调的那样，在无政府状态下，国家的安全缺乏更高权威的保障。但与现实主义观点相背离的是，在很多时候，真正能够通过"自助"确保自身安全的国家只可能是大国。在大国的武力入侵下，小国纯粹的"自助"在绝大多数情况下都只能是徒劳。换言之，无政府状态下小国面临的安全威胁要比大国紧迫而现实得多。1945 年以后，大国间战争的可能性已经非常小，

---

① ［英］亚当·斯密：《国富论》，唐日松等译，华夏出版社 2005 年版，第 43—49 页。

② ［美］乔纳森·H. 特纳：《社会学理论的结构》，邱泽奇、张茂元等译，华夏出版社 2006 年版，第 267 页。

③ Richard M. Emerson, "Power-Dependence Relations," *American Sociological Review*, Vol. 27, No. 1, 1962, p. 32.

但小国间的战争、大国与小国间的战争依然有爆发的可能。1990 年，伊拉克入侵科威特，如果没有美国等国家实施军事干涉，科威特就有可能被伊拉克吞并。2011 年，在缺乏其他大国保护和阻挠的情况下，北约很快实施了对利比亚的军事打击。总之，生存安全是小国最首要的需求，即使到了大国无战争时代也依然如此，小国仅靠自己很难完全满足这种需求。

其次，小国获取经济援助的渠道远多于获取安全保障的渠道。在全球化日益密切的当代，小国获取经济资源和经济援助的渠道日趋多元化，几乎所有发达国家以及像中国这样的大国每年都会对第三世界国家提供大量的经济援助。[①] 即使某大国扬言不对某小国提供经济援助，该小国依然可以从其他大国那里继续获得经济援助。经济资源的这种高获得性，决定了大国不大可能用它对某个具体小国长时间实施有效的约束和影响。相比之下，国际体系中有能力也有意愿为小国提供安全保障的大国却寥寥无几。这意味着小国在寻求安全保障方面的选择余地远小于其寻求经济援助的选择余地，这更加凸显了安全保障这种资源的稀缺性。

再次，经济上，大国和小国常常存在"相互"依赖的关系，这与安全上小国对大国的单向依赖截然不同。小国固然需要大国提供的资金、技术乃至经济秩序等好处，但发达国家在资源、能源、低端商品和低技术含量商品市场等领域反过来也存在对小国的依赖。这种经济上的相互依赖会在很大程度上抵消大国在政治上对小国的影响力。因为小国已经在经济领域"回报"了大国，而大国也有求于小国。而在安全领域，大国与小国的需求是极度不对称的。没有美国的安全保障，日本、韩国、以色列的安全威胁将陡增；可是没有这些盟国，美国的安全却不会受到什么实质性的影响。正如相互依赖理论所指出的那样，不对称的依赖会给依赖较小的一

---

① 丁韶彬：《大国对外援助——社会交换论的视角》，社会科学文献出版社 2010 年版，第 4—5、30—32 页。

方带来相应的影响力。①

最后，从经验上看，在大国无战争时代，大国为小国提供安全保障是一种常见现象。冷战期间，美国和苏联都曾为各自阵营的盟友提供诸如军备出口、技术转让、延伸威慑等形式的安全保障。② 冷战后，美国继续为日本、西欧提供安全保障，而中国经济的迅速发展则为日本、西欧提供了廉价的生活用品和广阔的市场。但美国能够令日本长期在政治和外交上追随自己，也能有效地左右欧盟的对华武器出口政策，而中国在高政治领域对欧洲和日本的影响力却十分有限。实证研究也显示，对于那些在安全上依附于美国的小国，美国凭借与它们之间形成的等级关系，可以显著地影响到它们在安全领域的行为（如本国国防开支水平）；而对于那些在经济上依附于美国的小国，美国对其却没有这样的影响力。③

综上所述，在一些具体情境下，经济援助等其他类型的好处有可能有效地换取小国对大国的政治支持，④ 但更一般的情况是为小国提供安全保障是大国通过利益交换提高国际影响力的主要内容。

---

① ［美］罗伯特·基欧汉、［美］约瑟夫·奈：《权力与相互依赖》，门洪华译，北京大学出版社 2002 年版，第 11 页。

② 冷战时期，美国提供给第三世界的援助首先是军事援助。1954 年，美国对外军事援助占援助总额的比例曾高达 95%。［挪］文安立：《全球冷战：美苏对第三世界的干涉与当代世界的形成》，牛可等译，世界图书出版公司 2012 年版，第 19 页。

③ David A. Lake, "Escape from the State of Nature: Authority and Hierarchy in World Politics," *International Security*, Vol. 32, No. 1, 2007, pp. 73 – 75. David A. Lake, *Hierarchy in International Relations*, Ithaca and London: Cornell University Press, 2009, Chap. 5, p. 143.

④ 在两极结构下，如果一个大国在一定范围内难以满足小国的经济需求而另一个大国可以，那么为小国提供经济利益也能够成为后一个大国有效影响小国的重要方式，甚至由此形成两极结构下两个大国对小国的"共治"。参见杨原、曹玮《大国无战争、功能分异与两极体系下的大国共治》，《世界经济与政治》2015 年第 8 期。

二　利益交换的主要实现形式

在明确大国无战争时代大国用以交换小国政治支持的主要利益类型之后，我们还需进一步明确大国与小国发生这种利益交换的主要实现形式。大国与小国的利益交换当然可以是临时的和一次性的，以此换取小国在某具体问题上对自己的支持。[①] 但大国更为看重的无疑是长时间内对小国的影响力和控制力。要想长期稳定地获得小国的追随，大国需要一种机制将其与小国的利益交换固定化。鉴于大国对小国提供的最重要的利益是安全保障，正式的军事联盟无疑是实现这一目的的主要形式。

在现实主义范式和均势理论中，联盟往往被视作制衡权力和应对威胁的一种工具，其核心功能在于聚集实力（capability aggregation）。[②] 但正如许多学者所指出的那样，联盟还具有约束和控制国家行为的重要功能。相比较于联盟外的国家，一个国家能够更有效地影响其盟国的行为，这甚至成为很多国家建立或加入联盟的主要动机。[③] 詹姆斯·莫罗（James D. Morrow）进一步指出，在不对称联盟中，大国与小国的动机并非如均势理论的聚集实力模型所声称的那样是相同的，而是不同且互补的。小国同大

---

① Stefan A. Schirm, "Leaders in Need of Followers: Emerging Powers in Global Governance," *European Journal of International Relations*, Vol. 16, No. 2, 2010.

② James D. Morrow, "Alliances and Asymmetry: An Alternative to the Capability Aggregation Model for Alliances," *American Journal of Political Science*, Vol. 35, No. 4, 1991, pp. 906 – 907.

③ Paul W. Schroeder, "Alliances, 1815 – 1945: Weapons of Power and Tools of Management," in Paul W. Schroeder, *Systems, Stability, and Statecraft: Essays on the International History of Modern Europe*, edited by David Wetzel, Robert Jervis, and Jack S. Levy, New York: Palgrave Macmillan, 2004, pp. 195 – 222; Patricia A. Weitsman, *Dangerous Alliances: Proponents of Peace, Weapons of War*, Stanford, Calif.: Stanford University Press, 2004; Jeremy Pressman, *Warring Friends: Alliance Restraint in International Politics*, Ithaca, N. Y.: Cornell University Press, 2008.

国结盟的动机是为了增加安全性，但为此需要牺牲一定程度的自主性；①
大国同小国结盟则会牺牲一定程度的安全性，但可以通过换取小国的让步
而提高自己决策的自主性。② 换言之，对于大国而言，不对称联盟与其说
是其确保自身安全的工具，毋宁说是其追求对小国盟友控制力的工具，而
施加控制的方式，就是通过该联盟为小国提供可信赖的安全保障。

为什么"联盟"（alliance）而非"联合"（coalition）或"战略伙伴关
系"（strategic partnership）才是大国长期稳定地维持其国际影响力的最主
要的实现形式呢？③ 这是由联盟的性质决定的。学界对联盟的定义有很多
种，但"无论是进攻性的还是防御性的，有限的还是无限的，对称的还是
非对称的，双边的还是多边的，联盟必须包含某种程度的承诺，这种承诺
涉及使用武力实现某个共同目标"。④ 事实上，盟国必须通过盟约对其承
担的（军事）义务做出明确的承诺，这是联盟与其他安全合作关系最核
心的区别。而正是由于盟国必须明确做出军事义务上的承诺，才使得联盟
在所有安全合作形式中拥有最高程度的可靠性。

之所以会如此，是因为签订盟约并明确承诺自身军事义务的举动需承

---

① 当然，也有学者注意到小国结盟的经济动机，即小国可以通过与大国结盟而
获取其所需的经济资源。Michael N. Barnett and Jack S. Levy, "Domestic Sources of Alli-
ances and Alignments: The Case of Egypt, 1962 – 1973," *International Organization*,
Vol. 45, No. 3, 1991, pp. 369 – 395.

② James D. Morrow, "Alliances and Asymmetry: An Alternative to the Capability Ag-
gregation Model for Alliances," *American Journal of Political Science*, Vol. 35, No. 4, 1991,
pp. 904 – 933.

③ 在概念上对这几种安全合作形式的探讨，可参见 Thomas S. Wilkins, "'Align-
ment', not 'Alliance' – The Shifting Paradigm of International Security Cooperation: Toward
a Conceptual Taxonomy of Alignment," *Review of International Studies*, Vol. 38, No. 1, 2012,
pp. 53 – 76。

④ Academié Diplomatique Internationale, *Dictionnaire Diplomatique*, Vol. 7, 1993,
pp. 1, 109 – 112, quoted from Paul W. Schroeder, "Alliances, 1815 – 1945: Weapons of
Power and Tools of Management," p. 195.

担相当大的成本。首先，参与结盟的国家将面临被盟友牵连（entrapment）或抛弃（abandonment）的风险。① 其次，结盟国家需要在自身安全和自主性两者间做出一定程度的权衡和取舍，要么增加自身的安全风险要么降低自身决策的自主性。② 最后，结盟还需承担国际和国内观众成本（audience cost）。如果联盟成员未能履行它自己明确承诺的义务，它将损失其在其他国家心目中的声誉，从而失去他国未来的帮助，同时，还将面临来自国内社会的政治压力。③ 从理性决策的角度来讲，一个国家明知结盟有这么大的成本和风险仍然愿意结盟，意味着它不结盟付出的成本更大。换言之，结盟会给盟友以及联盟外国家释放一种愿意与盟友合作的强烈信号，这种信号负载着很大的成本，因此是可置信的。与联盟相比，其他任何形式的安全合作都不需要参与国做出涉及如此巨大成本的承诺，因此它们都没有联盟可靠。

如上所述，在大国无战争时代，大国要想获得小国的支持和追随，需向小国提供诸如安全保障这样的好处。而为了使小国相信它提供安全保障的意愿是真实的、长期的和可靠的，大国必须对小国做出负载有成本的承

---

① 有关这两种风险的系统论述，参见 Glenn H. Snyder, "The Security Dilemma in Alliance Politics" *World Politics*, Vol. 36, No. 4, 1984. Glenn H. Snyder, *Alliance Politics*, Ithaca and London: Cornell University Press, 1997。更早使用"牵连"和"抛弃"这两个术语阐释结盟风险的文献，参见 Michael Mandelbaum, *The Nuclear Revolution: International Politics Before and After Hiroshima*, New York: Cambridge University Press, 1981, Chap. 6, p. 152。而更早意识到结盟存在这两种风险，只是没有明确使用"牵连"和"抛弃"这两个术语的文献，见《韩非子·五蠹第四十九》《韩非子·说林上第二十二》《韩非子·亡征第十五》。对韩非子关于联盟政治思想的梳理，参见孙学峰、杨子潇《韩非子的国家间政治思想》，《国际政治科学》2008 年第 2 期。

② James D. Morrow, "Alliances and Asymmetry: An Alternative to the Capability Aggregation Model for Alliances," *American Journal of Political Science*, Vol. 35, No. 4, 1991, pp. 910 – 913. 另参见 Michael F. Altfeld, "The Decision to Ally: A Theory and Test," *The Western Political Quarterly*, Vol. 37, No. 4, 1984, pp. 523 – 544。

③ James D. Morrow, "Alliance: Why Write Them Down," *Annual Review of Political Science*, Vol. 3, No. 1, 2000, pp. 71 – 72.

诺。因此，与小国结成正式联盟——而非其他安全合作形式——是大国无战争时代大国通过利益交换获取国际影响力的最主要的实现形式。[①] 正因为如此，尽管在 1948 年 3 月英法等 5 个西欧国家为应对苏联威胁而签署《布鲁塞尔条约》后，美国总统杜鲁门公开表示愿意为西欧国家提供安全支持，但英法等国仍感不安而要求美国正式缔结并加入大西洋防御条约。[②] 与此相类似地，新中国成立后，毛泽东立即出访苏联试图与苏联签订盟约，但因斯大林不愿改变雅尔塔协定的既有利益安排而一度遭到苏方的拒绝。为坚持与苏联签订正式的新同盟条约，毛泽东甚至不惜以在别墅闭门不出的"赌气"方式逼迫斯大林让步。[③] 由此可见，联盟具有其他安全合作形式无法替代的战略意义。

大国要通过正式结盟的方式为小国提供安全保障的另一个重要原因是只有正式的盟约才能明确小国安全保障的来源。如上所述，大国为小国提供安全保障，在绝大多数情况下都不是在发扬大公无私的国际主义奉献精神，不是在"学雷锋""助人为乐"，而是基于利己的动机，希望借此换取小国的政治支持。而只有当小国意识到其国家安全是由于某个大国——而不是其他大国——的保护时，该小国才有可能出于感激——当然更重要地，出于以后能继续从该大国那里获取安全保障的考虑——而在政治上支持该大国。一个小国的安全能够在某段时期内得以维护，很可能有多种原因。如果没有明确的盟约关系，如果大国不明确地对该小国的安全做出正

---

① 当然这并不是说正式的联盟是唯一的实现形式。在两国利益完全和谐没有分歧的情况下，联盟就没有必要了。美国和以色列从未签订任何军事联盟，因为在危急情况下，美国无论如何都会为以色列提供军事援助。James D. Morrow, "Alliances and Asymmetry: An Alternative to the Capability Aggregation Model for Alliances," *American Journal of Political Science*, Vol. 35, No. 4, 1991, pp. 906 – 907.

② 许海云：《锻造冷战联盟——美国"大西洋联盟政策"研究（1945—1955）》，中国人民大学出版社 2007 年版，第 187—211 页。

③ 沈志华主编：《中苏关系史纲——1917—1991 年中苏关系若干问题再探讨》，社会科学文献出版社 2011 年版，第 112—114 页。

式的保障承诺并甘愿为此承担风险，那么即使该大国在事实上对该小国的生存安全发挥了正向的作用，该小国也有可能认为它的安全并非是拜该大国所赐，如此一来，该大国将枉自付出成本却无法换取它所希望的收益。①

---

① 冷战后，中国与朝鲜的关系或许在一定程度上属于这种情况。

第 四 章

春秋时期与二战后大国权力竞争方式比较

第三章指出，1945 年以后，大国权力竞争的核心方式发生了重大变化，由以往的武力胁迫转变为利益交换，并指出导致这个变化的核心驱动因素是主权规范的深化和核武器的出现。在本章中，笔者将采用历史比较分析的方法，将春秋时期体系中大国权力竞争的过程和二战后大国权力竞争的特点加以比较，从而验证"主权规范"和"核武器"这两个因素对大国权力竞争核心方式的影响以及作用方式。本章的第一节将详细展示春秋时期大国权力竞争方式的演进过程，着重分析春秋初期大国为什么会选择"利益交换"战略，而又为什么随着时间的推移这种战略没有被保留和推广，并逐渐被"武力胁迫"战略所取代。作为参照，第二节将展示1945 年以后大国权力竞争的主要状态，通过重点分析冷战时期美国和苏联争夺小国的案例，分析二战后"利益交换"战略为什么能够始终保持稳定状态而没有像春秋时期那样逐渐被"武力胁迫"战略所取代。第三节是比较和小结。

◇◇ 第一节　春秋时期大国权力竞争方式的演化

在 300 多年的春秋时期的历史中，晋楚两国的权力竞争是大国争霸的核心和焦点，晋楚两国的历史构成了春秋史的中坚部分。[①] 有鉴于此，为了更为清晰地展示春秋时期体系的演化进程，我们将春秋史划分为三个时期：从春秋时期开始到公元前 636 年晋文公上台为"前晋楚争霸时期"；从公元前 635 年晋文公勤王到公元前 546 年向戌弭兵之会为"晋楚争霸时期"；此后为"后晋楚争霸时期"。本节的分析将表明前晋楚争霸时期是"利益交换"战略最为盛行的时期，晋楚争霸时期则开始出现由"利益交换战略"主导向"武力胁迫战略"主导的过渡，而后晋楚争霸时期则是此后武力胁迫战略主导大国竞争的开端。本节共分四个小节，第一小节总体阐述春秋时期体系的相关特点，第二小节至第四小节逐次分析上述三个时期大国权力竞争的演化进程。

一　体系总体特点

（一）从有政府体系到无政府体系

从西周到东周，黄河中下游流域经历了一次从有政府体系到无政府体系的转变。西周体系是一个国内政治系统近乎严格的等级体系，与各诸侯国相比，周王室拥有绝对优势的物质实力，因此拥有很强的控制力和威慑力。周夷王杀齐哀公，周宣王讨伐鲁国，诸侯都不敢反抗。周厉王时，楚国的熊渠甚至还因惧怕周王室的征伐而放弃了自己的王号。[②] 在这样一个严格的等级体系里，权力地位由上而下进行分配，几乎不存在由下而上进行权力争夺的空间。

迁都雒邑之后，周王室的实力开始衰落。春秋初期，王畿的范围还比较大，大概有现在河南省的西北部那么大。但为了笼络诸侯不断封赐，王

---

① 顾德融、朱顺龙：《春秋史》，上海人民出版社 2003 年版，第 162 页。

② 童书业：《春秋史》，上海古籍出版社 2010 年版，第 9、12 页。

室领地日益缩小。① 在军事力量上，西周晚年，王室出征的军队曾一度达到 3000 乘（一乘约 30 人），其实力不亚于春秋时军力最强的晋国。而到了春秋初期，王室的军事实力已大为衰弱。公元前 707 年，周桓王起倾国之师伐郑，也只有三军之众（一军约 10000 人）。而据记载，礼制规定天子可拥有六军，大国为三军，次国等而下之。②

周王室（硬）实力下降的必然结果就是其对体系控制力的下降，随之而来的就是诸侯国对王室权威的冒犯和挑战。周平王、周桓王时期想削弱郑国在王室的权力，引起郑国的不满。面对王室不断的政治挤压，郑庄公居然一怒之下不再朝觐周天子。公元前 707 年，周桓王亲自兴兵伐郑，郑国居然起兵抵抗，并在繻葛将王室军队击败，周桓王自己甚至也被郑国将领射伤肩膀。也正是从这次事件开始，周王室的权威开始衰落。③

周王室实力和权威的衰落以及对体系约束力的下降，使得当时的政治体系由一个拥有绝对最高权威的等级体系逐步变为一个无政府体系。④ 这一时期的黄河、长江流域之所以可以被视为一个类似于近代主权国家体系那样的"国际体系"而非"国内体系"，就是因为当时各诸侯国虽然名义上仍从属于周王室，但周王室在事实上已经无法对各诸侯国的内政和外交

---

① 童书业：《春秋史》，上海古籍出版社 2010 年版，第 109 页。

② 同上书，第 89—92 页。

③ 同上书，第 123 页。

④ 处于这一变化过程中的国际体系，有学者从等级体系与无政府体系分野的视角称之为"松散的等级体系"，也有学者从暴力垄断程度和权威认同程度两个维度将其视为一种"低暴力垄断"与"高政治认同"的复合结构。周方银：《松散等级体系下的合法性崛起——春秋时期"尊王"争霸策略分析》，《世界经济与政治》2012 年第 6 期。董青岭：《复合建构主义——进化冲突与进化合作》，时事出版社 2012 年版，第 153 页。

进行具有强制性的控制了。① 更为重要的是，正是由于无政府局面的出现，才使得权力自下而上的争夺成为可能，从而为各诸侯国及其他政治实体争夺霸权提供了空间和可能，激发了各国争夺地位和威望的动机。

（二）春秋初期各国对周礼的遵守

春秋时期的周王室虽然不再拥有具有绝对优势的物质实力，但自西周延续下来的"礼"则仍然在相当长的一段时间内得到了保留和遵守。所谓"礼"，就是"由统治阶级制定而为全体人民共同遵守的一种行为准则或规范"。② 春秋时期，尤其在春秋早期，恪守周礼的传统仍然存在，诸侯国依然在沿用西周时的礼仪规范来从事邦交活动。③ 正是由于各国对这种规范的认同和遵守，才使得春秋时期的国际体系同时也是一个存在集体认同和规范共享的"国际社会"。④

春秋时期，诸侯国对周礼的认同首先体现为对周天子的尊敬和对周天子地位的认可。春秋初期，周天子不仅有天下共主之名，而且在一定程度上尚有其实。⑤ 即使是在标志着周王室权威开始衰落的周郑繻葛之战中，郑军完全可以全歼周军，但受礼制和宗法观念的影响，郑庄公主动放弃了在军事上扩大战果的机会，不仅不让军队追赶，反而说："君子不欲多上

---

① 关于春秋战国时期政治体系与近代国际体系的可类比性，参见 Victoria Tin-bor Hui, *War and State Formation in Ancient China and Early Modern Europe*, New York：Cambridge University Press, 2005, pp. 3 – 7；陈玉聃《国际关系学中的经典与阐释》，《国际政治科学》2008 年第 3 期；杨倩如《对先秦国家间政治思想的思考》，《国际政治科学》2009 年第 3 期；杨倩如《先秦国际体系的类型与演变》，《国际政治科学》2010 年第 1 期；吴征宇《先秦国家间政治思想与现代国际关系研究》，《当代亚太》2008 年第 6 期；胡波《古代东亚国际关系体系的肇始》，《外交评论》2008 年第 1 期。

② 金景芳：《谈"礼"》，《历史研究》1996 年第 6 期。

③ 徐杰令：《春秋邦交研究》，中国社会科学出版社 2004 年版，第 54 页。

④ 冷鸿基：《制度内恶性竞争与春秋时期国际合作规范的退化》，《世界经济与政治》2013 年第 3 期。

⑤ 而周王室名义上的"天下共主"地位，一直延续到战国中期。晁福林：《春秋战国的社会变迁》（上册），商务印书馆 2011 年版，第 63、200 页。

人，况敢陵天子乎？"① 还连夜派人慰问周桓王及其左右的随从人员。②

公元前 636 年，周襄王的弟弟姬带引狄兵攻周襄王，周襄王逃至郑国避难，派使者向晋、秦等诸侯国求援。第二年，秦穆公即带兵驻守在黄河边上，想送周襄王回国。晋国大臣狐偃也对晋文公说："求诸侯不如勤王，诸侯信之，且大义也。继文之业，而信宣于诸侯，今可为矣。"③ 于是晋文公辞去秦师，亲自带兵驻在阳樊，并派军迎接周襄王。如果说晋文公勤王还带有利己动机，那么秦穆公面对晋文公请辞秦国军队的请求后慨然应允，则说明秦穆公事先并没有意识到"勤王"所具有的战略意义，而这正反映出秦国勤王的举动几乎纯粹是出于对周礼规范的遵守。

春秋前期，诸侯国遵守周礼的另一个体现是各国对领土兼并行为有着明显的自我克制力。所谓"普天之下，莫非王土；率土之滨，莫非王臣"，④ 从理论上讲，在整个周王朝体系内，除周天子外，任何人都不能对其所处的土地宣称拥有全部的权利。⑤ 由于诸侯的土地源于天子的封赐，因此自行兼并他国领土是不符合礼制的行为。在西周初年至东周初年，国家数量虽然由 1000 多个减至 100 多个，但被灭的国家基本上都是原始氏族所封的国家，周王室所封的宗亲之国则并没有出现相互兼并的情况。⑥

---

① "君子不愿意多在他人之上，何况还敢欺凌天子吗？"《左传·鲁桓公五年》，载李宗侗注译、叶庆炳校订《春秋左传今注今译》，新世界出版社 2012 年版，第 66 页。

② 高锐：《中国上古军事史》，军事科学出版社 1995 年版，第 143 页。晁福林：《春秋战国的社会变迁》（上册），商务印书馆 2011 年版，第 66 页。

③ 《左传·鲁僖公二十四年》《左传·鲁僖公二十五年》。

④ 《诗经·小雅·北山》。

⑤ Cho-yun Hsu, "The Spring and Autumn Period," in Michael Loewe and Edward L. Shaughnessy eds. , *The Cambridge History of Ancient China: From the Origins of Civilization to 221 B. C.* , Cambridge: Cambridge University Press, 1999, p. 576.

⑥ 台湾三军大学编著：《中国历代战争史》（第 1 册），中信出版社 2012 年版，第 102 页。

　　到了春秋时期，这种规范依然在许多情况下抑制了国家兼并他国土地的意图。公元前 712 年，因许国不共职贡，齐、鲁、郑三国讨伐许国。攻入许国都城后，齐侯想将许国让给鲁隐公，遭到了鲁隐公的果断拒绝。鲁隐公说："君谓许不共，故从君讨之。许既伏其罪矣，虽君有命，寡人弗敢与闻。"① 齐侯又将其转让给郑庄公，郑庄公同样不愿久占许国土地。《左传》于是评价郑庄公"于是乎有礼"。② 公元前 661 年，鲁国政局动荡，齐国大夫仲孙湫到鲁国看到鲁国祸乱后回国，齐桓公问他："鲁可取乎？"仲孙湫说："不可，犹秉周礼。周礼，所以本也……鲁不弃周礼，未可动也。君其务宁鲁难而亲之。"③

　　春秋前期，周礼约束诸侯国行为的另一个重要体现则在于其对战争行为的约束。春秋时期以维护周朝正统礼仪规范为思想核心的思想家孔子说："天下有道，则礼乐征伐自天子出；天下无道，则礼乐征伐自诸侯出。"④ 沿袭孔子思想的战国时期的思想家孟子进一步指出："春秋无义战。彼善于此，则有之矣。征者，上伐下也，敌国不相征也。"⑤ 可见，在正统的周朝礼仪中，只有周王室自上而下对其他国家发动的战争才是正义的，诸侯之间无论谁好谁坏，彼此发动战争都是不正义的。

---

　　① "您说许国不共职贡，所以我随您来讨伐它。现在许国已经接受了责罚，虽然您有命令给我，但我也不敢接受。"

　　② "郑庄公这么做是符合礼仪的。"参见《左传·鲁隐公十一年》，载李宗侗注译、叶庆炳校订《春秋左传今注今译》，新世界出版社 2012 年版，第 44—46 页。

　　③ "我们可以占取鲁国吗？""不可。鲁国还秉承着周的礼法。周的礼法是国家的根本……鲁国没有放弃周的礼法，还不能去侵扰它。您务必要帮助平定鲁国的祸乱而且亲善于鲁国。"《左传·鲁闵公元年》，载李宗侗注译、叶庆炳校订《春秋左传今注今译》，新世界出版社 2012 年版，第 179 页。

　　④ 《论语·季氏》。

　　⑤ "春秋时代没有合乎义的战争。那一国或许比这一国要好一点，这样的情况倒是有的。所谓征，是指上讨伐下，同等级的国家之间是不能够相互讨伐的。"《孟子·尽心章句下》。

　　根据王日华和漆海霞的统计，在公元前769年至公元前440年之间，①受周王室直接分封建国的姬姓诸侯国彼此之间发生战争的频率和次数都显著低于姬姓诸侯国与非姬姓国家之间的战争。这说明在以血缘关系为基础的周朝分封体制内部，在中央权威的强制性力量已大为衰落的情况下，其所遗留的既有的政治秩序仍然在一段较长的时期内得到了相当程度的维持。②分封体制内部的国家之间在这段时期内较少选择用战争的方式来解决彼此间的争端，这正是周礼规范在这些国家中得到认同和遵守的一种重要体现。

　　（三）春秋前期大国竞争的目的

　　由于存在周礼这种被体系内大部分成员所接受和认同的规范，并且该规范对各国资产的所有权（各诸侯国所封土地）和暴力的使用权（诸侯国之间的战争不具合法性）都做出了限定和约束，因此，春秋时期的体系虽然处于缺乏最高权威的无政府状态，但却并非像现实主义理论所刻画的那样是一个人人自危的霍布斯自然状态，各诸侯国对彼此的行为都有着相对明确和稳定的预期，尤其对于那些大的诸侯国来说，在春秋中期以前几乎不存在现实主义意义上的生存安全威胁。③与此相应，在春秋时期的体系的大部分时间里，大国的对外决策几乎都不是以确保自身生存安全为出发点的。④

---

　　①　历史学界一般将春秋时期的起始年份定为公元前770年。对春秋时期的结束年份则存在不同看法，有的定为公元前481年，有的定为公元前476年，有的定为公元前453年。但无论以哪一种看法为准，这里的公元前769年至公元前440年这一区间，都显然涵盖了整个春秋时期以及战国时代初期。

　　②　王日华、漆海霞：《春秋战国时期国家间战争相关性统计分析》，《国际政治研究》2013年第1期。

　　③　周方银：《松散等级体系下的合法性崛起——春秋时期"尊王"争霸策略分析》，《世界经济与政治》2012年第6期，第9—10页。

　　④　当然这仅是就大国而言，春秋时期的小国依然面临生存的威胁。春秋时期的主要大国是晋、楚、齐、秦四国，如果将条件放宽，那么或许还可包括齐桓公称霸前的郑国以及春秋末期的吴国和越国。

关于这一点的一个重要证据是，直到春秋后期吴楚争锋的时代，大国仍未出现明显的安全困境现象。公元前548年，楚吴两国两次交战，楚国均大胜，第二次甚至直接将吴王诸樊射死。然而就在同一年，晋国的属国郑国两次派兵攻入楚国的属国陈国，楚国都没有做出救援的反应。还是在同一年，晋国与楚国的另一个重要盟国秦国议和，楚国也没有做出明显的反应。① 楚国能两次大败实力强劲的吴国，意味着当时的楚国对晋、秦、郑等国的举动不做出反应并不是由于其能力不足，而只是像童书业所分析的那样，是由于当时楚国的战略重心已不再放在北方。② 面对北方大国的战略举动，楚国并没有像现实主义"安全困境"模型所预期的那样做出针锋相对的反应，而只是自顾自地将战略资源全面投向与吴国的较量中，这正体现出当时楚国对自身的生存安全没有太大的恐惧，其对外决策所考虑的主要都是权势上的收益。当时已经是春秋后期，距春秋时期开始已逾200年，在此之前，各大国之间早已经经历过无数次征伐，然而甚至到那时，本国安全依然不是大国对外决策的首要目标。

不仅如此，春秋时期大国行为的首要目标甚至也不是兼并他国领土。不妨仍以楚国的行为为例。公元前598年，陈国大夫夏征舒弑君，楚庄王于是起兵讨伐陈国平乱，将陈国兼并为楚国的一个县。大夫申叔劝谏说："夏征舒弑其君，其罪大矣。讨而戮之，君之义也……诸侯之从也，曰'讨有罪也'。今县陈，贪其富也。以讨召诸侯，而以贪归之，无乃不可乎？"③ 楚庄王听从了劝谏，于是重封了陈国。在楚国武力正盛的时候，

---

① 见《左传·鲁襄公二十五年》。

② 童书业：《春秋史》，上海古籍出版社2010年版，第198页。

③ "夏征舒弑其君，其罪重大。您讨伐他并把他杀了，是您正义的体现……（然而）诸侯之所以跟随您，是因为您说'讨伐有罪的夏征舒'，可是现在您却把陈国纳为楚国的一个县，这是贪图陈国的富庶。用讨罪来召集诸侯，而以贪富作终结，这恐怕是不可以的。"参见《左传·鲁宣公十一年》，载李宗侗注译、叶庆炳校订《春秋左传今注今译》，新世界出版社2012年版，第490—491页。

在已经将陈国完全攻陷的情况下，楚国居然仍能甘愿让陈国复国，这说明在当时，即使是像楚国这样不属于周王室分封而且长期奉行进攻性战略的"化外"之国，为获得诸侯的臣服、赢得体系内的威望，仍然要比占据领土更为重要。

既不是为本国安全，也不是为兼并领土，而正如以上两个例子已经体现出来的那样，春秋时期大国对外决策的首要目标是追求地位和权力，这一点直接决定了春秋时期和战国时期战争目的的不同。春秋时期战争的主要目的在于争霸，① 春秋时期大国在对外战略上的出发点更多的不是物质性收益，而是精神性收益，在很大程度上只是以令战败国在政治上认输和屈服为目的，满足于获得对他国的主导权。而到了战国时代，攫取他国土地乃至兼并他国逐渐成为大国发动战争的最终目标。首先是大国对小国的吞并，然后逐渐发展到大国之间的相互吞并。战争规模也随之越来越大，战争所动员的兵力往往达到数十万人，死亡人数也达到数万人乃至数十万人。② 当然，如前所述，春秋时期的体系是一个不断演化的过程。从动态的角度说，春秋早期、中期，战争的目的主要是"服人"，而到春秋晚期直至战国时期，战争的目的则逐渐转化为"兼并"。③

春秋时期，获得他国的政治臣服是战争的主要目的，正因为如此，这一时期战争本身的残酷性较低。尤其对于那些大、中型战争，只要一方表示服从另一方，战争即告结束，极少有以彻底消灭对方武装力量、摧毁对方政权为结局的战争。④ 例如，在春秋中期，决定晋楚两大国权势对比的

---

① 杨宽：《战国史》，上海人民出版社 2003 年版，第 2 页。

② 胡克森：《春秋争霸与中原"礼"文化传播之特征》，《贵州社会科学》2003 年第 1 期。谢维扬：《中国早期国家》，浙江人民出版社 1995 年版，第 464 页。

③ 程远：《先秦战争观的发展》，《西北大学学报》（哲学社会科学版）2008 年第 1 期。程远：《先秦战争观研究》，陕西人民出版社 2006 年版，第 126—150 页，重点见第 147 页。

④ 高锐：《中国上古军事史》，军事科学出版社 1995 年版，第 125 页。

关键战争邲之战中，晋军失败后有几辆战车陷入坑中无法逃脱。楚兵非但不加俘获或杀戮，反而教给晋兵出坑的方法："晋人或以广队不能进，楚人惎之脱扃。少进，马还，又惎之拔旆投衡，乃出。顾曰：'吾不如大国之数奔也。'"①

在春秋时期，大国赢得他国臣服、获得体系霸权的一个重要指标就是有众多国家与其会盟并承认其"盟主"地位。通过会盟，大国可以获得国际承认的霸权地位，同时将自己的意志施加于其他参与会盟的成员。② 而能否邀请并获得更多国家的会盟，甚至是这一时期大国争夺权力的一个直接目标。许多大国的霸主地位都是通过会盟的形式予以确立的。公元前679年，齐桓公与宋、陈、卫、郑在鄄地会盟，标志着齐桓公霸业的开始。③ 公元前651年，齐桓公与宋、鲁、郑、卫、许、曹等诸侯以及周朝太宰宰孔在葵丘召开会议，其霸业达到鼎盛。④ 公元前632年，晋、齐、鲁、宋、蔡、郑、卫、莒等国在践土会盟，晋文公由此确立其盟主地位。⑤

（四）权力竞争的方式

如前所述，大国获得权力从根本上讲有两种方式：利益交换和武力胁迫。而春秋前期周礼这种规范的存在，对战争和兼并土地这些胁迫和掠夺性的竞争方式起到了抑制的作用，这使得大国更多地需要靠利益交换来获取其他国家的支持。

春秋中期以前体系内大国普遍使用的"尊王攘夷"战略，其内在的

---

① 晋国士兵以为兵车陷坑不能前进。楚国士兵教他们去掉横木，稍稍前进了一些，马又退回来。又教他们去掉大旗，搁到车辆上，就出坑了。晋国士兵说："我们不像楚国那样常常逃走。"参见《左传·鲁宣公十二年》，载李宗侗注译、叶庆炳校订《春秋左传今注今译》，新世界出版社2012年版，第507页。

② 有关春秋时期会盟的功能，参见徐杰令《春秋邦交研究》，中国社会科学出版社2004年版，第95—100页。

③ 《左传·鲁庄公十五年》。

④ 《左传·鲁僖公九年》。

⑤ 《左传·鲁僖公二十八年》。

逻辑就是利益交换。① 所谓"尊王"，就是在实施"尊王"战略的大国与周王室之间发生的"利益交换"。大国通过"尊王"，为周王室提供安全保障，维护作为王权基石的分封制度所形成的现有政治格局，② 与此同时，周王室为大国的行为提供合法性，减少大国对外扩张的阻力。周王室在自身王位安全上有求于大国，使得前者在某种程度上"欠了"后者的"人情"，③因此，大国虽然是在"尊王"，但其结果却反而是逐渐抑制和削弱了周王室的权力，这正是由双方所存在的利益交换关系所导致的。而所谓"攘夷"，则是实施"攘夷"策略的大国与遭受夷狄侵犯的小国之间发生的"利益交换"。大国通过"攘夷"为小国提供安全保障，换取小国对大国国际地位和国际权威的认同。

当然，即使是在春秋初期，大国争夺威望和权势的方式也并非仅有利益交换这一种，而是利益交换和武力胁迫两种方式兼有。齐桓公称霸前体系内最有影响力的国家是郑庄公时期的郑国，郑国在与邻近的宋、卫等国争衡时，曾于公元前714年以宋公不朝觐周王为名，兴兵讨伐宋国，逼迫宋国屈服。④ 这显然是"武力胁迫"。而公元前706年，北戎入侵齐国，齐国向郑国求救，郑庄公于是派太子忽领兵救齐，打败戎兵。⑤ 这显然又是"助他"的"利益交换"。而在齐桓公以前，在齐僖公、齐襄公时代的齐国也曾屡次以战争的方式逼迫世仇纪国臣服。⑥

---

① 有关春秋时期大国"尊王攘夷"的史实和分析，参见周方银《松散等级体系下的合法性崛起——春秋时期"尊王"争霸策略分析》，《世界经济与政治》2012年第6期。徐进：《春秋时期"尊王攘夷"战略的效用分析》，《国际政治科学》2012年第2期。

② 晁福林：《春秋战国的社会变迁》（上册），商务印书馆2011年版，第91页。

③ ［德］艾伯华：《中国通史》，王志超、武婵译，金城出版社2012年版，第33页。

④ 《左传·鲁隐公九年》。

⑤ 《左传·鲁桓公六年》。

⑥ 童书业：《春秋史》，上海古籍出版社2010年版，第127页。

不过相比较于这些周王室分封的国家，那些并非周朝的分封国和诸侯国的国家，如楚国和秦国，其武力胁迫策略就使用得更多更频繁一些。[①]春秋早期，在楚武王、楚文王时期就曾先后征服随、邓、郧、绞、申、息等周边小国。[②]秦国则由于晋国的阻挠，在整个春秋时期都未能将影响力扩展到中原地带，因此秦国除了几次与晋国的交战外，其战略方向主要是向西征服诸戎。秦穆公于公元前 623 年并灭 12 个戎国，辟地千里，由此成为西戎的霸主。[③]

"征伐自天子出""普天之下莫非王土"这样的周礼，是抑制大国兼并小国领土、促使"利益交换"逻辑运转的重要初始条件。然而即使是在周礼维持得最好的春秋初期，大国对小国的征伐和兼并也普遍存在，这一方面固然是因为有限的理性，大国的决策者难以非常准确地分析出最优战略，而另一方面也体现出周王室的权威不足，从而导致周礼这种规范的内化程度不够。

（五）武力胁迫和利益交换两种战略的相对难易程度

在春秋体系中，大国互动的另一个特点是军事进攻的随意性，体现为大国在征伐某个国家的过程中，在没有事先准备的情况下"顺便"侵犯另一个国家。这种现象在整个春秋时期都非常普遍。例如，公元前 656 年，齐桓公为报复楚国此前对郑国的入侵，联合诸侯侵袭楚国的属国蔡国，将蔡国击溃后又顺道伐楚。公元前 598 年，楚庄王征伐郑国使得郑国和陈国臣服

---

① 秦、楚、吴、越等国的建立和发展与周王室没有重大的关联，它们既非因周朝的分封而建国（秦的受封是后来的事），也没有替周王室保卫和控制周朝四方土地的义务，其土地从来不是周的土地，与周王室也没有任何血缘关系，它们是当时国际体系的边缘国家。参见叶自成《中国崛起——华夏体系 500 年的大历史》，人民出版社 2013 年版，第 61—66 页。Adam Watson, *The Evolution of International Society: A Comparative Historical Analysis*, London: Routledge, 1992, p. 87.

② 童书业：《春秋史》，上海古籍出版社 2010 年版，第 129—131 页。

③ 台湾三军大学编著：《中国历代战争史》（第 1 册），中信出版社 2012 年版，第 199 页。

之后，又顺道侵犯宋国。公元前585年，楚国乘晋国攻打宋国讨伐晋国的属国郑国，晋国回兵救郑，楚军撤退，晋国仍不撤兵，而是顺道入侵楚国的属国蔡国。公元前583年，晋国乘楚国与吴国交战时国势稍弱，又起兵侵犯蔡国，顺道入侵楚国，击败楚军后又顺势侵服楚国的属国沈国和郏国。公元前550年，齐国乘晋国内乱，起兵攻打卫国，然后又顺道入侵晋国。①

军事入侵决策的随意性反映了当时武力胁迫战略实施的难度和成本都较低。相比较而言，利益交换战略有效实施的难度则较大。这主要体现在当某大国对某小国发动突然的军事入侵时，愿意为该小国提供安全保障的大国有时难以及时为其提供这种保障。一个典型的例证是公元前618年，楚穆王乘晋灵公即位后年纪幼小，晋国国内政局不稳，起兵攻打晋国的属国郑国，囚禁了郑国大大公子坚、公子龙和乐耳，郑国只得和楚国讲和。晋国摄政大夫赵盾得知楚国侵郑后就带领鲁、宋、卫、许诸国军队救郑，但还没有赶上楚军，楚军就已经将郑国打败了，晋国只得作罢，郑国因此也只得归服于楚国。② 在这次事件中，郑国倒向征伐它的楚国一边，也反映出在无法及时得到大国安全保障的情况下，小国面对武力胁迫会非常敏感。

根据第三章对利益交换战略相关模型的分析，春秋时期武力胁迫战略有效实施的难度相对较低，特别是大国间战争的成本相对较低，这应当是利益交换战略未能在春秋时期得以长期保持其占优战略从而逐渐被武力胁迫战略所取代的一个重要原因。

二　前晋楚争霸时期

在春秋史的三个时期中，前晋楚争霸时期距离西周等级体系的时间

---

① 童书业：《春秋史》，上海古籍出版社2010年版，第142—143、177、185、197页。

② 《左传·鲁文公九年》。

最近，周礼在该体系中的认同度最高，这一时期大国的行为选择受当时体系规范约束的程度也相应较高，因此，这一时期的"利益交换"战略在大国权力竞争中所占的比重也是三个时期中最大的。这一时期唯一获得体系范围主导地位的齐国，其称霸的过程就基本遵循了利益交换的战略逻辑。

（一）齐国争霸战略中的利益交换思想

谋臣管仲的思想对齐桓公时期的齐国争霸战略的制定起到了决定性的作用。面对究竟是通过武力还是非武力的方式争取他国的臣服这个争霸战略的核心问题，管仲明确建议齐桓公慎用军事征伐的手段。他说："君若正卒伍，修甲兵，则大国亦将正卒伍，修甲兵，则难以速得志矣。君有攻伐之器，小国诸侯有守御之备，则难以速得志矣。君若欲速得志于天下诸侯，则事可以隐令，可以寄政。"① 管仲的分析体现了鲜明的互动和博弈视角，即在制定己方战略时充分预估互动方可能采取的应对战略以及由此对己方效用造成的影响。但更为重要的是，它是春秋前期的优秀战略家对当时军事征服难易程度所做出的重要评估。在管仲看来，无论是对大国还是对小国，依靠军事手段都难以迅速地将其征服；"攻伐"并不是当时"速得志于天下诸侯"的最佳方式。

正是基于这种战略评估，管仲为齐桓公制定的争霸的基本战略思想是"招携以礼，怀远以德，德礼不易，无人不怀"。② "拘之以利，结之以信，

---

① "您如果整顿卒伍，修缮甲兵，那么其他大国也将整顿卒伍，修缮甲兵，这样您就难以迅速称霸了。您有攻伐的武器，那么小国诸侯也会加强守卫防御装备，这样您也难以迅速称霸。您如果想迅速称霸于天下诸侯，那么在军事上可以隐藏命令，在国政中寄寓军令。"参见《国语·齐语》，载陈桐生译注《国语》，中华书局 2013 年版，第 248—249 页。

② "用礼招抚离心的人，用德怀柔远方的人。德和礼始终不改变，则没有人不感怀您。"参见《左传·鲁僖公七年》，载李宗侗注译、叶庆炳校订《春秋左传今注今译》，新世界出版社 2012 年版，第 219 页。

示之以武。"① 强调团结诸侯，为此必须崇尚信义，拯灾恤邻，救危扶倾，以获得各国的人心。② 具体的政策包括以下几点：首先，在政治领域，将之前侵犯邻国的土地归还给邻国，"反其侵地，正其封疆"，"归鲁之侵地常潜，归卫之侵地吉台、原始、柒里，归燕之侵地柴夫、吠狗"，使邻国亲近齐国；其次，在经济领域，对邻国免除关税，"通齐国之鱼盐于东莱，使关市几而不征，以为诸侯利"；最后，在国家间的交往上，对其他国家的聘问实行"厚往薄来"的政策，"轻其币而重其礼"，"令齐以豹皮往，小侯以鹿皮报。齐以马往，小侯以犬报"。③

（二）齐国争霸战略的实施

齐桓公争霸战略中最重要的内容就是"尊王攘夷"。如前所述，"尊王"和"攘夷"的本质都是利益交换，齐桓公正是通过这两种利益交换战略，成功地换取了周王室赋予他的行动的合法性以及其他诸侯国对其地位和政策的认同。

尊王方面，齐桓公积极利用周天子的权威，借王室的名义惩罚不服从自己的国家。公元前681年，鲁庄公十三年，齐国为平定宋国的内乱，邀集宋、陈、蔡、邾等国在北杏会盟。随后，宋国背叛盟誓，于是第二年，齐桓公邀集陈、鲁两国联合讨伐宋国，并请求周王室派王师参战，宋国因而屈服。④ 这是自郑庄公假借王命征伐诸侯之后，"挟天子以令诸侯"的第一次出现。⑤ 不仅如此，齐桓公还通过帮助周王室平定诸侯国内政局动乱、维护礼制，换取征伐诸侯的合法性。公元前667年，齐、宋、陈、郑

---

① "用利益笼络诸侯，用诚信结盟诸侯，用武力威慑诸侯。"《国语·齐语》，载陈桐生译注《国语》，中华书局2013年版，第268—270页。

② 台湾三军大学编著：《中国历代战争史》（第1册），中信出版社2012年版，第136—137页。

③ 《国语·齐语》。同时参见台湾三军大学编著《中国历代战争史》（第1册），中信出版社2012年版，第137—138页。

④ 《左传·鲁庄公十三年》《左传·鲁庄公十四年》。

⑤ 童书业：《春秋史》，上海古籍出版社2010年版，第138页。

在幽地会盟。周天子派召伯廖赐齐桓公为侯伯（即诸侯之长），并命齐桓公讨伐卫国，以惩罚卫国拥立王子颓之罪。第二年，齐桓公奉王命伐卫，迫使卫国臣服。① 此外，齐桓公还直接帮助周王室稳定自己的政权。公元前653年，周惠王去世，太子郑怕其弟束带作乱，于是向齐国求援。第二年，齐国邀诸侯与周王室在洮地结盟，帮助太子郑即周襄王稳定其王位。②

攘夷方面，齐桓公利用当时北方戎狄和南方荆楚等异族政权不断威胁中原国家安全这一形势，通过为小国提供安全保障，换取了小国对其国际领导地位的承认。公元前663年，山戎侵略燕国，燕国向齐国求救。第二年，齐国派兵北伐山戎，一直进兵到孤竹国。燕庄公一直送齐桓公到齐国境内，齐桓公以诸侯相送不得出本国边境为由，遂将燕庄公所至的齐国领土用沟分开送给燕国。③ 公元前661年，狄人侵犯邢国，管仲对齐桓公说："戎狄豺狼不可厌也，诸夏亲昵不可弃也……请救邢以从简书。"于是齐桓公派兵救援邢国。公元前659年，齐国又联合宋、曹等国军队救援邢国，将邢国迁到夷仪安置。④ 公元前660年，狄人入侵并灭了卫国，卫国遗民拥戴卫戴公暂住在曹地的庐舍中，齐桓公于是派公子无亏带领300乘兵车、3000名甲士帮助卫国戍守曹地。公元前658年，齐桓公又联合诸侯在楚丘筑城，将卫国迁到那里复国。⑤

春秋前期，楚国尚僻处南方，一时无力与中原诸侯竞争。但随着时间的推移，楚国日渐兴起，开始不断侵扰和兼并江淮流域的国家，将其势力向北方扩展，开始严重威胁中原地区国家的安全。⑥ 在抵御楚国威胁、维

---

① 《左传·鲁庄公二十七年》《左传·鲁庄公二十八年》。
② 《左传·鲁僖公七年》《左传·鲁僖公八年》。
③ 《史记·齐太公世家第二》。
④ 《左传·鲁闵公元年》《左传·鲁僖公元年》。
⑤ 《左传·鲁闵公二年》《左传·鲁僖公二年》。
⑥ 顾德融、朱顺龙：《春秋史》，上海人民出版社2003年版，第60—62页。

护中原国家的安全方面，齐桓公也做出了卓有成效的努力。公元前 666 年，楚国令尹子元率领 600 乘兵车入侵郑国，齐国和鲁宋等国联军就赶来救援郑国，楚军闻讯连夜逃走了。①

公元前 659 年，鲁僖公元年，楚国起兵伐郑。齐桓公邀集宋、鲁、郑、曹等国在柽地会盟，共谋救郑。第二年，齐、宋、江、黄等国又在贯地会盟。这年楚国又一次侵郑。第三年，齐国又同宋、江、黄等国在阳谷会盟，再次商议伐楚。而该年，楚国又再次侵郑。于是到第四年，也就是公元前 656 年，齐国召集鲁、宋、陈、卫、郑、许、曹等诸侯出兵讨伐楚国的属国蔡国，以此逼迫楚国退兵。蔡国溃败，诸侯联军于是接着伐楚。楚王派使者与齐桓公交涉，双方在召陵对峙，齐国向楚国展示实力，最终迫使楚国与诸侯结盟。②

齐国伐蔡又伐楚的直接原因是制止楚国对郑国的侵犯，因此齐国伐楚的本质是为中原国家提供安全保障。只不过齐国这次"攘夷"在具体做法上一开始只是通过接连会盟，在政治上对楚国施加压力，试图以此威慑楚国，以期在不发生战争的情况下迫使楚国放弃对郑国的侵犯。但这种做法没有起到威慑楚国的效果，最终齐国只能采取武力报复的手段，通过主动进攻楚国的属国以迫使楚国退兵。这就由纯粹防御性的事先威慑（deterrence）转变为更为主动的事后胁迫（compellence）。③ 这种"围魏救赵"式的安全保障策略，也在后来晋楚争夺小国的过程中反复出现。

正是由于齐国在谋求体系主导权的过程中做出了"利他"而非"自

---

① 《左传·鲁庄公二十八年》。

② 《左传·鲁僖公元年》《左传·鲁僖公二年》《左传·鲁僖公三年》《左传·鲁僖公四年》。

③ 据学者考证，威慑作为一种安全战略早在新时期时代就已经出现。Claudio Ci-offi-Revilla, "Origins and Age of Deterrence: Comparative Research on Old World and New World Systems," *Cross-Cultural Research*, Vol. 33, No. 3, 1999, pp. 239 – 264.

助"的战略选择，"于是天下诸侯知桓公之非为己动也，是故天下诸侯归之"。① 至少在其他国家看来，齐桓公的一系列战略举动都是"非为己动"，可这样的行为最终却反过来帮助齐国赢得了天下诸侯的归附。这不能不说是"利益交换"战略在春秋前期大国争霸事业中的一次标志性的"胜利"。而如前所述，当时体系规范对土地兼并行为的约束以及武力征服他国的困难，这两者共同促成了这种战略在这一时期大国争霸中的首要地位。

三　晋楚争霸时期

进入晋楚争霸时期，春秋时期的体系的实力结构由齐国单极转变为晋楚两极。② 这一时期是春秋时期的体系大国权力竞争模式由利益交换为主向武力胁迫为主过渡的关键时期。晋楚两国相互争霸的轨迹集中而清晰地展示了这个重要过程。

（一）城濮之战及其影响

尊王攘夷战略在帮助齐桓公取得争霸成功后，很自然地被随后崛起的另一个大国晋国所效仿。③ 如前所述，公元前636年，周襄王因王室内乱逃至郑国，派使者向晋、秦等诸侯国求援。公元前635年，秦穆公带兵想

---

① "于是天下诸侯知道齐桓公并不是为了自己而行动，因此诸侯都归服齐桓公。"《国语·齐语》，载陈桐生译注《国语》，中华书局2013年版，第267—268页。

② 晋、楚、齐、秦等国当时的国际地位，可以从公元前546年第二次弭兵大会达成的协议加以印证。在此次会议上，楚国令尹子木提议让晋、楚两国的属国互相朝觐，最后议定除去齐、秦两国外，其他国家共同朝觐晋楚两国。《左传·鲁襄公二十七年》。当时的国际体系仅有晋楚两国享有令对方属国朝觐自己的权利，齐、秦两国既不必分别朝觐晋楚两国，又无权享受其他国家的朝见，而其他国家则只能共同朝觐晋、楚两国，这反映了当时国际社会对各国国际地位的一种共识。

③ 台湾三军大学编著：《中国历代战争史》（第1册），中信出版社2012年版，第147、168页。

送周襄王回国。晋国大臣狐偃则劝晋文公抓住这个实施"尊王"战略的时机，他说："求诸侯不如勤王，诸侯信之，且大义也。继文之业，而信宣于诸侯，今可为矣。"① 晋文公随即采纳其建议，辞去秦国军队，亲自带兵迎返周襄王。这次"尊王"战略也为晋国换得了可观的收益，周襄王复位后，将阳樊、温、原、攒茅等战略要地赐给了晋国。

当然，晋国不仅仅获得了土地，更获得了国际威望。公元前634年，宋国叛楚投晋。而这又引起了楚国的不满。公元前633年冬，楚王亲征，带领郑、陈、蔡、许等国军队围攻宋国。宋国遂向晋国求救。这时利益交换逻辑主导了晋国的决策，晋大夫先轸对晋文公说："报施救患，取威定霸，于是乎在矣！"可见在当时的大国决策者看来，为小国提供保护，对于获取权威和霸权尚具有决定性的意义。在确立了总体的战略之后，晋国另一位大夫狐偃又向晋文公建议了为宋国提供安全保障的具体策略："楚始得曹而新昏于卫，若伐曹、卫，楚必救之，则齐、宋免矣。"② 以后世的眼光看，这是一种典型的"围魏救赵"策略，其实质是用武力胁迫的方式实现实施安全保障的目的。③

不过，面对晋国对曹、卫两国的进攻，楚国却不为所动，反而加紧了对宋国的攻势。宋国于是再次向晋国告急。晋文公因为尚未获得齐、秦两国的合作，一时不敢轻易与楚国决裂。先轸于是献策，谋求齐、秦两国与晋联合。面对晋国的举动，楚国开始退缩。楚王命进入齐国的楚军撤退，同时命令尹子玉也离开齐国，不要与晋国正面对抗。但子玉不肯放弃，派

---

① 《左传·鲁僖公二十四年》《左传·鲁僖公二十五年》。

② "楚国这时刚刚得到曹国的归附，又新与卫国结姻。我们如果起兵去打曹、卫两国，楚兵一定前来救援，这样便可免除齐、宋的祸患了。"在楚国伐宋的前一年，亦即公元前634年，齐国侵犯鲁国，鲁国曾向楚国求来军队攻打宋国。以上事见《左传·鲁僖公二十六年》《左传·鲁僖公二十七年》。

③ "围魏救赵"的史实系指战国时期（公元前353年）魏国进攻赵国，齐国攻打魏国以救援赵国。事见《史记·孙子吴起列传》。

使臣对晋文公说："请复卫侯而封曹伯，则楚亦释宋之围。"① 楚方的这种做法实际上是一种妥协，因为晋国之所以攻打曹、卫，其初衷就是保护宋国不被楚国围攻。但晋文公面对这一提议颇感两难：如果接受这一提议，那么曹、卫乃至宋这三国都会感恩于楚；而如果拒绝这一提议，这三国都会怨恨晋国而倒向楚国一边。② 正如先轸向晋文公所分析的那样："楚一言而定三国，我一言而亡之。不许楚言，是弃宋也；救而弃之，谓诸侯何？楚有三施，我有三怨；仇雠已多，将何以战？"③ 在这里也可以看出，当时晋国的决策的主要考虑因素是三个小国的"人心"和政治倾向，换言之，考虑的是自己的国际声望。

晋文公随即接受先轸的策略，暗地里许诺曹、卫复国，这是对曹、卫施行利益交换策略以期获取这两国的归附。果然，曹、卫向楚国告绝。④ 这一策略一方面固然能够不放弃对宋国的保护和笼络，另一方面，让曹、卫感恩而不是怨恨晋国，可谓一举两得；但任何策略都有它的局限性和要付出的代价，这个策略的一个显而易见的风险就是这样做将很有可能迫使晋楚两国间的直接战争不可避免，更为具体地说，晋国需要冒与楚国交战并战败从而一无所获的风险。然而在狐偃等人的劝说下，晋文公接受了这种风险，决心与楚一战。⑤

公元前 632 年，晋楚两方在城濮开战，结果楚军大败。随后，晋文公在践土召开会议，周天子亲自莅会，郑、卫等原先依附楚国的诸侯也向晋国求和结盟。同年五月，周王室大臣王子虎又邀诸侯在王庭结盟，盟辞规

---

① "请你让卫侯复国，重封曹国，则楚国同意解除对宋国的围困。"《左传·鲁僖公二十八年》，载李宗侗注译、叶庆炳校订《春秋左传今注今译》，新世界出版社 2012 年版，第 316—321 页。

② 台湾三军大学编著：《中国历代战争史》（第 1 册），中信出版社 2012 年版，第 174 页。

③ 《左传·鲁僖公二十八年》。

④ 同上。

⑤ 同上。

定不得相互侵害。晋文公由此成为诸侯的盟主。①

城濮之战是春秋体系的第一次大国与大国间的争霸战争。从战争的起源这个角度看，这场战争既不像第二次世界大战那样是由于某个大国蓄意武力扩张并故意与其他大国开战而引起的，也不像许多学者对第一次世界大战所解读的那样是由于各个大国对彼此意图的不确定以及对自身安全状况的忧虑所引起的，② 而仅仅源于两个大国因受权力欲望的驱使对一个小国的争夺：楚国试图通过武力胁迫的方式逼迫宋国臣服于自己，晋国则试图利用楚国对宋国的威胁，通过为宋国提供安全保障的方式来争取宋国对自己的臣服。这个案例的另一个值得注意的地方是，晋楚双方一开始都不愿与对方直接开战，但最终争夺小国的欲望压倒了对战争的恐惧，才导致了这场计划外的战争。

然而，这场战争虽属意外，但却对此后大国权力竞争的模式产生了极为深远的影响。一个直接的影响是大国在战争中击败另一个大国，开始成为其获得体系性声望和霸权的重要途径。晋文公之所以能够成为诸侯盟主，固然与其为宋国提供安全保障因而获得宋国等小国的归附有关，但同时，另一个更为重要的原因则是它在与另一个公认的强国楚国的直接军事较量中获得了胜利，这种大国战争的胜利帮助晋国在体系范围内获得了一种威迫性的权威。这场战争虽然在主观上是一场计划外的战争，但在客观上，其结果却为晋国以及其他觊觎体系霸权的大国提供了一种新的可资效仿的争霸战略，即与其他大国打仗并战胜对手，就能获得霸权。

从晋楚两国此后的权力竞争中，我们可以清楚地看到，这种以武力胁

---

　　① 《左传·鲁僖公二十八年》。

　　② ［美］罗伯特·杰维斯：《国际政治中的知觉与错误知觉》，秦亚青译，世界知识出版社 2003 年版，第 86—89 页。Robert Jervis, "Cooperation under the Security Dilemma," *World Politics*, Vol. 30, No. 2, 1978, pp. 183 – 186. Stephen Van Evera, "Why Cooperation Failed in 1914," *World Politics*, Vol. 38, No. 1, 1985, pp. 80 – 117. Dale C. Copeland, *The Origins of Major War*, Ithaca and London: Cornell University Press, Chap. 4.

迫为核心逻辑的争霸战略在体系中的效仿和扩散。城濮之战 5 年后，公元前 627 年，晋、楚两国再次为争夺一个小国而发生对抗，只不过这次使用武力胁迫策略和安全保障策略的主体发生了对调。当年许国归附楚国，晋国（晋文公已于公元前 628 年去世，晋襄公即位）为夺回许国的归附，于是联合陈、郑两国起兵讨伐许国。楚国则起兵救援许国。与城濮之战如出一辙的是，为小国实施安全保障的楚国这次也采取了"围魏救赵"的策略，先侵犯晋国的属国陈国和蔡国以牵制晋军。陈、蔡两国向楚国求和，楚军又顺道攻打郑国。作为回应，晋国又攻打已归附楚国的蔡国。楚军又回救蔡国，于是晋楚双方在泜水两岸形成对峙。① 这次晋楚之间的竞争，首先选择武力胁迫战略的国家已经由楚国换成了晋国。

大国间的战争决定霸权地位更直接的体现是公元前 597 年晋楚邲之战。公元前 597 年，楚庄王为迫使郑国彻底臣服自己，起兵围困郑国。晋国于是起兵救郑。但晋军到达黄河北岸时得知郑国已经与楚媾和，楚军还在邲地驻军封锁黄河渡口。晋军内部于是一度犹豫是否还要为救郑国而与楚国开战。② 中军佐将先縠力主进兵，他说："威师以出，闻敌强而退，非丈夫也；为三军之帅而非丈夫，不足以与谋，诸子能为，我不为也。"在其带动下，晋军全军渡河。由此导致晋楚两国在邲地开战，结果楚军大败晋军，于是郑、许等国都归附于楚。受邲之战获胜的激励，楚国又派兵攻打宋国及其属国萧国，迫使宋国与其结盟。至此鲁、宋、郑、陈等中原国家都归附于楚。由此楚庄王确立了其春秋五霸之一的地位。③

城濮之战的另一个重要影响是，"围魏救赵"成为大国为小国提供安全保障的首选策略。虽然在战争中获胜能够帮助大国提升其国际地位，但

---

① 《左传·鲁僖公三十三年》。

② 台湾三军大学编著：《中国历代战争史》（第 1 册），中信出版社 2012 年版，第 205 页。

③ 《左传·鲁宣公十二年》《左传·鲁宣公十三年》。

为小国提供安全保障总比直接对小国施以武力胁迫更易于获得小国的接受。这个基本原理决定了春秋时期的大国不会轻易放弃利益交换这种战略。当附属于自己的某个小国遭到其他大国的胁迫时，本书第三章所展示的那个占优战略博弈依然会使得大国在更多的时候选择为该小国提供安全保障而不是武力胁迫。如果是这样，那么春秋时期"利益交换"战略的使用频率依然会在一定的水平上得以维持，可是为什么实际的历史事实却是"武力胁迫"战略在春秋中期以后迅速蔓延并取得压倒性的优势呢？这就与春秋时期"围魏救赵"这种大国实施安全保障策略所采用的具体做法有密切的关系。

在城濮之战中，晋国保护宋国的方式是"围魏救赵"，即通过主动进攻楚国的属国曹、卫两国，以实现保护宋国的目的。晋国之所以采取这种方式，而不是单纯而直接地保护宋国，固然因为曹、卫两国距晋国更近，[①] 而更深层次的原因则如前所述，这反映了春秋时期武力胁迫战略有效实施的难度相对较低，单纯的防御或威慑战略难以有效保护小国不受侵犯。正因为如此，春秋时期的大国才频繁选择用"围魏救赵"的方式为小国提供安全保障。早在城濮之战之前，在公元前654年，齐、鲁、宋、陈、卫、曹等国因郑国不参与首止之盟联合举兵讨伐郑文公。由于当时郑国投靠楚国，楚国为救郑国，于是起兵围攻许国，迫使诸侯发动军队救许。[②] 又如前面已经提及的，城濮之战5年后，公元前627年，许国归附楚国，晋国为夺回对许国的主导权，于是起兵讨伐许国。楚国为救援许国，先侵犯晋国的属国陈国和蔡国以牵制晋军，最终晋楚双方在泜水两岸形成对峙。[③]

---

① 台湾三军大学编著：《中国历代战争史》（第1册），中信出版社2012年版，第171—172页。

② 《左传·鲁僖公六年》。

③ 《左传·鲁僖公三十三年》。

"围魏救赵"这种安全保障方式的一个重要的特殊性在于"围魏"的最终目的虽然是"救赵"，是为"赵"提供安全保障，但仅就"围魏"这一行动本身而言，则是一种"武力胁迫"。这会使得无论"围魏救赵"策略是否成功，都会鼓励互动双方在下一轮的互动中选择"武力胁迫"策略。一方面，如果使用"围魏救赵"策略的一方失败，那么不仅会鼓励对手在下一轮互动中继续选择"武力胁迫"策略，而且也会促使自己在下一轮放弃"利益交换"策略；另一方面，如果"围魏救赵"一方取得胜利，那么也就意味着"围魏"这种策略能够有效迫使对方放弃武力胁迫策略，而由于"围魏"本质上也是一种武力胁迫策略，由此依然会鼓励选择"围魏救赵"策略的一方在下一轮继续以"围魏"这种"胁迫"的方式实现自己的目的。在城濮之战中，单纯从"围魏"，也就是从晋伐曹、卫的过程看，单纯的武力胁迫就已经获得曹、卫两个小国的臣服，这也会促使晋国在未来主动选择武力胁迫策略。前面已经提及的城濮之战5年后晋国首先采取胁迫策略争夺许国就是例证。

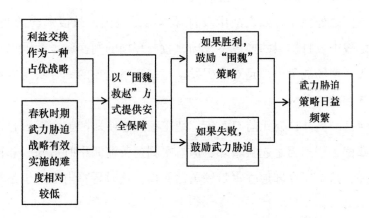

图4-1　"围魏救赵"策略促使武力胁迫策略频率提高的作用机制

"围魏救赵"这种为小国提供安全保障的具体策略的使用，对武力胁迫策略使用频率的提高所存在的作用机制，可如图4-1所示。总之，在齐国、晋国先后（试图）通过利益交换战略获得体系霸权的过程中，处于中原文化圈之外的楚国的崛起，及其对霸权竞争的参与，引入了战争争夺小国这种激烈的争霸战略，从而触发了大国争霸战略从以利益交换为主导向以武力胁迫战略为主导的"链条"。

（二）晋楚对郑的争夺

自城濮之战之后，晋、楚两国展开了近一个世纪的权力竞争，争夺的核心目标是对中原地区的主导权。地处中原南北交界的战略要地的郑国和宋国这两个小国，其政治上的向背就成为晋楚两极对峙态势下两国争夺的焦点。[①] 这其中，尤以两国对郑国的争夺最激烈、最持久，可以毫不夸张地讲，晋楚两极的对峙史，就是两国对郑国的争夺史；郑国的政治归属问题是晋楚争霸时期的国际政治的主要矛盾。通过考察晋楚两国争夺郑国的具体历史过程，有助于我们更清晰地把握春秋体系大国权力竞争模式的演化。

城濮之战以后，晋楚两国还爆发过两次事关整个春秋体系战略格局走势的大型会战——邲之战和鄢陵之战。这两场战争都是由两国争夺郑国引发的。不同之处在于，邲之战中攻打郑国的是楚国，救援郑国的是晋国，而鄢陵之战中攻打郑国的换成了晋国，救援郑国的则换成了楚国。相同之处则在于，两场战争中都是对郑国发动直接军事进攻的一方获得胜利并且赢得对郑国的主导权。

前面已经提及，公元前597年，楚庄王为迫使郑国彻底臣服自己，起兵围困郑国，晋国因之起兵救郑。但晋军到达黄河北岸时得知，郑国已经与楚媾和，楚军还在郔地驻军封锁黄河渡口。这时晋军内部对于是否还要

---

① Cho-yun Hsu, "The Spring and Autumn Period," in Michael Loewe and Edward L. Shaughnessy eds. , *The Cambridge History of Ancient China*: *From the Origins of Civilization to 221 B. C.* , Cambridge: Cambridge University Press, 1999, p. 562. 有关春秋时期中原腹地诸侯国在地理位置上的被动战略态势的详细分析，可参见黄朴民《梦残干戈——春秋军事历史研究》，岳麓书社2013年版，第185—187页。

继续为争夺郑国而与楚国开战出现了分歧。中军统帅荀林父说："无及于郑而剿民，焉用之？楚归而动，不后。"① 上军统帅士会也赞成不与楚国开战："会闻用师，观衅而动。德刑政事典礼不易，不可敌也，不为是征……德立，刑行，政成，事时，典从，礼顺，若之何敌之？见可而进，知难而退，军之善政也。"② 然而，中军佐将先縠力主进兵，他说："威师以出，闻敌强而退，非丈夫也；为三军之帅而非丈夫，不足以与谋，诸子能为，我不为也。"在其带动下，晋军决意与楚一战，最终两国在邲地开战，结果楚军大胜，郑、许等国都归附于楚。③

公元前 575 年，郑国又一次叛晋投楚，进而发兵入侵晋国的属国宋国。晋国中军统帅栾书力主出兵伐郑救宋，他说："不可以当吾世而失诸侯，必伐郑。"④ 晋厉公于是发动大兵讨郑。郑国随即向楚国告急。面对晋国的进攻，楚也一度犹豫是否要为保护郑国而与晋国开战。令尹子重反对救郑："我实背西门之约以伐郑，又以土地诱郑叛晋；今如再起大军以庇郑，难期必胜，不如不救郑。"司马子反则力主救郑："郑急而告我，若不之救，则无以诏来者。"⑤ 出于战略信誉以及对未来楚国在国际社会

① "救郑已经来不及了，（如果再和楚国交战）只是扰乱人民，有什么用呢？等楚军回国后再发兵也不迟。"参见《左传·鲁宣公十二年》，载李宗侗注译、叶庆炳校订《春秋左传今注今译》，新世界出版社 2012 年版，第 494 页。

② "我听说用兵要看准时机才可动手。现在楚国的德刑政事典礼都没有变动，不可与它相敌，不可为此而去征伐它……像楚国这样道德建立，施行刑规，政治成功，事体依时，典章遵从，礼节顺当，（我们）如何敌得过呢？见可以做的便进行，知道难于成功的便退让，这才是正确的用兵原则。"参见《左传·鲁宣公十二年》，载李宗侗注译、叶庆炳校订《春秋左传今注今译》，新世界出版社 2012 年版，第 494—496 页。

③ 《左传·鲁宣公十二年》《左传·鲁宣公十三年》。

④ "不可以在我们这个时候失掉诸侯的归服，一定要讨伐郑国。"《左传·鲁成公十六年》，载李宗侗注译、叶庆炳校订《春秋左传今注今译》，新世界出版社 2012 年版，第 625 页。

⑤ 台湾三军大学编著：《中国历代战争史》（第 1 册），中信出版社 2012 年版，第 244 页。

号召力的考虑，楚共王决定亲征救郑。当年 6 月，晋楚双方军队在鄢陵开战，结果楚军大败。①

在这两次重要的战争中，晋楚两国都曾面临争夺小国的一个两难问题：如果不为郑国提供安全保障，就将失去这个重要国家的归附，同时失去战略信义和在诸侯中的威望；而如果为其提供安全保障，则将与对方发生直接战争，从而需要承担战争的成本以及战败一无所获的风险。这种两难的问题，其实在任何历史阶段在大国争夺小国时都会遇到，问题在于大国究竟会在这种两难的问题中做出怎样的选择。晋国和楚国最终都选择了后者，即为了争夺小国和维护体系威望，不惜与对方一战。这又从一个侧面反映了春秋时期军事征伐有效实施的难度相对较低，因而激发了大国的机会主义动机。

仔细分析可以发现，在邲之战中，晋国出兵的初衷是保护郑国，但在其决定与楚国交战时，郑国已经降服于楚国。在这种情况下，晋国再对楚国发动军事进攻，实际上就不应再被视为一种对郑国的利益交换策略，而是已经演变成纯粹的晋楚两国军事实力的较量，即谁在战争中获胜，谁才有资格拥有对郑的宗主权。从晋军内部一度出现的分歧可以看出，晋国在一开始并不是为了与楚国在直接的战争中一决高下而决定出兵的，而只是对楚国攻打自己属国的一种自然反应。在这种情况下，晋国最终选择了不惜冒险与楚国一战，显然只能归因于当时进攻相对于防御的较低实施难度对晋国权力欲望的强烈驱使作用。这个案例深刻反映出在大国不愿放弃对小国的争夺而进攻成本又相对较低的情况下，即使原本采取利益交换战略的大国，也会"不由自主"地将其战略改变为大国间赤裸裸的武力较量。

在两个大国都不惜与对方直接开战的情况下，它们对小国的争夺模式也随之发生着变化。包括城濮之战在内的三次晋楚会战，虽然都是由其中

① 《左传·鲁成公十六年》。

一方对小国的武力胁迫所引发的，但另一方所采取的都是利益交换战略，亦即对该小国提供保护；然而，随着互动的增多以及两国对过去经验的"学习"，开始出现两国同时对小国采取武力胁迫战略的情况。公元前565年，郑国侵犯楚国的属国蔡国，楚国起兵讨伐郑国，郑国降楚。① 第二年，晋悼公联合诸侯也讨伐郑国，郑国又向晋国求和，但又不愿完全臣服于晋国。晋国于是联合诸侯于当年年底再次讨伐郑国。与此同时，楚国因郑国倒向晋国也起兵讨伐郑国。最终郑国又与楚国讲和。② 这一次，不再是晋楚其中某一国武力争夺郑国而另一国出兵救郑，而是两国同时对郑国实施武力胁迫，这标志着（武力胁迫—武力胁迫）这一演化博弈均衡正在取代（利益交换—利益交换）这一静态纳什均衡，逐渐成为春秋时期大国权力竞争的常态。

由于晋楚两国都越来越倾向于选择武力胁迫战略，而军事救援的效果又总是比军事进攻的效果差，因此处于晋楚两国夹缝中的郑国才会对大国的武力胁迫更为敏感，更容易倒向对其实施武力胁迫而不是军事保护的大国一方。公元前598年，楚庄王伐郑时，郑国大夫子良说："晋楚不务德而兵争，与其来者可也。晋楚无信，我焉得有信？"郑国于是服从于楚国。③ 这反映出郑国对大国安全保障的不信任。

公元前564年，由于郑国倒向楚国，晋悼公联合诸侯讨伐郑国，逼迫郑国签订盟约承诺"唯晋命是听"。郑国公子骍对此提出了保留意见，他说："天祸郑国，使介居二大国之间，大国不加德音，而乱以要之……自

---

① 《左传·鲁襄公八年》，载李宗侗注译、叶庆炳校订《春秋左传今注今译》，新世界出版社2012年版，第694—697页。

② 《左传·鲁襄公八年》《左传·鲁襄公九年》。

③ "晋国与楚国都不致力于道德而只凭军事力量相争，哪个先来攻打郑国我们就服从它。晋楚两国都没有信用，我们又何必讲信用呢？"《左传·鲁宣公十一年》，载李宗侗注译、叶庆炳校订《春秋左传今注今译》，新世界出版社2012年版，第487—488页。

今日既盟之后，郑国而不唯有礼与强可以庇民者是从，而敢有异志者，亦如之。"① 这一方面给晋国施加了压力，另一方面，也为郑国自己今后有可能的背叛留下了余地，即如果晋国能够讲究礼仪并且能够为郑国提供保护，那么郑国当然愿意归服于晋国，但如果晋国做不到这一点，那么郑国就有可能选择背叛。果然，很快，楚国也因郑国与晋国接近而讨伐郑国，郑国就是否应当背叛晋国投降楚国一事一度产生争议，这时执政大夫子驷、子展就说："吾盟固云唯强是从，今楚师至，晋不我救，则楚强矣……且要盟无质，神弗临也……背之可也。"②

郑国这种"唯强是从"的心理，正是当时小国面对大国争夺时的一种无奈的选择。而小国的这种受武力胁迫影响非常明显的决策倾向，反过来更进一步地强化了大国选择武力胁迫战略的偏好，从而使得武力胁迫战略的使用更加频繁和普遍。

（三）武力胁迫收益的变化

伴随着武力胁迫策略频率不断提高的是武力胁迫策略收益的不断增大。如第三节所指出的大国在权力竞争过程中的博弈支付不是恒定不变的，随着军事征服和领土兼并的累积，获胜者的收益会不断增大，而失败者的损失也会不断增大。晋楚争霸初期，已经有战略人士意识到这种变化的可能性。公元前 630 年，晋国联合秦国围困郑国，郑国连夜派老臣烛之

---

① "上天降祸给郑国，使它居于晋楚两大国中间。大国不但不对其施加恩惠，反而发动战乱来要挟它……自今天结盟之后，郑国如果不听命于那些遵守礼仪并且强大到可以为郑国人民提供保护的国家，反而还敢有异心的话，那么郑国也愿遵守这个盟约的规定而接受惩罚。"参见《左传·鲁襄公九年》，载李宗侗注译、叶庆炳校订《春秋左传今注今译》，新世界出版社 2012 年版，第 705 页。

② "我们与晋国的盟约本来就已说明，我国只听从于强国。现在楚军到来，而晋国却不来救我国，这说明楚国是强国……况且这是个受要挟而签订的盟约，没有人能够做主，神灵也不会降临……因此可以背叛盟约。"参见《左传·鲁襄公九年》，载李宗侗注译、叶庆炳校订《春秋左传今注今译》，新世界出版社 2012 年版，第 707—708 页。

武到秦军向秦伯陈说利害，劝谏秦伯放弃与晋国联合讨伐郑国的计划。他说："越国以鄙远，君知其难也。焉用亡郑以陪邻。邻之厚，君之薄也……夫晋，何厌之有？既东封郑，又欲肆其西封，若不阙秦，将焉取之？阙秦以利晋，唯君图之。"① 秦伯接受了他的建议，转而与郑国结盟。这个事件一方面反映了人不是完全理性的，大国在做出某项决策时不一定都能将各种情形全部考虑进去并且做出完全正确的理性计算，另一方面，更为重要的是，它反映出这一时期大国对小国采取武力胁迫已经开始有明显的收益，而且这种收益会随着武力胁迫策略的使用而增加，诚如烛之武所意识到的那样，"邻之厚，君之薄也"。

经过自城濮之战后半个多世纪的争夺，晋、楚两国彼此都意识到难以获得压倒对方的优势，在宋国大夫华元的外交努力下，公元前 579 年，两国在宋国西门外结盟，盟誓说："凡晋、楚无相加戎，好恶同之，同恤菑危，备救凶患。若有害楚，则晋伐之。在晋，楚亦如之……有渝此盟，明神殛之。"② 史称"第一次弭兵之约"。然而仅仅过了两年，在公元前 577 年，郑国攻打楚国的属国许国，楚共王想趁机讨伐郑国以救许国。楚国令尹子重、大夫子囊都以与晋缔结盟约不久而反对进兵，但司马子反力主进兵，他说："敌利则进，何盟之有？"③ 楚共王采纳了子反的建议，起兵讨

---

① "越过他国，将边远的地方作为边界，您也知道这样做的困难。为什么要灭亡郑国而增加您邻国的土地呢？邻国土地增多了，您的土地就减少了……晋国哪里会有满足的时候？等到东边灭了郑国扩大其封疆后，便又要扩充它西面的疆土了。那时晋国如果不去削弱秦国，又会去取什么地方的土地呢？削弱秦国而增强晋国，只请您自己思量吧。"参见《左传·鲁僖公三十年》，载李宗侗注译、叶庆炳校订《春秋左传今注今译》，新世界出版社 2012 年版，第 342 页。

② "晋国与楚国不得互相兴兵开战，彼此所喜好的和所厌恶的应当相同，一同怜悯灾危，一起救助凶患。如果有国家加害楚国，晋国应当讨伐它；而对于晋国，楚国也同样……如果有谁违背这个盟誓，神明就来杀他。"参见《左传·鲁成公十二年》，载李宗侗注译、叶庆炳校订《春秋左传今注今译》，新世界出版社 2012 年版，第 602—603 页。

③ "只要于本国有利就可以干，管什么盟约！"

伐郑、卫等国。第一次弭兵之约就此破裂。①

这一事件体现出，纯粹从理性的角度看，在当时给定其他大国不采用武力进行权力竞争的情况下，某个大国选择背叛弭兵之约对自己更为有利。这意味着武力胁迫战略自身已经有了显著的收益，晋楚两国互不采用武力进行权力竞争的状态，已经不是各自最优的状态了。换言之，晋、楚弭兵不是一种纳什均衡状态，这种状态很容易被打破。公元前 546 年，晋、楚两国因内争外患，再次缔结弭兵之约。40 年之后的公元前 506 年，晋国召开召陵之会商议讨伐楚国，第二次弭兵之约又告结束。② 虽然在此之后的约一个世纪的时间里，晋、楚两国之间未再发生直接战争，但这只不过是由于晋国国内政局的动乱和南方吴越两国的崛起所导致的国际政治矛盾的转移，晋齐之间、楚吴之间、吴越之间的征战和杀伐日益频繁，武力胁迫作为争夺体系霸权的一种战略，已经在全体系范围内得以扩展。

武力胁迫策略自身的收益不断增大，还进一步刺激了机会主义式的武力扩张，使得大国开始有意识地寻找和利用有利于自己主动进攻的时机。公元前 621 年，晋襄公去世，因即位太子晋灵公年幼，诸大夫彼此争权导致晋国内乱不断。在这种情况下，在公元前 618 年，楚国大夫范山对楚王说："晋君少，不在诸侯，北方可图也。"于是楚穆王出兵狼渊进攻郑国。③ 公元前 584 年，吴军入侵楚国及楚国的属国巢国和徐国。第二年，晋国趁楚国全力对付吴军入侵之时，起兵攻打楚国的属国蔡国，接着顺道入侵楚国及其另一个属国沈国。④ 由于武力胁迫策略的收益日益巨大，连二等大国也开始尝试以武力的方式挑战现有霸主的地位。公元前 552 年，晋国发生内乱，齐庄公认为这是挑战晋国权威的好机会，于是公然"恃勇

---

① 《左传·鲁成公十五年》。
② 童书业：《春秋史》，上海古籍出版社 2010 年版，第 194 页。
③ 《左传·鲁文公六年》《左传·鲁文公九年》。
④ 《左传·鲁成公七年》《左传·鲁成公八年》。

力以伐盟主", 于公元前 550 年出兵攻打卫国, 顺道入侵晋国, 试图"间大国之败而毁焉"。①

四　后晋楚争霸时期

随着晋楚争霸时期大国对小国争夺方式的逐渐演化, 到了后晋楚争霸时期, 武力胁迫战略的优势已经彻底显现出来, 成为大国争霸的主导性战略。这不仅体现在由于小国对武力胁迫更加敏感因而这种战略更容易成功, 而且体现在武力胁迫战略的使用程度和规模越来越大。在此之前, 武力胁迫主要针对小国, 而且其目的主要是迫使小国在政治上臣服于自己; 而到了后晋楚争霸时期, 武力胁迫战略的对象已经扩大到其他大国, 而且大国的目的已经不仅仅满足于获得他国的臣服, 而是已经发展为以彻底歼灭其他国家为核心目的。

公元前 506 年, 蔡国侵犯楚国的属国沈国, 楚国为救沈国围困蔡国。吴国乘机联合蔡国和唐国攻打楚国, 在柏举会战中楚军大败, 吴军穷追不舍, 一直攻入并占领楚国都城郢, 楚昭王辗转逃奔至随国。如果不是楚国大夫申包胥向秦求援而秦哀公又被其爱国之心感动, 同时越国乘机入侵吴国, 曾经雄视天下的南方超级大国楚国就很有可能成为春秋历史上第一个因他国的征伐而覆灭的大国。② 公元前 494 年, 吴王夫差率军攻打越国, 在夫椒大败越军, 越王勾践被迫带领 5000 名士兵退守于会稽山, 同时向吴国求和。如果吴王听从伍子胥的劝谏不予讲和, 那么曾经大败吴军对吴国构成强烈战略牵制的东南大国越国在那一年就被消灭了。③ 在此后

---

① "仗着勇猛和武力去讨伐盟主。""乘着大国衰败时去侵略它。"参见《左传·鲁襄公二十三年》, 载李宗侗注译、叶庆炳校订《春秋左传今注今译》, 新世界出版社 2012 年版, 第 803—804 页。

② 《左传·鲁定公四年》。

③ 《左传·鲁哀公元年》。

吴越两国的竞争中，越国终于从楚国和自己险些灭亡的经验中"学习"到了适合于当时国际形势的最佳战略，通过狡诈、欺骗和残酷的暴力方式，于公元前473年彻底灭掉了吴国。① 吴国因此也就成为东周历史上第一个灭亡的大国，而越国也就成为第一个通过彻底歼灭另一个大国而获得体系霸权的国家。

与武力胁迫战略在这一时期成为大国主导性的对外战略相伴随的是现实主义思想在这一时期开始出现。春秋前中期，由于周礼的约束，各国间虽然战争频繁，但残酷程度都比较低，国际战争只决胜负，不关生死，因此各国对未来可能的损失并不是那么的看重。然而随着武力胁迫战略的逐渐盛行以及战争残酷程度的不断加深，人们开始越来越关注本国未来可能的损失。公元前494年，吴国大败越国，越王勾践求和，伍子胥劝阻吴王夫差，他说："勾践能亲而务施，施不失人，亲不弃劳。与我同壤而世为仇雠，于是乎克而弗取，将又存之，违天而长寇仇，后虽悔之，不可食已。"② 这就是典型的以长期有可能的损失作为决策依据的现实主义思想。现实主义思想在看待可能的收益时是短视的，注重短期收益，因此认为国家间难以为长远利益而合作，相互背叛是国家行为的主流；而在看待损失的风险时则又是远视的，对未来的损失非常敏感。这种视野上的矛盾正是现实主义思想悲观色彩的重要来源。③

同样是同处一个地区彼此接壤，同样存在长期的权力竞争，但在公元

---

① 《左传·鲁哀公二十二年》。

② "勾践这人能亲民爱众，善于施舍。所给予的施舍都能不失人心，亲爱民众而不会遗漏他们的功劳。越国与我吴国接壤，而且累世彼此为仇敌，现在战胜了它而又不兼并它，反而还要保存它，这是违背天命而助长仇敌，以后后悔也来不及了。"见《左传·鲁哀公元年》，载李宗侗注译、叶庆炳校订《春秋左传今注今译》，新世界出版社2012年版，第1266页。

③ 有关现实主义在时间视野上的这种内在矛盾的讨论，参见 Gerald Geunwook Lee, "To Be Long or Not to Be Long—That is the Question: The Contradiction of Time-Horizon in Offensive Realism," *Security Studies*, Vol. 12, No. 2, 2002, pp. 196 – 217。

前661年，齐桓公询问大夫仲孙湫是否可以兼并鲁国时，仲孙湫却是从规范的角度给出了迥异于伍子胥观点的建议，明确反对乘机兼并鲁国。① 两相比较，我们可以清晰地看到，春秋时期大国的决策思想在这一个半世纪的时间里，发生了多么显著而又重要的转变。

不过值得注意的是，即使已经到了春秋后期，即使是在吴越这两个存在累世仇恨且彼此均有实际物质利益可图的邻国之间，我们依然可以从两国领导人的言行中看到自西周以降所遗留下的那种传统的霸权观念的遗迹。春秋时期所推崇的霸业是"兴灭国，继绝世"，而不是攻城略地以兼并敌国。吴王夫差在打败世仇越国擒获勾践后，居然不杀勾践，反而最终放勾践回越国，甚至还将百里土地封还给越国，夫差的这种做法至少在一定程度上是受到了这种霸权观念的影响。② 而后，吴国被越国打败，吴王反复派使者向越国求和，曾经卧薪尝胆、誓灭吴国的越王勾践，居然也曾数度想答应媾和。他对谋臣范蠡说："吾欲勿许，而难对其使者。"③ 这应当与夫差不杀勾践一样，都是受传统霸权观念影响的结果。④

由此可见，周礼的相关规范对当时国家行为的深远影响。这也再次印证了前文的观点，即不应将春秋时期大国权力竞争方式的变化简单地归因于周王室的衰落和周礼的衰微。周礼之所以到春秋后期不再受到重视，并

---

① 《左传·鲁闵公元年》。

② 晁福林：《春秋战国的社会变迁》（上册），商务印书馆2011年版，第128页。叶自成：《中国崛起——华夏体系500年的大历史》，人民出版社2013年版，第197页。夫差认为："越王迷惑？弃守边之事，亲将其臣民来归寡人，是其义也；躬亲为虏，妻亲为妾，不愠寡人，寡人有疾，亲尝寡人之溲，是其慈也；虚其府库，尽其宝币，不念旧故，是其忠信也。三者既立，以养寡人，寡人曾听相国而诛之，是寡人之不智也。"见《吴越春秋·勾践入臣外传》。夫差还说："孤将有大志于齐，吾将许越成，而无拂吾虑。若越既改，吾又何求？若其不改，反行，吾振旅焉。"见《国语·吴语》。

③ "我是想不答应，但是我难以面对吴国使者。"参见《国语·越语下》，载陈桐生译注《国语》，中华书局2013年版，第731—733页。

④ 晁福林：《春秋战国的社会变迁》（上册），商务印书馆2011年版，第134页。

不是因为它不存在，而是因为其他战略的"适应性"更高，并且越来越高。

◇◇ 第二节　二战后大国的权力竞争

本节将考察二战后大国权力竞争的方式。作为与春秋体系初期的对照，第一小节将考察二战后初期美苏两个大国利益交换战略的制定和实施情况，以展示在存在保护小国决策自主性规范的情况下大国共同的战略选择。然后，第二小节将考察二战后大国争夺小国的两个关键性案例：1958—1961 年柏林危机和 1962 年古巴导弹危机，以此和春秋时期两极结构下晋楚两国争夺小国的行为和结果进行对比，以展示核武器的有无对大国权力竞争过程的影响。

一　体系初期美苏两国的利益交换战略

第二次世界大战之后，主权规范和民族自决原则已经在全世界范围内得到认可和深化，非殖民化深刻地改变了国际体系的本质。① 在主权规范业已成为体系主导性规范的背景下，第三章提到的那个权力竞争的"占优战略博弈"就会迫使那些原本通过武力胁迫谋求主导权的权力竞争者转而采取温和的利益交换策略。

一个能够反映这一时期大国决策者在权力竞争的压力下改变传统权力竞争策略的例子是 1946 年 3 月丘吉尔在美国富尔敦发表了著名的"铁幕"演说，在演说中，丘吉尔指责苏联对东欧国家施行的高压控制。斯大林在

---

① Cecil Crabb, Jr., Kevin Mulcahy, *Presidents and Foreign Policy Making: From FDR to Reagan*, Baton Rouge: Louisiana State University Press, 1986, pp. 115 – 116.

就丘吉尔演说回答《真理报》记者的提问时反驳说："曾经有一个时期，在波兰和苏联的相互关系中，主要的成分是冲突和矛盾。这种情况使丘吉尔先生之类的国务活动家有可能玩弄这些矛盾，在保护波兰不受俄国人侵犯的借口下，把波兰抓到自己手里，用俄国和波兰发生战争的怪影来吓唬俄国而保持自己仲裁者的地位。但是，这样的时期已经过去了，因为波兰与俄国的相互敌视关系已经被两国的友好关系所代替，波兰，现在的民主波兰再也不愿成为外国人手里的玩物。"① 为应对竞争对手在规范层次的指责，同时，也为了防止东欧国家被英美等西方势力争夺过去，长期习惯于对周边小国施加高压和胁迫的苏联也不得不在相当大的程度上转而采取利益交换策略。

这种类似市场中企业争夺消费者的决策逻辑也出现在了美国的对外援助战略中。肯尼迪在向国会提交《1961 年对外援助法案》时就明确指出对发展中国家的援助是美国无可推卸的义务。如果美国不承担这个义务，其结果将会是灾难性的，"因为大范围的贫困和混乱将导致这些国家现有政治和社会结构的崩溃，从而会在各个虚弱和不稳定的地区不可避免地引发集权主义"。不仅如此，这些国家需要我们的援助还有一个特别的原因，那就是它们无一例外地面临着共产主义的威胁。② 可见，在发展中国家主权不可剥夺的前提下，美国出于权力竞争的目的，同样也选择了利益交换策略。

从经验事实上看，二战后初期，美国和苏联的对外战略都遵循了非常显著的利益交换逻辑。两国都通过为自己的潜在盟友提供安全和经济援助，建立联盟阵营，以构建自己的势力范围。美国方面，美国于 1949 年

---

① 《斯大林文集》，第 497、500 页。转引自邢广程《苏联高层决策 70 年：从列宁到戈尔巴乔夫》（第二分册），世界知识出版社 1998 年版，第 491 页。

② John F. Kennedy, "Special Message to Congress on Foreign Aid," March 22, 1961, in *Public Papers of the Presidents of the United States*, *John F. Kennedy*, 1961, Washington, DC: US Printing Office, 1962, pp. 204 – 206.

4 月正式签署《北大西洋公约》，通过组建多边军事同盟的形式保护其盟友不受苏联的军事侵略。① 进而于 1949 年 10 月，美国国会首次在和平时期授权政府为盟友和友邦提供军事援助，批准了《共同防御援助法案》。②

在东亚，美国则以双边条约的形式先后组建了美泰、美菲、美日、美韩、美台等同盟，从而构建起亚太同盟体系。对于这一同盟体系的核心美日同盟，③ 美国在战略上给予了很高的重视。1951 年，旧金山对日和会召开，美国与日本媾和的同时即与日本签订《日美安全条约》。此后，美国又不断调整美日同盟，加强与日本的战略关系。1960 年，美日签署《日美共同合作和安全条约》，1984 年和 1986 年，又先后签署《日美联合作战计划》和《保卫海上通道联合研究报告》。④

在经济上，1948 年 2 月，美国开始实行马歇尔计划，到 1952 年结束，美国共向西欧 16 个国家和德国的美英法占领区提供了总额为 132 亿美元（一说为 131.5 亿美元）的援助。⑤ 在马歇尔计划的帮助下，1948 年至 1952 年期间，西欧国民生产总值涨幅达到 25%，其中，工业增长 35%，农业增长 10%。1947 年至 1951 年间，西欧钢产量由 3100 万吨提高至 6000 万吨，月汽车产量由 5.4 万辆增至 14.5 万辆。⑥ 不仅如此，马歇尔计划还对欧洲煤钢联营（欧洲经济共同体的前身）的成立起到了巨

---

① 刘金质：《冷战史》（上册），世界知识出版社 2003 年版，第 204 页。

② Warren I. Cohen, *The Cambridge History of American Foreign Relations*, *Volume IV*, *America in the Age of Soviet Power*, *1945 – 1991*, New York: Cambridge University Press, 1993, p. 48；张曙光：《美国遏制战略与冷战起源再谈》，上海外语教育出版社 2007 年版，第 84、92—93 页。

③ 刘金质：《冷战史》（上册），世界知识出版社 2003 年版，第 422 页。

④ 方连庆、王炳元、刘金质主编：《国际关系史》（战后卷），北京大学出版社 2006 年版，第 174—177、340、614 页。

⑤ 徐蓝：《冷战的起源与两极格局的形成》，载牛军主编《冷战时期的美苏关系》，北京大学出版社 2006 年版，第 35 页。

⑥ 陈开仁：《冷战——实力与谋略的较量》，中共党史出版社 1997 年版，第 153 页。

大的推动作用。① 美国为西欧经济发展所提供的这项重要服务，赢得了西欧的肯定和支持。欧洲人将马歇尔计划视为"及时雨、雪中炭"。② 一位英国工党议员曾表示，他一度不敢相信美国会提供如此巨大的援助而只附带"很少的政治条件"，而当这一切真的发生后，他对美国的看法也因此发生了很大的转变。③

　　苏联方面，针对西方的北大西洋公约组织，1955 年，苏联及东欧盟国组建华约组织。以此为基础，苏联为东欧国家提供安全保障。1958—1961 年的第二次柏林危机是冷战时期欧洲地区东西方最严重的一次对抗，曾一度出现美苏坦克直接对峙的危险局面，但最终柏林危机还是以和平方式化解了。④ 在亚洲，苏联与中国于 1950 年 2 月签订了《中苏友好同盟互助条约》，以同盟的形式为中国提供军事援助。⑤ 在 1958 年台海危机爆发后，中国面临着遭受美国核打击的危险，苏联则表示愿为中国提供核保护。⑥ 由此可见，在冷战开始后的一段时间内，苏联与美国一样，也积极承担了保障盟国生存安全的责任。

---

　　① ［英］理查德·克罗卡特：《50 年战争》，王振西等译，新华出版社 2003 年版，第 109 页。对马歇尔计划较新的一次评估，参见 Barry Machado, *In Search of a Usable Past: The Mashall Plan and Postwar Reconstruction Today*, Lexington, Virginia: George C. Marshall Foundation, 2007。

　　② ［美］保罗·肯尼迪：《大国的兴衰》，蒋葆英等译，中国经济出版社 2002 年版，第 518 页。

　　③ ［法］格罗塞：《战后欧美关系》，刘其中等译，上海译文出版社 1986 年版，第 102 页。

　　④ 李兴：《从全面结盟到分道扬镳：冷战时期的苏联与东欧关系研究》，武汉大学出版社 2000 年版，第 135—145 页。

　　⑤ 谢益显主编：《中国当代外交史（1949—2001）》，中国青年出版社 2002 年版，第 34 页。

　　⑥ Vladislav Zubok, "Khrushchev's Nuclear Promise to Beijing during the Crisis," CWIHP Bulletin, Issue 6－7, Winter 1995/1996, pp. 219, 226－227; AVPRF, f. 0100, op. 51, pap. 432, d. 6, p. 121. Quoted from Sergei Goncharenko, "Sino-Soviet Military Cooperation," in Odd Arne Westad ed., *Brothers in Arms: The Rise and Fall of the Sino-Soviet Alliance (1945－1963)*, Stanford: Stanford University Press, 1998, p. 151.

在经济上，针对美国的马歇尔计划，苏联于 1947 年 7—8 月迅速与保加利亚、捷克斯洛伐克、匈牙利、南斯拉夫、波兰等国签订了双边贸易协定，史称莫洛托夫计划。① 在此基础上，1949 年 1 月，苏联与东欧 5 国成立经济互助委员会，而后陆续又有 5 个社会主义国家加入。在经济互助委员会成立后的一段时间里，东欧国家的经济实现了较快速度的发展。1950—1983 年，东欧国家国民收入年增长率达到 6.7%，工业产值年增长率达到 8.3%。②

　　除了对各自的意识形态上的潜在盟友，美苏两国在争取和争夺第三世界国家的政策上同样在很大程度上遵循了利益交换的逻辑。美国方面，1949 年 1 月 20 日，杜鲁门在就职演说中提出"第四点计划"。该计划提出"我们必须着手开展一项新的大胆的计划，让美国在科学和工业上所取得的进步和成就为欠发达地区的发展和进步做出贡献"，美国能够用于援助的物质资源是有限的，但美国的技术和知识资源则是无限的，美国应当利用其技术能力使受援助的国家获益，唤起这些国家的人民对更美好生活的渴望，以此抵制共产主义在这些地区的扩张。③ 1949 年 6 月 24 日，杜鲁门请求国会批准"第四点计划"时更加明确地指出了援助第三世界的内在战略逻辑及其紧迫性：这些国家已经"觉醒"，如果这些国家的民众得不到及时的援助，他们就将转而接受共产主义，从而被苏联纳入其统治的范围之内。④ 通过援助第三世界国家来与共产主义竞争，这种战略逻辑

---

　　① 徐蓝：《冷战的起源与两极格局的形成》，载牛军主编《冷战时期的美苏关系》，北京大学出版社 2006 年版，第 34 页。

　　② 李兴、焦佩：《经互会：苏联与东欧的经济组织》，载沈志华主编《冷战时期苏联与东欧的关系》，第 217—218 页。

　　③ Harry S. Truman, "Inaugural Address," January 20, 1949, in *Public Papers of the Presidents of United States*, *Harry S. Truman*, *1949*, Washington D. C.: Government Printing Office, 1964, pp. 114 – 115.

　　④ 戴超武：《美国对第三世界的政策》，载王缉思、牛军主编《缔造霸权：冷战时期的美国战略与决策》，上海人民出版社 2013 年版，第 353 页。

为此后的历任美国政府所延续。

　　苏联方面，斯大林时期，苏联的对外政策主要是以两大阵营划分敌我，对外援助受意识形态影响还比较强烈。1953 年 3 月 9 日，马林科夫在斯大林的葬礼上发表的演讲中就提出，兄弟般的关系应当在和平、民主和社会主义阵营中得到发展，这样一个阵营包括了东欧国家、德意志民主共和国、蒙古人民共和国和"伟大的中国人民"。苏联不仅要支持"英勇的朝鲜人民"保卫其祖国，还要支持为自由和国家独立而战的越南人民。① 但随着冷战的加剧，第三世界在苏联对外战略中的重要性不断增强，苏联逐渐意识到与资本主义意识形态在第三世界争夺影响力是社会主义存在的必要组成部分。② 1956 年，赫鲁晓夫在苏共二十大政治报告中就明确提出"谁不反对我们，谁就是和我们站在一起"的口号，并明确表示，任何一个发展中国家，只要它提出请求，都会得到苏联在军事、经济和技术上的援助。③ 不过，相对于美国，苏联对第三世界国家的"利益交换"战略不太稳定，一旦援助无法达到推动当地政权亲苏这一目标时，苏联比美国更倾向于继之以军事干预的手段。④

二　美苏两国对小国的争夺

　　1945 年以后，各国的领土不再能够通过武力和战争方式合法变更，因此争取更多国家的支持便成为大国权力竞争的核心内容。大国在各自

---

　　①　［美］梅尔文·P. 莱弗勒：《人心之争：美国、苏联与冷战》，孙闵欣等译，华东师范大学 2012 年版，第 77 页。

　　②　［挪］文安立：《全球冷战：美苏对第三世界的干涉与当代世界的形成》，牛可等译，世界图书出版公司 2012 年版，第 69 页。

　　③　关贵海：《冷战时期的苏联对外政策》，载牛军主编《冷战时期的美苏关系》，北京大学出版社 2006 年版，第 102 页。

　　④　同上书，第 104 页。

争取自己的潜在盟友而这些潜在盟友又不存在交集时，受主权规范的约束，大国当然会首选"利益交换"战略来争取这些国家。但当基本的势力范围划定之后，对余下的国家的争夺就难免会出现交集，而此时的大国权力竞争也就难免会出现矛盾和冲突。如图4-1的案例所示，在春秋时期，当不同大国争夺同一个小国时，即使大国间均不愿与对方发生直接战争，但最终大国间的战争总是不可避免，春秋体系也就由此逐渐演变为一个战争和武力胁迫战略盛行的体系。那么，在1945年以后的"大国无战争"时代，大国是否还会因争夺小国而发生战争呢？如果不会，又是什么原因导致的呢？为回答这个问题，以下我们将详细考察1945年至今大国争夺小国矛盾中最尖锐、最有可能引发战争的两个经典案例。

（一）1958—1961年柏林危机

20世纪50年代后期，联邦德国实力逐渐恢复，在西方世界的影响力逐渐上升，美国因而不得不投入更多的成本讨好波恩政权，其中一项重要内容就是默许联邦德国发展核武器。1958年2月，北约的美国司令官甚至明确表示，"防御性核武器对于加强联邦德国国防军的防御力量是绝对不可缺少的"。① 在这个背景下，1958年10月27日，民主德国领导人乌布利希提出西方国家无权留在柏林，由此开启了第二次柏林危机的序幕。11月10日，赫鲁晓夫公开声称："签订波茨坦协定的国家应当放弃占领柏林制度。"11月27日，苏联对美、英、法三国正式提出照会，建议对西柏林实施非军事化和自由化战略，使之成为一个政治上独立的单位。苏联强调，西方三国在联邦德国和西柏林的现有军事运输制度可以在6个月内保持不变，但如果西方三国未能在这个期限内就西柏林的地位问题达成协议，苏联将与民主德国达成协议并实现西柏林的

---

① ［美］孔华润主编：《剑桥美国对外关系史》（下册），王琛等译，新华出版社2004年版，第344页。

"自由化"。①

苏联的这一立场引起了美国及西方国家的强硬反应。杜勒斯警告说，如果有必要，西方将动用武力确保其出入柏林通道的畅通。赫鲁晓夫则针锋相对地表示，那将意味着第三次世界大战的爆发。② 在随后的近三年时间里，苏联和西方就柏林问题展开了旷日持久的讨价还价和反复交涉，但双方始终未能达成妥协。③

到 1961 年，赫鲁晓夫决定采取更为冒险的方式加速推进柏林自由化问题，从而加剧了柏林危机的严峻程度，将美苏两个超级大国第一次逼向了发生直接军事冲突的危险形势。1961 年 5 月 26 日，在苏共中央主席团会议上，赫鲁晓夫对其同事说，他打算将世界拖入冷战中最大的一场核危机之中。他并不认为这种做法意味着战争，但他准备冒这个险。民主德国是苏联在东欧保持存在的基石，如果堵住西柏林这个漏洞并加强其主权，民主德国就将灭亡。"我们冒这个险是正确的；如果我们从百分比来看，有95%往上的可能不会发生战争。"④ 赫鲁晓夫的设想是苏联与民主德国签署和平条约，将航空、铁路和公路的控制权交给民主德国政府，苏联不占领西柏林，也允许西方飞机进入民主德国，但飞往西柏林的飞机必须降落在柏林附近的其他机场；美国和西方惧怕爆发全面核战争。因此，肯尼迪不会针对苏联的这些举措发动战争。⑤

赫鲁晓夫一边试图利用核战争威胁迫使美国在柏林问题上让步，但另

---

① 王绳祖主编：《国际关系史》（第八卷），世界知识出版社 1995 年版，第440—441 页。

② ［美］孔华润主编：《剑桥美国对外关系史》（下册），王琛等译，新华出版社2004 年版，第345—346 页。

③ 方连庆、刘金质、王炳元主编：《战后国际关系史（1945—1995）》（上册），北京大学出版社 1999 年版，第308—311 页。

④ Aleksandr A. Fursenko and Timothy Naftali, *Khrushchev's Cold War: The Inside Story of an American Adversary*, New York: W. W. Norton & Company, 2006, p. 356.

⑤ Ibid., pp. 356 - 357.

一方面，核战争的双向威胁也迫使他不得不努力把握好威胁的尺度。因此，他在柏林问题上坚持原有立场不让步的同时，需要向西方表达他避免战争的意图。1961 年 5 月，美国花样滑冰运动员访苏。赫鲁晓夫借此机会邀请美国驻苏大使汤普森及其夫人一起观看表演。在交谈中，汤普森表示："如果你们使用武力，如果你们想通过武力切断我们的通道和联系，那么我们也将用武力来对抗武力。"赫鲁晓夫则回答说："你没有正确理解我的意思。我们绝没有使用武力的计划。我们只是要签署和平协议，战败国条约赋予你们的权利将会被终结。"①

为解决柏林危机，1961 年 6 月 4 日，美苏两国领导人在维也纳举行峰会。在会谈中，赫鲁晓夫表达了他对柏林问题的解决方案，即无论如何他都将在 1961 年年底与民主德国签订和平条约，届时北约将不再拥有进出西柏林的特殊通道。肯尼迪同样坚持自己的立场，表示柏林是"美国最大的关切"。美国留在柏林不是因为"某人的默许"，而是因为"西欧是我们的核心国家利益"，"当我们讨论西柏林问题时，我们实际谈论的是西欧问题"。对此，赫鲁晓夫回应说，按照肯尼迪对国家安全如此宽泛的界定，"美国可能还希望到莫斯科去，因为那样无疑也可以改善美国的处境"。肯尼迪警告其说，苏联不要将美国置于一个使其国家利益深受威胁的形势中，但赫鲁晓夫坚持他在德国问题上的主张：苏联签署和平条约的决定是"坚定的，不可改变的。如果美国拒绝签署临时协议，苏联将在 12 月签署和平条约"。肯尼迪回应说，那将会是一个寒冷的冬天。②

---

① Aleksandr A. Fursenko and Timothy Naftali, *Khrushchev's Cold War: The Inside Story of an American Adversary*, New York: W. W. Norton & Company, 2006, p. 354.

② William Taubman, *Khrushchev: The Man and His Era*, New York: W. W. Norton & Company, 2003, pp. 499 – 500. Aleksandr A. Fursenko and Timothy Naftali, *Khrushchev's Cold War: The Inside Story of an American Adversary*, New York: W. W. Norton & Company, 2006, pp. 362 – 364.

维也纳峰会后，苏联继续推进其在德国问题上的进攻性政策。1961年6月15日，赫鲁晓夫在莫斯科电视广播中表示"对德和约的缔结不能再拖延了"，"必须在这一年内实现"。他警告西方："谁如果破坏和平，或者越国德意志民主共和国边境，谁就得自己承担这种行动的全部后果。"6月21日，赫鲁晓夫再次声称，如果西方想炫耀武力，显显本领的话，那就给他们一次机会吧。苏联并为此采取了一系列措施：暂停实施裁军计划，增加国防预算，召集高级军事顾问会议，任命新的驻德司令。[①] 7月初，苏联空军进行了1956年以来的首次大规模空中飞行表演，展示了其远程四引擎超音速飞机。《真理报》也发表文章警告美国人说："不要做出错误判断，肯尼迪先生，不要高估你的原子武器。美国很久之前就已经没有垄断这种武器了。"[②]

面对苏联的最后通牒，美国前国务卿迪安·艾奇逊（Dean Acheson）建议肯尼迪政府公开宣布进行核武器和常规武器的集结，并展示如有必要则将进行核战争的决心。而肯尼迪则选择了相对更为温和的应对策略，他决定一方面做好准备用非核武器保卫柏林，另一方面，则为谈判等其他解决方案留下余地。7月19日，肯尼迪批准了一项35亿美元的军事集结计划，并请求国会授权将征兵规模扩大为现有的3倍。[③] 7月25日，肯尼迪发表全国电视讲话，作为6月维也纳峰会上赫鲁晓夫发起挑战以来美国的首次正式公开回应。他指出，柏林这个"前哨战并不是一个孤立的问题。威胁是世界性的"，已经危及"人类自由受到威胁的任何地区"。他下令国民将预备役部队转入现役状态，并且要求国会额外增加32.5亿美元的

---

① 方连庆、王炳元、刘金质主编：《国际关系史》（战后卷），北京大学出版社2006年版，第282—283页。

② Aleksandr A. Fursenko and Timothy Naftali, *Khrushchev's Cold War: The Inside Story of an American Adversary*, New York: W. W. Norton & Company, 2006, p. 368.

③ William Taubman, *Khrushchev: The Man and His Era*, New York: W. W. Norton & Company, 2003, p. 501.

国防预算。①

赫鲁晓夫仔细分析了肯尼迪的讲话，并对肯尼迪的首席裁军谈判代表约翰·麦克洛伊（John J. McCloy）表示，肯尼迪的讲话是"预先宣战"，是给他下了最后通牒。他依旧申明，无论如何苏联都要签署和平条约，届时西方通向柏林的通道将会被切断，如果西方使用武力，那将必然引发一场热核战争，"那将是一场洲际弹道导弹的决斗。我们在这方面很强……用这种武器开战，美国将处于不利地位"，虽然美国和苏联会幸存下来，但美国的欧洲盟友将会被全部摧毁。如果美国在德国部署一个师，"我们就部署两个师；如果他们宣布动员，我们也同样做，如果他们动员如此这般数量的师，我们就拿出150—200个师，需要多少拿多少"。他甚至警告说，如果肯尼迪挑起战争，那么他将会是"美国的最后一届总统"。②

但是，在对外放出狠话保持强硬姿态的同时，此时的赫鲁晓夫实际上已经开始考虑妥协和退让。8月7日，他在一次演讲中许诺，苏联将不采取军事行动，并表示苏联"不会侵犯西方大国的任何合法利益，任何对进出西柏林通道的阻拦、任何对西柏林的封锁都是完全不可能的"。③ 同时他呼吁西方领导人"真诚地在谈判桌前坐下来，不要让我们在战争问题上变得精神错乱，让我们消除这种气氛，依靠理智而不是热核武器的力量"。8月11日，在一次苏联和罗马尼亚的友好会议上，赫鲁晓夫再次表

---

① ［美］沃尔特·拉费伯尔：《美国、俄国和冷战，1945—2006》，牛可、翟韬、张静译，世界图书出版公司2011年第10版，第174页。Aleksandr A. Fursenko and Timothy Naftali, *Khrushchev's Cold War: The Inside Story of an American Adversary*, New York: W. W. Norton & Company, 2006, pp. 371 – 372.

② William Taubman, *Khrushchev: The Man and His Era*, New York: W. W. Norton & Company, 2003, p. 502.《赫鲁晓夫关于柏林危机的讲话摘录》，1961年8月4日，载沈志华主编《苏联历史档案选编》（第27卷），社会科学文献出版社2002年版，第645—647页。

③ ［美］孔华润主编：《剑桥美国对外关系史》（下册），王琛等译，新华出版社2004年版，第354页。

达了他避免战争的意愿："我呼吁那些还没有丧失冷静和理智思考能力的人们……让我们不要再相互恐吓，不要再纠缠那些在我们之间制造分裂的问题，不要再加深那些已经很深的分歧。毕竟，我们有着共同的需求和利益，因为我们得生活在同一颗星球上。"① 8 月底，赫鲁晓夫开始找借口取消自己的最后通牒。②

就在美苏就柏林自由化问题争执不下的同时，东柏林人的偷渡问题也日益严峻。随着柏林问题的日益白热化，越来越多的民主德国人通过西柏林逃离民主德国。1961 年上半年，就有 20 万人逃向西柏林，而仅 6 月一个月就有 2 万人逃走。更为严重的是，外逃人口中多数都是专业技术人员。③ 苏联分析人员认为，肯尼迪 7 月 25 日的讲话并没有明确涉及保障东西柏林通道畅通的问题，为了阻止东柏林难民外逃，赫鲁晓夫决定再做一次赌博，下令于 8 月 13 日开始在东西柏林边界线上建造一堵水泥墙，将东西柏林隔开。④

面对苏联这次突然改变现状的举动，另一个超级大国美国也同样选择了克制和妥协，并没有做出强烈的反应。9 月 21 日，美国国务卿腊斯克在纽约同苏联外交部部长葛罗米柯会谈时表示，8 月 13 日苏联的措施符合民主德国和其他社会主义国家的核心利益。⑤ 但美国的这次妥协又刺激赫鲁晓夫做出了另一项冒险举动，苏联于柏林墙建立的两个星期后，接连进行了一系列的核试验，打破了美苏间长达三年的核试验暂停期。对此，

---

① William Taubman, *Khrushchev*: *The Man and His Era*, New York: W. W. Norton & Company, 2003, pp. 505 – 506.

② Aleksandr A. Fursenko and Timothy Naftali, *Khrushchev's Cold War*: *The Inside Story of an American Adversary*, New York: W. W. Norton & Company, 2006, pp. 386 – 387.

③ Ibid. , p. 373.

④ ［美］孔华润主编:《剑桥美国对外关系史》（下册），王琛等译，新华出版社 2004 年版，第 355 页。

⑤ Aleksandr A. Fursenko and Timothy Naftali, *Khrushchev's Cold War*: *The Inside Story of an American Adversary*, New York: W. W. Norton & Company, 2006, p. 394.

肯尼迪于9月下令同样实施地下核试验。美国国家安全委员会决定，如果有必要打破苏联"对我们通向柏林道路的封锁"，美国可以进行"有选择的核打击"，并且如果有必要则升级为"全面核战争"。①

由于危机逐渐升级到有核战争威胁的程度，赫鲁晓夫最终决定在柏林问题上采取务实和克制的态度。为了和美国就柏林问题展开谈判，赫鲁晓夫在10月中旬召开的苏共第二十二次代表大会上宣布收回他之前提出的解决柏林危机的最后时限。②

对美国的妥协很自然地会面临来自盟友的巨大压力。赫鲁晓夫在苏共二十二大发表这个决定后，出席该会议的中国总理周恩来宣布提前返回北京，这是中国在国际共产党人重要会议上首次提前退场。而民主德国领导人乌布利希则选择了更为激烈的方式来表达自己的不满。10月22日晚，美国驻西柏林的高级外交官艾伦·莱特纳（Allen Lightner）偕夫人在东柏林看戏，结果被东柏林警察拦下要求出示证件，莱特纳拒绝配合并要求放行，因为此前美苏英法四国驻柏林代表都有权进入东柏林。10月23日，民主德国通讯社宣布进出柏林边界检查站的平民必须出示身份证件，这项新规定与此前驻德四国的惯例相抵触。乌布利希希望通过这种方式迫使苏联对美国采取对抗而非妥协的政策。③

如果说此前美苏围绕柏林问题展开的讨价还价和相互恫吓还只停留在外交辞令和政治斗争的层面的话，那么乌布利希的这种冒险举措则将柏林危机推向了真实而直接的军事对峙。为保障西方盟国外交人员进出东西柏林边界的权利，美国决定在每次行动中都在边界检查站的西方一侧部署美军M48坦克作为后备警戒力量。美国驻西柏林官方代表卢修斯·克莱

---

① ［美］沃尔特·拉费伯尔：《美国、俄国和冷战，1945—2006》，牛可、翟韬、张静译，世界图书出版公司2011年版，第174页。

② Aleksandr A. Fursenko and Timothy Naftali, *Khrushchev's Cold War：The Inside Story of an American Adversary*, New York：W. W. Norton & Company, 2006, p. 399.

③ Ibid., pp. 401 – 402.

（Lucius Clay）将军还请求白宫批准对柏林东部实施一次武装袭击，以捣毁部分柏林墙。然而这个激进的提议被白宫否决了，腊斯克提醒克莱："很早之前我们就断定，进入东柏林不是核心利益，那样将会让那些坚定的求助者有理由诉诸武力以寻求保护和延续。"①

为避免两国因疏忽而引发战争，肯尼迪决定在 1961 年 10 月 26 日，也就是克莱请求武装袭击东柏林的同一天，将避免战争的忧虑传达给莫斯科。10 月 26 日晚上，肯尼迪总统派他的弟弟罗伯特·肯尼迪与苏联驻美大使馆的军事情报官格奥尔基·博利沙科夫会谈，肯尼迪希望赫鲁晓夫明白，在这个困难时期，两国领导人互相帮助符合赫鲁晓夫的利益。罗伯特·肯尼迪对博利沙科夫解释说："苏联和西方应当避免在德国或柏林发生任何有可能引起悲伤事件的行动，比如最近所发生的那些事情；这些事情只能使美国与其盟友达成一致的过程变得更加复杂。"罗伯特·肯尼迪还明确表示："如果赫鲁晓夫向苏联军队下达类似指令，肯尼迪总统也会做同样的事。"②

赫鲁晓夫很可能没有及时收到博利沙科夫 26 日晚上的报告。10 月 27 日，10 辆苏联坦克开到了边界检查站东柏林一侧，与美国的坦克在边界两边对峙。10 月 27 日晚上，罗伯特·肯尼迪与博利沙科夫再次会面。第二天上午，赫鲁晓夫决定从柏林边界检查站撤走苏军坦克。最终，苏联和美国在对峙发生不到 24 小时的时间内就先后撤走了各自的坦克。几天后，赫鲁晓夫解释说："我知道肯尼迪在寻找退路，因此我决定如果我首先撤走坦克，他也会照着做，而且他的确这么做了。"③ 由此客观情况来看，并不应将苏联率先撤走坦克简单视为苏联的一次单方面的妥协和退让，而应看成是美苏双方秘密协商和有意安排的结果，因为对于美苏两国而言，

---

① Aleksandr A. Fursenko and Timothy Naftali, *Khrushchev's Cold War: The Inside Story of an American Adversary*, New York: W. W. Norton & Company, 2006, pp. 402 – 403.

② Ibid. , p. 403.

③ Ibid. , p. 404.

任何政治收益都无法抵偿两国直接战争的代价。① 正如赫鲁晓夫所说："尽管我们的阶级对抗是不可调和的，肯尼迪和我在防止军事冲突的问题上，却找到了共同的立场和共同的语言。"②

就柏林危机这个案例而言，一个值得讨论的问题是，苏联为争夺西柏林为什么既不再像 1945 年以前的大国那样采取直接的战争和抢夺的方式，又没有采取更为温和的其他外交方式，而是采取了这种"战争边缘政策"呢？一个细节可以帮助我们理解赫鲁晓夫的决策逻辑。1961 年 9 月 14 日，赫鲁晓夫读到了一篇被翻译成俄文的《纽约先驱论坛》的文章，作者沃尔特·李普曼（Walter Lippmann）在文章中指出，"我们只有提醒自己意识到核战争不仅仅是另一场历史上所描述的那种战争，而是一种全新的暴力规则，才能理解赫鲁晓夫—肯尼迪对抗的现实。"赫鲁晓夫同意这种看法。正是基于对核战争本质的理解，他相信在一个核武器统治的世界里，理性的人们应当畏惧战争，转而选择外交甚至投降的方式。这是他决定采取战争边缘政策的核心逻辑。③

换言之，赫鲁晓夫一方面意识到核战争时代的大国间的战争是不可接受的，所以他不会选择传统的战争方式，但另一方面，他又想利用竞争对手对核战争的畏惧，通过对其实施恫吓而达到自己的目的。然而，当时的赫鲁晓夫显然并未完全理解或接受李普曼文章的结论，即"因为这是一个核时代，因此核大国绝不能将另一个核大国置于一个必须在自杀和投降两者间做出抉择的境地，这是这个时代国际政治的最高原则"。④ 正因为如

① ［美］雷蒙德·加特霍夫：《冷战史：遏制与共存备忘录》，伍牛、王薇译，新华出版社 2003 年版，第 125 页。

② 徐天新、沈志华主编：《冷战前期的大国关系：美苏争霸与亚洲大国的外交取向》，世界知识出版社 2011 年版，第 33 页。

③ Aleksandr A. Fursenko and Timothy Naftali, *Khrushchev's Cold War: The Inside Story of an American Adversary*, New York: W. W. Norton & Company, 2006, pp. 392 – 393.

④ Ibid., p. 393.

此，柏林危机并没有完全改变苏联的战争边缘政策，随后不久又发生了另一次美苏之间因争夺小国而引发的军事危机。如果说柏林危机对美苏两国最核心的利益冲击的程度还不够剧烈，还没有迫使两国决策者真正深入而严肃地认识到战争边缘政策的危险性，那么一年以后的古巴导弹危机，则又一次以一种更为极端的方式逼迫两国决策者在权力竞争和避免战争两者间做出非此即彼的选择。

（二）争夺古巴

1959 年，卡斯特罗推翻巴蒂斯塔政权上台后，美国认定古巴受共产党的支持和影响，于是 1960 年 10 月，美国开始大规模禁止对古巴出口，同时美国中央情报局开始在危地马拉训练古巴流亡者。随后，美国又断绝了与古巴的外交关系，并于 1961 年 4 月策划发动了"猪湾行动"，利用流亡在美国的古巴反对派向卡斯特罗政权发动武装进攻。① 面对美国的武力胁迫，卡斯特罗政权很自然地寻求苏联阵营的援助。1960 年 2 月，米高扬访问古巴，苏古随即签订了贸易协定。3 月，苏联同意为古巴提供武器和军事顾问。但苏联也曾一度担心为保护卡斯特罗政权而承担太大的财政负担，因而当 1960 年秋古巴提出希望成为"经互会"的"永久观察员"时，苏联犹豫了。这引起了卡斯特罗的不满，到 1962 年 3 月，卡斯特罗甚至在其领导层中清除了老共产党的主要成员，还强调古巴共产主义必须以他自己的思想为中心。②

显然，美国对古巴革命的一系列镇压和破坏行动是导致 1962 年古巴导弹危机的一个重要推动因素。③ 就连美国国防部长罗伯特·麦克纳马拉也承认，美国对古巴反对派的支持并未充分预计到苏联会如何解读和反

---

① ［挪］文安立：《全球冷战：美苏对第三世界的干涉与当代世界的形成》，牛可等译，世界图书出版公司 2012 年版，第 174 页。

② 同上书，第 174—176 页。

③ Thomas G. Paterson, "The Defense-of-Cuba Theme and the Missile Crisis," *Diplomatic History*, Vol. 14, No. 2, 1990, p. 256.

应。事实上，美国的行动使苏联深信美国正在积极尝试推翻古巴并为此积极提高其第一次打击能力。① 而苏联则意识到，如果不能很好地满足古巴寻求安全保障的需要，苏联将很有可能失去在古巴的影响力。出于保护古巴的目的，赫鲁晓夫于 1962 年 5 月做出决定，在古巴秘密部署核导弹。② 赫鲁晓夫后来回忆说："我当时是这样想的。如果秘密部署导弹，并且直到这些导弹已经部署并做好打击准备后美国才发现，那么美国人在试图通过军事手段清除我们的部署前就要三思……只要 1/4，甚至 1/10 的导弹能够存活下来——甚至即使只有一两个大的导弹留下来——我们就仍然能够打到纽约，那样的话纽约将所剩无几……关键的问题是，我认为，古巴的导弹部署会阻止美国对卡斯特罗政府采取鲁莽举动。"③

直到 1962 年 10 月 14 日，美国国家安全事务助理麦乔治·邦迪还在向电视观众保证说，没有证据表明苏联正准备在古巴部署进攻性武器。然而就在当天，U-2 飞机在古巴上空拍摄到的照片明确表明，一个可发射 1000 英里射程核导弹的发射台正在加紧修建。几天后，又拍摄到了另一个可发射 2200 英里射程导弹的发射点。10 月 16 日，肯尼迪收到了 U-2 飞机拍摄到的第一批照片。④

肯尼迪很自然地将赫鲁晓夫在古巴秘密部署导弹的举动与当时的柏林问题联系在了一起。他分析认为，如果美国未能将苏联的导弹从古巴撤

---

① James G. Blight and David A. Welch, *On the Brink: Americans and Soviets Reexamine the Cuban Missile Crisis*, New York: Hill and Wang, 1989, p. 29.

② 苏联在古巴部署导弹的一个主要目的就是为了保护古巴。Nikita S. Khrushchev, *Khrushchev Remembers*, translated and edited by Strobe Talbott, Boston: Little, Brown, 1970, p. 494.

③ William Taubman, *Khrushchev: The Man and His Era*, New York: W. W. Norton & Company, 2003, p. 535.

④ ［美］沃尔特·拉费伯尔：《美国、俄国和冷战，1945—2006》，牛可、翟韬、张静译，世界图书出版公司 2011 年版，第 181 页。［美］孔华润主编：《剑桥美国对外关系史》（下册），王琛等译，新华出版社 2004 年版，第 360—361 页。

出，世界将会怀疑美国保护柏林的意愿。而如果美国封锁了古巴，苏联则可能封锁柏林作为报复。如果美国发动空袭或者入侵古巴，苏联就有可能占领柏林。10 月 22 日，肯尼迪对英国驻美大使大卫·奥姆斯就曾表达过这种忧虑："如果美国以武力回应，俄国人就将获得对西柏林采取行动的理想机会。而另一方面，如果不采取任何行动，拉美国家以及美国的其他盟友就会觉得美国没有抵抗共产主义入侵的真实意愿，并将因此而两面下注。"① 由此可见，古巴导弹问题对美国战略利益构成的威胁以及肯尼迪在做决策时所面临的压力。

　　10 月 16 日上午 11：50，肯尼迪政府的执行委员会开始讨论如何应对赫鲁晓夫在古巴的行动。讨论中的主要应对方案有两种：一种是空袭古巴摧毁导弹，并继之以可能的全面入侵；另一种则是封锁古巴，并视事态发展再决定下一步的举措。在肯尼迪于 10 月 22 日晚间就古巴导弹问题发表全国电视讲话之前，执行委员会在大多数时间占据主导地位的意见都是空袭和轰炸，空军参谋长柯蒂斯·莱梅甚至批评封锁方案，认为其"几乎与在慕尼黑的绥靖一样糟糕"。尽管如此，肯尼迪最终还是选择了相对谨慎的封锁建议，并在正式语言表述上选择了相对更加中性的"隔离"（quarantine）一词。②

　　而直到 10 月 22 日莫斯科时间的晚上 7 点，苏联得知肯尼迪即将于当天发表电视讲话时，赫鲁晓夫才意识到美国有可能已经发现了苏联在古巴的导弹。事实上，苏联事先对美国发现古巴导弹的可能性以及美国可能的反应并没有充分的预案，赫鲁晓夫的第一反应仅仅是加速导弹部署的进程，并对已发现的导弹基地进行伪装。③ 22 日晚 10 点，苏联最高苏维埃

---

① 　William Taubman, *Khrushchev: The Man and His Era*, New York: W. W. Norton & Company, 2003, pp. 530 – 531.

② 　Ibid., pp. 559 – 560.

③ 　Ibid., pp. 560 – 563.

主席团连夜召开会议商讨对策，尽管对是否可以使用战术核武器一度存在分歧和争议，但主席团最终决定驻古巴的苏军可以使用各种武器和导弹，但只能装载常规弹头。① 这是古巴导弹危机发生以来苏联第一次主动做出的避免冲突升级的克制举动。

而美国方面，10 月 22 日当天，肯尼迪发表全国电视讲话。肯尼迪表示，苏联在古巴部署导弹，完全是一次有预谋的挑衅行为。这是对美国人民勇气和决心的一次考验。肯尼迪随即宣布，为防止苏联继续将进攻性武器运送进古巴境内，美国将对古巴实施全面封锁。如果苏联不将已部署的导弹移除，并且继续派遣船舰赴古巴，美国将会实施拦截。美国军队已经做好准备，应对任何可能的紧急情况。②

10 月 23 日 16 时，莫斯科广播电台发表了苏联政府关于肯尼迪电视讲话的声明，宣布了军事上的应对措施，包括取消军人休假和退伍安排，并提高了全部武装力量的战备等级。③ 但就在同一天，在莫斯科时间上午 10 点召开的主席团会议上，苏联最高领导层已经开始讨论为化解这场危机而采取的务实措施。经过激烈的讨论，赫鲁晓夫最终决定，所有已经到达大西洋的船只不再继续靠近古巴，还在地中海航行的船只则立即返回黑海港口，而用于护航的潜艇则停留在离古巴有两天航程的海域上。④

10 月 24 日上午 10 点，美国对古巴的隔离政策正式生效。美国参谋长联席会议命令空军战略部队将战备状态由三级升至二级，仅次于全面战争状态。美国有史以来的第一次全部远程导弹和轰炸机都处于戒备状态，数

---

① Aleksandr A. Fursenko and Timothy Naftali, *Khrushchev's Cold War: The Inside Story of an American Adversary*, New York: W. W. Norton & Company, 2006, p. 473.

② ［美］梅尔文·P. 莱弗勒：《人心之争：美国、苏联与冷战》，孙闵欣等译，华东师范大学出版社 2012 年版，第 133 页。

③ William Taubman, *Khrushchev: The Man and His Era*, New York: W. W. Norton & Company, 2003, pp. 562 – 563.

④ Aleksandr A. Fursenko and Timothy Naftali, *Khrushchev's Cold War: The Inside Story of an American Adversary*, New York: W. W. Norton & Company, 2006, pp. 476 – 480.

十架装载有核武器的飞机实行全时留空，由空中加油机补充燃料。① 同一天，苏联军舰在接近美国封锁线并且已经面对美国的战舰时，接到莫斯科的命令，令其停止前进并后退。苏联以这种方式向美国释放信号，即苏联不愿为保护古巴而与美国发生正面冲突。②

　　为进一步避免与美国发生直接战争，10 月 25 日，赫鲁晓夫在最高苏维埃主席团的会议上第一次谈到了从古巴撤出导弹的可能性，条件是美国承诺美国及其盟友保证不侵犯古巴。与此同时，为了维护苏联的战略信誉，赫鲁晓夫还考虑在给肯尼迪的信中附加另一个条件，即要求美国相应地撤出其在土耳其和意大利部署的导弹。③ 但到了 26 日上午，赫鲁晓夫出于避免与美国发生战争的考虑，再次做出让步，他对最高苏维埃主席团成员说："我们被警告说战争有可能在今天就打响……美国现在正在被狂怒所裹挟，美国军方正渴望采取行动。因此我提议，我们这次的争辩不要涉及美国在欧洲的弹道……我们必须集中于主要问题。"他表示，为了不使形势更加危险，只要美国做出不进攻古巴的承诺，那么即使苏联依然不情愿，但也应撤回导弹。④

　　10 月 26 日，赫鲁晓夫在给肯尼迪的信中正式提出了苏联方面解决这次危机的建议："我们苏联方面将宣布，任何开往古巴的苏联舰船都不会装载任何形式的武器。而你们美国则应保证，美国不会对古巴实施军事入侵，并且不再支持任何有可能试图入侵古巴的军事力量。这样的话，苏联

---

　　①　William Taubman, *Khrushchev*: *The Man and His Era*, New York：W. W. Norton & Company, 2003, p. 565.

　　②　Oleg Troyanovsky, "The Making of Soviet Foreign Policy," in William Taubman, Sergei Khrushchev, and Abbott Gleason eds., *Nikita Khrushchev*, trans. by David Gehrenbeck, Eileen Kane, and Alla Bashenko, New Haven：Yale University Press, 2000, p. 237.

　　③　Sergei Khrushchev, *Nikita Khrushchev and the Creation of a Superpower*, trans. by Shirley Benson, University Park：Pennsylvania State University Press, 2000, pp. 580 – 581.

　　④　Ibid., p. 584.

也就没有必要在古巴保留军事人员了。"① 与此同时，他还在信中反复强调战争对美苏双方带来的可怕后果，"你很清楚（如果美国对苏联发动战争），作为回应，美国将遭受至少与美国对苏联所施加的打击相同的后果"，"我们绝不能被自我陶醉和琐碎的激情所挟持"，"我参加过两次世界大战，我知道战争结束之日，就是无数城市和村庄被毁灭之时，所有的地方都只剩下死亡和毁灭"，因此，"只有疯子和那些想自杀的人"才会发动战争。② "美苏之间的确存在争执，我们在意识形态的问题上存在差异，但是在以下这一点上我们的世界观是一致的，那就是意识形态问题以及经济问题，都应通过非军事手段加以解决，都应以和平竞争为基础"。③

但出于对自身战略信誉和国家利益的考虑，在 10 月 27 日给肯尼迪发去的第二封信中，赫鲁晓夫又重新加上了两天前希望美国从欧洲撤出导弹的条件。他说，"你想确保美国的安全，这可以理解。但古巴同样希望如此；所有国家都想确保本国的安全"，可是，"你在苏联周围部署军事基地，在我们的盟友周围部署军事基地……把你们的导弹设备直接部署在我国周围，我们苏联，又该如何看待你们的行为呢？" "你说古巴的事困扰着你，因为它与美国海岸仅相距 90 英里。可是土耳其就与我们接壤，两国的哨兵来回巡逻时都能互相看见对方。你难道能够认为你有权利出于贵国安全而提出要求，有权利移除这些你认为的进攻性武器而却不能给予我们相同的权利吗？" 因此他提议，美苏双方分别从土耳其和古巴撤出导弹，并在安理会的框架内分别做出不入侵古巴和土耳其的保证。④

---

① "Telegram From the Embassy in the Soviet Union to the Department of State," October 26, 1962, United States Department of State, *Foreign Relations of the United States, 1961 – 1963: Kennedy-Khrushchev Exchanges*, Vol. Ⅵ, pp. 176 – 177.

② Ibid., pp. 173 – 174.

③ Ibid., p. 174.

④ "Letter From Chairman Khrushchev to President Kennedy," October 27, 1962, United States Department of State, *Foreign Relations of the United States, 1961 – 1963: Kennedy-Khrushchev Exchanges*, Vol. Ⅵ, pp. 179 – 180.

就如何应对赫鲁晓夫第二封信所提出的新的条件，肯尼迪和他的军事顾问和助理们展开了激烈的争论。事实上，当时的美国决策层清晰地意识到赫鲁晓夫所提出的这个条件事关美国对盟国提供安全保障的战略信誉。副国务卿乔治·鲍尔（George W. Ball）就提出，如果接受赫鲁晓夫的要求，从土耳其撤出导弹，将不可避免地破坏美国的战略信誉。国家安全事务特别助理麦克乔治·邦迪（McGeorge Bundy）也提醒说："如果我们因此而与土耳其交涉，那么这就已经说明我们正在为了自己的利益而出卖盟友。北约的所有成员都会这么认为。"① 再加上当天美国的一架 U-2 侦察飞机在古巴被击落，肯尼迪的军事顾问和幕僚普遍主张加大对古巴的空中打击力度，参谋长联席会议甚至已经准备在必要时发起一场全面的核战争。②

但是，肯尼迪始终坚持倾向于接受苏联开出的这个新条件。他说："在我看来，首要的任务是不要让土耳其发布一些完全不能接受的声明。"（即反对赫鲁晓夫的提议）肯尼迪反复强调，在讨论任何事情之前，古巴境内的导弹建设必须首先停止。但是，肯尼迪同时也强调："我们应当和土耳其人商量此事，因为我想他们必须认识到如果下星期我们在古巴采取行动，他们将会被带进非常危险的境地。我想他（即赫鲁晓夫）很有可能对土耳其采取行动。土耳其人应当意识到这个问题。"③

最终肯尼迪决定暂时忽视赫鲁晓夫后来提出的要求，即美国撤出土耳其导弹的要求，只在回信中承诺，如果苏联同意在有联合国监督和检查的

---

① Sheldon M. Stern, *The Week the World Stood Still: Inside the Secret Cuban Missile Crisis*, Stanford, California: Stanford University Press, 2005, p. 151.

② ［美］梅尔文·P. 莱弗勒：《人心之争：美国、苏联与冷战》，孙闵欣等译，华东师范大学出版社 2012 年版，第 137 页。

③ Sergei Khrushchev, *Nikita Khrushchev and the Creation of a Superpower*, trans. by Shirley Benson, University Park: Pennsylvania State University Press, 2000, pp. 618 – 620. Sheldon M. Stern, *The Week the World Stood Still: Inside the Secret Cuban Missile Crisis*, Stanford, California: Stanford University Press, 2005, p. 153.

情况下撤出其在古巴所部属的导弹，美国将同意结束对古巴的封锁，并保证不入侵古巴。① 但与此同时，他让其弟弟、司法部长罗伯特·肯尼迪在当天晚上以非官方的形式约见苏联驻美大使多勃雷宁（Anatoly Dobrynin）。在会见中，罗伯特·肯尼迪告诉多勃雷宁，目前美国高层承受着极其巨大的压力，军方坚持对古巴采取军事行动，美苏两国间的战争的威胁非常大，但肯尼迪总统愿意与苏联保持和平关系。在谈及土耳其导弹问题时，罗伯特·肯尼迪则表示，考虑到美国在北约盟友中的威望和义务，总统无法单边宣布将导弹撤出土耳其，但是在这次危机结束后不久，这些导弹将会被移除，不过这一点不能作为书面的交换条件。②

在收到肯尼迪 27 日的回信后，苏联最高苏维埃主席团于 10 月 28 日上午再次召开会议。在会议召开过程中，主席团收到了多勃雷宁从美国发回的报告，该报告记述了多勃雷宁与罗伯特·肯尼迪谈话的内容。赫鲁晓夫仔细聆听了这份报告并沉思良久，最后他决定，苏联现在只能接受肯尼迪的提议。在分析了苏联情报人员返回的相关情报后，赫鲁晓夫分析认为，肯尼迪授权其弟弟与多勃雷宁进行私下会谈并暗示美国可以变相接受苏联提出的从土耳其撤出导弹这一意向，肯尼迪很可能并没有通报其决策圈。据此，赫鲁晓夫推断，肯尼迪所面临的决策层的压力已经非常之大，以至于美国总统已经无法冒决策失控的风险而将这个与敌人妥协的信号传递给其同僚，他已经达到了他所能控制的局势的极限。而这一点反过来说明，美国已经到了战争的临界点。③

---

① "Telegram From the Department of State to the Embassy in the Soviet Union," October 27, 1962, United States Department of State, *Foreign Relations of the United States, 1961 – 1963: Kennedy-Khrushchev Exchanges*, Vol. Ⅵ, pp. 181 – 182.

② Sheldon M. Stern, *The Week the World Stood Still: Inside the Secret Cuban Missile Crisis*, Stanford, California: Stanford University Press, 2005, p. 188.

③ Sergei Khrushchev, *Nikita Khrushchev and the Creation of a Superpower*, trans. by Shirley Benson, University Park: Pennsylvania State University Press, 2000, pp. 621 – 623.

在这种情况下，赫鲁晓夫认为，如果不想和美国发生核战争，那么现在再和美国讨价还价已经不再现实了。接受美国的提议"是一种羞辱，但是生命比威望要重要得多"。"我们的利益决定着我们必须做出这样的选择——我们必须拯救苏联的力量。现在我们面临着战争的危险与核灾难。……为了拯救整个世界，我们必须做出让步。"① 10 月 28 日，在赫鲁晓夫发给肯尼迪的公开信中，苏联正式接受了美国的条件。苏联政府已经"下达了新的命令，拆除你们所认为的进攻性武器，将其装箱运回苏联"②。肯尼迪在收到赫鲁晓夫的回信后很快做出回复，对赫鲁晓夫的决定表示欢迎，并称赞其为和平做出了重要贡献。③

在这场危机中，美苏双方的决策都承受着来自盟友——亦即被保护国——的巨大压力。美国在决定是否接受苏联关于从土耳其撤出导弹的提议时，面临着在欧洲盟友中失去战略信誉的风险，而苏联同样承受着来自直接受保护国古巴的巨大的压力。10 月 27 日凌晨，卡斯特罗在苏联驻古巴大使阿列克赛耶夫的公寓连夜起草敦促赫鲁晓夫向美国发动核打击的紧急信件，他当时还不知道赫鲁晓夫已经决定与美国妥协。卡斯特罗在信中说："如果……帝国主义者入侵并试图占领古巴，那么这种侵略性政策将会给人类带来巨大的威胁，因此苏联绝不应允许帝国主义者有首先发动核打击的机会。"相反，现在应该是"通过明确而正当的防卫永远消除这种威胁的时候了，无论这种解决方式如何残酷和恐怖，因为我

---

① Sergei Khrushchev, *Nikita Khrushchev and the Creation of a Superpower*, trans. by Shirley Benson, University Park: Pennsylvania State University Press, 2000, p. 623.

② "Letter From Chairman Khrushchev to President Kennedy," October 28, 1962, United States Department of State, *Foreign Relations of the United States, 1961 – 1963: Kennedy-Khrushchev Exchanges*, Vol. Ⅵ, p. 183.

③ "Telegram From the Department of State to the Embassy in the Soviet Union," October 28, 1962, United States Department of State, *Foreign Relations of the United States, 1961 – 1963: Kennedy-Khrushchev Exchanges*, Vol. Ⅵ, p. 187.

们别无选择"。①

　　然而就是在如此巨大的压力下，美苏双方都最终选择了克制和退让。苏联一方固然选择了停止军舰前进并后退，并最终同意从古巴撤出导弹，而美国一方在危机过程中同样表现出了规避战争的极大意愿。美国如果同意苏联用其在古巴的导弹与美国在土耳其的导弹做交易，就会向全世界释放信号显示美国在苏联的压力面前退缩了，同时也就意味着美国接受了苏联将古巴导弹与美国在土耳其的导弹相提并论的提法。② 然而即使面对如此大的压力，肯尼迪仍然认为，如果能够换取苏联拆除在古巴的导弹并且避免核战争，付出这样的代价是值得的。③ 事实上，就在 10 月 27 日晚上，肯尼迪派其弟弟去秘密约见多勃雷宁之后，肯尼迪又立即与国务卿腊斯克商议并决定准备一封提交给联合国秘书长吴丹的信，在信中提议美苏两国分别撤走各自在土耳其和古巴的弹道导弹。④

　　如前所述，古巴导弹危机的根本起因在于美苏两国对古巴这个小国的争夺，美国试图通过对古巴实施武力胁迫而迫使其放弃共产主义路线，而苏联则试图通过为其提供安全保障而保持对其的影响力，从而争夺与美国平起平坐的地位，赢得一个超级大国应有的尊重。⑤ 而古巴导弹危机的过程和结果则说明，当美苏两个大国有可能因争夺某个小国而发生直接战争时，避免战争是两国的首要利益。这个极端案例证明，在大国无战争时代，当

---

① 　William Taubman, *Khrushchev*: *The Man and His Era*, New York: W. W. Norton & Company, 2003, pp. 572 - 573.

② 　[英] 理查德·克罗卡特：《50 年战争》，王振西主译，新华出版社 2003 年版，第 238 页。

③ 　[美] 沃尔特·拉费伯尔：《美国、俄国和冷战，1945—2006》，牛可、翟韬、张静译，世界图书出版公司 2011 年版，第 153 页。

④ 　Anatoly Dobrynin, *In Confidence*: *Moscow's Ambassador to America's Six Cold War Presidents* (*1962 - 1986*), New York: Times Books, 1995, pp. 93 - 94.

⑤ 　[美] 孔华润主编：《剑桥美国对外关系史》（下册），王琛等译，新华出版社 2004 年版，第 344 页。

大国权力竞争与大国间的和平状态这两者发生冲突时，前者须让位于后者，大国间的所有权力竞争都只能在大国间不发生战争的前提下展开。而美苏两国之所以能够实现相互威慑而不再为争夺某个小国而诉诸武力威胁，正如在古巴导弹危机中所展示出来的那样，根本上就是由于双方都在"相互确保摧毁"的核威胁下，因而不得不避免这种恐怖的"相互摧毁"。① 这种"相互摧毁"的逻辑意味着，"大国无战争"不仅是对 1945 年以来大国行为的经验概括，而且还是大国对外决策的一项重要原则或者"游戏规则"。

正如一位当年的苏联大使在回顾这场危机的影响时所指出的那样："然而重要的是，当车轮开始转动而空气中开始弥漫火药味时，肯尼迪和赫鲁晓夫都展示出了智慧、克制和真正的政治才能。他们都没有试图将对手逼向墙角，而是给对手留出余地，让其有可能从困难局势中脱身……对于美苏双方以及各自的领导者们来说，1962 年 10 月所发生的事情具有极其重大的教育意义。它使得人们第一次意识到，核毁灭是有可能的，因此外交冒险政策应当被排除在大国决策选项的范围之外，与此同时，超级大国间应当建立和追求更安全、更具建设性的关系。"②

总之，古巴导弹危机使得大国决策者第一次深刻地体会到大国间核战争的恐怖，由此带来的一个直接影响就是 1963 年禁止地面核试验协定的签订。而更为深远的影响是古巴导弹危机之后，冷战虽然仍在继续，但两个超级大国之间的直接危机变得非常短暂。③ 1962 年以前，美苏之间还动

---

① ［美］孔华润主编：《剑桥美国对外关系史》（下册），王琛等译，新华出版社 2004 年版，第 368 页。

② Oleg Troyanovsky, "The Making of Soviet Foreign Policy," in William Taubman, Sergei Khrushchev, and Abbott Gleason eds. , *Nikita Khrushchev*, Trans. by David Gehrenbeck, Eileen Kane, and Alla Bashenko, New Haven: Yale University Press, 2000, p. 238.

③ 1970 年 8 月，美国得到情报，苏联正在西恩富戈斯修建潜艇基地。尼克松认为，苏联违反了 1962 年以后达成的不在古巴部署进攻性武器的协议，于是决定"使苏联屈服"。苏联驻美国大使多勃雷宁则向基辛格保证，苏联没有建造海军基地。10 月 10 日，苏联舰队驶离西恩富戈斯港。尼克松政府声称，这是一场对苏外交的胜利。

辄以"动用核武器"来威胁对方，但在 1962 年以后，美苏两国就再也没有为取得政治、外交利益而对对方发出过核威胁。① 即使是在坚持进攻性战略的勃列日涅夫时代的苏联，其进攻性战略在政治领域的核心手段也是缓和，即"国与国之间的争端和冲突不应通过战争、不应通过使用武力或以武力威胁来解决"。②

◇◇ 第三节　比较与小结

通过展示春秋时期权力竞争的过程以及对二战后大国权力竞争关键案例的分析，我们可以对这两个体系在大国权力竞争这个维度上的特征做出简要比较和总结。

第一，春秋时期和二战后体系最重要的相似之处在于这两个体系中的大国都曾以"利益交换"作为其权力竞争的主要战略，即都曾主动为小国提供过诸如安全保障这样的好处，并都曾以此成功增加或保持过自身权势。在这两个体系各个方面差异都非常大的情况下，两个体系中的大国的行为居然会出现如此明显的相似性，一个很重要的原因就在于这两个体系初期都存在保护小国决策自由不受大国侵犯的主流规范，并且这种规范为当时的主要大国所认同。春秋初期是周朝体制，而二战后初期则是主权规范。当小国能够保持决策自由时，"利益交换"战略作为权力竞争的一种占优战略，其优势就会体现出来，第三章中提到的那个"权力竞争占优战略博弈"就会开始运转，因此无论是春秋初期还是二战后初期的大国都会

---

① 朱锋：《冷战中的美苏军备控制与裁军》，载牛军主编《冷战时期的美苏关系》，北京大学出版社 2006 年版，第 176 页。

② 邢广程：《苏联高层决策 70 年——从列宁到戈尔巴乔夫》（第四分册），世界知识出版社 1998 年版，第 203、204 页。

倾向于选择"利益交换"战略。

不过，这两个体系中的大国在实施"利益交换"这种战略时所使用的具体战术手段存在明显差异。在春秋体系中，"利益交换"战略的实现，无论是通过"尊王"，还是通过"攘夷"，还是为某个体系内的小国提供安全保障，最终都需要通过武力和战争的方式加以实现。换言之，"武力胁迫"策略内嵌于"利益交换"战略之中。这导致了如果利益交换战略失败，那么鼓励武力胁迫战略；而如果利益交换战略成功，则由于其成功的直接原因是通过武力迫使某一方放弃挑战和进攻，因此客观上也会起到鼓励武力胁迫战略的效果。反观二战后的体系，美苏两国的"利益交换"战略都是单纯的"利益交换"，对各自盟友提供的安全保障主要都是通过核威慑和常规威慑的方式进行的，而并不存在春秋时期那种以"围魏救赵"或者实际战争的手段为盟友提供保护的情况。

不仅如此，某些情况下美苏试图主动改变现状扩大势力范围，也都往往采取"扶植代理人"的方式，即通过给某个国家中的亲美或亲苏势力提供好处，支持其通过政治斗争甚至内战掌握该国政权，以这种方式达到控制该国的目的。"扶植代理人"的这种权力竞争策略在冷战时期非常常见，其实质就是将"利益交换"策略内嵌于"武力胁迫"战略之中。与春秋体系"武力胁迫"策略内嵌于"利益交换"战略正好相反的是，"扶植代理人"策略如果失败，就会抑制大国改变现状的意图；而如果"扶植代理人"策略成功，由于其成功的直接原因是为该国某政治势力提供了好处，因此客观上会起到鼓励利益交换战略的效果。这也是二战后特别是冷战后"利益交换"这种战略逻辑被广泛传播和采纳的原因之一。

第二，春秋时期和二战后体系最直观的区别在于，随着时间的推移，春秋体系中大国权力竞争越来越伴随着大国间战争，并且战争规模越来越大，而二战后体系则始终没有爆发大国间的战争。而导致这个区别的最直接的原因是，春秋时期，当保护小国和避免与其他大国发生战争这两者发生矛盾时，当时的大国往往会选择保护小国而不惜与其他大国开战；而在二战后，当这两者发生矛盾时，大国则宁可牺牲保护小国的战略信誉也会选择避免与其他大国发生战争。这显然不是因为春秋时期的大国对权力的追求比二战后的大国更强烈，而是直接受大国间战争成本的约束。

不妨以城濮之战和古巴导弹危机做比较。城濮之战是春秋时期第一次大国间的战争，起因就是宋国背叛楚国投靠晋国，楚国出兵攻打宋国，晋国则出兵保护宋国；古巴导弹危机则是二战后除第二次柏林危机外美苏两国的一次直接的严重军事危机，起因同样是美国武力胁迫一个小国，而苏联则试图为该小国提供安全保障。在这两个案例中，发生冲突的大国都面临着是否选择与另一个大国发生战争的决策问题，其决策者都曾一度犹豫是否要冒险一战，然而当晋文公犹豫不决之际，大臣狐偃劝他说："战也！战而捷，必得诸侯。若其不捷，表里山河，必无害也！"① 结果晋文公决意与楚国一战。而在古巴导弹危机中，无论是赫鲁晓夫还是肯尼迪，都对美苏核战争的后果表现出了异乎寻常的审慎和恐惧，因而最终不惜损害各自在盟友中的战略信誉而与对方达成妥协。正是大国间战争成本的巨大差异，根本上决定了两个体系大国权力竞争方式的走向。城濮之战之后，大国间战争变得日益普遍；而古巴导弹危机之后，超级大国间再也没有发生过直接的有战争风险的军事危机。

第三，春秋时期和二战后体系的另一个重要差异是，春秋时期，小国臣服的对象国经常变化，尤其是那些处于晋楚两国之间的小国，如郑国、宋国等，频繁背叛某个大国而转投另一个大国是其常态。而二战后，小国的阵营归属则相对稳定得多。冷战时期，除了 20 世纪 60 年代中苏同盟破裂、法国退出北约军事一体化体系等少数案例外，美苏两国各自的同盟阵

---

① "与楚国开战吧！战胜了必可获得诸侯的归顺。如果战不胜，我们晋国外临黄河，内有太行山，这也不会有什么害处。"参见《左传·鲁僖公二十八年》，载李宗侗注译、叶庆炳校订《春秋左传今注今译》，新世界出版社 2012 年版，第 323—324 页。

营都在较长时间内保持着相对稳定的状态。到了冷战后，仅存的美国同盟体系成员更是呈现出只进不出的状态。两个体系的这种差异倾向于反驳这样一个观点：二战后小国之所以长期追随某个大国，不随意改变其阵营归属，主要是由于所处阵营的大国对其施加的武力胁迫所导致的。春秋时期的大国对怀有二心的属国的武力胁迫乃至战争讨伐比二战后频繁得多，但其属国依然会经常背叛它而投向敌对大国一方。应当承认，二战后大国同盟体系保持相对稳定的原因是多方面的，但通过对比春秋体系和二战后体系的大国权力进程，以及在第六章将要比较的二战后美苏权力竞争的不同结果，我们可以看到，如果缺乏利益交换而仅仅依靠武力胁迫，难以维持同盟的长期稳定。

第 五 章

大国无战争时代大国权力竞争的具体机制

如果我们认为国际政治中的权力等于实力加影响力，那么，在相对实力大体稳定的情况下，霸权国和崛起国权力竞争的核心就是影响力的竞争。正如萨缪尔·亨廷顿（Samuel P. Huntington）所说的，这种竞争就是看一个国家能否比他国在更多的问题上影响更多的行为体的行为。① 可问题是，在大国无战争时代，大国怎样才能争取到更多的行为体的追随呢？

我们已知，在大国无战争时代，大国获得影响力的主要手段是为小国提供安全保障，以此换取小国的支持和追随。那么，在不考虑竞争对手决策的情况下，霸权国和崛起国各自的理性选择当然都应是尽最大努力加大对外安全保障的投入，在自身能力范围内为尽可能多的小国提供安全保障。② 但问题是，体系内可被争取的小国的数量是有限的。③ 大国所能争取到的小国的数量，不仅受制于自身提供安全保障的能力，更受制于其他

① Samuel P. Huntington, "Why International Primacy Matters," *International Security*, Vol. 17, No. 4, 1993, p. 68.

② 当然，大国安全保障的供给规模还要受边际成本和边际收益的约束。Robert Gilpin, *War and Change in World Politics*, pp. 106 – 107。吉尔平的理论是基于战争频发时代大国权力扩张的情形而言的（例如征服和控制更多的领土），但边际效用递减的原理同样适用于大国无战争时代大国权力的"扩张"。

③ 这不仅是说小国的总数是有限的，而且是说，由于地理位置、历史经历、意识形态以及其他可能的原因，对于某个特定的大国而言，并非所有的小国都能够通过利益交换的方式被争取到。

大国的战略反应。① 由于小国数量的有限性，因此一个大国争取小国的举动，势必会影响到另一个大国争取小国的结果。这意味着霸权国和崛起国的决策及其效果是由双方的互动决定的。在互动状态下，大国获取影响力的方式就远不是单纯扩大自身安全保障供给规模那么简单。

那么现在的核心问题就是大国无战争时代的大国为获取更多的权力，会做出什么样的行为选择？这些行为选择的最终结果又会是怎样的？正如本书第二章所反复强调的那样，对这两个问题的分析必须引入博弈论的分析框架。对这两个问题的回答，将揭示大国无战争时代大国权力竞争过程中的行为原理和互动机制。②

◇◇ 第一节　类比寡头市场竞争

我们的分析将从国际政治与寡头垄断市场的类比开始。③ 如前所述，

---

①　这里有一个隐含的假定：能够有"资格"参与国际体系主导权竞争的大国，其自身为小国提供安全保障的能力（主要是物质实力）是充足的，不是决定该大国所能争取到的小国数量上限的主要约束条件。事实上，在现实的国际政治世界，多个行为体互动形成的纳什均衡远比单一行为体单纯由自身边际效用决定的一般均衡更容易实现。周方银：《无政府状态下小国的长期存在》，《世界经济与政治》2005年第2期，第46—47页。

②　这正是本书的题目。

③　华尔兹在创造其结构现实主义理论时，也曾将国际政治与寡头垄断市场做过类比。然而，他的类比仅仅只关注了寡头企业的数量，并据此推论出国际政治中"极"的数量（亦即他所定义的国际结构）对国际政治的约束作用。但微观经济学的常识是，除了大企业的数量之外，影响市场结果和企业决策最首要的因素是供给和需求。由于未能捕捉到市场中供求双方的利益交换机制，因此华尔兹对市场的类比至少是不完整和不充分的。具体讨论可参见杨原《体系层次的国家功能理论——基于对结构现实主义国家功能假定的批判》，《世界经济与政治》2010年第11期。从其他角度对华尔兹类比市场的做法的批判，参见 Guzzini Stefano, *Realism in International Relations and International Political Economy*, London: Routledge, 1998, pp. 135 - 138。

在微观经济世界中，企业获利也是基于利益交换：企业生产并提供某种商品以满足消费者的需求，以此换取消费者所支付的货币（以及由此带来的利润）。① 而大国无战争时代，大国获取影响力的主要途径同样是利益交换。大国和企业拥有相同的获利方式，这是大国无战争时代的国际体系能够与寡头垄断市场进行类比的根本前提，也是大国无战争时代的大国间政治会受到类似寡头垄断市场互动规律制约的根本原因。

在寡头垄断市场中，提供某种商品的企业数量很有限；而在国际政治世界中，能够为他国提供安全保障的大国同样屈指可数。在寡头垄断市场中，享受寡头垄断企业商品的行为体是消费者；而在国际政治世界中，享受大国所提供的安全保障的行为体是众多的中小国家。在无政府状态下，安全是小国的第一需求。大国为小国提供的安全保障，就如某个寡头垄断市场中的企业为消费者所提供的能够满足其某种刚性需求的商品一样。消费者为企业支付货币以实现对企业的回报；而中小国家为大国支付的"货币"则是对大国的支持。大国无战争时代的国际政治体系与寡头垄断市场的类比，如表5-1所示。②

如前所述，霸权国和崛起国都想葆有和谋求影响力，因而都需为小国提供安全保障并以此换取小国在政治上的支持。换言之，在大国无战争时代，大国间权力竞争的核心就是安全保障接受国数量的竞争。比如说，接受霸权国安全保障的国家越多，根据利益交换的原理，支持和追随霸权国的国家就会越多，霸权国在权力竞争中就越有利。而如果接受崛起国安全保障的国家更多，那么支持和追随崛起国的国家就更多，崛起国在权力竞争中就更有利。由此可见，大国无战争时代大国之间对影响力的竞争，很

---

① 亚当·斯密：《国富论》，第14、19—20页。［德］卡尔·马克思：《资本论》，郭大力、王亚南译，上海三联书店2009年版，第39—45页。

② 较早的一个不太准确的类比，参见 Duncan Snidal, "The Game Theory of International Politics," *World Politics*, Vol. 38, No. 1, 1985, p. 32.

像寡头企业之间对市场份额的竞争。我们要想知道大国无战争时代霸权国和崛起国权力竞争的具体过程和结果，不妨先看看寡头企业为争夺更大的市场份额会采取什么样的竞争战略，又会导致什么样的竞争结果。

表 5-1   大国无战争时代的国际政治体系与寡头垄断市场的类比

类比项	寡头垄断市场	国际政治体系
商品（利益）的供给者	寡头企业	大国（霸权国/崛起国）
商品（利益）的享受者	消费者	小国
商品（利益）的类型	某一特定商品	（主要是）安全保障
回报形式	货币	政治支持
互动机制	利益交换	利益交换

很显然，如果寡头市场中的某个企业生产的商品占据了较大的市场份额，那么该企业无疑就对该商品市场拥有较大的影响力，其他企业就会处于竞争的劣势。而当某个企业的市场份额大到一定程度之后，就会拥有垄断性的优势，其他企业甚至会因此而无法继续参与该市场的竞争。可见，扩大市场份额是市场竞争的关键，企业总是会尽可能地追求更大的市场份额。不过，寡头企业的行为也需受到供求关系以及竞争对手行为选择的约束。① 幸运的是，微观经济学的研究，已经为我们清晰地揭示了不同情况下寡头企业的行为规律。

假设一个寡头垄断市场中只存在两个寡头企业，那么它们之间的战略互动存在两种可能的情况。一种情况是这两个寡头企业同时出现在市场中。古诺模型（Cournot Model）刻画了这种情况下两个企业的战略选择和竞争结果：由于这两个寡头企业都想赢得市场竞争的胜利，因此它们都为

① 寡头企业的决策需要考虑其他寡头企业的行为选择，这是寡头市场和完全竞争市场的一个重要的区别。

了获得更大的市场份额而扩大生产和市场供给。同时，它们都清楚对方也是这么想的，它们知道，如果自己观望的时间太长，对方抢在自己之前扩大产量，对方就会因此获得更多的市场份额，自己则会陷入竞争的劣势之中。在竞争态势的逼迫下，这两个寡头企业都不敢有过多的迟疑和犹豫，而都不得不尽快扩大自己的产量。由此导致的外部结果是，这两个企业会同时扩大产量。直到两个企业的产量都达到一个特定水平时，这两个企业才会停止扩大产量，市场竞争趋于稳定。竞争的结果是两个企业的市场份额大致相等。①

另一种情况是市场中原本只有一个垄断企业（称为领头者），随后另一个企业（称为尾随者）进入该市场与领头者展开竞争。斯坦克伯格模型（Stackelberg Model）刻画了这种情况下两个企业的战略选择和竞争结果：当领头者知道尾随者要进入市场时，它为了在竞争中占据有利地位，理性的战略选择就是抢在尾随者进入市场之前扩大自己的产量，降低商品的市场价格，率先挤占市场份额。这样，当尾随者进入市场时，由于继续

---

① 假定领头者和尾随者有相同且不变的单位成本 $c \geqslant 0$，并设市场逆需求函数为 $P = a - bQ$（$a > 0$，$b > 0$）。两个企业同时决定自己的产量 Q_1 和 Q_2。如果企业 2 决定生产 $\overline{Q_2}$，企业 1 为使自己的利润最大化，需解决以下问题：

$$\max_{Q_1} [a - b(Q_1 + \overline{Q_2}) - c]Q_1$$

由一阶条件易得，企业 1 关于企业 2 产量 Q_2 的最优反应函数为：

$$R_1(Q_2) = \frac{a - c - bQ_2}{2b} \quad (Q_2 \leqslant \frac{a-c}{b})$$

相应地，企业 2 关于企业 1 产量 Q_1 的最优反应函数为：

$$R_2(Q_1) = \frac{a - c - bQ_1}{2b} \quad (Q_1 \leqslant \frac{a-c}{b})$$

很显然，只有当两个企业中的任何一个再改变产量都将导致其收益的减少时，两个企业的竞争才能达到稳定。因此，如果设两个企业各自达到自己最大利润时的产量为 Q_1^* 和 Q_2^*，那么应该有

$Q_1^* = R_1(Q_2^*)$

且 $Q_2^* = R_2(Q_1^*)$

由此解得，产量组合（$\frac{a-c}{3b}, \frac{a-c}{3b}$）是该博弈的纳什均衡结果。

扩大产量将会导致市场价格的进一步下降，进而愈发削减尾随者自己的收益，因此尾随者不得不将自己的产量控制在较低的水平。这样竞争的结果就是尾随者的市场份额会显著小于领头者的市场份额。①

斯塔克伯格模型与古诺模型的核心差别在于，两个企业出现在市场的时间。如果其中一个企业后进入市场，就会给前一个企业提供宝贵的时机，使其发挥先动优势（first-mover advantage），这个先动优势直接决定了领头者和尾随者市场竞争的结果。如斯坦克伯格模型所示，在确定有尾随者将要进入市场的情况下，居于垄断地位的领头者的理性反应是抢先增加产量。如果不考虑尾随者的行为，领头者的这种行为就是非理性的，因为扩大产量将降低商品的市场价格，从而导致领头者自身收益的下降。但在博弈的框架下，这一看似不理性的行为却是理性决策的必然结果。因为领头者主动扩大产量所造成的损失会作为一种积淀成本迫使尾随者不得不调低自己的产量，领头者因此才得以在寡头竞争中占据优势。

我们在考察了寡头市场竞争的机制之后，可以由此在理论层面对大国无战争时代霸权国和崛起国的权力竞争过程做出相应的类比推断：为争夺更大的影响力，大国无战争时代的霸权国和崛起国会积极为小国提供安全

---

① 假定领头者和尾随者有相同且不变的单位成本 $c \geqslant 0$，并设市场逆需求函数为 $P = a - bQ$（$a > 0$，$b > 0$）。领头者率先决定产量 Q_1。尾随者观察到 Q_1 后，据此决定自己的产量 Q_2。当领头者产量为 $\bar{Q}_1$ 时，尾随者的最优反应产量记为 $R_2(\bar{Q}_1)$。同时，当领头者选择 $\bar{Q}_1$ 时它就已能够预见到 $R_2(\bar{Q}_1)$ 将是尾随者随后的产量选择。领头者为使自己利润最大化，应首先解决如下问题：

$$\max_{Q_1} \{a - b[Q_1 + R_2(Q_1)] - c\}Q_1 \quad ①$$

由一阶条件易得：$R_2(Q_1) = \dfrac{a - c - bQ_1}{2b}$　②

将②式代入①式得到：$\max_{Q_1} \dfrac{1}{2}(a - bQ_1 - c)Q_1$

由一阶条件得出领头企业的最优选择是 $\bar{Q}_1 = \dfrac{a-c}{2b}$。由此可知，尾随企业的最优选择为 $\bar{Q}_2 = \dfrac{a-c}{4b}$。产量组合（$\dfrac{a-c}{2b}$，$\dfrac{a-c}{4b}$）是该博弈的子博弈完美均衡结果。

保障。接受两国中的哪一个的安全保障的国家（类似"消费者"）数量更多，也就意味着哪个大国所拥有的追随者更多。相应地，该大国所拥有的权力也就更大。而决定追随每个大国的小国数量的核心因素，则在于霸权国是否有机会抢在崛起国有能力参与全球权力竞争之前率先加大其对小国提供安全保障的投入，加强和扩大其同盟规模。具体说来，如果霸权国没有这种机会，亦即当霸权国和崛起国的初始资源大致相当时，最终两国所能获得的"市场份额"会大致相当，两国的国际影响力也会在一段时间内大致持平。而如果霸权国有这个机会，亦即当霸权国拥有比崛起国大得多的初始资源时，霸权国会抢先加大对小国安全保障的投入，并最终在权力争夺中获得优势。

总之，导致大国无战争时代霸权国和崛起国权力竞争的战略选择和竞争结果出现差异的核心因素在于两国进入霸权竞争这场"游戏"的时间先后。正如阿克塞尔罗德所指出的那样，在相同的机制下，行为体在初始资源和行动顺序上的差异，将会导致非常不同的互动结果。① 在下一节中，笔者将根据上述原理，对大国无战争时代不同模式下大国权力竞争的策略选择和互动结果进行更为具体和深入的分析。

◇ 第二节　大国无战争时代的大国权力竞争机制

受寡头垄断市场竞争机制的启发，我们可以根据崛起国参与体系权力竞争的时间差异，将大国无战争时代的大国权力竞争划分为"同期竞争模式"和"追赶模式"两类。在"同期竞争模式"中，崛起国与霸权国都具备为足够多的小国提供安全保障的初始资源，因而两国大致会在同一时

---

① Robert Axelrod, *The Complexity of Cooperation：Agent-Based Models of Competition and Collaboration*, Princeton：Princeton University Press, 1997, p. 140.

期展开权力竞争。在"追赶模式"中，一开始只有霸权国具备为足够多的小国提供安全保障的初始资源，在崛起国有能力"竞标"体系霸权之前，霸权国明确拥有一段无人竞争的"权力垄断"期。

在真实的客观世界里，大国无战争时代从 1945 年开始至今，一共经历了（和正在经历着）两次体系层次的权力竞争。第一次是冷战时期美苏两国的竞争。二战结束后初期，美国和苏联都具备足够强大的常规军事实力，并且在较短的时间内相继拥有了核军事能力，这使得冷战时期的权力竞争进入了"同期竞争模式"。第二次是冷战后美国和其主要潜在竞争对手中国之间的竞争。受苏联解体的影响，冷战后，美国在相当长的一段时期内享受了单极霸权的地位。这次权力竞争属于"追赶模式"。

通过借鉴古诺模型和斯塔克伯格模型，我们可以分别推出不同模式下大国权力竞争的具体机制，并以此分别解释冷战时期和冷战后时期权力竞争的参与者的战略选择和互动结果。

一　"同期竞争模式"下的权力竞争机制

通过类比古诺模型，我们可以推出"同期竞争模式"下两个大国开展权力竞争的过程。由于两国（几乎）同时具备了为其他小国提供安全保障这种"商品"的能力，也都有争夺体系主导权的意愿，并且这两国彼此都知道对方有这样的能力和意愿，因此对于这两国来说，它们都必须尽可能快地为那些有接受自己保护意愿的小国提供安全保障，并且以联盟的形式将与这些小国的利益交换关系稳定下来。因为它们知道，如果自己不这样做，对手就很可能会抢在自己之前通过提供安全保障的方式让原本可能追随自己的小国转而追随它，从而使自己在国际影响力的竞争中陷入劣势。不仅如此，为了让追随自己的小国相信自己所提供的安全保障（乃至发展模式、价值信仰）是值得信赖的（从而更坚定地追随自己），两个大国还会尽可能地发展自己的军事、科技水平，以展示自己在为小国（乃至国际社会）提供好处的优越性。由于两国的竞争能力大致相当，又几乎在同一时期开展竞争，因此，最终两国的国际影响力会大致相当。

这个抽象的权力竞争过程与冷战时期美苏权力竞争的实际情形十分吻合。第二次世界大战极大地削弱了除美国和苏联以外的其他所有主要国家的实力。这个特殊事件再加上美苏两国先天优越的资源禀赋（领土规模），使得国际体系在未经历主要国家漫长的实力消长以及彼此复杂争斗的情况下，在一个较短的时期内同时涌现出两个超级大国。正如古诺模型所预测的那样，美苏两国在冷战初期的行为十分相似，都为巩固和扩大自身的影响力而积极争取盟友，并通过建立联盟为其提供安全保障。

二战后，西欧国家对美国的经济和安全援助有着迫切的需要，① 美国为扩大其影响力，抵御共产主义的扩张，顺应了西欧国家的这种需要。1949 年 4 月，美国与加拿大、英国、法国等 11 个北美西欧国家签署《北大西洋公约》，同年建立北约军事组织。1951 年 10 月，美国通过《共同安全法》，对外援助的重点从经济转向军事，援助地区从欧洲扩展至亚洲。同一时期，美国先后与菲律宾、澳大利亚、新西兰、日本、中国台湾当局等亚太国家和地区建立双边或多边军事同盟，并与亚欧 7 个国家签订《东南亚集体防务条约》，构建起亚太地区的军事同盟体系。② 正如有学者所说的那样，20 世纪后半期美国发挥国际影响力的主要途径就是"通过在欧洲领导建立北约和在亚洲建立以美国为中心的同盟网

---

① Geir Lundestad, "Empire by Invitation? The United States and Western Europe 1945 – 1952," *Journal of Peace Research*, Vol. 23, No. 3, 1986, pp. 263 – 277. Geir Lundestad, *The United States and Western Europe since 1945: From "Empire" by Invitation to Transatlantic Drift*, New York: Oxford University Press, 2003.

② 王绳祖主编：《国际关系史》（第七卷），世界知识出版社 1995 年版，第 160—163 页；王绳祖主编：《国际关系史》（第八卷），世界知识出版社 1995 年版，第 143—183 页。

络，包括承担防卫义务、拟定战争计划、在海外派驻军队、提供经济和军事援助、大规模扩充军备，以及承担起西方阵营的领导者角色"。① 二战后苏联的战略选择也如出一辙。为建立和巩固其社会主义阵营，苏联于 1950 年 2 月与中国签订《中苏友好同盟互助条约》。1954 年 5 月，苏联与东欧 7 国缔结《华沙条约》并建立华约组织。②

美苏两国行为的结果也一如古诺模型所预示的那样，最终使得东西方两个阵营的规模大致相当，苏联在国际事务中拥有与美国同一级别的影响力。③ 在 20 世纪 60 年代以前，美苏双方冷战的地缘中心在欧洲，矛盾的焦点位于德国。但随着两大对立的联盟体系的建立和美苏双方各自的追随者阵营大体稳定之后，欧洲的政治形势则趋于稳定。1962 年柏林危机以后，欧洲事实上再未出现过东西阵营之间的危机，主要政治矛盾开始转向各自阵营内部。④ 美苏两国竞争的焦点也逐渐转移到对第三世界国家的拉拢和争夺上。

对于冷战时期美苏互动过程的解释，除了这里提出的大国无战争时代"同期竞争模式"下的大国权力竞争理论（以下简称"权力竞争理论"）

---

① 于铁军：《美国的同盟战略》，载王缉思、牛军主编《缔造霸权——冷战时期的美国战略与决策》，上海人民出版社 2013 年版，第 340 页。

② 王绳祖主编：《国际关系史》（第八卷），世界知识出版社 1995 年版，第 11、217 页。

③ 对冷战时期北约和华约在欧洲的力量平衡的讨论，参见 Joshua M. Epstein, "Dynamic Analysis and the Conventional Balance in Europe," *International Security*, Vol. 12, No. 4, 1988, pp. 154 – 165。Kim R. Holmes, "Measuring the Conventional Balance in Europe," *International Security*, Vol. 12, No. 4, 1988, pp. 166 – 173. John J. Mearsheimer, "Numbers, Strategy, and the European Balance," *International Security*, Vol. 12, No. 4, 1988, pp. 174 – 185. Barry R. Posen, "Is NATO Decisively Outnumbered?" *International Security*, Vol. 12, No. 4, 1988, pp. 186 – 202. 这些讨论主要着眼于双方应对战争的能力。不同学者的测量方法不尽相同，但都认为北约和华约的实力大致处于同一水平。

④ Robert S. Litwak and Samuel F. Wells, Jr., "Introduction: The Third World and East-West Relations," in Robert S. Litwak and Samuel F. Wells, Jr. eds., *Superpower Competition and Security in the Third World*, Cambridge, Massachusetts: Ballinger Publishing Company, 1988, p. x.

外，还存在其他竞争性的理论。均势理论（balance of power theory）毫无疑问是其中最著名也最具竞争力的一种。这意味着这里提出的权力竞争机制要想被认为是一种理论上的创新，不仅需要很好地吻合冷战时期的历史经验，而且还至少需要比均势理论吻合得更好。

均势理论很可能是国际关系学有史以来最具影响力的（中层）理论。① 尽管"均势"一词有许多不同的含义，② "均势理论"本身也存在诸多版本，③ 但它还是有着公认的共同的内容的。作为一种现代国际关系

---

① 大卫·休谟（David Hume）认为保持均势是一种超越历史时空、毋庸置疑的共识性理念。格伦·斯奈德（Glenn Snyder）认为"均势"是国际关系中的核心理论概念。在摩根索看来，权力平衡是权力斗争自然的、不可避免的结果。华尔兹则断言，如果说存在一种关于国际政治的独特的政治理论，那么一定非均势理论莫属。杰维斯也声称，均势理论是最著名的，同时也可能是最好的国际政治理论。分别参见 David Hume, "Of the Balance of Power," in Paul Seabury ed. , *Balance of Power*, San Francisco: Chandler Publishing Company, 1965, pp. 32 – 36. Glenn H. Snyder, "Balance of Power in the Missile Age," *Journal of International Affairs*, Vol. 14, No. 1, 1961, p. 21. ［美］汉斯·摩根索：《国家间政治》，徐昕、郝望、李保平译，王缉思校，北京大学出版社2006年版，第224页。Kenneth N. Waltz, *Theory of International Politics*, Reading, Massachusetts: Addison-Wesley Publishing Company, 1979, p. 117. ［美］罗伯特·杰维斯：《系统效应：政治与社会生活中的复杂性》，李少军、杨少华、官志雄译，上海人民出版社2008年版，第154页。

② 对"均势"（balance of power）不同含义的经典梳理，参见 Ernst B. Haas, "The Balance of Power: Prescription, Concept, or Propaganda," *World Politics*, Vol. 5, No. 4, 1953, pp. 442 – 477。还可参见 Michael Sheehan, *The Balance of Power: History and Theory*, London and New York: Routledge, 1996, pp. 2 – 4。

③ 在对近期均势理论研究的一项梳理中，丹尼尔·耐克森（Daniel H. Nexon）从非常宽泛的意义上，将广义的均势理论划分为狭义的"均势理论"（balance of power theory）、"权力对比理论"（theories of power balances）和"制衡理论"（theories of balancing）三大类。Daniel H. Nexon, "The Balance of Power in the Balance," *World Politics*, Vol. 61, No. 2, 2009, pp. 334 – 340. 还有学者将属于现实主义阵营的均势理论划分为"手动均势理论"（manual balance of power theory）、"双边均势理论"（dyadic balance of power theory）和"自动均势理论"（automatic balance of power theory）三类。参见 Colin Elman, "Introduction: Appraising Balance of Power Theory," in John A. Vasquez and Colin Elman eds. , *Realism and the Balancing of Power: A New Debate*, Upper Saddle River, N. J. : Prentice Hall, 2003, p. 9. 此外，另一种更为简约但非常实用的分类，参见［美］小约瑟夫·奈：《理解国际冲突：理论与历史》，张小明译，上海人民出版社2002年版，第93—101页。

理论的思想，均势理论包含两个主要分支：一个是将均势作为国家面临体系霸权威胁时的一种应对战略，另一个则是将均势视为国际体系进程的一种自然的结果。① 与此相应地，均势理论的两个核心命题是当一个大国足够强大以至于有可能获得体系霸权时，其他主要国家将对其实施制衡；体系内的势力分布将保持或恢复到均衡状态，而不是不均衡状态。②

　　作为一种解释性理论，均势理论的解释力是历来学者研究和评价该理论的重点内容。学者们对均势理论经验解释效果的批判，其时空范围主要集中在 1945 年以前的近代欧洲、古代其他地区和冷战后。例如，历史学家往往将欧洲的十八世纪、十九世纪视为"均势"的黄金时代。③ 但尽管如此，也仍然有不少学者质疑均势理论对这一时期国际体系的解释力，他们认为这一时期诸如追随（bandwagoning）这样的非制衡战略比均势理论所声称的制衡战略更加常见。④ 还有学者将检验的时空范围扩大到古代世界的其他地区，并以此在相当程度上证否了均势理论在长时空范围中的普适性。⑤ 至于冷战后的国际体系，更是由于其实力分布长期未能如均势理论所预言的那样恢复均衡，同时也缺乏主要国家对处于单极霸权的美国实施的制衡，因而被视为是一种"不正常的"现象，从而也就成为其他学派学者批判均势理论乃至现实主

---

　　① Jonathan Haslam, *No Virtue Like Necessity: Realist Thought in International Relations since Machiavelli*, New Haven & London: Yale University Press, 2002, p. 238.

　　② Jack S. Levy, "Balances and Balancing: Concepts, Propositions, and Research Design," p. 139.

　　③ Jack S. Levy, "What Do Great Powers Balance Against and When," in T. V. Paul, James J. Wirtz, and Michael Fortmann eds., *Balance of Power: Theory and Practice in the 21st Century*, Stanford: Stanford University Press, 2004, p. 29.

　　④ 代表性的批判，参见 Randall L. Schweller, "Bandwagoning for Profit: Bringing the Revisionist State Back In". Paul W. Schroeder, "Historical Reality vs. Neorealist Theory", *International Security*, Vol. 19, No. 1, 1994。

　　⑤ 代表性文献，参见 Stuart J. Kaufman, Richard Little and William C. Wohlforth, eds., *The Balance of Power in World History*, New York: Palgrave Macmillan, 2007。

义范式的重要例证。①

　　而关于冷战时期，学界则很少有对这一时期国际体系所体现出的"均势逻辑"理论的质疑。相反，冷战时期美苏之间持续对抗的现实，使得以均势理论为代表的现实主义在当时国际关系学界的主导地位无可取代。②而从直观的印象来看，冷战时期美苏两个大国的行为选择和互动结果似乎也的确"完美"地符合均势理论：美苏两国间激烈的军备竞赛，这不正是相互的内部制衡（internal balancing）吗？两国积极寻求并维持庞大的联盟阵营，这不正是外部制衡（external balancing）的表现吗？两国及两大联盟阵营间的势均力敌，这不正是均势理论所预期的国际体系分布状态吗？在一些学者看来，冷战时期，两个超级大国以及它们各自的集团之间不断追求并保持均衡（equilibrium）正是这段时期国际体系进程的一个鲜明的标志。③这段时期因而也就成为历史上大国间相互制衡的最为典型的案例之一。④

　　冷战时期，美苏两国的互动过程与均势理论的预期非常相似，以及由此导致的学界对均势理论在这一时期解释力的批评显著少于其他时期，这两点能够使那些支持均势理论的学者非常有信心地相信，即使均势理论的解释力没有那么高的普适性，即使它在其他历史时空中都可能无效，但就冷战时期的大国互动而言，均势理论是正确的，或者至少相对于其他理论而言是最具解释力的。从这个意义上讲，权力竞争理论能否比均势理论更

---

　　①　Kenneth N. Waltz, "Globalization and American Power," *The National Interest*, Vol. 59, Spring, 2000, p. 56. 有关冷战后制衡缺失问题研究的梳理，参见孙学峰、杨原《大国规避体系制衡之谜》，《国际政治科学》2009 年第 2 期。

　　②　William C. Wohlforth, "Realism and the End of the Cold War," *International Security*, Vol. 19, No. 3, 1994 – 1995, pp. 91 – 129.

　　③　Michael Sheehan, *The Balance of Power*: *History and Theory*, London and New York: Routledge, 1996, p. 170.

　　④　刘丰：《制衡的逻辑——结构压力、霸权正当性与大国行为》，世界知识出版社 2010 年版，第 4 章。

出色地解释冷战，① 不仅将决定该理论能否被国际关系理论界认可为一种"理论创新"，而且这种比较本身也正是对本书理论在面临强劲的竞争性理论的挑战时能否经受住挑战的一次"强检验"。

均势理论和权力竞争理论都预期美苏两国的战略互动会最终形成一个两大集团对峙且大致势均力敌的局面，这在方法论上属于同果异因问题（equifinality），即两种不同的机制会产生相同的结果。对于这种情况，要想判断究竟是哪种机制导致了结果，最有效的方法是过程追踪（process tracing）。②

进行过程追踪的前提是知道竞争性机制的内容。权力竞争理论在"同期竞争模式"下的具体机制已在本小节一开始给出过。至于均势理论，虽然存在诸多版本，但华尔兹在《国际政治理论》中对均势理论的解释无疑为体系性均势的形成提供了一种最主流也最具代表性的机制。这不仅是因为华尔兹构建结构现实主义理论的目的之一就是对历史上均势反复出现这一"规律"给出系统性的解释，③ 更因为华尔兹创建这一理论的直接历

---

① 这里的"解释"是指科学意义上的针对某类经验现象的基于抽象理论的因果解释，而非历史学对冷战起源以及美苏对抗这一具体事件的历史解读。作为一项国际关系理论创新研究，本书更关心前一种解释。有关历史学对冷战起源的解释，可参见 Michael F. Hopkins，"Continuing Debate and New Approaches in Cold War History," *The Historical Journal*，Vol. 50，No. 4，2007，pp. 914 – 920。徐天新、沈志华主编：《冷战前期的大国关系：美苏争霸与亚洲大国的外交取向（1945—1972）》，世界知识出版社2011 年版，序言第4—6 页。有关历史学和国际关系学对待和研究历史的区别，参见 Jack S. Levy，"Too Important to Leave to the Other: History and Political Science in the Study of International Relations," *International Security*，Vol. 22，No. 1，1997，pp. 22 – 33。

② Alexander George and Andrew Bennett，*Case Studies and Theory Development in the Social Science*，pp. 157，215. 参见 Gary King，Robert O. Keohane，and Sidney Verba，*Designing Social Inquiry: Scientific Inference in Qualitative Research*，Princeton：Princeton University Press，1994，pp. 226 – 228。

③ 参见华尔兹在《国际政治理论》第一章中对"理论"的定义以及第六章对均势理论的强调。Kenneth N. Waltz，*Theory of International Politics*，Reading，Massachusetts：Addison-Wesley Publishing Company，1979，Chap. 1，6.

史背景就是冷战时期美国和苏联之间激烈但有秩序的对抗和竞争。① 换言之，冷战时期的美苏"均势"是华尔兹均势理论最直接的解释对象和最坚实的经验证据。② 对于同样以冷战时期美苏互动作为主要解释对象的"同期竞争模式"下的权力竞争理论来说，华尔兹均势理论是当仁不让的最具挑战力的竞争性理论。

基于华尔兹理论的均势机制描述的是这样一种过程：国际体系处于无

---

① Feng Zhang, "Reconceiving the Balance of Power," *Review of International Studies*, Vol. 37, No. 2, 2011, p. 646.

② 毋庸赘言，学界对华尔兹结构现实主义的批判当然自其创立以来就始终不曾中断过，这些批判大致包括三个层次：哲学层次，主要包括对结构现实主义的本体论、价值观和意识形态等方面的批判；理论建构层次，主要涉及体系层次应包含哪些要素、结构应如何定义、无政府状态具有何种意义等问题；经验解释层次，主要涉及均势理论与历史经验相符程度、体系变化（进化）的可能性以及国际合作的条件等问题。这里我们不关心前两个层次，而只关心华尔兹理论在经验解释层次中那些涉及冷战时期均势的内容。学界对华尔兹理论对冷战时期解释力的批判，主要集中于"两极结构是否能够导致和平（或稳定）"和"两极稳定论未能预测冷战的结束"这两个问题。前一种批判的代表性文献，参见 Dale C. Copeland, "Neorealism and the Myth of Bipolar Stability: Toward a New Dynamic Realist Theory of Major War," *Security Studies*, Vol. 5, No. 3, 1996, pp. 29 – 89。Bruce Bueno De Mesquita, "Neorealism's Logic and Evidence: When is a Theory Falsified?" in John A. Vasquez and Colin Elman eds. , *Realism and the Balancing of Power: A New Debate*, Upper Saddle River, N. J. : Prentice Hall, 2003, pp. 166 – 195. 后一种批判的代表性文献，参见 Richard Ned Lebow, "The Long Peace, the End of the Cold War, and the Failure of Realism," *International Organization*, Vol. 48, No. 2, 1994, pp. 249 – 277。John Lewis Gaddis, "International Relations Theory and the End of the Cold War," *International Security*, Vol. 17, No. 3, 1992/93, pp. 5 – 58. Friedrich Kratochwil, "The Embarrassment of Changes: Neo-Realism as the Science of Realpolitik without Politics," *Review of International Studies*, Vol. 19, No. 1, 1993, pp. 63 – 80. 这两种批判尽管都非常严厉，但均与均势的形成机制无关。容易引起混淆的是前一种质疑，即对华尔兹两极稳定论的质疑。但是，"两极结构是否导致和平（或稳定）"和"（两极）均势是否以及如何形成"是两个完全不同的理论问题，前者的因变量是"和平（或稳定）"，后者的因变量是"实力均衡"。在这里，我们不追究均势的后果或者意义，而只追究均势自身的形成过程本身。相似的做法见 William C. Wohlforth, Stuart J. Kaufman and Richard Little, "Introduction: Balance and Hierarchy in International Systems," in Stuart J. Kaufman, Richard Little and William C. Wohlforth, eds. , *The Balance of Power in World History*, p. 4.

政府状态，由于缺乏更高的权威，大国的生存只能通过自助的方式来保障。当其他大国实力增长时，另一个大国为了确保自身的生存安全，必须加大自助的力度。实现自助的途径包括了内部（迅速提升本国经济和军事实力）和外部（与他国结盟）两种类型。这两种类型的自助方式统称为"制衡"（balancing）。通过竞争和社会化，大国都倾向于采取制衡来弥补自己与对手之间实力的不足。这会使得国际权力分布总是倾向于在大国间保持均衡。即使有大国试图通过战争打破这种均衡，也会由于其他大国的制衡和抵抗而最终使均势重新恢复。①

权力竞争理论包括了对大国行为以及大国互动结果两方面内容的预测，以华尔兹理论为基础的均势理论也同样包括了对大国行为以及大国互动结果的预测。需要特别指出的是，尽管华尔兹自己反复声称其理论只解释大国互动的结果而不解释大国的行为选择，但实际上，他本人在创建、评价和运用结构现实主义的诸多重要文献中都曾明确地依据其结构现实主义逻辑推导和预测过大国的制衡行为。② 为了使笔者的理论最大限度地接受均势理论的挑战，我们需要从对行为和结果两方面的预测来比较两种理

① Kenneth N. Waltz, *Theory of International Politics*, Reading, Massachusetts: Addison-Wesley Publishing Company, 1979, Cha p. 6. 对华尔兹均势理论内在机制的总结，还可参见 Paul W. Schroeder, "Historical Reality vs. Neorealist Theory," *International Security*, Vol. 19, No. 1, 1994, pp. 108 – 109, especially Figure 1. Michael Sheehan, *The Balance of Power: History and Theory*, London and New York: Routledge, 1996, p. 193。遵循华尔兹均势逻辑的联盟形成机制，参见 Glenn H. Snyder, "The Security Dilemma in Alliance Politics," *World Politics*, Vol. 36, No. 4, 1984, pp. 462 – 466。

② 例如 Kenneth N. Waltz, *Theory of International Politics*, Reading, Massachusetts: Addison-Wesley Publishing Company, 1979, pp. 125 – 126, 128。Kenneth N. Waltz, "America as a Model for the World? A Foreign Policy Perspective," *PS: Political Science and Politics*, Vol. 24, No. 4, 1991, p. 669. Kenneth N. Waltz, "The Emerging Structure of International Politics," *International Security*, Vol. 18, No. 2, 1993, p. 77; Kenneth N. Waltz, "Evaluating Theories," *American Political Science Review*, Vol. 91, No. 4, 1997, pp. 915 – 916; Kenneth N. Waltz, "Structural Realism after the Cold War," *International Security*, Vol. 25, No. 1, 2000, p. 38.

论在解释力上的优劣。

（一）大国与小国结盟的动机：安全还是权力

比较两种理论解释力优劣的前提是明确两者的差异。在行为层面，权力竞争理论和均势理论的核心差异在于对大国行为动机的假定不同。两者都预测大国与大国在互动的过程中都会采取结盟的行为，但在前者看来，大国与小国结盟的动机是扩大自己的权力；而在后者看来，则是为了确保大国自身的安全。

通常说来，区分"权力"动机和"安全"动机是困难的。这首先是因为"安全"这个概念的模糊性。① 均势理论及现实主义认为国家的行为主要源于对安全威胁的应对，然而事实上，"威胁"并不仅仅可以指对一个国家"物质安全"的威胁，事实上，一个国家任何有形的利益（如经济利益）和无形的利益（如荣誉、声望、信誉、地位等）都有可能面临"威胁"。② 而一旦面临威胁，就会出现安全问题。其次，军事手段功能的广泛性和"防御"概念的模糊性，使得"安全竞争"和"权力竞争"在很多情况下难以被清晰地区分和界定。③ 由于无政府状态下国家权力是维护国家安全的重要工具，这无疑越发增加了区分权力动机和安全动机的难度。④

但这并不意味着就均势理论和权力竞争理论而言，在具体情境下我们依然无法就大国的行为动机究竟是安全还是权力给出具有可操作性的判断

---

① 关于"安全"的不同含义的梳理，参见［法］夏尔—菲利普·戴维《安全与战略：战争与和平的现时代解决方案》，王忠菊译，社会科学文献出版社 2011 年版，第 31 页。

② Paul W. Schroeder, "Why Realism Does Not Work Well for International History", in John A. Vasquez and Colin Elman eds. , *Realism and the Balancing of Power: A New Debate*, Upper Saddle River, N. J. : Prentice Hall, 2003, p. 121.

③ ［英］巴里·布赞：《人、国家与恐惧——后冷战时代的国际安全研究议程》，闫健、李剑译，中央编译出版社 2009 年版，第 159—160 页。

④ Reinhold Niebuhr, *Moral Man and Immoral Society: A Study in Ethics and Politics*, New York: Charles Scribner's Sons, 1960, p. 42.

标准。这是因为，首先，均势理论尽管存在不同的版本，而且不同版本均势理论所假定的国家的具体行为目标也不尽相同，但最首要的目标都是本国的生存，而这里的"生存"是以本国的自主性和领土完整来定义的。[①]其次，华尔兹均势理论的一个重要假定是国家的首要目标是生存，为此，只有当增加权力的行为不会增加其安全方面的风险时，国家才会增加权力。[②] 换言之，当一个国家的行为会增加其安全风险时，该国出于确保生存安全的目的，会放弃该行为。这一点，为我们在具体情境下剖析某一大国的行为动机究竟是否符合均势理论的假定提供了重要标准。

已知均势理论认为大国结盟的首要目的是维护本国的生存安全，据此可以做出两条推论：当结盟会增加其安全压力或卷入战争的风险时，大国会放弃结盟；[③] 既然大国结盟的动机是维护或增加自身安全，那么当它所

----

① Jack S. Levy, "Balances and Balancing: Concepts, Propositions, and Research Design," p. 131.

② Bruce Bueno De Mesquita, "Neorealism's Logic and Evidence: When is a Theory Falsified?" in John A. Vasquez and Colin Elman eds., *Realism and the Balancing of Power: A New Debate*, Upper Saddle River, N. J.: Prentice Hall, 2003, p. 168. 这是华尔兹理论与米尔斯海默理论（在很大程度上也可被认为是防御性现实主义理论和进攻性现实主义理论）的一个重要分歧。

③ 可能会有读者指出，大国也有可能为了自身长期的安全而愿意接受短期的风险和压力从而选择结盟。这种为均势理论所做的辩护需面对另一个同样棘手的问题：为什么二战后大国对自身安全的考虑会突然变得如此远视，而在二战前却屡屡因为对自身安全考虑的短视而出现制衡滞后或制衡不足的现象？这一问题涉及下文即将详细探讨的"防御性联盟形成时间悖论"。事实上，以新现实主义为基础的相关理论本身在国家究竟是短视还是远视这一问题上就存在深刻的不一致：基于新现实主义范式的理论一方面强烈暗示国家是短视的，因此国家间的合作难以克服类似囚徒困境这样必须基于长期利益考虑才能克服的障碍；但它们另一方面又强调国家是远视的，因此国家才会在意相对收益，也才会制衡而非追随或绥靖潜在霸主，甚至不惜出于长期考虑而发动预防性战争。这种不一致性在很大程度上是致命的，因为如果国家真的是短视的，那么国家的制衡行为就不可能如新现实主义所断言的那样盛行；而如果国家真的是远视的，那么合作则不可能如新现实主义所坚称的那样难以实现。新现实主义范式在国家预期利益时间上所隐含的这种不一致，很可能是损害其解释力并长期引发理论界困惑和争议的一个重要原因。较早发现并初步讨论这个问题的文献，参见 Gerald Geunwook Lee, "To Be Long or Not to Be Long—That is the Question: The Contradiction of Time-Horizon in Offensive Realism," *Security Studies*, Vol. 12, No. 2, 2002, pp. 196 – 217。

在的联盟解体或实质上已经破裂时，该国就会重新暴露在安全威胁之下，它的安全就会重新失去保障。① 在这种情况下，该国应该选择那些减少而不是增加本国安全压力的行为。

与此不同的是，权力竞争理论认为，大国无战争时代大国结盟的首要目的是换取联盟中小国盟友的追随和依附，而实现这一目的的主要方式是为小国盟友提供安全保障。据此可以推出另外两条推论：即使与小国结盟会增加大国的安全压力以及其被卷入战争的风险，但大国愿意承担这些压力和风险而依然选择结盟；因为大国结盟的主要目的是增加权力，大国的自身安全并不靠与小国结盟来保障，反而与小国结盟会增加大国的安全风险，因此失去联盟对于大国而言，并不是一种安全上的损失（甚至从某种程度上讲其军事安全反而会有所改善），而是一种权力上的损失。为弥补自身权力上的损失，大国反而可能会采取更加激进（从而也会越发加剧其安全压力）的行为。

如果粗略地回顾一下冷战的历史，就会发现美苏两国的许多行为都很难符合均势理论对国家行为动机的假定。②

---

① 如果严格依据华尔兹的均势理论，则两极结构下大国通常依靠内部制衡而非外部制衡。但如果坚持这一点，则无法解释冷战时期美苏两国建立并保持大规模联盟体系的原因或动机。华尔兹一方面意识到北约在很大程度上是美国为欧洲盟国和加拿大提供保护的工具，美国有能力保护其盟国，而其盟国则无力保护美国，但另一方面他又紧接着指出，由于两极结构中的军事相互依赖程度不高，美苏各自盟友的任何重新结盟的行动对于美苏两国来说都无足轻重，因此美苏无须满足盟友的需要。Kenneth N. Waltz, *Theory of International Politics*, Reading, Massachusetts: Addison-Wesley Publishing Company, 1979, pp. 168 - 170。华尔兹理论强烈依赖于"自助"的假定，这使得在这一框架内部难以自洽地解释既然美苏与其盟友军事相互依赖程度不高，美苏安全无须依赖盟友的帮助，为什么它们仍然愿意做出承诺保护盟友这种"他助"行为。

② 当然，冷战时期美苏之间并非完全没有从自身安全考虑出发而进行的竞争，典型表现如军备竞赛，特别是两国的核军备竞赛。关于冷战包含安全困境但不完全是安全困境的较早论述，参见 Robert Jervis, "Was the Cold War a Security Dilemma?" *Journal of Cold War Studies*, Vol. 3, No. 1, 2001, pp. 36 - 60。还可见 Shiping Tang, "Appendix I: World War I and the Cold War Revisited," in Shiping Tang, *A Theory of Security Strategy for Our Time: Defensive Realism*, New York: Palgrave Macmillan, 2010, pp. 185 - 187。

在均势理论看来，美苏之所以会各自建立起庞大的军事同盟体系，是出于自身安全的考虑。东西方两大阵营的形成，是无政府状态下国家确保生存安全的必然结果。① 但安全真的是美苏两个超级大国所考虑的首要问题吗？事实上，以二战刚结束时中小国家的实力，很难为美国和苏联提供任何有实质意义的安全保护。二战结束后不久，由于孤立主义思潮一度兴起，以至于美国曾一度犹豫是否要参加北大西洋同盟。② 勃列日涅夫时期的苏联，与中国的同盟关系破裂，与其东欧盟友的关系紧张，但这一时期的苏联非但不担心自身的安全，反而积极对外扩张。这些事件说明，是否存在外部同盟，对美国和苏联的安全没有太大的影响。由此可见，自身安全并非美苏与其他国家建立军事同盟的主要考量要素。不仅如此，结盟还会增加美苏额外承担的军事义务和战争风险。例如冷战时期美国一直担心苏联进攻西欧的行为会将其拖入战争甚至核战争。③ 美苏之所以会自愿地为其盟友提供安全保障，甚至不惜冒被拖入核战争的风险，只有从利益交换寻求权力——而非实力平衡寻求安全——的视角才能得到合理的解释。

（二）大国与小国结盟的后果：负外部性还是正外部性

在预测大国互动的结果层面，对于像冷战时期这样同时存在两个体系大国的情况，均势理论和权力竞争理论都预期，以两个大国主导的两大军事政治集团会大致势均力敌且相互对峙。单从最终的外部结果看，两个理论并无差异。但导致最终结果的机制或者过程是不同的。

在权力竞争理论看来，美苏两大军事集团的形成，是美苏两国出于竞

---

① Kenneth N. Waltz, *Theory of International Politics*, Reading, Massachusetts: Addison-Wesley Publishing Company, 1979, p. 125.

② 许海云：《锻造冷战联盟——美国"大西洋联盟政策"研究（1945—1955）》，中国人民大学出版社 2007 年版，第 174—176 页。

③ ［美］亨利·基辛格：《大外交》，顾淑馨、林添贵译，海南出版社 1998 年版，第 585—586 页。

争权力的目的同时拉拢小国的结果。如古诺模型所描述的那样，两国都会担心如果自己不为潜在盟友提供保护并以此建立联盟，这些潜在盟友就会被对手争夺过去。这是一个典型的囚徒困境。① 为了争夺到至少不比对手少的盟友，两个大国都会积极迎合自己潜在盟友的安全需求，为其提供安全保障。由于两国同时向着这个方向努力，因此竞争的最终结果就是两大集团大致实力均衡。而两个大国迎合小国安全需求并相互争夺的过程，类似市场中两个企业之间的"价格战"博弈，② 为了争夺到尽可能多的盟友，大国会努力提高自己所提供的安全保障的"质量"，同时不惜降低小国接受其保护的门槛。简而言之，在权力竞争理论的框架下，导致实力对比大致均衡这一结果的核心逻辑是"价格战"。

而在均势理论看来，美苏两大军事集团的形成，则是美苏两国出于自身生存安全的需要相互制衡的结果。在无政府状态下，两个大国都无法准确判断对方的意图。在生存压力下，两个大国都会积极发展自身实力，同时与尽可能多的对己友好的国家建立联盟以积聚整体的实力，制衡潜在的霸权威胁。在无法确定对手当前和未来战略意图的情况下，一个国家采取的包括与小国结盟在内的各种增加自身实力的行为，即使并没有攻击对手的意图，也仍会不可避免地刺激另一国采取针锋相对的制衡措施。这个过程就是著名的"安全困境"模型所描述的机制。③ "安全困境"的压力会迫使两国不断提高制衡对方的能力，相互制衡的结果是形成两大对抗集团且大致势均力敌。换言之，在均势理论的框架下，导致实力对比大致均衡这一结果的核心逻辑是"安全困境"。

---

① 张维迎：《博弈论与信息经济学》，上海人民出版社 2004 年版，第 44 页。

② 在价格战博弈中，两个企业竞争的战略是降低自己产品的价格，这与古诺模型中企业的战略是增加自己产品的产量以压低市场价格有着微妙的差异。但两种竞争战略的实质是一样的，即都是通过主动让利给消费者以争取获得更大的市场份额。

③ 对安全困境模型的系统梳理，参见 Shiping Tang, "The Security Dilemma: A Conceptual Analysis," *Security Studies*, Vol. 18, No. 3, 2009, pp. 587 – 623。

一个有趣的现象是，尽管"价格战"和"安全困境"的具体的内在机制截然不同，但抽象而言，两者都可以划归为同一个博弈模型——囚徒困境模型，如图 5-1 所示。① 在权力竞争理论的框架中，一个大国固然想同另一个大国合作，以期共同以一种较低成本的安全保障承诺来换取小国的追随。但每一个大国都会担心，假如对方背叛，用更高成本的安全保障承诺，而自己仍然只为小国提供较低成本的安全保障，那么对方势必会吸引更多的小国。而同理，当对方选择合作时，自己选择背叛会争取到更多的小国。因此，在这个"价格战"博弈中，无论对手是否选择合作，背叛（亦即"降价"）都是每个大国的理性选择。在均势理论的框架中，同样如此，每个大国都会担心自己选择合作（不增加实力）而对手选择背叛（增加实力）这种可怕局面的出现。而即使对方选择合作，由于无法断定对方未来的意图，因此己方理性的选择同样是选择背叛（增加实力）。②

对于价格战博弈中的参与者而言，（合作，合作）无疑比（背叛，

---

① 许多研究和运用"安全困境"模型的学者，都或明确或暗含地认为，囚徒困境博弈是描述安全困境的一种适当模型。参见 Glenn H. Snyder, "The Security Dilemma in Alliance Politics," *World Politics*, Vol. 36, No. 4, 1984, p. 463。Ken Booth and Nicholas J. Wheeler, *The Security Dilemma: Fear, Cooperation and Trust in World Politics*, New York: Palgrave Macmillan, 2008, pp. 84-87. 李彬：《军备控制理论与分析》，国防工业出版社 2006 年版，第 58 页。Robert Jervis, "Cooperation under the Security Dilemma," *World Politics*, Vol. 30, No. 2, 1978, p. 178. Charles L. Glaser, *Rational Theory of International Politics: The Logic of Competition and Cooperation*, Princeton and Oxford: Princeton University Press, 2010, p. 83, Footnote 70. 查尔斯·利普森：《经济和安全事务领域的国际合作》，载大卫·A. 鲍德温主编《新现实主义和新自由主义》，第 71 页。当然，也有学者质疑这种类比的合理性。R. Harrison Wagner, *War and the State: The Theory of International Politics*, Ann Arbor: The University of Michigan Press, 2007, pp. 29-33. R. Harrison Wagner, "The Theory of Games and the Problem of International Cooperation," *The American Political Science Review*, Vol. 70, No. 2, 1983, pp. 330-346.

② Robert Jervis, "Cooperation under the Security Dilemma," *World Politics*, Vol. 30, No. 2, 1978, p. 168.

背叛）要好，因为在前一种情况下两国都可以通过较低成本的安全保障换取小国的支持。同样，对于安全困境博弈中的参与者而言，合作—合作也优于背叛—背叛，因为在前一种情况下两国在较低的军备水平上就能实现实力均衡和相互制约（而不必承担增加军备的成本和由军备增加所带来的不确定性的风险）。然而，如图5－1所示，"囚徒困境"的支付结构迫使两种互动机制下的大国都只能选择"背叛"。价格战博弈和安全困境博弈的结果之所以都是两个大国的势力大致均衡，就是因为这两个博弈的均衡解都是背叛—背叛，而"背叛"战略的一个主要实现形式就是与小国结盟。只不过在价格战博弈和安全困境博弈中联盟所承载的功能不同：前者是为了换取小国的追随，后者则是为了积聚己方的实力。

		B 大国	
		合作 （不降价/不增加实力）	背叛 （降价/增加实力）
A 大 国	合作 （不降价/不增加实力）	3, 3	1, 4
	背叛 （降价/增加实力）	4, 1	2, 2

图5－1 基于囚徒困境博弈的价格战模型和安全困境模型

如上所述，虽然在权力竞争理论和均势理论中导致最终实力分布大致均衡这个相同结果的具体机制不同，但是两种机制都可以用囚徒困境博弈来刻画，并且其均衡结果都是由于互动双方均采取"背叛"战略所导致的。这种内在的相似性的确增加了在经验上区分两种理论的困难，但这并不意味着我们无法找到可供观察的区分指标。事实上，两种理论在经验上最鲜明也最为关键的区别就在于在权力竞争机制下，大国之间的竞争会给小国带来安全、经济和政治地位等多方面的福利，而在均势机制下则不会。①

如上所述，大国无战争时代的大国权力竞争，遵循着一个近似于"价格战博弈"的机制。而价格战博弈的特点就在于参与博弈的双方（比如两个寡头企业）会因为竞争（而都选择降价）而承担额外的损失，这对这两个企业而言当然是一个不利的结果（在四种结果中其支付大小排倒数第二），但对于市场中的消费者而言，却绝对是个利好的局面。由于两个寡头企业为竞争市场份额不断下调商品价格，消费者得以用比以前更少的钱购买到想要的商品。对于消费者而言，他们绝对会希望两个企业竞争得更为激烈，而不会希望两个企业彼此合作建立起类似卡特尔（cartel）那样的垄断机制。企业竞争得越激烈，它们对消费者的让利就越多。

在类似寡头市场竞争下，作为"消费者"的小国会享受到大国竞争所带来的福利（如安全保障、经济援助等）。在大国无战争时代的大国权力竞争机制下，只要大国有意愿追求体系主导权，就必须为小国提供小国所需的各种重要的战略好处。大国间的权力竞争越激烈，它们给小国提供的好处就越优厚、越可靠、越"廉价"。

不仅如此，由于大国相对权力的多寡依赖于小国的政治支持，而如前所述，小国的政治支持在很大程度上必须通过利益交换而非武力胁迫才能获取，因此从这个意义上讲，大国追求权力的最终"命运"掌握在小国的手中。换言之，在大国无战争时代，小国的国际地位会比战争频发时代显著提升，小国不再是国际政治中可有可无的参与者和任凭大国摆布和"宰割"的对象，它们的偏好和意愿将是每一个有意竞争体系霸权的大国在其对外决策过程中所必须纳入计算范围的对象。而且"利益交换"逻辑和"价格战博弈"的结构决定了大国权力竞争越激烈，小国的政治地

---

① 这个差异不知是因为太明显还是因为太不明显，以致为此前几乎所有学者所忽略。

位就越高，小国行为的独立性就越高。

简而言之，在本书提出的大国无战争时代的权力竞争理论的框架中，大国间的竞争具有正的外部性（positive externality）。这种正外部性具体包括两方面。一方面是大国为了获取小国支持，必须为小国提供好处，而且还必须得是小国正好需要的好处，小国因而可以获得如经济援助、安全保障这样的福利；另一方面是由于大国间的权力竞争必须迎合小国的需求和意愿，因此大国间的竞争会提高小国的国际政治地位。

然而在均势逻辑中，大国的竞争非但不会有正外部性，反而还会有负外部性（negative externality）。均势机制的一个非常显著的副作用就是安全困境。① 两个对峙的大国各自增加实力的举动固然既有可能在两国之间形成安全困境，也有可能是出于真实利益冲突的蓄意行为。但无论怎样，根据定义，安全困境是不定向的。② 这意味着两个大国由于彼此对峙（无论是由于安全困境还是利益冲突）而增加实力的举动，会引起与之相关的（例如同一个地区的）其他国家的恐惧。对于小国来说，由于实力上的巨大差距，它们对大国的行为往往会更加敏感，因而其安全恐惧也会更强烈，由此引发冲突的可能性会更大。③

在均势理论的框架内，出于对他国增加实力的恐惧而引发的安全困境，不仅仅只是带来恐惧和不安全感，还有可能引发恶性竞争的螺旋

---

① Kenneth N. Waltz, *Theory of International Politics*, Reading, Massachusetts: Addison-Wesley Publishing Company, 1979, pp. 186 – 187.

② 构成"安全困境"的三个要素是无政府状态，对峙双方增加自身实力的行为，没有对对方采取进攻性手段的意图。Shiping Tang, "The Security Dilemma: A Conceptual Analysis," *Security Studies*, Vol. 18, No. 3, 2009, p. 595.

③ Brantly Womack, "How Size Matters: The United States, China and Asymmetry," *Journal of Strategic Studies*, Vol. 24, No. 4, 2001, pp. 123 – 150. Brantly Womack, "Asymmetry and Systemic Misperception: China, Vietnam and Cambodia during the 1970s," *Journal of Strategic Studies*, Vol. 26, No. 2, 2003, pp. 92 – 119.

（spiral），其至引发由此导致的预防性战争或先发制人战争。① 第一次世界大战以前的欧洲大国关系被认为是遵循均势逻辑的大国互动的经典案例。② 而从现实主义的视角来看，正是由于同盟国和协约国两个联盟的成员不断增加自身实力的举动引发了安全竞争的恶性循环，从而最终导致了第一次世界大战。③ 这场战争不仅导致超过 1500 万人丧生，使欧洲整整一代青年人躺在了战场上，而且还导致了世界中心的转移，欧洲自此开始失去世界中心的地位。④ 可见，纯粹遵循均势机制的大国互动过程，非但不会对相关的小国带来安全和经济上的福利，相反它们还会因为大国间的

---

① Charles L. Glaser, "Political Consequences of Military Strategy: Expanding and Refining the Spiral and Deterrence Models," *World Politics*, Vol. 44, No. 4, 1992, p. 499. Randall L. Schweller, "Neorealism's Status-Quo Bias: What Security Dilemma," *Security Studies*, Vol. 5, 1996, p. 117. Charles L. Glaser, "The Security Dilemma Revisited," p. 171. Robert Jervis, "Realism, Neoliberalism, and Cooperation: Understanding the Debate," *International Security*, Vol. 24, No. 1, 1999, p. 49. Dale C. Copeland, *The Origins of Major War*, Ithaca and London: Cornell University Press, 2000, p. 52. Jeffrey W. Taliaferro, "Security Seeking under Anarchy: Defensive Realism Revisited," *International Security*, Vol. 25, No. 3, 2000 – 2001, pp. 147 – 150. Andrew Kydd, *Trust and Mistrust in International Relations*, Princeton: Princeton University Press, 2005, p. 50.

② 事实上，包括均势理论在内的国际关系学的诸多主流理论都压倒性地以第一次世界大战作为其主要的经验证据。Richard Ned Lebow, *Why Nations Fight*, p. 13. Keir A. Lieber, "The New History of World War I and What It Means for International Relations Theory," *International Security*, Vol. 32, No. 2, 2007, p. 155. 还可参见 Alexander Anievas, "1914 in World Historical Perspective: The 'Uneven' and 'Combined' Origins of World War I," *European Journal of International Relations*, 2011, DOI: 10.1177/1354066111427613。

③ ［美］罗伯特·杰维斯：《国际政治中的知觉与错误知觉》，秦亚青译，世界知识出版社 2003 年版，第 86—89 页。Robert Jervis, "Cooperation under the Security Dilemma," *World Politics*, Vol. 30, No. 2, 1978, pp. 183 – 186. Stephen Van Evera, "Why Cooperation Failed in 1914," *World Politics*, Vol. 38, No. 1, 1985, pp. 80 – 117. Dale C. Copeland, *The Origins of Major War*, Ithaca and London: Cornell University Press, 2000, Chap. 4.

④ ［美］小约瑟夫·奈：《理解国际冲突：理论与历史》，张小明译，上海人民出版社 2002 年版，第 102—103 页。

竞争而面临严峻的生存威胁。大国间的竞争越激烈，小国所面临的生存环境就越残酷。

不仅如此，在均势理论的框架内，小国在国际政治中几乎没有任何政治地位可言。这是因为在均势理论的框架中，国家决策的效用（主要）是以自身的生存安全来定义的。而在无政府状态下，自身安全是由（某种程度的）相对实力的优势决定的。小国的相对实力决定了在均势逻辑盛行的世界里，它们必定处于体系的边缘。在一个纯粹依靠强迫和掠夺的"弱肉强食"的无政府体系里，小国的需求和意愿完全无足轻重，大国也几乎不会将小国的意愿纳入自己的决策过程。与"权力竞争理论"的机制截然相反的是小国的命运总是掌握在大国的手中。所谓"大国可以做它想做的事，而小国则只能做大国让它做的事"。也正因为如此，均势理论才会认为国际政治的一般性理论必然是基于大国的理论。①

简而言之，在均势理论的框架中，由于对大国行为的解释和预测强烈依赖于"自助"假定，因此不可能推出大国间竞争会提高小国在安全、经济、政治等方面福利的预期。相反，大国间竞争越激烈，小国所面临的生存和发展的压力就越大，② 小国的政治地位就越边缘化。

权力竞争理论和均势理论在大国互动的外部性上之所以会存在如此鲜

---

① Kenneth N. Waltz, *Theory of International Politics*, Reading, Massachusetts: Addison-Wesley Publishing Company, 1979, p. 73. 有关均势理论的"大国偏见"，还可参见 Jack S. Levy, "What Do Great Powers Balance Against and When," in T. V. Paul, James J. Wirtz, and Michael Fortmann eds., *Balance of Power: Theory and Practice in the 21st Century*, Stanford: Stanford University Press, 2004, pp. 38 – 39。

② 一些理论和历史研究认为，均势理论以及与其密切相关的安全困境模型并不能准确地解释历史上那些曾经被认为可以被它们所解释的战争。Keir A. Lieber, "The New History of World War I and What It Means for International Relations Theory," pp. 155 – 191. Shiping Tang, *A Theory of Security Strategy for Our Time: Defensive Realism*, New York: Palgrave Macmillan, 2010, Chap. 3. 但即便如此，至少均势理论无法推导出小国会享受到大国竞争所带来的正外部性的预期。

明而巨大的差异，其核心原因在于两个模型中的互动中的大国获得支付（payoff）的方式不同。在权力竞争理论中，大国的支付是以相对的权力大小来定义的。而在大国无战争时代，大国获得权力的主要途径是利益交换，亦即为小国提供安全保障。这种获利机制决定了大国获得支付的前提是小国的需求得到满足。而在均势理论中，大国的支付是以相对的安全程度来定义的。在无政府状态下——尤其是在战争频发时代的无政府状态下——获得安全的根本途径是通过某种程度的实力优势自己保护自己。对相对实力优势的追求使得大国总是存在伺机武力打击对手从而削弱对方实力的潜在动机。① 而"自助"这种安全获取逻辑则决定了别的国家不会由于一个国家获取自身安全的行为而获得好处。

基于利益交换逻辑的权力竞争能够产生正外部性，与自亚当·斯密以来自由主义哲学所强调的个体追求利益的行为会自动增加社会福利的思想是一致的。而要想出现这种和谐的局面，前提是个体追求利益的方式是与他人进行"交换"。二战以前，大国获利的主导性逻辑是掠夺和胁迫，这样的获利方式决定了在战争频发时代难以出现个体利益与社会整体福利相和谐的局面。基于战争频发时代历史经验的传统国际关系理论，因而总是倾向于将权力关系视为一种零和博弈，同时倾向于低估小国的权力。② 然而从本书的观点看，1945 年以前，大国与小国的利益关系的确具有零和性，大国对权力的竞争在很多情况下是以牺牲小国的领土和主权为代价的；但在 1945 年之后，大国与小国之间则变成了正和关系，大国竞争权力的行为将会为小国带来福利和地位的提高。

在科学哲学看来，新理论能够取代旧理论的一个重要标准是，新理论

---

① John J. Mearsheimer, *The Tragedy of Great Power Politics*, New York: W. W. Norton & Company, 2001, pp. 37 – 40.

② David A. Baldwin, "Exchange Theory and International Relations", *International Negotiation*, Vol. 3, No. 2, 1998, p. 142.

能够预测旧理论无法预测甚至无法想象的新事实。① 本书所提出的"权力竞争理论"预测，大国无战争时代的大国权力竞争具有正外部性，小国会因为大国的竞争而享受到安全、经济和政治等方面的额外福利。在均势理论看来，这非但是不可能的，而且还会倾向于做出与之刚好相反的预测。从这个意义上讲，本书的理论具有取代均势理论的潜力。②

对冷战历史非常粗略的回顾就已经能够显示，这一时期的小国的确因美苏之间的竞争而享受到了明显的正外部性。冷战时期，美苏两国获得国际威望的一个重要来源就是它们分别为两个阵营的国家提供了领导。③ 提供领导的背后，是为各自盟友所提供的经济援助、安全保障以及社会发展的秩序。美苏之间的对抗的确形成了"冷战"，但正如有学者所说的那样，无论冷战有多糟糕，也总比一场热战要好。④ 更何况历史进程表明，东西两大阵营之间的安全状况，最初认为是不安全的，后来则证明其实是安全的。⑤

不仅是美苏两国的盟友，即使是第三世界国家，也同样在美苏两个超级大国的竞争中占了不少便宜。在冷战期间，第三世界不仅是美苏两国权力竞争的主要竞技场，而且其本身就是这场全球性竞争的重要"赌注"。

---

① ［英］伊姆雷·拉卡托斯：《证伪和科学研究纲领方法论》，载［英］伊姆雷·拉卡托斯、艾兰·马斯格雷夫主编《批判与知识的增长》，周寄中译，华夏出版社 1987 年版，第 151 页。

② 值得注意的是，权力竞争理论与均势理论在大国互动后果上的差异，由于涉及两种理论的内在机制，因此比前文所指出的两者在大国互动行为上的差异更为重要。

③ Randall L. Schweller, "Realism and the Present Great Power System: Growth and Positional Conflict Over Scarce Resource," in Ethan B. Kapstein and Michael Mastanduno eds. , *Unipolar Politics: Realism and State Strategies After the Cold War*, New York: Columbia University Press, 1999, p. 43.

④ Gordon A. Craig and Alexander L. George, *Force and Statecraft: Diplomatic Problems of Our Time*, New York: Oxford University Press, 1995, p. 105.

⑤ 罗伯特·J. 阿特：《美国、东亚和中国崛起：长期的影响》，载朱锋、［美］罗伯特·罗斯主编《中国崛起：理论与政策的视角》，上海人民出版社 2008 年版，第274 页。

第三世界国家的态度和政策选择对美苏两国在全球范围的影响力的消长有着至关重要的影响。① 正是看准了这一点，"一些第三世界国家学会了如何熟练地玩援助游戏。它们在冷战中仔细挑选援助，或者在两者之间挑拨离间，坐收渔翁之利。它们对自己与前殖民帝国之间的后殖民时代的特殊关系喋喋不休；它们强调自己重要的战略地位；它们有效地运用它们可以自由支配的各种武器"。② 正如有学者所指出的那样，冷战时期美苏保持自身在第三世界的存在不再是一种实现自身安全的途径，而成为了目的本身。这给那些美苏两国的"客户们"提供了向其保护国施加反向影响力的机会。③ 第三世界国家由此从以前作为世界政治的边缘变成了世界政治的中心之一。④

二 "追赶模式"下的权力竞争机制

正如"同期竞争模式"下的大国权力竞争机制是由类比古诺模型推出的，另一个微观经济学模型斯塔克伯格模型也可以为"追赶模式"下的权力竞争机制提供重要参考。但在类比这一模型时，有一个经济世界和国际政治世界的差异需首先予以注意。

在标准的斯塔克伯格模型中，企业所选择的战略是商品的产量。由于

---

① Robert S. Litwak and Samuel F. Wells, Jr., "Introduction: The Third World and East-West Relations," p. ix.

② Guy Arnold, *Aid and the Third World: North/South Divide* (London: Robert Ryce Limitied, 1985), p. 119, 转引自丁韶彬《大国对外援助——社会交换论的视角》，社会科学文献出版社 2010 年版，第 4 页。

③ Roy Allison and Phil Williams, "Superpower Competition and Crisis Prevention in the Third World," in Roy Allison and Phil Williams eds., *Superpower Competition and Crisis Prevention in the Third World*, New York: Cambridge University Press, 1990, p. 3.

④ 汉斯·摩根索：《国家间政治》，徐昕、郝望、李保平译，王缉思校，北京大学出版社 2006 年版，第 383 页。

商品的产量是一个连续变量，企业总是可以对自己的产量做出细微的调整，因此领头企业和尾随企业的候选战略都有无穷多个。[①] 正因为如此，在均衡状态下，尾随企业的收益虽然比领头企业少得多（仅为领头企业收益的 1/2），但却不会为 0。换言之，即使领头企业存在先行优势，但尾随企业仍会选择进入市场（进入的收益为一个正数，不进入的收益为 0）。

然而在国际政治中，大国可选战略的数量一般都是非常有限的，而且这些战略往往都是离散的而不是连续的。[②] 如果我们将大国为小国提供的"安全保障"类比为寡头企业为消费者提供的某类商品的话，情况更是如此。

首先，大国在是否为某个小国提供安全保障这个问题上，可选的策略只有提供与不提供两种。而当其决定为小国提供安全保障时，可选的具体策略也同样是有限的，比如究竟是为该小国提供战时援助，还是提供常态驻军，还是提供核保护伞，等等。这些策略在安全保障的供给程度上虽然存在差别，但显然仍都是离散变量。其次，国家（尤其是小国）的安全需求本身也是非连续性的。一旦基本安全得到有效保障之后，国家对额外的安全收益的需求就变得不再强烈，而转入更高层次的需求。这意味着大国与小国之间的安全供求关系不会如普通商品的供求关系那样呈现线性变化趋势。最后，安全保障具有很强的外部性（externality），尤其在多边军事同盟中，霸权国所提供的安全保障在很大程度上是一种公共物品。[③] 这意味着安全保障的物质投入和实际效果之间不

[①] 严格地说，商品的产量是离散的而非连续的，可选产量也不是无穷多的。不过由于它的单位可以精确到个位，相比较于大国对小国所提供的安全保障的规模和程度而言，它有很高的连续性，因此这里粗略地将它视为连续变量。

[②] 周方银：《小国为何能长期存在》，《国际政治科学》2005 年第 1 期，第 38 页。

[③] 军事同盟对盟国安全和其他领域外部性的较新的实证分析，参见 Anessa L. Kimball, "Political Survival, Policy Distribution, and Alliance Formation," *Journal of Peace Research*, Vol. 47, No. 4, 2010, pp. 407 – 419。

是线性关系，大国安全保障所能覆盖的小国的数量的增加速度大于大国提供安全保障所支付的物质成本的增加速度。所有这些因素决定了"安全保障"作为大国用以交换小国政治支持的一种特殊"商品"，其"数量"不可能像普通商品的产量那样能够被企业所精确地控制，而只能被"一批""一批"地"出售"。

　　类比经济学模型的目的在于更加清晰和准确地理解国际政治。鉴于国际政治中"安全保障"是离散型而非连续型变量这一特点，我们需要对斯塔克伯格模型做出相应地修改。[①] 现在规定：无论是领头企业（设为 A）还是尾随企业（设为 B），其每次可选择的产量均为一个固定值（设为 Q_0，$Q_0 > 0$）。并设该产量所需的成本为 c（c > 0），市场逆需求函数为 $P = a - bQ$（a > 0，b > 0）。根据斯塔克伯格模型所描述的情境，在 B 企业进入市场之前，A 企业垄断该市场，其产量为 Q_0。在这种情况下，领头企业和尾随企业的一个两阶段博弈及其支付，如图 5 - 2 所示。

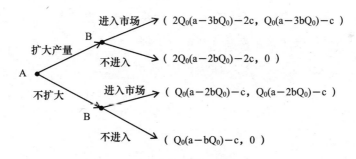

图 5 - 2　对斯塔克伯格模型的修改

　　在这个博弈中，有两对支付的大小关系是恒定的。首先，根据博弈的

---

　　① 古诺模型中企业的战略同样是改变自身的产量，同样是连续型而非离散型变量，但在此基础上所推导出的企业的战略倾向和互动结果与修改为离散型变量后的情况并无显著差异，因此不必再做修改。

定义，当 A 企业选择不扩大产量时，B 企业一定会进入市场与 A 企业展开竞争，这意味着 $Q_0(a-2bQ_0)-c>0$。① 其次，如图 5-2 所示，当 A 企业选择扩大产量而 B 企业选择不进入市场时，A 的收益恒为当 A 企业选择不扩大产量而 B 企业选择进入市场时 A 的收益的 2 倍，这意味着前者恒大于后者。

在修改后的模型中，每个企业的产量均为固定值，这使得在领头企业已选择扩大产量的情况下，尾随企业选择进入市场的收益有可能降到 0 以下，这是修改后的模型与标准的斯塔克伯格模型的核心差异所在。当 $Q_0(a-3bQ_0)-c<0$ 时，② 结合上述两个恒定的支付大小关系，运用反向归纳法（backward induction）易知，（A 企业扩大产量，B 企业不进入该市场）是这个博弈的子博弈完美均衡。与斯塔克伯格模型一样的是，一开始处于垄断地位的 A 企业同样会抢在 B 企业采取行动之前抢先扩大其产量。而与斯塔克伯格模型不同的是，A 企业这种做法的效果并不仅仅是压缩了 B 企业的市场份额，还逼迫着 B 企业干脆放弃进入该市场的计划。简而言之，当企业的产量为离散值时，领头企业抢先扩大产量的战略存在着从根本上遏制尾随企业参与竞争的可能性。

---

① 根据 $Q_0>0$，且 $Q_0(a-2bQ_0)-c>0$，可推出 $a^2>8bc$，且 $\dfrac{-a+\sqrt{a^2-8bc}}{-4b}<Q_0<\dfrac{-a-\sqrt{a^2-8bc}}{-4b}$。

② 具体而言，在 3 种情况下 $Q_0(a-3bQ_0)-c<0$：当 $8bc<a^2<12bc$，且 Q_0 在区间 $\left(\dfrac{-a+\sqrt{a^2-8bc}}{-4b},\dfrac{-a-\sqrt{a^2-8bc}}{-4b}\right)$ 内取任意整数值时；当 $a^2=12bc$，且 Q_0 在区间 $\left(\dfrac{-a+\sqrt{a^2-8bc}}{-4b},\dfrac{a}{6b}\right)$ 或区间 $\left(\dfrac{a}{6b},\dfrac{-a-\sqrt{a^2-8bc}}{-4b}\right)$ 内取任意整数值时；当 $a^2>12bc$，且 Q_0 在区间 $\left(\dfrac{-a+\sqrt{a^2-8bc}}{-4b},\dfrac{-a+\sqrt{a^2-12bc}}{-6b}\right)$ 或区间 $\left(\dfrac{-a-\sqrt{a^2-12bc}}{-6b},\dfrac{-a-\sqrt{a^2-8bc}}{-4b}\right)$ 内取任意整数值时。

根据修改后的斯塔克伯格模型，我们可以更为贴切地推出"追赶模式"下的大国权力竞争机制。如果体系中最初只有一个大国（亦即单极霸权国）具备为其他小国提供安全保障的能力，而且它有保持和延续其单极霸权的意愿，那么只要体系内还存在着在未来有可能具备竞争体系主导权实力的其他主要国家，并且该大国也认识到了这一点，那么该大国必然会采取行动，会抢在其他主要国家开始与它竞争体系主导权以前，加大对小国安全保障的投入，一方面巩固与自己传统盟友的关系，另一方面扩大自己的联盟阵营，尝试接触和拉拢那些不是自己盟友且有可能成为潜在竞争对手盟友的国家。

霸权国这样做的目的和结果是挤压崛起国潜在的"市场份额"，等到崛起国拥有足够资源能够参与竞争时，留给崛起国的潜在"消费群体"将会所剩无几。再加之成本和风险的约束，崛起国即使明知道未来自己的损失可能会更大，也仍然有很大的可能会在相当一段时期内暂时放弃与霸权国的竞争。对于霸权国来说，它明知道扩大安全供给不仅会额外付出相当大的成本，而且会引起崛起国的不满甚至战略反制，但它仍然会坚持这一战略选择，因为这种战略的成本将有效地延长其唯一霸主地位的时间。

这个抽象的权力竞争过程与冷战后美国同中国等潜在竞争对手之间的互动情形十分吻合。1991 年，苏联作为两极体系的·极的突然解体，一方面，使得美国成为国际安全保障这个"市场"中唯一的供给者，另一方面，也为其他主要国家参与体系权力的竞争提供了契机。美国为了应对潜在竞争者的竞争，为了在冷战后将其单极霸权优势延续更长的时间，在苏联解体后的第二年，美国国防部就草拟了新的宏观战略，意图通过防止全球性竞争对手的出现以保持美国的单极地位。①

----

① Patrick Tyler, "The Lone Superpower Plan: Ammunition for Critics," *New York Times*, March 10, 1992, p. A12, quoted from William C. Wohlforth, "The Stability of a Unipolar World," *International Security*, Vol. 24, No. 1, 1999, p. 5.

　　1995 年 2 月，美国出台《美国对东亚太平洋地区的安全战略》，明确表示以大约 10 万人的标准维持在这一地区的军事存在。[①] 对于其在亚太地区最重要的双边同盟——美日同盟，1996 年 4 月，美国和日本领导人发表《日美安全保障联合宣言》，随后又于 1997 年出台新修订的《美日防卫合作指针》，全面加强美日军事同盟关系。[②] 在欧洲，北约理事会于 1994 年 12 月决定实施东扩计划。1999 年 3 月，波兰等 3 国正式加入北约。2004 年 3 月，保加利亚等 7 国成为北约正式成员。2009 年 4 月，阿尔巴尼亚和克罗地亚又加入北约，北约成员国至此增至 28 个。[③] 不仅如此，美国的导弹防御计划也在冷战后加速推进。[④] 这种做法会不可避免地加大中俄等国的安全疑惧和阻力，但美国依然不惜代价坚持推行。[⑤]美国是冷战后唯一的超级大国，加强军事同盟、发展导弹防御计划等行

---

　　① Department of Defense, *The United States Security Strategy for the East Asia-Pacific Region.*

　　② 王帆：《美国的亚太联盟》，世界知识出版社 2007 年版，第 98—100 页。

　　③ 许海云：《北约简史》，中国人民大学出版社 2005 年版，第 267、273 页；李学军、严锋：《东欧 7 国 29 日正式成为北约新成员》，http://news. xinhuanet. com/world/2004 – 03/30/content_ 1390530. htm；尚绪谦：《阿尔巴尼亚和克罗地亚正式加入北约》，http://news. xinhuanet. com/world/2009 – 04/02/content_ 11116166. htm。

　　④ 有关美国对自身弹道导弹威胁的评估以及导弹防御计划的最新战略规划，参见 Department of Defense, *Ballistic Missile Defense Review Report*, Feb. 2010, http://www. defense. gov/bmdr/。

　　⑤ 有关美国导弹防御系统负面影响的讨论，参见 Steven E. Miller, "The Flawed Case for Missile Defense" *Survival*, Vol. 43, No. 3, 2001; Charles L. Glaser and Steve Fetter, "National Missile Defense and the Future of U. S. Nuclear Weapons Policy," *International Security*, Vol. 26, No. 1, 2001。即使是对导弹防御系统持支持态度的学者也承认，只要对敌方进行报复性打击是可置信的，那么导弹防御系统非但是不必要的，而且由此所引发的潜在挑战者对现状的不满会对威慑的稳定性产生严重的消极影响，参见 Stephen L. Quackenbush, "National Missile Defense and Deterrence," *Political Research Quarterly*, Vol. 59, No. 4, 2006, p. 540。

为对美国本国安全的边际效用微乎其微。① 单从美国自身决策的角度看，美国冷战后的这些行为是不理性的。但如果放在互动的框架中，我们就会发现，这正是美国抢先挤占"安全市场"的份额，从而抑制中俄竞争的最优选择。

冷战后，中国等崛起国的实力固然在很长时间内都尚未达到冷战时期苏联的水平，而更重要的是，由于美国利用其"先动优势"率先扩大了对外安全保障的供给规模，使得可供中国结盟并愿意接受中国安全保障的国家的数量已经变得非常有限。随着美国 2010 年"重返亚洲"加大对亚太地区的安全保障投入后，即使中国立即调整政策，东南亚的许多国家短期内也很难舍弃美国转而接受中国的安全保障。2010 年 8 月，美国与越南举行联合军事演习。② 2012 年 11 月，奥巴马连任美国总统后首次出访即选择出访泰国、缅甸和柬埔寨三个东南亚小国，尤其寻求和与中国有着传统密切关系的缅甸的接近。③ 这些都无疑是近期美国挤压中国潜在盟友的具体表现。④ 正如一位中国学者所指出的那样，由于其他国家更愿意保持与美国的合作关系，因此中国很难找到制衡美国权力

---

① 根据美国 2010 年《弹道导弹防御评估报告》，美国在欧洲的防御计划分为 4 个阶段，其中前 3 个阶段（2018 年以前）所部署的防御系统都只用来防御欧洲和北约盟国，直到第 4 个阶段才被用来防御美国本土。参见 Department of Defense, *Ballistic Missile Defense Review Report*, p. 24。美国先保护盟友后保护自己的战略步骤，不仅从一个侧面反映出美国当前自身安全威胁并不紧迫，也在一定程度上体现出美国冷战后积极发展军力的主要用途是保卫盟国。

② 《美国越南两国进行联合海军演习》，http://news.xinhuanet.com/mil/2010-08/11/content_13998168.htm（访问时间：2011 年 8 月 23 日）。

③ 《奥巴马连任后首次出访锁定东南亚意欲何为》，http://news.xinhuanet.com/world/2012-11/12/c_123940327.htm（访问时间：2012 年 12 月 5 日）。

④ 有关中国崛起因素对奥巴马政府时期美国与东南亚国家关系的影响，参见 Cheng-Chwee Kuik, Nor Azizan Idris and Abd Rahim Md Nor, "The China Factor in the U.S. 'Reengagement' With Southeast Asia: Drivers and Limits of Converged Hedging," *Asian Politics & Policy*, Vol. 4, No. 3, 2012, pp. 315-344。

的潜在盟友。① 在这种情况下，中国在短时期内很难采取有效的行动与美国竞争影响力。

至此，我们可以对本书第一部分所提出的那个经验困惑做出解答：美国在冷战后之所以会不断加强已有的同盟关系，同时增加盟友数量，其核心动机是权力而非安全。换言之，它这么做并不是出于对中国（俄罗斯）潜在军事入侵的忧虑，更不是为将来对中俄发动预防性战争做准备，而只是在竞争压力和"先动优势"的驱动下，试图抢在中国有能力与自己展开竞争之前，尽可能地在自己已经争取到的"客户"那里树立更好的形象和信誉，使其相信自己安全保障的可靠性，从而防止这些"客户"被新崛起的其他安全保障供给国所"吸引"走；与此同时，尽可能多地抢夺中国安全供给的潜在"买家"，从而确保自己拥有绝对多数的国际支持。而中国之所以面对美国的步步紧逼在长时期内一直保持克制，是因为它没有充足的"市场资源"可供利用，短期内无力改变国际安全供给的"市场结构"。

站在美国的视角来看，冷战后之所以没有其他主要国家制衡它，存在两方面的原因。一方面，如一些学者所指出的那样，是因为美国对其中一些国家（如英法德日等国）的安全威胁小，所以它们没有制衡美国的必要。② 但之所以会如此，是因为这些国家正享受着美国为其提供的诸如安全保障这样的重要的战略好处。这些主要国家没有感到来自美国的安全威胁以至于没有制衡美国的动机是美国长期以来坚持对其实施利益交换战略、为其提供可信赖的安全保障的结果，而非原因。另一方面，对于中国这样没有享受到美国战略的好处且被美国视为潜在权力竞争对手的主要国

---

① 朱锋：《中国和平崛起：与单极的关系》，载朱锋、［美］罗伯特·罗斯主编《中国崛起：理论与政策的视角》，上海人民出版社 2008 年版，第 43 页。朱锋：《中美会进入地缘政治对抗吗？》，《环球时报》2012 年 1 月 15 日。

② 参见本书第二章的相关讨论。

家来说，它（们）之所以没有制衡美国，则是因为冷战后美国及时而充分地发挥了苏联解体为其创造的"先动优势"，从而抢占了大国无战争时代霸权竞争所必须抢占的大部分"市场资源"。归根结底，冷战后美国单极霸权地位在长时间内未受到明显的直接的挑战，根源于美国的利益交换战略及其在冷战后的"先动优势"。

◇◇ 第三节　"先动优势"与"防御性联盟形成时间"悖论

一　大国无战争时代权力竞争的"先动优势"

如上节所述，在斯塔克伯格模型中，领头企业在市场竞争中拥有一种"先动优势"。领头企业由于有机会在尾随企业进入市场之前扩大产量从而压低商品的市场价格，因此尾随企业不得不选择以低于领头企业 2 倍的产量进入该市场。而当产量被限定为一个固定值时，领头企业的这种先动优势还有可能大到完全阻止尾随企业进入市场的程度。如上所述，冷战后美国的唯一霸主地位之所以在相当长的时期内都没有遭遇其他主要国家的明显挑战，在很大程度上就得益于这个两阶段序贯博弈所赋予它的这种"先动优势"。然而，在大国无战争时代，拥有"先行之利"的大国在权力竞争中实际拥有的"先动优势"，远不止斯塔克伯格模型所界定的这么多。国际政治在以下三个方面放大了博弈结构自身所赋予的这种先动优势。

首先，安全保障供给的"规模经济效应"导致"垄断"难以打破。在微观经济世界中，某种同质产品的市场如果存在规模经济，那么该市场往往只能支持一个企业。具体说来，如果商品的单位成本与商品产量呈负相关关系，或者从事该商品销售需要巨大的成本投入，那么就会形成自然垄断（natural monopoly）。在自然垄断状态下，另一个企业如果进入该市场，由于商品供给量的增大，商品的需求曲线就会被降到长期平均成本以下，由此导致后进入企业的净收益为负。作为理性决策者，这第二个企业不会选择进入该市场。① 可见，在"规模经济"效应下，如果某个企业已经垄断了市场，就很难再有别的企业能够进入市场参与竞争了。

如前所述，在"利益交换"战略中，大国为小国提供的最重要的利益是安全保障。安全保障的实现形式包括了为小国提供武器、在小国境内驻军、提供核保护等。大国以这些形式为小国所提供的安全保障可以视为大国"出售"给小国的"商品"，很显然，这种商品的供给是一种规模经济。首先，为小国提供安全保障所需的成本非常高昂，因此只有大国才有能力提供这种"商品"。其次，一旦大国跨过了安全保障供给的成本门槛，大国则又可以在不明显增加安全保障供给总成本的情况下，增加受保护的小国的数量。例如，我们看到，美国一方面在近年来不断加强其与亚太盟友的关系，但其国防开支水平却在 2013 年出现下降。② 这种"规模经济"效应会强化霸权国的先动优势，在其业已取得"市场份额"优势的情况下，会给其他想要加入权力竞争的大国制造先天的障碍。

其次，小国对安全保障的"低弹性需求"降低了崛起国争夺非中立小国的效率。相比较于经济世界中的消费者，国际政治体系中可供大国争取的"消费者"——亦即小国——的数量是非常有限的。在拥有先行

---

① ［美］曼昆：《经济学原理》（第二版），梁小民译，生活·读书·新知三联书店 2001 年版，第 328—329 页；［美］阿瑟·奥沙利文、史蒂芬·M. 谢菲林：《经济学》，杜焱等译，梁小民校，北京大学出版社 2001 年版，第 258—260 页；［美］普拉伊特·K. 杜塔：《策略与博弈——理论及实践》，施锡铨译，上海财经大学出版社 2005 年版，第 115 页。

② 《美国 2013 年度国防预算 911 以来首次下降》，http: //news. xinhuanet. com/world/2012 – 02/14/c_ 122699716. htm（访问时间：2012 年 7 月 4 日）。

之利的霸权国已经抢先扩大了其安全保障的规模的情况下，尚未被霸权国拉拢同时又可供崛起国争取的小国的数量和质量，很可能已经不足以帮助崛起国与霸权国相抗衡。此时，崛起国如果仍不想放弃与霸权国的竞争，除了要尽可能多地争取那些尚保持"中立"的小国之外，更需将那些业已倒向霸权国阵营的小国争取到自己这一边。然而，在某小国已经接受霸权国安全保障的情况下，崛起国很难通过利益交换的方式做到这一点。①

如前所述，小国之所以愿意追随霸权国，一个很重要的原因是它可以通过追随霸权国而获取各种物质利益，其中小国最看重的就是霸权国所提供的安全保护这种好处。因此，崛起国要想争取到小国，就必须为小国提供包括安全保护在内的各种利益，而且从"市场竞争"的角度看，崛起国所提供的好处还必须更"便宜"、更可靠。只有当霸权国无法再满足小国的安全需求时，崛起国才有可能通过满足小国更高的安全需求将小国争取到自己这一边。然而，对安全的需求是一种缺乏弹性的需求（inelastic demand），对于小国来说尤其如此。在无政府状态下，小国的安全很难通过自助得到保障。② 换言之，除了"外部安全保障"外，小国缺乏其他可替代的方式满足其安全需求。而低可替代性则决定了商品需求的低弹性。③ 而当需求弹性缺乏时，哪怕只想让需求量小幅上升，也必须大幅降

---

① 当然，从理论上讲，崛起国还可以通过武力与霸权国争夺对小国的安全保障权。然而在大国无战争时代，崛起国与霸权国之间的武力使用，其巨大的成本和风险是显而易见的。有关崛起国与霸权国争夺小国问题的更详细的探讨，可参见杨原《崛起国如何与霸权国争夺小国——基于古代东亚历史的案例研究》，《世界经济与政治》2012 年第 12 期。

② 小国难以靠自助确保自身安全这一特点在很大程度上定义了"小国"这个概念本身。Robert L. Rothstein, *Alliances and Small Powers*, New York: Columbia University Press, 1968, p. 29.

③ ［美］罗宾·巴德、［英］迈克尔·帕金：《微观经济学原理》（第四版），张伟等译，中国人民大学出版社 2010 年版，第 131 页。

低商品的价格。① 从经济学的角度看，这种竞争方式是缺乏效率的。②

对于那些已经处于霸权国安全保障之下的小国来说，其安全需求已经有了较充分的满足。受低弹性需求效应的影响，此时崛起国哪怕只试图在一个较小的程度上提高小国对"外部安全保障"的需求量（例如，仅提高10%），也必须首先在一个较大的程度上压低自己所提供的安全保障的"价格"（假如需求弹性为0.5，则需压低20%）。换言之，崛起国的努力和其收益是不对称的，它所提供的安全保障必须比霸权国所提供的安全保障"优质"得多且交换门槛低得多，才有可能提高小国对安全保障的需求，而且还只是在一个较小的幅度上。然而如前所述，只有将小国对安全保障的需求量提高到霸权国无法满足的程度，崛起国所提供的安全保障才会对小国产生吸引力。但是，由于小国对外部安全保障的需求缺乏弹性，因此崛起国实现这个目标的过程注定将是成本高、周期长、收效弱的。

最后，认同、政权合法性以及现状偏好等因素进一步加大了崛起国争夺非中立小国的难度。在某类商品的寡头垄断市场中，由于商品是同质的，因此只要某寡头企业将价格压得足够低，那么即使该商品的需求缺乏

---

① 商品的需求弹性是用来测量商品的需求量对价格变化的敏感程度。需求弹性＝需求量的百分比变化/价格的百分比变化。当需求弹性小于1时，该商品的需求缺乏弹性，这意味着该商品的市场需求对价格的变化不敏感。罗宾·巴德、迈克尔·帕金：《微观经济学原理》（第四版），张伟等译，中国人民大学出版社2010年版，第130—132页。

② 可能会有读者提出，小国对"安全保障"的需求缺乏弹性，并不意味着小国对其他利益的需求也缺乏弹性，毕竟大国能够给予小国的好处并不仅仅限于安全保障，崛起国可以通过给予小国其他有弹性需求的"商品"来吸引小国。但是如此一来，就出现了一个通过利益交换争夺小国的两难：一方面，利益交换的基本原理决定了大国要想对小国施加足够的影响力，其所提供的好处就必须是难替代的，亦即小国除了从该大国那里获得该好处之外，很难从其他渠道获得；而另一方面，如果某种好处的可替代性低，那么又意味着该好处缺乏需求弹性，如上所述，一个大国用提供该好处来与另一个大国争夺小国就会缺乏效率。换言之，崛起国为小国提供的好处，如果其需求弹性高，那么难以有效笼络和吸引小国；如果需求弹性低，那么以提供该好处来与霸权国竞争则又将会是低效的。

弹性，该企业仍然可以吸引原本购买其他企业同类商品的消费者转而购买自己的商品。但在国际政治中，影响"消费者"——亦即小国——决策的因素并不仅只是大国所提供的安全保障的"价格"，而要比之复杂得多。

霸权国之所以能够争取并长期保持小国对自己的依附，除了基于安全保障这样的物质利益的诱导之外，还得益于小国对霸权国领导的认同。由于小国的安全源于霸权国的保障，而霸权国能否给予小国可靠的保障则取决于霸权国自身实力是否强大、发展是否繁荣。由于双方利益休戚与共，因此在较长时期的依赖与被依赖关系中，小国会逐渐将霸权国的成功和荣誉视为自己的成功和荣誉。换言之，小国会逐渐将霸权国的存在和强大视为界定自身身份的一种重要来源，从而从追随霸权国的过程中获得一种"本体上的安全感"（ontological security）。[1] 这种身份认同和本体安全感的形成，无疑需要较长的时间，而且一旦形成，就具有稳定性。[2] 崛起国在争取小国的时间落后于霸权国的情况下，几乎不可能对那些早已追随霸权国的小国给予同样多的本体安全感，也几乎不可能赢得小国同样多的认同。

小国保持对霸权国的追随不仅可以获得本体安全，而且其执政者还可

---

[1] 本体安全是指人的一种感受，是人们对自我认同的连续性以及对社会与物质环境的稳定性所具有的信心，它是人类的一种原始的生存需要。参见［英］安东尼·吉登斯《现代性与自我认同》，赵旭东、方文译，生活·读书·新知三联书店1998年版，第40—61页。国际关系学对本体安全的讨论，参见 Jef Huysman, "Security! What do You Mean? From Concept to Thick Signifer," *European Journal of International Relations*, Vol. 4, No. 2, 1998, pp. 226 – 255; Bill McSweeney, *Security, Identity and Interests: A Sociology of International Relations*, Cambridge: Cambridge University Press, 1999; Jennifer Mitzen, "Ontological Security in World Politics: State Identity and the Security Dilemma," *European Journal of International Relations*, Vol. 12, No. 3, 2006, pp. 341 – 370。

[2] 除了内生于霸权国安全保障进程的本体安全外，初始的共同意识形态和价值观无疑也会对国家结盟对象的选择产生重要影响。Randolph M. Siverson and Juliann Emmons, "Birds of a Feather: Democratic Political Systems and Alliance Choices in the Twentieth Century," *Journal of Conflict Resolution*, Vol. 35, No. 2, 1991, pp. 285 – 306.

以因此而保持其政权的合法性。如果将霸权国与接受其安全保障并追随它的小国之间的关系视为一种基于契约型权威的统治与被统治关系的话，① 那么随着时间的延续，这种统治与被统治的关系会成为一种传统。如果违背了这种传统，小国执政者的执政地位就将面临危险。② 这是因为小国国内政权的合法性，与国内观众成本密切相关。③ 在长期追随霸权国的过程中，受物质利益、身份认同等因素的影响，小国国内各阶层往往会习惯于这种依附霸权国的外交状态。这种路径依赖在短时间内很难改变。在小国国内观众仍然希望继续追随霸权国的情况下，小国掌权者如果顺应这种意愿，其政权就会得到巩固；反之，其政权的合法性就会被削弱。这意味着，崛起国如果想要争取那些原本追随霸权国的小国，还必须克服小国国内观众成本对小国执政者的决策所设置的障碍。

除此之外，拥有先行之利的霸权国在长期为小国提供安全保障的过程中，它所提供的安全保障以及其他物质和非物质利益会形成一种"品牌效应"，这种品牌效应会强化小国选择追随霸权国的偏好。不仅如此，随着时间的推移，小国会将其从霸权国那里获得各种好处视为一种"现状"，视为一种自身所固有的"禀赋"。根据前景理论的基本原理，行为

---

① David A. Lake, "Escape from the State of Nature: Authority and Hierarchy in World Politics," *International Security*, Vol. 32, No. 1, 2007, pp. 47 – 79; David A. Lake, *Hierarchy in International Relations*, Ithaca and London: Cornell University Press, 2009.

② 有关传统型的统治，参见马克斯·韦伯《经济与社会》（上卷），林荣远译，商务印书馆 1997 年版，第 251—269 页。

③ James D. Fearon, "Domestic Political Audiences and The Escalation of International Disputes," *The American Political Science Review*, Vol. 88, No. 3, 1994, pp. 577 – 592; Bruce Bueno de Mesquita and Randolph M. Siverson, "War and the Survival of Political Leaders: A Comparative Study of Regime Types and Political Accountability," *The American Political Science Review*, Vol. 89, No. 4, 1995, pp. 841 – 855; Matthew A. Baum, "Going Private: Public Opinion, Presidential Rhetoric, and the Domestic Politics of Audience Costs in U. S. Foreign Policy Crises," *The Journal of Conflict Resolution*, Vol. 48, No. 5, 2004, pp. 603 – 631.

体避免其现状受到某种程度的损失的意愿，会显著强于获得同等程度的收益的意愿。① 这种对现状的偏爱，会使小国越加珍视从霸权国那里既得的利益，因而越加不愿轻易地改变对霸权国的这种依附关系。这无疑进一步提高了崛起国争取这些小国的难度。

综上所述，在大国无战争时代，大国权力竞争中的"先动优势"建立在斯塔克伯格模型的博弈结构之上，但远远超过了模型本身。在霸权国拥有抢先为小国提供安全保障的时间和机会的情况下，对于随后参与权力竞争的崛起国而言，它一方面固然会面临"市场份额"被挤压的被动局面，从而缺乏足够多的中立小国供其争取，另一方面，它争取那些已经追随霸权国的小国转而追随自己的难度也会非常大。② 受这两方面因素的制约，崛起国将不得不（暂时）放弃与霸权国竞争体系主导权的计划。然而，基于上文的分析可知，霸权国展开行动的时间与崛起国开始与霸权国竞争的时间之间的间隔越长，霸权国的"先动优势"就会越大。因此，崛起国因霸权国的"先动优势"而（暂时）放弃竞争的选择，会反过来进一步强化和加大霸权国的"先动优势"，如图 5 - 3 所示。③ 在这种情况下，即使崛起国的实力（capability）——或者说其权力资源（power resource）——已经积累到和霸权国相当甚至超过霸权国的程度，但受霸权

---

① Daniel Kahneman and Amos Tversky, "Prospect Theory: An Analysis of Decision under Risk," *Econometrica*, Vol. 47, No. 2, 1979, pp. 263 - 292. 政治学和国际关系学对前景理论的讨论，参见 William A. Boettcher, "Context, Methods, Numbers, and Words: Prospect Theory in International Relations," *Journal of Conflict Resolution*, Vol. 39, No. 3, 1995, pp. 561 - 583。Jack Levy, "Loss Aversion, Framing, and Bargaining". Jonathan Mercer, "Prospect Theory and Political Science"。林民旺：《国际关系的前景理论》，《国际政治科学》2007 年第 4 期。

② 这里有一个隐含的前提：霸权国为追随它的小国提供安全保障的意愿始终存在，且与小国的关系良好。当霸权国不再愿意为小国提供安全保障，或者霸权国与小国之间出现了重大矛盾时，崛起国通过利益交换就能容易地争取到原本追随霸权国的小国。

③ 这意味着，大国无战争时代权力竞争的"先动优势"具有自我强化的机制。

国先动优势的制约，它的国际影响力——或者说其权力——仍然将在相当长的一段时期里无法与霸权国相抗衡。

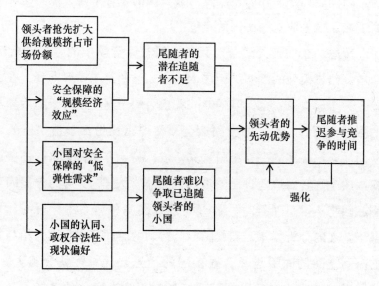

图5-3 大国无战争时代权力竞争的"先动优势"：来源及其强化

从这个意义上讲，对于冷战后的美国来说，其最具决定性意义的战略资本并不是其经济、军事、科技或者其他任何类型的实力或权力资源，而是时间。① 用一个中国古典政治词汇来说就是在冷战后的大国权力竞争中，美国占据了"天时"。在中国古代政治思想家看来，"天时"大概是权力竞争中最不重要的一种因素。② 然而在大国无战争时代，"天时"的优势却几乎是决定性的。而对于中国或者其他任何想要与美国竞争冷战后国际体系主导权的大国来说，身处这样一个大国无战争的时代，固然有幸

---

① Ronald L. Tammen, et al., *Power Transitions: Strategies for the 21st Century*, Washington D. C.: CQ Press, 2000, p. 176.

② 例如孟子就认为："天时不如地利，地利不如人和。"参见《孟子·公孙丑下》。

得以避免崛起国与霸权国兵戎相见的历史"宿命",但同时却也不幸地因霸权国的"先动优势"而(在较长时期内)失去赢得这场"权力竞争"的机会。

二　"防御性联盟形成时间"悖论

由"先动优势"这一概念出发,可以帮助我们发现并解释大国行为模式在1945年前后显著的不一致,并由此推导出一个有趣而重要的"防御性联盟形成时间悖论",加深我们对大国无战争时代大国互动的理解。

一方面,1945年以前的国际体系,战争频发,面对崛起国的领土扩张,即使是体系内的大国(如1940年的法国)也有国家覆灭的生存之虞。按理说——精确地说,即按照现实主义的均势逻辑这个"理"——这个时代中的防御性联盟应当生成得更早更快才对。可正如许多学者已经指出的那样,从客观的历史经验来看,在战争频发时代,防御性联盟的形成几乎总是滞后于崛起国的军事扩张。无论是拿破仑法国的扩张,还是希特勒德国的扩张,甚至中国战国时代秦国的扩张,在很大程度上都是要等到这些崛起国已经直接入侵到其他主要国家自身的领土之后,真正有意义的防御性联盟才会生成。[①]

而另一方面,1945年以后,国际体系进入大国无战争时代,大国相互间的军事征服已经不复可能,在没有其他大国提出领土扩张要求的情况下,基于1945年以前的历史经验,这一时期的防御性联盟应当比此前出现得更迟缓而不是更积极才对。然而奇怪的是,1945年以后,无论是冷

---

① Paul W. Schroeder, "Historical Reality vs. Neorealist Theory," *International Security*, Vol. 19, No. 1, 1994. Randall L. Schweller, *Unanswered Threats*, pp. 1 – 4. John J. Mearsheimer, *The Tragedy of Great Power Politics*, New York: W. W. Norton & Company, 2001, Chap. 8.

战时期东西两大联盟阵营的建立，还是冷战后美国对其联盟的巩固和扩大，都是在没有出现其他大国大规模军事入侵己方的情况下发生的。①

结合上述两个方面，就出现了本书第一章就已涉及的一个困惑：为什么 1945 年以前大国有生存威胁，防御性联盟的形成却总是滞后于威胁的产生；而 1945 年以后不再有领土扩张和大国间的军事征服，防御性联盟的形成却反而超前于威胁的出现？

明确防御性联盟在 1945 年前后的异同，是化解这个"防御性联盟形成时间"困惑的前提。联盟，尤其是非进攻意图的联盟，普遍存在于 1945 年以前和以后的国际体系中，并且其外在形式也都是建立具有约束力的制度以聚集更多的实力并相互合作。但在不同的时代，联盟的形成机制和功能完全不同。在大国无战争时代，如前所述，防御性联盟形成的根本机制是利益交换逻辑，大国建立联盟的首要目的是防止竞争对手拥有更多的追随者，同时为自己争取尽可能多的追随者。这种竞争机制存在的巨大的"先动优势"是促使大国无战争时代大国积极甚至超前建立防御性联盟的根本原因。而利益交换逻辑之所以会在这个时代凸显出来，是因为核威慑和主权规范剥夺了大国相互兼并和征伐的可行性，大国因此才不得不转而通过利益交换这种相对更为和平的方式获取权力。这意味着恰恰是因为大国之间不再有残酷的杀伐和征服，才反倒为防御性联盟的超前形成创造了条件。换言之，这个不再有霸权战争的时代，自身反而蕴蓄着促使大国积极建立防御性联盟的内在激励机制。

而在 1945 年以前的战争频发时代，普遍认为防御性联盟形成的根本机制是均势逻辑，即为了抵御崛起国的扩张，包括霸权国在内的现状国家联合在一起组成联盟。在均势理论家看来，防御性联盟是国家外部制衡

---

① 如果说冷战初期美苏两国积极建立联盟还有可能是受到对刚刚结束的世界大战的恐惧的影响，那么冷战的和平结束和美国单极霸权的确立则毫无疑问地凸显出冷战后美国巩固和扩大其防御性联盟在时间上的超前性。

（external balancing）的主要实现方式，① 建立防御性联盟的首要目的在于维护本国的生存安全。生存安全威胁越大，现状国家建立防御性联盟的动力就越大，防御性联盟就越容易迅速生成。反之，防御性联盟则不易形成。大国出于维护自身安全的目的，其组建防御性联盟的速度和积极性至少不应当低于——甚至还应当高于——大国无战争时代的大国，可为什么战争频发时代的防御性联盟事实上总是滞后于崛起国的扩张呢？

罗伯特·鲍威尔（Robert Powell）曾从博弈论的视角研究了领土扩张阴影下的大国战略互动，他的研究有助于我们理解战争频发时代防御性联盟形成滞后的原因。② 在有崛起国扩张领土的情况下，包括霸权国在内的现状国家总体来说有两种应对战略，一种是制衡，其中就包括了建立防御性联盟这种外部制衡手段，另一种则是让步和绥靖，即通过主动让渡一定的利益（包括一些小国的领土）以抑制或延缓崛起国的扩张。鲍威尔指出，导致制衡不及时的核心原因在于霸权国和崛起国在崛起国利益目标和战略选择上的信息不对称。

对于霸权国而言，如果选择让步和绥靖，其好处是可以避免立即与崛起国发生战争；而且如果崛起国与其开战的意图不那么坚决，那么让步和绥靖在很大程度上就足以维持自身的安全。但由于不确定崛起国的意图，这种战略也存在风险。首先，如果崛起国武力扩张的意图非常坚决，那么霸权国的利益让步就很可能不足以抑制其扩张。其次，如果让步太多，那么霸权国剩余的战略资源就会很少，特别是在霸权战争的阴影下，霸权国必须考虑到未来的战争前景。现在让步的越多，未来与崛起国的战争就越有可能失败。

---

① Kenneth N. Waltz, *Theory of International Politics*, Reading, Massachusetts: Addison-Wesley Publishing Company, 1979, p. 118.

② Robert Powell, *In the Shadow of Power: States and Strategies in International Politics*, Princeton, New Jersey: Princeton University Press, 1999. Robert Powell, " War as a Commitment Problem," *International Organization*, Vol. 60, No. 1, 2006, pp. 169 – 203.

考虑到战争频发时代大国存在生存危险，因此如果崛起国决心武力扩张并不惜与霸权国开战，那么霸权国将无法通过主动让利阻止崛起国的扩张，它和崛起国的利益从根本上就无法调和。如果是这种情况，那么霸权国无疑应当选择制衡战略，包括建立防御性联盟，并且越早越好。这也正是均势理论的核心逻辑，但选择结盟和制衡同样存在风险。首先，有可能立即与崛起国发生战争。其次，如果崛起国武力扩张的意愿并不坚决，或者它其实无意武力入侵霸权国，那么霸权国的积极制衡举动就会很有可能刺激崛起国，从而形成典型的"安全困境"并诱发和激化冲突。

这意味着，当面对崛起国的权力扩张和竞争时，霸权国在制衡和让步两种应对战略之间存在权衡和取舍（trade-off）。这种权衡会在特定的决策时点上干扰霸权国积极制衡崛起国的决心，从而妨碍防御性联盟的及时生成。再加之崛起国会发挥其主观能动性，采取各种手段和计策掩饰自己的真实意图和军事实力，尽可能地使霸权国相信其不会选择武力扩张，或者威胁对霸权国的制衡行为实施惩罚。① 这些会使得霸权国在制衡战略的选择上更加犹豫和不坚定，从而进一步延缓防御性联盟形成的时间。

值得注意的是，导致防御性联盟形成时间滞后的表面原因如鲍威尔所说的是信息不对称，主要是霸权国难以确知崛起国的利益目标和战略偏好，但其实更为根本的原因是战争阴影的存在。因为在战争频发时代，战争是大国间解决利益冲突、扩大自身权力的一种可选战略，所以崛起国总是存在选择这种战略的可能性。而由于大国间战争后果的不确定性和危险

---

① Stephen Van Evera, *Causes of War: Power and the Roots of Conflict*, Ithaca and London, Cornell University Press, 1999, pp. 45 – 49. Richard Rosecrance and Chin-Cheng Lo, "Balancing, Stability, and War: The Mysterious Case of the Napoleonic International System" *International Studies Quarterly*, Vol. 40, No. 4, 1996.

性，霸权国以及其他现状国家在决策时必须考虑与崛起国（过早）发生战争或者因误判而与其发生不必要的战争的后果和代价。对战争后果的担忧迫使霸权国不得不时时在让步和制衡之间做出权衡，从而妨碍了防御性联盟的及时形成。换言之，在这个非常不安全以至于大国不得不制衡威胁以维持生存的时代，其自身却同时蕴蓄着妨碍大国及时实施制衡的内在因素。

如果我们将上述对战争频发时代防御性联盟形成时间滞后的解释和大国无战争时代防御性联盟形成时间超前的解释结合在一起，就会得到一个非常有趣而又重要的悖论（paradox）：在战争频发时代，崛起国对权力的追逐有可能威胁到其他大国的生存，可是防御性联盟的出现却总是迟缓和滞后；而到了大国无战争时代，霸权战争已经不复存在，防御性联盟的出现却反而积极和超前。这个"防御性联盟形成时间"的悖论看似荒谬，实则却有着自洽的内在逻辑。①

发现并探究这个"防御性联盟形成时间"悖论的意义在于，它逼迫着我们不得不正视大国间政治在1945年以后所发生的性质上的变化，同时逼迫着我们不得不使用与此前的国际关系理论迥然不同的逻辑和视角来观察和理解大国无战争时代的大国间政治。以现实主义为代表的非演化主

---

① 当前在媒体和社会科学界，"悖论"一词有日益滥用的趋势。在很多情况下，学者和媒体所谓的"悖论"实际指涉的不过是某种困惑或反常的现象，抑或是某种（他们认为）似非而是的论断。而实际上，最初源于数学和逻辑学的"悖论"一词，有着严格的形式定义。在形式逻辑上，悖论是指这样一种理论体系或命题，其前提和推导似乎是合理的，但该理论却能内部自洽地同时推导出一个命题及其否定命题，即从一个命题出发，可以推导出它的否定命题；反之亦可。参见杜瑞芝主编《数学史辞典》，山东教育出版社2000年版，第345—346页。"防御性联盟形成时间"悖论就是一个符合上述形式定义的悖论：首先，战争频发时代存在全面战争和国家覆灭的危险，因此这个时代防御性联盟的滞后是不合理的；但同时，正是由于存在全面战争和国家覆灭的危险，因此该时代防御性联盟的滞后是合理的。其次，大国无战争时代不再有霸权战争，因此这个时代大国积极建立防御性联盟是不必要的；但同时，正是由于不再有霸权战争，因此该时代大国积极建立防御性联盟是十分必要的。

义范式强调国际关系理论在时间上的普适性。[1] "防御性联盟形成时间"悖论则清晰而尖锐地揭示出如果否认国际体系的变化乃至进化，继续坚持用以均势理论为核心的既有国际安全研究理论来阐释 1945 年以后的国际政治，那么，这一时期的大国政治互动就不仅是"反常"的，而且是荒谬而无法理解的。相反，如果依据本书所提出的大国无战争时代的大国权力竞争理论来理解，那么这个现象就非但并不反常和荒谬，反而是理所应当的。在大国无战争时代，武力扩张领土和霸权战争已经不再是大国权力竞争的可选战略，大国政治的互动逻辑已经完全不同于此前的时代。只有承认这一点，才能理解这个"防御性联盟形成时间"悖论，进而理解大国无战争时代的国际政治。

---

[1] Kenneth N. Waltz, *Theory of International Politics*, Reading, Massachusetts: Addison-Wesley Publishing Company, 1979, p. 66; Robert Gilpin, *War and Change in International Politics*, Cambridge: Cambridge University Press, 1981, p. 7; John J. Mearsheimer, *The Tragedy of Great Power Politics*, New York: W. W. Norton & Company, 2001, p. 2. 有关社会科学中演化主义范式和非演化主义范式的讨论，参见 Shiping Tang, "Foundational Paradigms of Social Sciences," *Philosophy of the Social Sciences*, Vol. 41, No. 2, 2011, pp. 211 - 249。

第 六 章

1945年以后大国权力竞争的过程和结果

第五章基于"利益交换"这个权力竞争的核心逻辑，阐释了大国无战争时代大国权力竞争的具体互动机制。在本章中，笔者将对1945年以后大国权力竞争的过程进行追踪。第一节展示美国和苏联联盟阵营的建立过程，以此检验第五章的两个理论命题：在1945年以后，小国追随大国主要是因为美苏能够给它们提供如安全保障这样的好处，而主要不是因为美苏的武力胁迫；大国与小国结盟会增加大国的安全压力，但大国仍然会选择结盟。第二节将冷战时期美苏两国争夺的对象按照"行为自主性"的高低划分为三类："后院"国家、非"后院"盟国以及其他第三世界国家，通过考察美苏两国与这三种不同类型小国的互动方式，检验"小国行为自主性"对大国"利益交换"行为的影响，同时检验大国权力竞争互动机制的另外两个理论命题：小国在国际社会中的狭义影响力增大，在无法剥夺小国决策自由的情况下，大国将不惜成本来迎合某些小国的意愿；如果未能满足小国的需求，甚至反而对小国实施武力或武力胁迫，大国的狭义影响力将会显著下降。第三节将从"追赶模式"的视角分析冷战后美、中等国家的行为。

◇◇ 第一节　美国和苏联联盟阵营的建立

进入大国无战争时代后的第一个大的权力竞争时期就是美苏两国竞争

的冷战时期，这一时期的权力竞争属于"同期竞争模式"。在本节中，笔者将分别考察美国和苏联在二战后初期的四个关键性同盟的建立过程，以此检验在权力竞争初期美苏两国是否如"同期竞争模式"所预测的那样，出于权力竞争的目的，以利益交换的方式建立同盟。

一　美国的联盟阵营

（一）北约的建立

北大西洋公约组织的建立，最初并不是美国主动谋划和推动的，而是源于西欧国家抵抗苏联威胁的自助努力。1947 年 3 月 4 日，英法两国在敦刻尔克签订《英法同盟互助条约》，订立该条约的最初目的主要还是针对德国的潜在威胁。① 1947 年 12 月，美、英、法、苏四国在伦敦召开外长会议。英国外交大臣贝文（Ernest Bevin）利用这次机会，向参会的美国国务卿马歇尔首次表达了英国关于建立西欧共同防御体系的设想，提议建立一个包括美国在内的西方民主国家联合体。1948 年 1 月 22 日，贝文在英国下院发表演说，正式明确提出了建立西方联盟的设想，宣称将在英法《英法同盟互助条约》的基础上，与荷兰、比利时、卢森堡三国建立一个多边同盟，并最终"组成一个由美国和自治领支持的西方民主体系"。

贝文的提议不仅得到了英国国内各党派的一致支持，② 而且也得到其他欧洲国家的积极响应。与英国一样，法国同样非常希望美国能够为西欧的安全承担责任。③ 就在法国外交部获知贝文演说内容的当天，法国立即发布外交公报，表示高度重视英国政府的这一创意，并将对之进行认真研

---

① 许海云：《锻造冷战联盟——美国"大西洋联盟政策"研究（1945—1955）》，中国人民大学出版社 2007 年版，第 126—127 页。

② 同上书，第 169—170、172—173 页。

③ 同上书，第 121 页。

究。同一天，法国驻荷、比、卢三国大使还分别拜会三国首脑，敦请三国政府关注英国的提议。而荷兰、比利时等国也普遍希望建立一个最好将美国囊括其中的多边安全体系。①

然而，与英、法等国的积极态度相比，美国决策层面对组建大西洋联盟的提议却一度产生了犹豫和分歧。美国国务院欧洲司负责人希克森等支持美国对西方联盟给予某种形式的帮助，国务卿马歇尔等人虽然对英国的提议持支持态度，但反对美国为欧洲承担安全防御责任。而国务院政策设计委员会主任凯南和国务院顾问、前驻苏联大使查尔斯·波伦则强烈反对美国任何形式的参与。就连杜鲁门总统本人也对美国在西方安全合作中所应扮演的角色一度持保留态度，无法下定最后的决心。与此同时，1946年后，在参众两院均获得多数席位的共和党力主削减政府开支。因此，对于贝文的提议，美国最开始并没有做出十分积极和实质性的回应。②

需要注意的是，与西欧相比，美国当时并没有感到来自苏联的直接军事威胁。中央情报局 1948 年的一份报告称，没有证据表明苏联在未来一年要采取直接的军事行动反对西方，而且苏联还很可能小心地避免与美国产生有意的敌对。③ 同年 11 月，凯南在一份建议书中同样指出，所谓"苏联扩张"，不是指苏联会向西欧发动军事进攻，而是政治上的征服。国务卿马歇尔对这份建议表示赞同。④ 对美国直接军事威胁的紧迫性低，或许也是导致美国在这个重要战略问题上反应迟缓的一个内在原因。

---

① 许海云：《北约简史》，中国人民大学出版社 2005 年版，第 17—19 页。

② 许海云：《锻造冷战联盟——美国"大西洋联盟政策"研究（1945—1955）》，中国人民大学出版社 2007 年版，第 174—175 页。许海云：《北约简史》，中国人民大学出版社 2005 年版，第 20 页。于铁军：《美国的同盟战略》，载王缉思、牛军主编《缔造霸权：冷战时期的美国战略与决策》，上海人民出版社 2013 年版，第 310 页。

③ 李锐：《华约：苏联与东欧的军事组织》，载沈志华主编《冷战时期苏联与东欧的关系》，北京大学出版社 2006 年版，第 241 页。

④ 周丕启：《合法性与大战略：北约体系内美国的霸权护持》，北京大学出版社 2005 年版，第 140 页。

但美国除了安全利益外，毕竟还有更高层次的需求，那就是对欧洲主导权的争夺。随着1948年初欧洲冷战形势的发展，美国被迫开始重视并加速西方安全合作体系的建立。1948年2月，捷克斯洛伐克政府宣布解除8名非共产党人警官的职务，其他党派随即向政府提出抗议，但苏联坚决支持捷克建立由共产党执政的新政府。同月，苏联向挪威发出照会，要求两国签订一项条约以阻止挪威加入欧洲联盟。再加之当时美苏围绕柏林问题的矛盾也趋于白热化，为了对抗苏联在欧洲政治势力的扩展，美国不得不转变其战略重心，加快与西欧安全合作的进程。①

1948年3月5日，英、法、荷、比、卢五国就建立西欧联盟正式举行谈判。3月12日，马歇尔正式致函英国大使英弗查佩尔，表示美国同意立刻与英国就大西洋安全体系的建立进行谈判。对此贝文欣喜若狂，对美国的回复表示热烈欢迎，并立即安排官员准备赴美谈判。②3月17日，西欧五国《布鲁塞尔条约》签订，此时应对潜在威胁的重点已经由德国转向了苏联。③ 就在《布鲁塞尔条约》签订的当天，法国外长皮杜尔就立即给马歇尔写信，敦请美国牵头组建一个更大范围的安全保障机制，囊括美国、《布鲁塞尔条约》成员国及其他欧洲国家。④

同样就在这一天，杜鲁门在国会发表演说，他宣称："就在我向你们演说的时候，有五个欧洲国家正在布鲁塞尔签订一个为期五十年的经济合作与共同防御侵略的协定。……这是欧洲为了维护本身的文明向团结的方向大大迈了一步。"杜鲁门表示，美国应当全力支持欧洲国家的这种努

---

① 许海云：《北约简史》，中国人民大学出版社2005年版，第24—26页。
② 许海云：《锻造冷战联盟——美国"大西洋联盟政策"研究（1945—1955）》，中国人民大学出版社2007年版，第190页。
③ 王绳祖主编：《国际关系史》（第七卷），世界知识出版社1995年版，第146页。
④ 张锡昌、周剑卿：《战后法国外交史（1944—1992）》，世界知识出版社1993年版，第34页。

力，并表示美国将根据形势的发展，通过某种恰当的途径向欧洲提供这种支持，美国提供这种支持的意愿不亚于欧洲国家保障自身安全的意愿。①紧接着，3 月 22 日至 4 月 1 日，美国、加拿大、英国三国代表在华盛顿五角大楼举行会谈，就"建立大西洋安全体系问题"展开讨论。最终，会议通过了"五角大楼文件"。文件规定，美国政府对《布鲁塞尔条约》的五国做出安全保证，并将缔结一项北大西洋地区防御条约，同时逐步吸收挪威、瑞典、丹麦、冰岛、意大利等西欧的其他国家，并规定如果某缔约国受到军事攻击，其他缔约国应提供各种需要的帮助。②

华盛顿会议后，美国政府、国会、军方领导人召开联席会议，就"五角大楼文件"中美国所做的安全援助承诺商讨协调办法以获得国会的批准。在该会上，参议院外交委员会主席、共和党参议员阿瑟·范登堡（Arthur Vandenberg）强调，布鲁塞尔条约组织必须明确表态，在美国做出决定提供安全援助之前，欧洲需要依靠自己的武装力量抵御苏联。1948年 6 月 11 日，美国参议院通过了《范登堡决议》，该决议规定了美国加入大西洋防御安全体系的前提，即所参加的集体协定必须以持续且有效的自助和互援为基础，必须涉及美国的国家安全，美国必须依据《宪法》程序加入。③《范登堡决议》的通过，一方面在国内层面扫除了美国为建立大西洋联盟而进行谈判的最后障碍，④而另一方面也体现出美国决策层在建立北约问题上的谨慎，旨在通过层层设置严格的前提条件，将美国直接

---

① ［美］哈里·杜鲁门：《杜鲁门回忆录》（下卷），李石译，东方出版社 2007 年版，第 304 页。

② 许海云：《锻造冷战联盟——美国"大西洋联盟政策"研究（1945—1955）》，中国人民大学出版社 2007 年版，第 207 页。于铁军：《美国的同盟战略》，载王缉思、牛军主编《缔造霸权：冷战时期的美国战略与决策》，上海人民出版社 2013 年版，第 311 页。

③ 于铁军：《美国的同盟战略》，载王缉思、牛军主编《缔造霸权：冷战时期的美国战略与决策》，上海人民出版社 2013 年版，第 311 页。

④ 许海云：《北约简史》，中国人民大学出版社 2005 年版，第 34 页。

卷入欧洲防御安全的危险降到最低。①

1948 年 7 月 6 日起，美、加、英、法、比、荷、卢七国代表在华盛顿举行会议，讨论成立北约的相关具体问题。到了 9 月，会议在"五角大楼文件"的基础上制定了会议工作文件，统称"华盛顿文件"，明确规定了即将组建的北大西洋公约组织的性质、范围、缔约国义务及其与欧洲其他组织的关系等。1948 年 12 月，会议继续召开，各国在公约有关缔约国义务上的表述分歧严重，西欧各国强烈要求美国做出明确承诺，当欧洲受到攻击时美国应提供坚定而有力的援助，而美国则竭力希望措辞更加模糊以减少公约对其的约束。② 1949 年 3 月 18 日，法国外交部长舒曼在读到公布的文件内容后激动地表示，法国终于获得了此前在世界大战间隔中渴望获得却一直未能得到的东西。③ 最终，北大西洋公约组织于 1949 年 4 月正式成立。

依据均势理论的解释，二战结束后，美国建立跨大西洋联盟的动机应当是防范苏联对自己的军事威胁，为保障自身的安全而主动谋求联盟的建立以达到"实力聚集"和"实力平衡"的目的。然而回顾北约建立的过程，可见，真正推动北约建立的主导因素是西欧小国对苏联威胁的恐惧，它们竭力推动与美国结盟的原因是为了获得美国的安全保障。而在此过程中，美国在很大程度上只是一个被动的应答者，甚至一度还因担心承担过大的安全责任而犹豫是否要加入这个联盟。正是在这个意义上，有学者将二战后初期的美国称为"被邀请的帝国"。④

---

① 许海云：《锻造冷战联盟——美国"大西洋联盟政策"研究（1945—1955）》，中国人民大学出版社 2007 年版，第 241 页。

② 中国现代国际关系研究院美欧研究中心：《北约的命运》，时事出版社 2004 年版，第 4—5 页。

③ 张锡昌、周剑卿：《战后法国外交史（1944—1992）》，世界知识出版社 1993 年版，第 35 页。

④ Geir Lundestad, "Empire by Invitation? The United States and Western Europe, 1945 –1952," *Journal of Peace Research*, Vol. 23, No. 3, 1986, pp. 263 – 277.

北约作为一个多边军事同盟，其成员国在抵御外部安全威胁上的作用是极不对称的。在英、法两国拥有核武器之前，对西欧的核保护完全由美国一国承担。而即使到了 20 世纪 80 年代，美国依然承担了全部核威慑成本中的 97%。① 除了提供核保护外，到 1951 年 12 月，美国还陆续向欧洲派遣了 4 个师的地面部队，使苏联和西欧都相信其对西欧的安全保障承诺是可信的，以此为西欧提供传统军事保护。② 在北约中，美国和其他盟国之间存在鲜明的利益交换关系，美国为其盟友提供安全保障，以此换取盟友的政治追随，遏制苏联在西欧政治影响力的扩张；而其他盟友获得了强有力的外部安全保障，代价则是承认美国的领导。换言之，美国和其他盟国从北约同盟中获取的利益是不同的，因此在"华盛顿文件"中才会明确指出，"苏联威胁到西欧国家的安全"与"美国在大西洋区域的国家利益"是建立大西洋联盟的原因。③

（二）美日同盟的建立

战后美日同盟建立的过程，是与美国与日本的媾和相伴随的。二战结束后，美国实现了对日本的单独占领。占领初期，美国对日本实行的政策主要是非军事化和民主化改革。④ 1946 年 10 月，美国政府任命国务院东北亚事务局官员休·博顿（Hugh Borden）负责起草对日媾和方案，1947 年 3 月，"博顿草案"出台，核心思想还是延续战时的大国合作方针，重视中国的立场，强调严厉处置日本，媾和后的 25 年内，盟

---

① David Garnham, *The Politics of European Defense Cooperation*: *Germany*, *France*, *Britain*, *and America*, Cambridge: Ballinger Publishing Company, 1988, p. 11.

② John Spanier, *American Foreign Policy Since World War Ⅱ* (Tenth Edition), New York: CBS College Publishing, 1985, pp. 41 – 42. 于铁军:《美国的同盟战略》，载王缉思、牛军主编《缔造霸权：冷战时期的美国战略与决策》，上海人民出版社 2013 年版，第 313 页。

③ 许海云:《北约简史》，中国人民大学出版社 2005 年版，第 37 页。

④ ［日］五百旗头真:《日美关系史》，周永生等译，世界知识出版社 2012 年版，第 160 页。

国对日本的非武装化实行有效监控。草案没有要求美国在日本设立军事基地。[①]

然而，随着亚洲冷战形势的逐渐严峻以及日本国内政治社会日趋步入正轨，与日本媾和的问题开始摆上美国决策者的议事日程。1947 年 3 月 17 日，盟军总司令部司令麦克阿瑟在东京发表讲话，认为与日本媾和的时机已经成熟，并强调美国目前在亚洲最大的问题是帮助日本重新站起来。[②] 而与此同时，日本也迫切希望获得美国的安全保护。1947 年 5 月 6 日，日本天皇在与麦克阿瑟举行会谈时，非常明确地提出了希望美国为日本提供安全保障的意愿，"既然日本完全废除了军备，那么日本的安保必须期待盟国"，"为了谋求日本的安保，需要美国采取行动"，"希望能够得到元帅的支持"。[③] 1947 年 9 月，片山内阁外相芦田也指出，随着冷战的开始和大国间的对立，仅靠联合国已很难保障日本的安全，他因此主张与美国签订条约，依靠美国保障日本的安全。但当时美国尚未对日本在亚洲的战略价值有充分的认识，这一提议未能引起美国方面的重视。[④]

1948 年 10 月 7 日，美国国家安全委员会提出了《关于对日政策的 NSC 报告》（NSC13/2），开始强调美国调整对日本战后政策的必要性。报告指出，美国目标的核心应当是保持日本的稳定性和亲美状态，并将其吸收为美国亚太经济体系的重要成员，使其成为值得信任的追随美国的盟友之一。出于这一目的，美国不应从惩罚的角度与日本媾和。[⑤] NSC13/2 文

① 徐天新、沈志华主编：《冷战前期的大国关系：美苏争霸与亚洲大国的外交取向（1945—1972）》，世界知识出版社 2011 年版，第 401 页。

② 同上书，第 401—402 页。

③ ［日］五百旗头真：《战后日本外交史：1945—2010》，吴万虹译，世界知识出版社 2013 年版，第 45 页。

④ ［日］五百旗头真：《日美关系史》，周永生等译，世界知识出版社 2012 年版，第 166 页。

⑤ 徐天新、沈志华主编：《冷战前期的大国关系：美苏争霸与亚洲大国的外交取向（1945—1972）》，世界知识出版社 2011 年版，第 390、417—418 页。

件标志着美国对日政策的一次重要转变。在新中国成立后，特别是当其实行对苏联"一边倒"政策并与苏联结盟之后，为遏制共产主义在亚洲的扩展，美国开始加快对日本的媾和与结盟进程。1950 年 2 月 14 日，中苏同盟条约签订。日本盟军总司令部随即于次日宣布即使苏联不参加，美国也须尽快与日本签订和约。①

同样面对东亚局势发展的日本，在认识到美国对日政策的转向后，也开始为促成与美媾和积极努力。1950 年 4 月，日本吉田茂内阁派大藏相池田勇人、首相特使白洲次郎等以讨论经济问题为名，赴美向美国政府转达日本政府对媾和问题的立场，同时寻求美国的安全保障。池田勇人表示，日本希望早日媾和并愿意接受单独媾和的方式；为促使媾和早日达成，日本愿意向美军提供基地；甚至如果美国不方便公开提出军事基地这个条件，日本政府可以设法向美国提出这一邀请。而与此同时，池田还提出，苏联有可能在美国之前提出媾和方案，而且有可能归还库页岛和千岛群岛，试图以此向美国政府施加压力。②

1950 年 6 月 6 日，时任负责制定远东政策的国务院高级顾问杜勒斯向国务卿艾奇逊提交了对日媾和的备忘录。杜勒斯指出，鉴于日本在地理上与共产主义世界的临近性以及在经济、政体、社会等方面与共产主义国家的相似性，日本具有滑向苏联一方的危险，"要想将日本留在自由世界中，能够对其产生吸引力的最主要的方法就是利用其想成为自由国家大家庭中平等一员的意愿，这种意愿很显然与共产主义世界中所固有的那种屈

① 徐天新、沈志华主编：《冷战前期的大国关系：美苏争霸与亚洲大国的外交取向（1945—1972）》，世界知识出版社 2011 年版，第 416、420 页。

② Michael Schaller, *The American Occupation of Japan: The Origins of Cold War in Asia*, New York: Oxford University Press, 1985, pp. 257 - 258. ［日］五百旗头真：《日美关系史》，周永生等译，世界知识出版社 2012 年版，第 167 页。徐天新、沈志华主编：《冷战前期的大国关系：美苏争霸与亚洲大国的外交取向（1945—1972）》，世界知识出版社 2011 年版，第 402—403 页。

从于克里姆林宫的状态不相一致"。① 6 月 22 日，杜勒斯在日本与吉田茂、日本众议院议长币原喜重郎、参议院议长佐藤尚武等进行会谈。当谈及美国在日本保留驻军问题时，吉田茂暗示可以在基地问题上做出令美国满意的安排，但不愿明确表态。同时，对于美国非常关心的另一个问题——日本恢复武装问题上，吉田茂也以日本经济困难为由表示难以接受。②

就在日本态度暧昧不明的时候，1950 年 6 月 25 日，朝鲜战争爆发。紧接着，日本在美军基地问题上的态度就发生了明显的转变。相较于战争爆发前，日本开始变得更加愿意公开承认美军继续留驻在日本的必要性。26 日，日本《时事新报》发表社论称："如果日本想获得美国的防卫，它就应当将领土中的一些战略要地自愿提供出来作为美国的军事基地。"③而与此同时，朝鲜半岛因战争而激化的局势也使美国迅速提升了对日本战略价值的评价。美国意识到如果没有日本充当后勤基地，联合国军甚至根本无法维持在朝鲜半岛的作战。④ 这进一步加快了两国媾和与缔约的进程。

1950 年 9 月 7 日，美国国务院和国防部协商提出了旨在推动对日和约预备性谈判的备忘录，第二天，经国家安全委员会讨论和杜鲁门批准，形成正式的 NSC60/1 文件。其中明确规定，对日和约必须给了美国在日本任何地点保持相当长时间驻军的权利，驻军的规模应视美国的需要决定。

---

① "Memorandum by the Consultant to the Secretary（Dulles）to the Secretary of State," June 7, 1950, United States Department of State, *Foreign Relations of the United States, 1950: East Asia and the Pacific*, Vol. Ⅵ, pp. 1207 - 1209.

② 徐天新、沈志华主编：《冷战前期的大国关系：美苏争霸与亚洲大国的外交取向（1945—1972）》，世界知识出版社 2011 年版，第 404 页。

③ "Summary Report by the Consultant to the Secretary（Dulles）," July 3, 1950, United States Department of State, *Foreign Relations of the United States, 1950: East Asia and the Pacific*, Vol. Ⅵ, p. 1231.

④ ［日］五百旗头真：《战后日本外交史：1945—2010》，吴万虹译，世界知识出版社 2013 年版，第 50—51 页。

同时，日本的一切自然、工业、人力资源不得提供给苏联。① 随后，美国政府以 NSC60/1 文件为基础，提出了《对日媾和七原则》，作为与日本谈判讨论媾和与缔约的基本前提。其中，在日本安全防卫问题上，《对日媾和七原则》强调在联合国等其他机制实施有效安全措施之前，日本应当与美国或其他国家军队保持合作。②

1951 年 1 月 25 日，杜勒斯率团访日，开始与吉田政府正式谈判对日和约和美国对日本的安全保障问题。2 月 1 日，日方提出以保留美军基地为前提的美日安保设想，最终美国同意，"在根据日本希望的宪章建立集体自卫关系之前，派驻军队对日本加以保护"。③ 1951 年 9 月 8 日，《对日和平条约》在美国旧金山签署。和约内容对日本十分宽大，允许日本发展经济，并将日本视为国际社会的平等一员，对日本主权、经济和军事都未加限制，还免除了日本的赔款。④ 同一天，美日双方签订《日美安全保障条约》。条约规定：自条约与对日和约生效之日起，日本应当授权从而使得美国有权在日本及周边地区派驻军队，用以维持本地区的和平与安全，同时为日本提供安全保护，使其避免遭受外敌的入侵。此外，驻军还有权应日本政府的请求，对由外国煽动而引起的日本国内的暴动和骚乱予以镇压或提供相关的援助。⑤

---

① "Memorandum for the President," September 7, 1950, United States Department of State, *Foreign Relations of the United States*, *1950*: *East Asia and the Pacific*, Vol. Ⅵ, p. 1294.

② 王绳祖主编：《国际关系史》（第八卷），世界知识出版社 1995 年版，第 163—164 页。

③ ［日］五百旗头真：《战后日本外交史：1945—2010》，吴万虹译，世界知识出版社 2013 年版，第 53—54 页。

④ ［日］五百旗头真：《日美关系史》，周永生等译，世界知识出版社 2012 年版，第 168 页。

⑤ 《国际条约集（1950—1952）》，世界知识出版社 1961 年版，第 393—394 页，转引自徐天新、沈志华主编《冷战前期的大国关系：美苏争霸与亚洲大国的外交取向（1945—1972）》，世界知识出版社 2011 年版，第 411 页。

由于日本是二战的战败国，而美国又是战后在日本的唯一占领国，因此美日同盟在建立之初，不可避免地带有对日本一方的不平等性。但就建立过程本身而言，日本与美国结盟的原因并不是其受美国的胁迫的，反而是出于自身的安全需求而主动寻求美国的保护，甚至为了尽快与美国媾和，主动表示同意美国在日本保留驻军。而美国在主观上也注意避免以胁迫的方式引发日本的反感。在 1950 年 4 月 7 日的一份备忘录中，杜勒斯就曾明确表示"日本必须自愿提出请求让美国在日本建立基地"，而"位于一个充满敌意的国家的基地将毫无作用"。① 从同盟的性质看，它典型地体现了大国和小国的"利益交换"：美国为日本提供安全保障，日本允许美国在其领土内驻军。②

二　苏联的联盟阵营

（一）华约的建立

1948 年至 1949 年，在美国和西欧建立《北大西洋公约》的过程中，苏联不断对其发出指责。然而在北约正式成立后，苏联却并没有采取更实际的行动，没有立即着手组建针对性的多边同盟。这其中的一个重要原因是早在 1948 年，苏联就与罗马尼亚、保加利亚、匈牙利等东欧国家签订了双边条约，这些条约的最直接目的是共同反对可能来自德国及其盟国的侵略。③ 其中最主要的一条内容是："缔约任何一方一旦被牵入同企图恢

---

① "Memorandum of Conversation, by the Special Assistant to the Secretary（Howard），" April 7, 1950, United States Department of State, *Foreign Relations of the United States, 1950: East Asia and the Pacific*, Vol. Ⅵ, p. 1162.

② 于铁军：《美国的同盟战略》，载王缉思、牛军主编《缔造霸权：冷战时期的美国战略与决策》，上海人民出版社 2013 年版，第 316—317 页。

③ 《莫洛托夫与格罗查、波克关于签订苏罗互助条约的谈话记录》，1948 年 2 月 2 日，载沈志华主编《苏联历史档案选编》（第 23 卷），社会科学文献出版社 2002 年版，第 628 页。

复侵略政策的德国，或以直接或任何其他方法与德国结合的任何其他国家发生战争时，则缔约另一方应立即以一切力所能及的方法，向被牵入战争中的缔约一方提供军事或其他援助。"①

除了双边军事同盟外，二战后，苏联还在东德、匈牙利、波兰、罗马尼亚等东欧国家派驻有大量军队。在对东欧伙伴防御体系的协调上，克里姆林宫已经施加了很高程度的控制。再加之当时苏联并没有将北约视为一个进攻性联盟，因此，斯大林认为没有必要将东欧的势力集结成联盟对抗北约。②

真正促使苏联和东欧盟友建立华约组织的直接因素是西德恢复武装并加入北约。1952 年 5 月 26 日，美、英、法与西德签订相互关系条约，结束 3 国对西德的占领，并将主权归还给西德。27 日，法国、意大利、荷兰、比利时、卢森堡和西德签订了《欧洲防务集团条约》，规定各成员国派出军队组建一支欧洲军，西德可以加入欧洲军，但不得单独行动。结果该条约在法国迟迟未得到议会的批准，1954 年 8 月 30 日，法国国民议会投票否决了该条约。但随即，英国首相艾登又提出一项替代方案，即西德先加入《布鲁塞尔条约》，再加入北约，并在北约范围内恢复武装力量，与此同时保证美英在西欧的驻军，以消除法国对西德重新武装的忧虑。1954 年 10 月，《巴黎协定》签订，决定承认西德政府并吸收其加入北约

① 李锐：《华约：苏联与东欧的军事组织》，载沈志华主编《冷战时期苏联与东欧的关系》，北京大学出版社 2006 年版，第 242 页。李锐等编著：《华沙条约组织与经济互助委员会》，社会科学文献出版社 2010 年版，第 29—30 页。

② Andrzej Korbonski, "The Warsaw Treaty After Twenty-five Years: An Entangling Alliance or an Empty Shell," in Robert W. Clawson and Lawrence S. Kaplan eds., *The Warsaw Pact: Political Purpose and Military Means*, Wilmington, Delaware: Scholarly Resources Inc., 1982, pp. 6, 8. 李锐等编著：《华沙条约组织与经济互助委员会》，社会科学文献出版社 2010 年版，第 37 页。

组织，等待包括法国在内的西欧各国议会的批准。①

西德恢复主权和武装的新动向，对与其相邻的东欧国家造成了极大的不安全感。早在 1952 年 4 月，东德高层领导人就曾组团访问莫斯科寻求安全保障。在与斯大林会谈时，东德总统威廉·皮克说，现在东德只有一支人民警察，但这不是防御部队，装备很差，有的只是缺少子弹的左轮手枪。德国统一社会党书记乌布利希也表示，世界上没有这样的警察部队，他们在对抗犯罪时都不能保护自己。面对东德在安全上的窘境，斯大林表示，东德有权保持自己受过良好训练、有着良好装备的警察队伍，而且需要建立一支军队，并同意用苏联的武器武装东德的警察和军队。②

同样受西德新态势威胁的国家还有波兰。受领土问题的影响，波兰的不安全感非常强烈。因为根据《雅尔塔协定》和战后波苏两国签订的疆域条约，波兰和苏联的领土依照寇松线划界，战前属于波兰的西乌克兰和西白俄罗斯划归苏联，波兰由此失去了 18 万平方公里的东部领土。而根据《波茨坦公告》，波兰可以获得战前德国的部分东部领土作为补偿。为了确保其西部的领土边界不受西德威胁，波兰迫切需要一个更为正式的军事同盟来加强其在与西德对抗时的地位。而除波兰外，捷克斯洛伐克同样也与联邦德国长期存在领土争端。③ 东德、波兰、捷克斯洛伐克等东欧小国在其安全面临威胁时，很自然地会寻求苏联的保护，由此促使苏联开始认真考虑组建东欧地区的多边军事同盟问题。

1954 年 10 月，《巴黎协定》签署后，苏联谴责其破坏了此前各国议定

---

① 李锐等编著：《华沙条约组织与经济互助委员会》，社会科学文献出版社 2010年版，第 41—42 页。

② 同上书，第 44 页。

③ Andrzej Korbonski, "The Warsaw Treaty After Twenty-five Years: An Entangling Alliance or an Empty Shell," in Robert W. Clawson and Lawrence S. Kaplan eds., *The Warsaw Pact: Political Purpose and Military Means*, Wilmington, Delaware: Scholarly Resources Inc., 1982, p. 9.

的对德处理原则，并提议建立覆盖整个欧洲的集体安全体系以取代现有的北约。这一提议在遭到西方国家的拒绝后，苏联又建议召开全欧洲和平与安全会议，西方国家再次拒绝响应。苏联和东欧国家依旧于 1954 年 11 月 29 日在莫斯科召开了此次会议。在会上，捷克斯洛伐克总理威廉·西罗基（Viliam Siroky）首先提出一项建议，主张捷克斯洛伐克、波兰和东德三国签署一项特别安全协议，以应对西德重新武装后对这三个国家构成的直接威胁。而波兰则认为，仅仅由这三个国家签订军事协定，不足以应对西方国家的威胁，于是建议建立一个包括苏联在内的东欧国家的多边同盟。这一提议得到了苏联的认可。会后，与会各国发表声明宣布："一旦《巴黎协定》被批准，苏联和东欧国家将在组织武装力量及其司令部方面采取共同措施；并且还要采取加强它们国防力量所必需的其他措施，以保障它们人民的和平劳动，保证它们国境的不可侵犯性，保证击退可能发生的侵略。"[①]

1955 年 3 月初，在《巴黎协定》被批准几乎已成定局的情况下，苏联开始着手组建多边军事同盟的准备工作。赫鲁晓夫 4 月访问波兰时，公开表述了即将组建的同盟的性质，即为东欧国家抵御西德的侵略提供安全保障。[②] 1955 年 5 月 5 日，《巴黎协定》正式生效，西德作为主权国家加入了北约。5 月 11 日至 14 日，苏联和波兰等 7 个东欧国家在波兰华沙举行第二次欧洲和平与安全会议，缔结了友好合作互助条约，同时通过了华约缔约国关于成立武装部队联合司令部的决议。

这里需要讨论的是苏联组建华约同盟的动机。苏联之所以组建华约，并非如均势理论所说的是出于维护其自身军事安全的考虑。在赫鲁晓夫看来，西德即使加入北约，也不会因此而准备进攻苏联，真正的威胁在于由

①　李锐：《华约：苏联与东欧的军事组织》，载沈志华主编《冷战时期苏联与东欧的关系》，北京大学出版社 2006 年版，第 244 页。李锐等编著：《华沙条约组织与经济互助委员会》，社会科学文献出版社 2010 年版，第 49 页。

②　李锐等编著：《华沙条约组织与经济互助委员会》，社会科学文献出版社 2010 年版，第 50 页。

此带动的西欧政局的发展会进一步削弱东德的社会主义政权。① 建立华约同盟的直接原因，如前所述，是出于满足东欧盟国安全保障需求的考虑，而根本动机则是苏联对欧洲霸权的追求。对于苏联来说，西德加入北约意味着北约作为西方国家在欧洲最重要的政治军事组织正在恢复其活力，这是苏联所不愿看到的，而建立华约组织更多地就是为了抵抗美国和北约在欧洲的影响力。在法国的西方国家正式批准《巴黎协定》之前，苏联甚至一度以组建多边同盟这一举措来威慑西方。1955 年 3 月 21 日，苏联发表公告称 8 个共产主义国家已经达成共识，如果《巴黎协定》得到批准，它们将成立统一指挥部。②

当然，就建立华约组织本身来说，新的苏联领导层也需要通过这样一个多边政治组织来更好地管理其东欧盟友，更好地向其传达苏联的政策和指示，同时通过该组织的多边性增强其领导的合法性。③ 而苏联更深层次的战略意图则是以解散华约为交换促使北约的解体，最终促成"全欧集体安全条约"的签署，从而实现苏联对全欧的支配。《华沙条约》第 11 条规定，"如在欧洲建立了集体安全体系并为此目的缔结了全欧集体安全条约，本条约将在全欧条约生效之日起失效"。④

（二）中苏同盟的建立

二战刚结束时，斯大林关注的首要问题是如何重建苏联，确保苏联领

① Aleksandr A. Fursenko and Timothy Naftali, *Khrushchev's Cold War: The Inside Story of an American Adversary*, New York: W. W. Norton & Company, 2006, p. 24.

② Lawrence S. Kaplan, "NATO and the Warsaw Pact: The Past," in Robert W. Clawson and Lawrence S. Kaplan eds., *The Warsaw Pact: Political Purpose and Military Means*, Wilmington, Delaware: Scholarly Resources Inc., 1982, pp. 71, 75.

③ Malcolm Mackintosh, "The Warsaw Treaty Organization: A History," in David Holloway and Jane M. O. Sharp eds., *The Warsaw Pact: Alliance in Transition?*, Ithaca, New York: Cornell University Press, 1984, p. 42.

④ Vojtech Mastny, "The Warsaw Pact as History," in Vojtech Mastny and Malcolm Byrne eds., *A Cardboard Castle? An Inside History of the Warsaw Pact*, Budapest: Central European University Press, 2005, p. 4.

土安全，因此在最开始的时候他对亚洲和第三世界革命的关注程度并不太高。因此，1945 年年底，毛泽东还曾指责苏联未能积极阻止国民党军队攻占"满洲"重要城市。但到了 1948 年，杜鲁门政府改变了对日政策，开始注重日本的战后经济恢复，而中共也即将赢得中国的政权。在此形势下，斯大林改变了对中国的政策。他告诉毛泽东的特使，现在中国共产党可以依靠苏联了。① 他明确表示，对新中国提供一切可能的援助对苏联来说是理所当然的事。如果中国与苏联一样也选择社会主义道路并取得了成功，那么这就越发能够证明社会主义的确能在全世界范围内赢得胜利，而且任何偶然事件也都难以威胁到社会主义阵营。基于这种原因，斯大林表示苏联会不惜代价为中国共产党提供援助。②

为全面了解和掌握中共的内部情况和政策意图，斯大林派米高扬于 1949 年 1 月底至 2 月初秘密访问西柏坡。在会谈中，毛泽东用打扫屋子的比喻描述新中国的对外政策的总体方针。他表示，中国由于长期战乱，内部还存在很多问题。新中国成立后，中国需要先整顿和恢复国内秩序，再考虑与外国广泛建交。对于与新中国真正友好的国家，可以与其早一点建交，同时也可以请这些国家提供帮助，对此中国非常欢迎。但那些想干涉中国主权甚至对新中国怀有敌意的国家，新中国在短期内将不会与其发展关系。③

同时，毛泽东还表示，中国的革命和解放战争越是向前发展，对友好国家的需求也就越大，就越需要得到这些国家的支持和帮助。但是，友好也有真假之别。那些真正对中国友好的国家，是支持、帮助中国的国家；

---

① ［美］梅尔文·P. 莱弗勒：《人心之争：美国、苏联与冷战》，孙闵欣等译，华东师范大学出版社 2012 年版，第 64 页。

② ［俄］C. H. 贡恰罗夫：《科瓦廖夫谈斯大林对中国革命胜利和新中国的最初态度》，马贵凡译，《国外中共党史研究动态》1992 年第 5 期。

③ 师哲：《在历史巨人身边——师哲回忆录》，中央文献出版社 1991 年版，第 379—380 页。

而那些假意与中国友好的国家，则只是表现得很友好，实际却希望中国遭遇困难，甚至还会欺骗和伤害中国。中国会对后一种"友好"国家保持警惕。① 总之，毛泽东一方面表达了对外部援助的需求，另一方面也强调了中共的独立自主原则，换言之，中共愿意投向苏联阵营，接受苏联的援助，但前提是不受外部的胁迫。

新中国倒向苏联阵营、与苏联结盟的战略意图直接源于其对苏联军事、经济、技术等方面援助的需求。而事实上，苏联也的确有能力为中国提供这些迫切的战略需求。1949 年 4 月，中共军队在渡江战役中炮击"紫石英"号英国军舰，使得中共与西方国家关系骤然紧张。此时斯大林命令驻满洲里以及太平洋其他地区的苏联军事力量保持紧急战备状态，以防备英美等国家对中共的军事干涉。1949 年夏天，国民党空袭上海，苏联又答应向中共提供 360 门高射炮。这些都使得中共相信并期待正式的中苏军事同盟所具有的巨大威慑作用。②

1949 年 5 月，中共中央决定派刘少奇率团秘密访问苏联。此次刘少奇访苏，除了向苏联介绍中国革命的基本情况以及它和世界革命的关系之外，最关键也是最急切的目的就是向苏联争取政治、经济、军事等方面的帮助和支援，并据此争取获得国际社会对中国革命在政治、道义上的理解和支持。③ 对于新中国内政和外交的基本方针，斯大林给予了充分的肯定。对于新中国的政权，斯大林则承诺苏联将率先予以承认。同时，苏联同意向中国提供美元贷款，同时提供 40 架歼击机帮助中国解放新疆，还同意向中国派遣军事、经济各领域的专家。不仅如此，苏方甚至还主动要

---

① 师哲：《在历史巨人身边——师哲回忆录》，中央文献出版社 1991 年版，第 385 页。

② ［美］迈克尔·森：《美国、中共和苏联：对 1948—1950 年的重新评估》，匡萃冶、刘君玲译，士琳校，《现代外国哲学社会科学文摘》1995 年第 8 期。

③ 师哲：《在历史巨人身边——师哲回忆录》，中央文献出版社 1991 年版，第 395 页。

求中共代表团观看试验原子弹爆炸的纪录影片，向中共代表团暗示："原子弹我们也有。如果敌人胆敢侵袭我们，他们会得到相应的报复，而我们的朋友也会得到原子弹的庇护。"①

不仅如此，在此次访问中，刘少奇还以书面报告的形式第一次提出了一个在中苏关系上非常重要而敏感的问题，即苏共与中共两党究竟是平等关系还是后者服从前者的关系。刘少奇的报告明确表示，国际共产主义运动的统帅是苏联，中国只是其中的一个分部。如果中苏之间出现分歧，中方在表达自己的意见后，依然会尊重和遵从苏联的意见。② 然而对此斯大林的答复则是从来没有过一个国家的政党听命于另一个国家的政党，这是不可以的。中苏两国共产党都应向本国的人民负责。有了分歧彼此协商，出现困难相互援助，无所谓谁遵从于谁的问题。③ 尽管后来斯大林和苏联的行为并没有完全遵循这个原则，但这至少可以说明，中国在倒向苏联阵营的过程中，并没有受到苏联的武力胁迫，而是出于利益需求的自愿选择。

新中国成立后，为与苏联建立正式军事联盟，毛泽东于 1949 年 12 月正式访苏并与斯大林举行会谈，在谈到签订新的中苏条约问题时，斯大林出于保持其远东物质利益的考虑，表示不愿改变旧中苏条约，苏联租借旅顺口 30 年"在形式上不能改变"。④ 毛泽东对此有意表现出不满，以此给

---

① 张飞虹：《刘少奇 1949 年秘密访苏与中苏结盟》，《苏州大学学报》（哲学社会科学版）1999 年第 1 期。师哲：《在历史巨人身边——师哲回忆录》，中央文献出版社 1991 年版，第 410 页。

② 《代表中共中央给联共（布）中央斯大林的报告》，1949 年 7 月 4 日，载《建国以来刘少奇文稿》，中央文献出版社 2005 年版，第 16—17 页。

③ 《关于中共中央代表团与联共（布）中央斯大林会谈情况给中央的电报》，1949 年 7 月 18 日，载《建国以来刘少奇文稿》，中央文献出版社 2005 年版，第 34 页。

④ 裴坚章主编：《中华人民共和国外交史》，世界知识出版社 1994 年版，第 17 页。

苏方施加压力，最终迫使斯大林做出让步，同意与中国签署新的条约。但在条约的具体内容上，苏联一开始依然坚持其在中长铁路、大连港和旅顺口等的既得利益。然而就在中苏谈判期间，美国为了分化中苏关系，其总统杜鲁门甚至以总统名义发表声明，承认中国对台湾的主权，国务卿艾奇逊则发表长篇演讲，声称台湾不在美国的远东防御范围内。① 在美苏地缘政治竞争的大背景下，斯大林再次做出让步，同意了中方提出的有关苏联从旅顺口撤军、中国政府接管大连港和中长铁路等的草案。1950 年 2 月 14 日，《中苏友好同盟互助条约》正式签署。②

值得注意的是，苏联在不惜做出重大让步的情况下同意与中国结盟，其战略目的并不是确保其自身的军事安全。事实上，欧洲形成冷战局面后，斯大林就不愿看到在远东地区发生有可能引发美苏直接冲突的战争，因此他曾一再拒绝金日成武力统一朝鲜半岛的请求。而与中国建立正式同盟关系，无疑会极大地增加苏联在远东卷入与美国冲突的风险。如果苏联决策的出发点是自身安全，那么它就不会如此积极地促成中苏同盟的建立。而事实上，在决定接受中国条约草案之后，斯大林又改变主意决定支持金日成，以获得苏联在远东的出海口和不冻港。③ 由此可见，当时斯大林的远东战略是富有进攻色彩的权力争夺战略，而并不是单纯防御性的确保安全战略。

三　比较和小结

通过以上对二战后初期美苏两国与各自主要盟友结盟过程的展示，我

---

① 沈志华主编：《中苏关系史纲——1917—1991 年中苏关系若干问题再探讨》，社会科学文献出版社 2011 年版，第 123 页。

② 同上书，第 112—122 页。

③ 参见沈志华主编《中苏关系史纲——1917—1991 年中苏关系若干问题再探讨》，社会科学文献出版社 2011 年版，第 124—125 页。

们看到，美苏两国尽管在意识形态等领域存在巨大的差异，但其主要的结盟行为却表现出了很多的相似性。

首先，相比较于与其结盟的小国，美苏两国在结盟问题上的决策大都显得相对滞后，往往是小国先表现出强烈的与大国结盟的意愿，而美苏两国在一开始则往往出于规避责任等方面的考虑而对结盟表现出犹豫和迟疑，而一旦与另一个大国的权力竞争形势变得严峻甚至面临可能失去潜在盟友的风险，此时美苏两国则会立即转变态度，加快与小国的结盟，甚至不惜为此承担战争风险或牺牲现实利益。

其次，与第一点相联系的是，美苏两国结盟的（主要）动机，都不是为了其自身的军事安全，更不是为了自身的生存安全。美苏两国并不是像均势理论所猜想的那样是出于对自身生存安全的恐惧，为了确保自身生存安全而与其他国家结盟，通过结盟积聚己方的实力。很明显，推动美苏两国与小国结盟的主要动机只有一个，那就是对权力（地位、影响力）本身的追求。

最后，小国之所以与美苏结盟，并不是受美苏两国的武力胁迫的，而是出于自身的安全需求的考虑，是为了获得美苏两国的安全保障而主动且积极的争取。美苏各自的联盟都存在鲜明的"利益交换"特征，盟主和盟友各自所追求的利益就是对方愿意让渡和提供的利益。

但与此同时，上述四个同盟也存在微妙的差异。美国和西欧国家的同盟、苏联和中国的同盟，在其建立的过程中，小国一方更具有主动性，对结盟的进程和盟约的内容都有着较大的影响力。相比之下，在美国与日本的同盟和苏联与东欧国家的同盟中，美国和苏联都更具有主动性，对结盟的进程和盟约的内容有更大的控制力。导致这种差异的核心原因就在于小国在决策自主性上的差异。日本以及东欧国家中的相当一部分国家，都分别有美国和苏联的驻军，日本是二战时美国的战败国，而东欧许多国家战后的政权都是在苏联的扶植下建立的，这些小国的决策自主性相对较小，因而美苏不必太过顾虑其需求是否被满足。而西欧国家和中国则不同，它们都拥有很高的决策自主性和更宽泛的行动自由，在类似"市场"这样的"利益交换"态势下，美苏为了笼络它们使其追随自己，就必须做出更多的让步，为其提供更多的好处。

由此可见，小国的决策自主性是决定大国利益交换战略强弱的关键因素。在下一节中，我们将继续分析冷战时期美苏两国权力竞争的具体过程，从中我们会继续看到不同类型的小国在决策自主性上的差异对大国决策的重要影响。

◇◇ 第二节　美苏权力竞争的过程

如前文所述，大国无战争时代的大国权力竞争，其核心是对小国政治支持的竞争。冷战时期，美苏两大国所竞争的小国，按照大国对其控制程度由大到小，亦即按照小国决策自主程度由小到大依次可大致分为三类："后院"国家、非"后院"盟国和其他第三世界国家。本书第三章已经指出，小国决策自主性的高低，与大国在权力竞争中遵循"利益交换"逻辑的程度有直接的关系。有鉴于此，在本节中，笔者将首先对决策自主程度最高和最低的两类小国——其他第三世界国家和"后院"国家——的大国权力竞争过程分别予以考察，比较大国对这两类小国的权力竞争行为的差异；然后，对于决策自主程度居中的一类小国——非"后院"盟国予以考察，笔者将对美苏两国对各自盟国的权力护持行为做出比较。本节的案例分析将检验小国决策自主性对大国无战争时代大国权力竞争行为的影响，同时通过过程追踪，揭示"利益交换"逻辑对大国权力竞争行为的约束和对竞争结果的影响。

一 对第三世界小国的争夺

为争夺体系霸权，争取第三世界国家的支持是冷战时期美苏两国的必然选择。与美苏各自的传统盟国及其"后院"国家相比，第三世界国家存在显著的不同。一方面，相较于美苏各自的传统盟友，第三世界国家在意识形态上往往没有先天的倾向性；另一方面，相较于美苏各自的"后院"国家，美苏对第三世界国家的绝对管控能力相对较弱，第三世界国家往往拥有更大的行动自由和决策自主性。从这个意义上讲，美苏两个大国对第三世界小国的争夺，在行为模式上受小国意识形态、决策自主性等干扰变量的影响较小，两国对第三世界小国的争夺过程应当更加贴近本书理论分析所揭示的"利益交换"逻辑下的大国权力竞争过程。为探究这一点，在这一小节中，笔者将以 20 世纪 50 年代至 70 年代美苏两国对埃及的争夺为案例，考察二战后美苏争夺第三世界小国的互动过程。

美苏争夺埃及这一案例满足第三章所指出的"利益交换"战略成为大国权力竞争的占优战略的四个条件。首先，美苏展开对埃及的政治攻势以前，埃及已是独立的主权国家，拥有高度的决策自主性。① 其次，美苏对埃及的争夺主要是政治上的争夺，并不以追求占有领土或攫取经济利益为其主要动机。再次，很显然，美苏两国都有足够的意愿将埃及争取到自己一边，换言之，美苏各自对埃及的争夺都处于竞争态势之下。而更重要的是，埃及地处中东，不属于美苏任意一国的"后院"国家，对美苏两国的战略价值相当。最后，美国和苏联在争夺埃及的过程中其物质实力大致处于同一等级，客观实力（资源）不是影响美苏行为决策的主要约束条件。除了满足这四个条件之外，这一案例中埃及的两任核心决策者纳赛尔和萨

---

① 在这一点上，与埃及相对立的以色列就不具备这第一个条件。以色列在美国的扶植下建国，其对于美国的决策自主性较低。

达特都是典型的民族主义者和实用主义者，即其决策依据主要是现实的物质利益考量，这与本书理论上对小国决策理性所做的假定相吻合，并有助于排除小国本身意识形态对其行为选择以及大国权力竞争效果的影响。

有鉴于此，以下将对自 20 世纪 50 年代至 70 年代美苏对埃及的争夺过程进行追踪分析，以检验其过程是否符合本书所提出的"利益交换"机制，同时检验当大国行为不符合"利益交换"原则时，是否会出现对大国权力竞争不利的结果。

纳赛尔是 20 世纪 50 年代至 60 年代埃及乃至整个阿拉伯世界的重要领袖，同时，他是一个坚定的民族主义者。他迫切希望摆脱英国对埃及的控制，同时积极反对以色列的扩张，这些诉求使他很自然地对美苏两个大国存在需求。但纳赛尔一开始并不愿意轻易地倒向美苏中的任何一方，而是有意利用美苏两国争取埃及的战略需求，在两个大国间"待价而沽"。而与此同时，美苏两国为了竞争对埃及以及中东地区的影响力，争相为埃及提供各种援助。可以说，美苏对埃及这个拥有完全独立决策自由的小国的竞争，呈现出了非常典型的"利益交换"特征。在相当长的一段时期内，美苏与埃及之间的互动，酷似两个寡头企业在拉拢一个重要却又十分挑剔的客户。也正因为如此，有学者将美苏与埃及的这种关系称之为"保护人—客户关系"（patron-client relationship）。①

1953 年到 1954 年年初，纳赛尔曾对苏联代表表示，埃及希望用现代化的武器武装军队。他一方面暗示或许会从苏联集团购买这些武器，但另一方面却并不提出正式的要求。事实上，纳赛尔当时更倾向于从美国购买武器。② 但当 1953 年 5 月美国国务卿杜勒斯前往埃及游说试图建立一个

---

① Yaacov Bar-Siman-Tov, *Isreal, The Superpowers, and the War in the Middle East*, New York: Praeger Publisher, 1987, p. 3.

② Aleksandr A. Fursenko and Timothy Naftali, *Khrushchev's Cold War: The Inside Story of an American Adversary*, New York: W. W. Norton & Company, 2006, p. 59.

"中东防御组织"以共同对抗苏联时，纳赛尔同样没有做出积极的回应，他反而表示："苏联远在千里之外，我们和苏联从来都没有麻烦，苏联从来没有进攻过我们，也没有占领过我们的领土，它在埃及没有一个军事基地，但英国却在这里占领了 70 年。"①

1955 年 2 月，英国首相艾登访问开罗，邀请埃及加入一个反苏军事协定。纳赛尔再次拒绝了这一提议，并表示如果苏联袭击埃及，他会请求西方国家的援助；但如果西方国家攻击埃及，那么他将转而寻求东方国家的援助。随后不久，在英国的努力下，伊拉克和土耳其签署了《巴格达条约》。纳赛尔认为这是英国企图继续在这一地区维持影响力的体现。2 月 28 日，一支以色列伞兵部队突袭了埃及在加沙地带的军事基地，这一事件越发加深了纳赛尔对英国的疑惧，认为以色列是英国的代理人，进攻加沙是对他拒绝加入《巴格达条约》的反击。② 这一系列事件迫使纳赛尔开始考虑在美苏之间做出选择并寻求帮助。而与此同时，受伊拉克—土耳其联盟建立的刺激，苏联认为西方国家及其中东盟友正在建立一个沿苏联边缘的包围圈，并且这个包围圈正在收紧。因此，就在 1955 年 2 月，苏联开始公开支持埃及和苏丹的联盟。对于苏联政策的变化，纳赛尔这一次主动做出了回应，提出就购买苏联武器问题开展谈判。③

另一个大国美国同样也在积极地拉拢埃及。1954 年 12 月，美国就已经为埃及提供了 4000 万美元的经济援助。而纳赛尔本人也对共产主义意识形态怀有敌意，他曾明确向苏联驻埃及大使索洛德（Daniel Solod）表

---

① Mohamed H. Heikal, *The Cairo Documents*：*The Inside Story of Nasser and His Relationship with World Leaders*，*Rebels*，*and Statesmen*，Garden City, N. Y.：Doubleday, 1973, p. 40, quoted from Thomas G. Paterson, *Meeting the Communist Threat*：*Truman to Reagan*, Oxford：Oxford University Press, 1988, pp. 165 – 166.

② Aleksandr A. Fursenko and Timothy Naftali, *Khrushchev's Cold War*：*The Inside Story of an American Adversary*，New York：W. W. Norton & Company, 2006, p. 63.

③ Ibid.，p. 64.

达过他对埃及共产主义威胁的担心，害怕埃及和苏联经济文化联系的加强会促使埃及共产党的活动更加频繁。于是在 1955 年 6 月 30 日，纳赛尔又正式向美国提出购买武器的要求，并提供了一份武器购买清单。这项军事请求得到了艾森豪威尔的认可，但以埃及的经济条件无法承担购买这些武器的费用，于是纳赛尔又于 1955 年 8 月提出美国为购买武器提供经济援助的请求。但与 6 月对埃及购买武器的请求不同，美国对埃及的这个新要求没有做出及时的回应和满足，而这则直接导致了对美国来说十分严重的后果。①

7 月 21 日至 29 日，苏共中央委员会书记谢皮洛夫访问埃及，在很大程度上缓解了纳赛尔对苏联的恐惧。再加之美国迟迟没有对埃及的援助请求做出实质性回应，纳赛尔于是下令派出秘密军事采购团在布拉格与苏联会谈，讨论喷气式战斗机的采购事宜。8 月 22 日，在距加沙 95 公里的地方，以色列人枪杀了一名埃及军官和至少两名士兵。纳赛尔再次将这次动乱视为源自外部势力的操纵。于是在以色列发动进攻几个小时之后，纳赛尔派遣其顾问会见了苏联大使索洛德，表示希望加快布拉格谈判的步伐。

而此时的美国尚未意识到埃及战略倾向的转变。就在杜勒斯还在以中东全局性和平协议这样的模糊言辞搪塞纳赛尔的同时，1955 年 9 月初，苏共中央主席团就已经同意向埃及出售坦克和米格 - 15 战斗机，并允许埃及以出口大米、棉花、皮革等易货贸易的方式支付大部分费用。9 月 12 日，苏埃谈判代表在布拉格正式签署协议。9 月 26 日，纳赛尔在开罗的一次武器交易会上的讲话中声明，埃及将会向社会主义国家购买武器。②在得知埃及正向苏联靠拢后，美国援助埃及的积极性又迅速提高，美国立即对埃及表示如果其放弃从苏联进口武器，将马上可以获得美国提供的军

---

① Aleksandr A. Fursenko and Timothy Naftali, *Khrushchev's Cold War: The Inside Story of an American Adversary*, New York: W. W. Norton & Company, 2006, pp. 64 – 67.

② Ibid., pp. 67 – 74.

备，但纳赛尔拒绝接受美国的这一提议。① 美国在埃及的军购援助问题上反应的迟缓，直接导致了埃及对外政策的转向，并"帮助"苏联加强了其与埃及的战略关系。

除了军事援助外，纳赛尔的另一项重要战略目标是兴建阿斯旺水坝。在这件事情上，他同样巧妙地利用了美苏双方的权力竞争，并且从中受益。1955 年 11 月，埃及财政部长埃尔—凯索尼（Abdel Moneim el-Kaissouni）访问英国，在谈到阿斯旺水坝的援助问题时，埃尔—凯索尼坦率地表示，如果西方国家在援助阿斯旺水坝上的报价不能令埃及满意，埃及将会从苏联集团获得援助。几天后，埃尔—凯索尼又会见世界银行行长尤金·布莱克（Eugene Black），商讨水坝援助事宜。为了增加谈判的砝码，纳赛尔编造了一则新闻，宣称："埃及收到了波兰资助大坝的报价，埃及政府正在研究这个报价。"该新闻于埃尔—凯索尼与布莱克会谈的次日公开发表。由于在对埃军售问题上苏联已经占了一次先机，这则假消息立即引起了西方国家的震动。为了阻止苏联介入大坝建设，11 月 28 日，艾森豪威尔不顾其顾问们的疑虑，决定由美国承担对大坝的资助。②

1955 年 12 月，援建阿斯旺水坝计划出台，美英两国分别资助埃及5600 万美元和 1400 万美元，世界银行提供 2 亿美元的贷款。③ 但美英对援助还提出了附加条件：美英两国的援助必须与世界银行的贷款绑定在一起，同时埃及不得接受其他国家的援助。④ 不仅如此，美国只同意这 7000万美元仅用于第一年的建设，此后每年是否提供资助以及资助多少则必须

---

① 戴超武：《美国对第三世界的政策》，载王缉思、牛军主编《缔造霸权：冷战时期的美国战略与决策》，上海人民出版社 2013 年版，第 365 页。

② Aleksandr A. Fursenko and Timothy Naftali, *Khrushchev's Cold War: The Inside Story of an American Adversary*, New York: W. W. Norton & Company, 2006, pp. 78 – 80.

③ 戴超武：《美国对第三世界的政策》，载王缉思、牛军主编《缔造霸权：冷战时期的美国战略与决策》，上海人民出版社 2013 年版，第 366 页。

④ 王绳祖主编：《国际关系史》（第八卷），世界知识出版社 1995 年版，第 335页。

一年一议。而这对于埃及来说则意味着一旦一年之后美国的政策发生变化，那么埃及除了剩下一大堆石块之外将一无所获。在纳赛尔看来，这将给美国对埃及施压和发号施令提供绝好的机会，而这是他无法接受的。①

就在 1955 年 12 月，苏联重申援助埃及阿斯旺大坝的政策。1956 年 6 月，苏联外长谢皮洛夫（Dmitry Shepilov）访问埃及，提出苏联将为埃及提供 11 亿美元的贷款以兴修大坝，并且不附加任何条件。② 面对苏联的竞争，美国却未能选择用更优惠更丰厚的援助来争取埃及，而是决定取消阿斯旺水坝的贷款，试图以此来惩罚纳赛尔。然而，这项决定的结果则是使埃及更加坚定地倒向苏联一方。1956 年 7 月 19 日，美国宣布取消援建计划，第二天英国也宣布了同样的决定。对此，纳赛尔认为这绝不仅仅只是撤销贷款，而是对埃及政权的挑战。7 月 24 日，纳赛尔重申，埃及绝不能接受美国强权的胁迫，永远拒绝接受美国的压迫。7 月 26 日，埃及宣布将英国控制的万国苏伊士运河公司（Universal-Suez Canal Company）收归国有，并将运河每年的收入作为建设水坝的资金来源之一。③

在埃及出台这项决定之后，英国和法国很快决定通过军事手段夺回对苏伊士运河的控制。但美国尽管作为英法两国的盟友和西方阵营的领导者，却并不愿意因运河问题而爆发战争，艾森豪威尔仍不愿放弃给纳赛尔一个台阶以争取其重新倒向西方阵营的机会。④ 而没有盟友牵制的苏联则

① Mohamed H. Heikal, *The Cairo Documents*: *The Inside Story of Nasser and His Relationship with World Leaders*, *Rebels*, *and Statesmen*, Garden City, N. Y. : Doubleday & Company, 1973, pp. 59 – 60.

② 戴超武：《美国对第三世界的政策》，载王缉思、牛军主编《缔造霸权：冷战时期的美国战略与决策》，上海人民出版社 2013 年版，第 366 页。

③ 王绳祖主编：《国际关系史》（第八卷），世界知识出版社 1995 年版，第 337—338 页。戴超武：《美国对第三世界的政策》，载王缉思、牛军主编《缔造霸权：冷战时期的美国战略与决策》，上海人民出版社 2013 年版，第 366 页。

④ Aleksandr A. Fursenko and Timothy Naftali, *Khrushchev's Cold War*: *The Inside Story of an American Adversary*, New York: W. W. Norton & Company, 2006, p. 101.

更明确地站在了埃及的一边。8 月 1 日，赫鲁晓夫在莫斯科列宁体育馆落成仪式上发表讲话，借此机会公开表态支持纳赛尔。他说："苏伊士运河的国有化在一个像埃及政府一样的主权政府的权限范围之内。"①

此外，苏联最迟从 1956 年 4 月起就成功地监听了美国驻莫斯科大使馆。从窃听的情报得知，美国并不想在苏伊士运河的问题上采取如英法那样的激进立场。② 在意识到支持埃及不大可能与美国产生直接的军事对抗之后，苏联在政治和军事上支持埃及的态度就变得更加坚定。8 月 24 日，在出席罗马尼亚大使馆举行的一次招待宴会上，赫鲁晓夫警告英国和法国驻苏大使：如果爆发战争，"阿拉伯人将不会独自战斗"。为了加大其威慑的可信性，赫鲁晓夫甚至对两位大使说，如果他有一个年龄适合当兵能做志愿军的儿子，"我会告诉他放手去干，'你得到了我的批准'"。③ 9 月的第一个星期，苏联向埃及输送了大量武器，同时还通过克格勃向埃及提供了军事手册和训练电影，此外，很可能还提供了军事顾问向埃及军官展示如何使用这些材料。④ 10 月 20 日，赫鲁晓夫在给纳赛尔的信中再次承诺，向埃及提供武器装备和军事技术设备的工作正在按规定的期限实施，至于埃及提出的新武器装备和军事技术设备问题，苏联也将在近期内签订协议，最大限度予以满足。⑤

10 月 29 日，以色列向埃及发动进攻。30 日，英法两国联合发出最后

---

① Aleksandr A. Fursenko and Timothy Naftali, *Khrushchev's Cold War: The Inside Story of an American Adversary*, New York: W. W. Norton & Company, 2006, p. 92.

② Ibid., p. 93.

③ "Khrushchev Warns West on a Suez War," New York Times, August 24, 1956, quoted from Aleksandr A. Fursenko and Timothy Naftali, *Khrushchev's Cold War: The Inside Story of an American Adversary*, New York: W. W. Norton & Company, 2006, pp. 105 - 106.

④ Aleksandr A. Fursenko and Timothy Naftali, *Khrushchev's Cold War: The Inside Story of an American Adversary*, New York: W. W. Norton & Company, 2006, p. 10.

⑤ 《赫鲁晓夫致纳赛尔的信》，1956 年 10 月 20 日，载沈志华主编《苏联历史档案选编》（第 27 卷），社会科学文献出版社 2002 年版，第 632 页。

通牒，要求埃以双方停火，并从苏伊士运河后撤 10 英里。11 月 5 日，英法军队在埃及登陆。战争爆发后，苏联发出一系列外交照会和声明，谴责英国、法国、以色列等国的行动。苏联总理布尔加宁（Nikolai Bulganin）在莫斯科的一次记者招待会上警告说，西方国家的行动将有可能引发第三次世界大战。他还宣称，苏联的志愿军已经做好准备援助埃及军队。①

美国在苏伊士运河危机上，同样出于"利益交换"逻辑的考虑，并没有坚定地站在英法一边。因为如果协助英法干涉埃及，将无法迎合纳赛尔的民族主义诉求，从而也就无法通过"笼络"埃及而使苏联对埃及的控制发生松动。② 9 月 2 日，艾森豪威尔警告英国首相安东尼·艾登（Anthony Eden）说，如果美国干涉，那么"近东和北非的人民，在某种程度上，所有亚洲和非洲的人民都将联合在一起对抗西方，这种对抗恐怕将延续一代人的时间，甚至长达一个世纪之久，尤其是考虑到苏联人施加负面影响的能力"。③ 他还曾表示："如果我们对英法两国的支持会导致我们失去整个阿拉伯世界，那么我们怎么可能提供这种支持呢？"④ 为了抑制英法，美国甚至切断了英法来自拉丁美洲的石油供应。⑤

在英法登陆埃及的同一天，谢皮洛夫向联合国提交了一份提案，其中表示，苏联政府"已准备好派海军和空军到埃及，为制止侵略者，保护受害国，恢复和平做出自己的一份贡献"。同时，苏联还威胁英法要袭击两国本土，同时对以色列威胁召回苏联驻以色列大使，并提醒戴维·本—古

① John G. Stoessinger, *Why Nations Go to War*（*Tenth Edition*），Boston：Wadsworth，2008，p. 229.

② ［挪］文安立：《全球冷战：美苏对第三世界的干涉与当代世界的形成》，世界图书出版公司 2012 年版，第 125 页。

③ Douglas Little, *American Orientalism：The United States in the Middle East since 1945*, Chapel Hill：University of North Carolina Press, 2002, p. 174.

④ Ibid. , p. 179.

⑤ ［美］沃尔特·拉费伯尔：《美国、俄国和冷战，1945—2006》，牛可、翟韬、张静译，世界图书出版公司 2011 年版，第 151 页。

里安（David Ben-Gurion）是否希望以色列作为一个国家继续存在下去。赫鲁晓夫甚至声称，苏联拥有核武器的优势，可以使苏联摧毁任何一座美国或欧洲的城市。[①] 在苏联的压力下，11 月 6 日，英法两国和以色列宣布停火。到 12 月 22 日为止，英法全部撤军，在联合国紧急部队的保障下，埃及重新控制了苏伊士运河区域。

在这次苏伊士运河危机中，由于苏联比较坚决地在政治和军事上给埃及提供了支援，因此赢得了埃及和阿拉伯国家的信任和好感，扩大了其在中东问题上的影响力。在这次较量中，处于下风的美国，则开始汲取教训，直接导致了"艾森豪威尔主义"的出台。1957 年 1 月，艾森豪威尔向国会指出，苏伊士运河危机破坏了英国在伊斯兰世界的传统影响力，并激发了阿拉伯国家的激进民族主义，同时为苏联势力的进入打开了大门。为了遏制苏联在这一地区影响力的扩张，艾森豪威尔请求国会批准一项特殊的经济和军事援助计划。这项计划的核心就是慑止苏联对这一地区公开的武力入侵，同时对美国在这一地区的友邦如伊朗、伊拉克、土耳其等提供经济和军事援助，防止共产主义的颠覆活动。[②]

而在外交实践中突出体现美国汲取了这次在埃及权力竞争的教训的是1973 年第四次中东战争前后美国在政治上对埃及的拉拢。而在这一轮权力竞争中因未能及时对埃及提供帮助因而落入下风的大国变成了苏联。

1967 年 6 月 5 日，以色列突然发起进攻，第三次中东战争爆发，以色列在 6 天之内占领了约旦河西岸、加沙地带和戈兰高地等大片阿拉伯土地。六日战争后，直到 1970 年，苏联总共向埃及提供了价值约 45 亿美元的各种军事物资，并向埃及派驻 2.2 万名军事人员，其中包括 4000 多名

---

① William Taubman, *Khrushchev: The Man and His Era*, New York: W. W. Norton & Company, 2003, p. 407.

② Douglas Little, *American Orientalism: The United States in the Middle East since 1945*, Chapel Hill: University of North Carolina Press, 2002, pp. 119, 132.

军事顾问和专家，并在埃及建立了 50 多个导弹发射场。苏联炮兵甚至直接轰击了以色列的据点。但同时，苏联要求埃及不要迫使苏联同美国发生直接的对抗。在苏联军事援助埃及的压力下，1970 年 10 月，以色列同意停火。① 正是拜这种"利益交换"战略所赐，在整个 20 世纪 60 年代，苏联在埃及等阿拉伯国家中的影响力曾一度急剧增加。②

1969 年，埃及和以色列的冲突不断升级。1969 年 12 月和 1970 年 1 月，纳赛尔两次秘密访问苏联，寻求苏联的军事支持。他对勃列日涅夫说："我坦白跟你讲，如果我们得不到我所要求的东西，那么每个人都会认为解决问题的唯一办法就操纵在美国人手里了。"③ 出于对其在第三世界关键盟国长期生存的担忧，苏共政治局在 1970 年年初决定提升对埃及的援助水平，向埃及派出常规火炮、防空及空军部队参加战斗。

在美国看来，1967 年的"六日战争"使苏联成为了阿拉伯国家的朋友，而美国则成了阿拉伯国家的敌人。因此，在此后一直到 1973 年的"十月战争"之后，美国一直试图在中东推行一种微妙平衡的外交政策，其核心的战略意图是一方面为以色列提供安全保障，另一方面努力笼络阿拉伯国家，削弱苏联的影响力。④

1971 年 2 月，纳赛尔的继任者萨达特提出新的和平倡议，表示如果以色列能够从其于 1967 年占领的土地撤出，埃及愿意与其展开和谈。然

---

① 王绳祖主编：《国际关系史》（第十卷），世界知识出版社 1996 年版，第 94—95 页。[挪] 文安立：《全球冷战：美苏对第三世界的干涉与当代世界的形成》，世界图书出版公司 2012 年版，第 199—200 页。

② [美] 亨利·基辛格：《白宫岁月——基辛格回忆录》（第 1 卷），陈瑶华等译，世界知识出版社 1980 年版，第 462 页。

③ Mohammad H. Heikal, *The Road to Ramadan*, New York：Ballantine, 1975, p. 80, quoted from [挪] 文安立：《全球冷战：美苏对第三世界的干涉与当代世界的形成》，世界图书出版公司 2012 年版，第 198—199 页。

④ [英] 理查德·克罗卡特：《50 年战争》，王振西等译，新华出版社 2003 年版，第 418 页。

而这项提议未能得到以色列的积极回应。在这种情况下，萨达特开始准备以武力收复失地。出于这一目的，为获得苏联的援助，埃及于 1971 年 5 月与苏联签订了为期 15 年的《苏埃友好合作条约》。这是苏联与非社会主义国家缔结的第一个具有同盟性质的条约。根据条约的规定，苏联应帮助埃及发展其抵御侵略的能力。[①] 但在这一时期，苏联开始担心如果中东局势持续紧张，将会使美国放弃缓和政策，从而不利于苏联的全球利益。因此苏联开始放缓对埃及的援助力度，迟迟未向埃及提供武器支持。[②]

事实上，自勃涅日列夫上台后，苏联就一直试图改变赫鲁晓夫时期苏联对美国的鲁莽外交战略。1967 年 1 月，苏共中央政治局批准了一份由外交部部长葛罗米柯起草的外交形势报告，该报告将"缓和"确立为苏联外交政策的基本原则。报告指出，从苏联及其盟国的国家利益出发，不应主动制造紧张的国际态势。和平有利于经济发展和社会主义建设，苏联的国际地位在缓和的环境下更容易维持和提升。该报告最核心的思想就是，虽然苏联与美国矛盾重重，但苏联并不准备与美国发生战争，哪怕仅是一场局部的有限战争。[③] 这种与美国缓和对抗的战略思想，与苏联同美国竞争国际影响力的权力追求之间，不可避免地存在张力和冲突。当"缓和"思想在这一时期占据上风时，苏联的中东政策就不可避免地会遭遇挫折。[④]

为敦促苏联根据条约的规定向埃及提供武器支援，萨达特又于 1971 年 10 月至 1972 年 4 月先后三次出访苏联。然而苏联始终未能满足埃及在

[①] 方连庆、王炳元、刘金质：《国际关系史》（战后卷），北京大学出版社 2006 年版，第 491 页。

[②] 戴超武：《美国对第三世界的政策》，载王缉思、牛军主编《缔造霸权：冷战时期的美国战略与决策》，上海人民出版社 2013 年版，第 391 页。

[③] 邢广程：《苏联高层决策 70 年——从列宁到戈尔巴乔夫》（第四分册），世界知识出版社 1998 年版，第 178—179 页。

[④] Alan R. Taylor, *The Superpowers and the Middle East*, New York: Syracuse University Press, 1991, p. 139.

武器上的需要。① 1972 年 5 月，美苏在莫斯科举行最高级会谈，并发布联合声明主张在中东实现"军事缓和"。这次会谈成为苏埃关系的一个重要转折点。②

在确定了无法得到苏联的援助后，萨达特决定依靠埃及自己的力量与以色列对抗。与此同时，1972 年 7 月 8 日，萨达特会见苏联驻埃及大使，并宣布了三项有关苏埃关系的重要决定：结束苏联军事顾问和专家在埃及的使命，苏联 2.1 万军事人员除部分技术人员外，必须自 7 月 17 日起 10 日内离开埃及；苏联在埃及的军事设备必须撤走或由埃及接管；留在埃及的所有苏联军事人员必须服从埃及的指挥，否则也必须撤走。③

1973 年 10 月，第四次中东战争爆发，以色列一开始处于守势，但随后很快发起决定性的反攻。联合国安理会于 10 月 22 日通过决议，各交战方被要求必须在规定的时限内停火。但以色列拒绝执行这一决议，继续在苏伊士运河两岸和戈兰高地发动攻势。④ 纳赛尔的继任者萨达特呼吁美国和苏联强制执行停火协议。勃列日涅夫表示：如果美国不与苏联采取联合军事行动，或者不对以色列施加压力，苏联将单方面介入。而尼克松的回应则是，提高美国战略核武装的警备级别。⑤ 在核战争威胁的阴影下，苏联的权力竞争目标再一次让位于"大国无战争"原则，勃列日涅夫在 10 月 25 日向尼克松发了一封个人电报，表示除非安理会做出决议，否则苏

---

① 王绳祖主编：《国际关系史》（第十卷），世界知识出版社 1996 年版，第 96 页。

② ［美］亨利·基辛格：《白宫岁月——基辛格回忆录》（第 4 卷），陈瑶华等译，世界知识出版社 1980 年版，第 287 页。

③ 王绳祖主编：《国际关系史》（第十卷），世界知识出版社 1996 年版，第 96—97 页。

④ 方连庆、王炳元、刘金质主编：《国际关系史》（战后卷），北京大学出版社 2006 年版，第 492—493 页。

⑤ Robert O. Freedman, "The Superpowers and the Middle East," in Roy Allison and Phil Williams eds. , *Superpower Competition and Crisis Prevention in the Third World*, New York：Cambridge University Press, 1990, p. 126.

联不会向埃及派出任何军队。①

由于苏联对美国的缓和政策以及对埃及援助需求的忽视，十月战争结束后，埃及开始反思此前的对苏政策，并做出了重大调整，由以往的联合苏联、对抗美国、反对以色列，变成了联合美国、与以色列和谈、对抗苏联。② 美国则利用埃苏关系出现的裂痕，调整战略，积极发展同埃及和其他阿拉伯国家的关系，使美苏在埃及的影响力出现了"引人注目的此消彼长的趋势"。③

1973 年 11 月 6 日，美国国务卿基辛格出访开罗，宣布与埃及恢复外交关系。随后，基辛格又在埃及和以色列之间积极展开穿梭外交（shuttle diplomacy），以尽可能地排除苏联在中东和平问题上的介入和影响。在美国的积极作为下，埃以双方于 1974 年 1 月签订了军队脱离接触协议。1975 年 9 月，埃及和以色列又在美国的调解下达成了进一步在西奈半岛脱离军事接触的协议。④

1974 年 2 月，埃美正式恢复了自 1967 年因第三次中东战争而中断的外交关系。⑤ 1974 年 4 月，萨达特宣布埃及实行武器来源的多元化。6 月，萨达特邀请美国总统尼克松访问埃及，双方签署《埃美关系和合作协定》，同意加强两国在科学、技术、经济和文化领域的全面合作。美国甚至还表示可考虑向埃及出售非军用核反应堆和核燃料。10 月，萨达特对美国进行了为期 10 天的回访，实现了埃及总统的首次访美。访美过程中，

---

① ［挪］文安立：《全球冷战：美苏对第三世界的干涉与当代世界的形成》，世界图书出版公司 2012 年版，第 201 页。

② 王绳祖主编：《国际关系史》（第十卷），世界知识出版社 1996 年版，第 123 页。

③ 方连庆、王炳元、刘金质主编：《国际关系史》（战后卷），北京大学出版社 2006 年版，第 494 页。

④ 王绳祖主编：《国际关系史》（第十卷），世界知识出版社 1996 年版，第 125—126 页。

⑤ 同上书，第 123 页。

萨达特正式请求美国向埃及提供武器装备，而美国则决定向埃及提供7.5亿美元的经济援助和2.5亿美元的粮食援助，并且双方还达成了相互协作和平利用核能的协议。①

埃及和美国的接近使苏联承受着巨大的战略压力。正如一位学者所说的，在苏联看来，中东地区的影响力是一种"零和"博弈，美国在这一地区威望的急剧上升就意味着苏联影响力的下跌。② 但这时，苏联却未能选择以"利益交换"的方式重新拉拢埃及，而是试图以向埃及施压的方式迫使其改变立场。1975年9月，埃及和以色列达成第二个脱离接触协议。苏联对此予以公开批评，并拒绝参加该协议的签字仪式。1975年年底，苏联不仅拒绝向埃及提供其急需的苏制米格—21飞机零件，反而向埃及催讨武器贷款利息。不仅如此，在埃及战争后经济困难急需援助的时候，苏联拒绝延长埃及偿还其贷款的时间，迫使埃及以近1/4的出口物资来偿还苏联的贷款和利息。③

苏联的胁迫非但没能迫使埃及回到苏联这一边，反而使得苏埃关系进一步恶化。1976年3月15日，埃及人民议会以307票对2票通过了废除1971年签署的《苏埃友好条约》的法案。苏联和埃及"保护人—客户关系"被莫斯科视为其在中东政治博弈的天平上的最重要的一块砝码，而《苏埃友好条约》的废除，使得这一存续20多年的"保护人—客户关系"彻底终结。④ 随后，埃及又宣布取消苏联军舰在亚历山大港等港口的使用

① 方连庆、王炳元、刘金质主编：《国际关系史》（战后卷），北京大学出版社2006年版，第494页。王绳祖主编：《国际关系史》（第十卷），世界知识出版社1996年版，第123页。

② Alan R. Taylor, *The Superpowers and the Middle East*, New York：Syracuse University Press, 1991, p. 140.

③ 方连庆、王炳元、刘金质主编：《国际关系史》（战后卷），北京大学出版社2006年版，第494—495页。

④ Alan R. Taylor, *The Superpowers and the Middle East*, New York：Syracuse University Press, 1991, p. 144.

权等一切便利条件。① 1977 年，萨达特又宣布停止向苏联及东欧国家出口棉花，并将偿还苏联军事债务的时间推迟 10 年。不仅如此，苏联和东欧国家在埃及的所有文化中心以及苏联等国家在亚历山大等城市的领事馆，都在这一年被关闭。②

通过以上的案例分析可以看到，对于像埃及这样拥有完全行动自由的第三世界国家，美国和苏联在争夺对其的主导权时，都使用了"利益交换"战略。美苏与埃及的互动关系，非常类似于两个竞标者和一个买主之间的关系，即哪个竞标者更能满足买主的需求，哪个竞标者在竞争中就能更占据主动权，就有更大的机会与买主达成交易。在此过程中，埃及虽然相对于美苏是一个小国，但在以"利益交换"为核心逻辑的竞争态势下，埃及拥有相当大的影响力，在很多时候甚至能够左右美苏的战略决策。而一旦美苏两国中的任何一方满足埃及战略需求的力度稍弱，它就将很快处于竞争的劣势。如果一方转而采取胁迫方式而另一方则继续选择对埃及提供好处，那么这两个大国的政治影响力则更会出现非常明显的消长变化。

二　对"后院"国家

与上一小节所讨论的第三世界国家不同，像拉美、东欧这些美苏两国的"后院"国家，由于其特殊的历史和地缘因素，它们的行为自主性相对要小得多，美苏两国能够分别对其政权和主权施加具有绝对影响力的控制。根据第三章的理论，对于这样的小国，"利益交换"战略的优势将不容易显现，大国对这些小国施加影响的主要方式应当还是以"武力胁迫"

---

① 王绳祖主编：《国际关系史》（第十卷），世界知识出版社 1996 年版，第 124 页。

② 方连庆、王炳元、刘金质主编：《国际关系史》（战后卷），北京大学出版社 2006 年版，第 495 页。

为主。考察历史我们将发现，事实的确如此。对于这类"后院"国家，美苏两国的行为再次表现出了极大的相似性。

据统计，自 1946 年至 1960 年，美国用于对外援助的经费总额达 600 亿美元，但其中只有不到 7% 投向了拉美，而且其中的大部分都是美国自己在这一地区的公司的获益。① 这一点也与本书第三章的理论逻辑相一致：当大国对小国的行动自由有足够控制力的时候，大国将不再倾向于选择与小国进行利益交换。与利益交换策略在美国对拉美战略中被边缘化相伴随的是美国对这一地区国家武力胁迫的频繁使用。虽然美国是二战后主权规范的主要倡导者和维护者，② 但对于自"门罗宣言"以后就成为其"后院"的拉美国家，当其政治动向出现违背美国战略意志的情况时，二战后的美国依然会经常选择颠覆政权乃至直接军事入侵，以此保持其对"后院"国家的控制。以下是几个比较有代表性的案例。

颠覆危地马拉民主政府是二战后美国第一次大型武装干涉拉美的行动。1951 年，阿本斯（Jacobo·Arbenz）当选危地马拉总统后，危地马拉政府与本国共产党乃至共产主义阵营的关系日益密切。为了控制共产主义在危地马拉影响力的扩大，美国决定在危地马拉的邻国洪都拉斯组织和训练危地马拉的反对派，准备秘密推翻阿本斯政权。1954 年 5 月，苏联安排一艘瑞典商船将约 2000 吨捷克斯洛伐克军火运抵危地马拉。③ 5 月 26 日，艾森豪威尔总统下令美国海军对危地马拉实施封锁，并向尼加拉瓜和洪都拉斯空运 50 吨武器，同时，指挥受美国政府资助的前危地马拉军官阿马斯（Castillo Armas）入侵危地马拉。随后，美国又出动轰炸机直接对危地

① Walter LaFeber, *The American Age*: *United States Foreign Policy at Home and Abroad*, Second Edition, New York: W. W. Norton & Company, 1994, p. 586.

② Tanisha M. Fazal, *State Death*: *The Politics and Geography of Conquest*, *Occupation*, *and Annexation*, Princeton University Press, 2007, pp. 47 – 53.

③ Aleksandr A. Fursenko and Timothy Naftali, *Khrushchev's Cold War*: *The Inside Story of an American Adversary*, New York: W. W. Norton & Company, 2006, p. 61.

马拉的空军和陆军实施空袭。6 月 27 日,阿本斯被迫辞职,阿马斯在美国的扶植下担任危地马拉总统。①

美国的这次武力胁迫行为不可避免地引起了拉美国家的强烈反美情绪。直到 1957 年,时任美国副总统的理查德·尼克松访问委内瑞拉,加拉加斯民众还在机场集会,高喊"走开,尼克松!""滚出去,美国狗!""我们不会忘记危地马拉"。抗议者甚至袭击了尼克松的车队,打碎了尼克松座驾的窗户,并向内吐口水。②

1959 年 1 月 1 日,卡斯特罗推翻古巴巴蒂斯塔政权,上台执政。由于受到美国的敌视,古巴逐渐开始寻求与苏联的接近。1960 年 2 月,苏联政府代表团访问古巴,与古巴签订了贸易和援助协定。1960 年 5 月,古巴与苏联建立正式的外交关系。美国对此首先的反应是断绝与古巴的实际经济往来,而古巴的回应则是将美国在古巴的所有产业收归国有。1961 年 1 月,美国与古巴断交。③ 与此同时,自 1960 年下半年开始,美国加紧为颠覆卡斯特罗政权做准备,包括在佛罗里达州建立雇佣兵营、公开招募流亡美国的古巴反政府分子,并在危地马拉等中美洲国家对其进行军事训练等。1961 年 4 月 15 日,三架美国 B-26 轰炸机对古巴首都哈瓦那的几个机场实施空袭,两天后,美国又派遣雇佣兵在美国驱逐舰和飞机的掩护下在古巴的猪湾登陆,公然发动对古巴的入侵。④ 此次行动很快以失败

---

① 戴超武:《美国对第三世界的政策》,载王缉思、牛军主编《缔造霸权:冷战时期的美国战略与决策》,上海人民出版社 2013 年版,第 377—378 页。[挪]文安立:《全球冷战:美苏对第三世界的干涉与当代世界的形成》,世界图书出版公司 2012 年版,第 147—148 页。

② [挪]文安立:《全球冷战:美苏对第三世界的干涉与当代世界的形成》,世界图书出版公司 2012 年版,第 149 页。

③ [英]理查德·克罗卡特:《50 年战争》,王振西等译,新华出版社 2003 年版,第 283 页。戴超武:《美国对第三世界的政策》,载王缉思、牛军主编《缔造霸权:冷战时期的美国战略与决策》,上海人民出版社 2013 年版,第 380 页。

④ 方连庆、王炳元、刘金质主编:《国际关系史》(战后卷),北京大学出版社 2006 年版,第 286、290 页。

告终，美国对古巴的武力胁迫将古巴彻底逼向了苏联的阵营，并最终诱发了 1962 年的古巴导弹危机。

自 1963 年军人集团在多米尼加发动政变以后，多米尼加国内经济日益困难，国内政局动荡。1965 年 4 月，首都圣多明各再次发生政变，军队中亲前总统博什（Juan Bosch）的一派推翻了卡布拉政权，内战随即爆发。[①] 中央情报局判断这次动乱完全是由卡斯特罗主导和操纵的。为防止左翼势力在多米尼加掌握政权，约翰逊政府决定直接出兵干涉。1965 年 5 月 2 日，约翰逊在发表电视讲话时宣称："美洲国家不能，不准，而且也不会允许一个共产主义独裁政权的出现。"这次讲话也标志着约翰逊主义的出台，即"无论何时，只要总统认为共产主义对西半球构成了威胁，他就可以使用武力"。[②] 美国随即派遣了共计 2.2 万名的美军对多米尼加实施武装干涉。[③] 这次武力胁迫事件同样招致了国际社会的谴责。哥伦比亚前总统兼美洲国家组织首任秘书长阿尔韦托·耶拉丝（Alberto Lleras）对此抱怨说，冷战正在拉丁美洲演变成一场热战。[④] 美国的盟国法国总统戴高乐则表示："美国就像……以往所有拥有压倒性力量的国家一样，越来越相信武力可以解决一切，但事实并非

---

① 资中筠主编：《战后美国外交史》，世界知识出版社 1994 年版，第 482—483 页。

② Walter LaFeber, *The American Age: United States Foreign Policy at Home and Abroad* (Second Edition), New York: W. W. Norton & Company, 1994, p. 608.

③ 戴超武：《美国对第三世界的政策》，载王缉思、牛军主编《缔造霸权：冷战时期的美国战略与决策》，上海人民出版社 2013 年版，第 383 页。[挪] 文安立：《全球冷战：美苏对第三世界的干涉与当代世界的形成》，世界图书出版公司 2012 年版，第 152 页。

④ Clara Nieto, *Masters of War: Latin America and United States Aggression from the Cuban Revolution through the Clinton Years*, New York: Seven Stories Press, 2003, p. 101, 转引自 [挪] 文安立《全球冷战：美苏对第三世界的干涉与当代世界的形成》，世界图书出版公司 2012 年版，第 153 页。

如此。"①

20 世纪 80 年代，里根政府上台后加强了对苏联的战略反击力度，而在对其"后院"国家的政策上，则体现为加强了对拉美亲苏反美政权的干涉和投入，包括对萨尔瓦多、尼加拉瓜等国反动派的支持以及外部的军事和经济封锁。而最直接的武力胁迫行动则要数 1983 年美军直接入侵格林纳达。1979 年 3 月，格林纳达的一个激进的左翼组织"新宝石运动"发动政变并掌握政权，领导人毕肖普（Maurice Bishop）积极发展同苏联、古巴和东欧的关系。1983 年 10 月，毕肖普被国内左翼激进派杀害。里根政府抓住这个机会，自 10 月 25 日起，派遣累计6000 名美国海军陆战队入侵格林纳达并占领全境，重新扶植建立起亲美政权。② 格林纳达新政府成立后不久，即宣布同苏联和利比亚断交，限令古巴外交官离境。③

与美国相似的是，当苏联与其"后院"东欧国家在政策上发生分歧或者东欧国家不服从苏联的命令时，苏联也曾频繁通过武力胁迫来控制这些"后院"国家。正如一位学者所指出的那样，华约最初的政治功能是对外对抗西方国家，平衡美国在欧洲的影响，但在实践中，其功能却逐渐演变为用以维护苏联在华约组织内部的权威。④

1956 年 6 月，波兹南事件爆发，波兰出现大规模示威和骚乱。主张波兰不应盲目接受苏联模式而应探索本国道路的波兰前领导人哥穆尔卡重新回归政坛，同时波兰政治局计划于当年 10 月召开二届八中全会，核心

---

① Embassy, Paris to Secretary of State, 4 May 1965, DDRS, 转引自［挪］文安立《全球冷战：美苏对第三世界的干涉与当代世界的形成》，世界图书出版公司 2012 年版，第 153 页。

② Walter LaFeber, *The American Age*: *United States Foreign Policy at Home and Abroad*, Second Edition, New York: W. W. Norton & Company, 1994, p. 724.

③ 资中筠主编：《战后美国外交史》，世界知识出版社 1994 年版，第 953 页。

④ 李兴：《从全面结盟到分道扬镳：冷战时期的苏联与东欧关系研究》，武汉大学出版社 2000 年版，第 148 页。

议题是增选哥穆尔卡等为中央委员，同时撤换此前由苏联任命的国防部长罗科索夫斯基。① 为防止波兰脱离社会主义阵营，脱离苏联的控制，1956年10月19日，就在波兰统一工人党二届八中全会召开的当天，苏联主要领导人赫鲁晓夫、莫洛托夫、布尔加宁等，在华约总司令科涅夫以及10名苏联陆军上将的陪同下，突然抵达华沙。② 与此同时，苏联两个战斗师已经部署在距华沙市郊的100公里外，如果苏联未能从波兰政府那里得到满意的保证，这些军队就将于第二天进驻华沙。③ 面对苏联的武力胁迫，波兰领导人只得做出不会脱离社会主义阵营的保证。在波兰方面的交涉以及中国等国家的反对下，苏联最终放弃了此次武装干涉。④

波兰危机直接引发了苏联对匈牙利的武装干涉。1956年10月23日，为抗议苏联对波兰的武装威胁，布达佩斯爆发了大规模的声援波兰的游行示威活动。匈牙利当局无力控制局面，使得示威很快演变为骚乱。示威者甚至提出了要求苏联从匈牙利撤军、重新选举新的党的领导人等反对苏联控制的口号。为了控制局势，保住政权，匈牙利党的第一书记格罗于23日当天，向苏联发出了军事干预的请求。10月24日凌晨，苏联128步兵师和第39机械化师进入匈牙利边界，同时部署于罗匈、苏匈以及匈牙利境内的苏军5个师的兵力，在坦克、大炮、装甲车、战斗机的全副武装下，进驻布达佩斯。⑤ 苏联的这次武力胁迫行为所产生的消极影响十分严

---

① 吴伟：《苏波关系：从卡廷事件到十月事件》，载沈志华主编《冷战时期苏联与东欧的关系》，北京大学出版社2006年版，第136—137页。

② 李锐等编著：《华沙条约组织与经济互助委员会》，社会科学文献出版社2010年版，第99页。

③ Aleksandr A. Fursenko and Timothy Naftali, *Khrushchev's Cold War: The Inside Story of an American Adversary*, New York: W. W. Norton & Company, 2006, p. 119.

④ 吴伟：《苏波关系：从卡廷事件到十月事件》，载沈志华主编《冷战时期苏联与东欧的关系》，北京大学出版社2006年版，第141页。李锐等编著：《华沙条约组织与经济互助委员会》，社会科学文献出版社2010年版，第99页。

⑤ 李锐：《匈牙利事件：苏匈关系的一面镜子》，载沈志华主编《冷战时期苏联与东欧的关系》，第153—156页。

重。匈牙利开始认为苏联对匈牙利的民族独立构成了威胁，极大地激发起匈牙利社会的反苏情绪。①

在名义上，苏联对匈牙利的武力胁迫还得到了匈牙利政府的授权。而 1968 年 8 月，对捷克斯洛伐克的武装干涉则完全是一次对主权国家的武装侵略。这次行动，苏联的政治依据是勃列日涅夫提出的"有限主权论"。这种论调强调，如果社会主义的敌对势力试图内外勾结，试图改变一个社会主义国家的性质和政权时，这个国家就不再享有主权赋予其的独立决策权，所有社会主义国家就都有权予以干涉。② 在这种政治理念的指引下，苏联对其"后院"国家的武力胁迫就更加坚决和直接。1968 年，捷克斯洛伐克的国内改革开始出现偏离苏联模式的迹象。当年 8 月 20 日，苏联调动 25 万华约军队进驻捷克斯洛伐克，并劫持捷克斯洛伐克总统斯沃博达，逼迫其改变政策以恢复苏联模式。苏联此举引发了捷克斯洛伐克民众的强烈愤慨，布拉格甚至出现了"美国在越南，我们这里有苏联"，"俄国人滚回去"之类的标语。③

苏联在勃列日涅夫执政时期，军事实力达到巅峰，然而，由于苏联未能正确运用其实力，对其"后院"盟友实施武力胁迫，因此其强大的军事实力非但没有帮助苏联巩固和扩大在东欧盟国中的影响力，反而增加了这些小国的离心力。战略学家保罗·肯尼迪（Paul Kennedy）对此指出，苏联如果希望自己拥有更大的影响力，必须放弃这样的战略，因为武力胁迫并不能轻易吓倒这些国家。用战争和武力威胁其他国家就范的做法只会

---

① 李锐等编著：《华沙条约组织与经济互助委员会》，社会科学文献出版社 2010 年版，第 101 页。

② 《勃列日涅夫在波兰统一工人党五大上的讲话》，《真理报》（苏）1968 年 11 月 13 日。转引自关贵海《冷战时期的苏联对外政策》，载牛军主编《冷战时期的美苏关系》，北京大学出版社 2006 年版，第 99 页。

③ 叶书宗：《苏军入侵捷克斯洛伐克》，载沈志华主编《冷战时期苏联与东欧的关系》，第 198—203 页。

适得其反，这是苏联最大的教训所在。① 事实上，在上述武力胁迫事件陆续发生后，捷克斯洛伐克、波兰、匈牙利乃至罗马尼亚、东德的大部分民众，都开始极度反感所有与苏联和俄罗斯有关的东西。②

三　对非"后院"盟国

对于美苏的非"后院"盟国，例如，中国、日本、西欧的北约成员国等，因为其在冷战初期就已经通过盟约的形式分别成为了美苏的盟友，并且由于意识形态的相似性，美苏与这些盟国的关系在最初一段时期内都具有相当程度的稳定性，因此对于这类小国，两个大国之间基本不存在与对方争夺的问题。对于这类小国，美苏两国权力竞争的主要矛盾是如何更好地笼络住各自的这些非"后院"盟国，防止其倒向对方的阵营。如前所述，在大国无战争时代，大国笼络小国、获取小国追随的主要途径应是"利益交换"，即为小国提供经济援助、安全保障这样的好处。然而在冷战时期，受各种主客观因素的干扰，美苏两国在实践中对"利益交换"原则的坚持程度存在差异，这直接影响了两国权力竞争的不同结果。特别是对于像非"后院"盟国这样存在相当程度决策自主性的国家，两国权力竞争战略选择的不恰当，有时会产生非常显著的负面效果。

在满足盟友经济发展需求方面，美国的态度始终十分鲜明。美国国务院当时的政策文件显示，即使没有苏联的因素，仅仅只是出于欧洲国家经济状况的考虑，美国依然会采取这种援助行动。③ 事实上，当时美国的政

---

① ［美］保罗·肯尼迪：《战争与和平的大战略》，时殷弘、李庆四译，世界知识出版社 2005 年版，第 162 页。

② 转引自［英］理查德·克罗卡特《50 年战争》，王振西等译，新华出版社 2003 年版，第 386 页。

③ 《国务院政策设计委员会文件：关于美国援助西欧的政策》，1947 年 5 月 23 日，载刘同舜主编《"冷战"、"遏制"和大西洋联盟》，第 119 页。

界和公共舆论中存在一种冷战共识（the Cold War Consensus），其中一项重要内容就是"美国必须为（自由世界）提供领导，因为它有这份责任"。①

以美国在亚洲的重要盟国日本为例，冷战之初，美国就确立了帮助日本恢复经济的三项政策：推动日本加入关贸总协定；恢复日本与中国的传统贸易关系；开拓并发展日本与东南亚地区的贸易。其中，为推动日本加入关贸总协定，杜鲁门和艾森豪威尔两届政府努力克服了来自英国、澳大利亚等英联邦国家以及部分西欧国家的压力，最终于 1955 年帮助日本入关。伴随着日本入关，日本获得了广阔的海外市场，极大地促进了日本经济的发展。仅仅十余年的时间，到 60 年代末，日本就已经成为仅次于美国的世界第二大经济体。②

事实上，对于其非"后院"盟友，美国当然想利用自己在战后巨大的经济优势谋取好处，但美国采取的主要方式并不是经济上的控制和掠夺，而是以牺牲短期的经济收益为代价换取长期的地缘政治稳定。一位历史学家就曾指出，美国即使是出于制衡苏联的目的而扶植欧洲和日本的经济，它也为此付出了亲手培养出强大经济竞争者的巨大代价。③ 正如美国总统杜鲁门自己所说的那样，一个战胜国愿意复兴战败国和帮助它的同盟者，这在历史上还是第一次。④

与之相比，苏联在帮助其盟友经济发展方面的表现明显不及美国。如

---

① James M. McCormick, *American Foreign Policy and Process*, Itasca, Illinois: F. E. Peacock Publishers, 1992, p. 79.

② 邓峰：《美国对日经济复兴政策与日本加入关贸总协定的进程（1948—1955年）》，载崔丕主编《冷战时期美国对外政策史探微》，中华书局 2002 年版，第 86、108—109 页。

③ John Lewis Gaddis, *We Now Know: Rethinking Cold War History*, Oxford: Oxford University Press, 1997, pp. 196 – 197.

④ ［美］哈里·杜鲁门：《杜鲁门回忆录》（第二卷），李石译，生活·读书·新知三联书店 1974 年，第 127 页。

果说苏联因为自身的经济实力不及美国，因此它对盟国的经济援助力度小于美国是可以理解的话，那么，它在援助不力之余居然对其盟国进行资源上的掠夺和经济上的剥削，这就是不可接受的了。以苏联在亚洲最重要的盟友中国为例，1950 年年初，苏联同意在 5 年中以 1% 的年息为中国提供 3 亿卢布的借款。赫鲁晓夫上台后，批准了另一项总额为 5.2 亿卢布的对华长期贷款。此外，苏联还帮助中国在 1950 年获得了东欧国家的大量援助。但与援助相伴随的是加紧控制中国的经济、攫取资源和利益。例如，1950 年 3 月，莫斯科同意援助中国的石油和非金属制造工业，但条件是要拥有至少 50% 的所有权，分享至少 50% 的利润和负责全面管理。此外，由于西方国家加进了对苏联集团的贸易禁运，莫斯科要求中国大量运去锡、锌、钨等稀有金属，并要求中国以"特惠价"向其出口其急需的橡胶。①

美苏两国在援助盟国经济上的不同做法直接导致了各自盟国国民经济发展状况和人民生活水平的差异，进而不可避免地影响了两国与各自盟友的政治和战略关系。一位历史学家就曾指出，中国在中苏经济关系中长期遭受的这种不平等的对待，是导致中苏关系恶化的重要经济原因。② 而另一位学者则更根本地指出，冷战中真正的大战略不是西方国家在地缘政治格局、陆海空军规模或公共外交上的成功，而是西方国家在自己人民生活体验上取得的成功，生活体验是决定冷战结果的关键。③

相对于满足盟国经济发展的需求，满足盟国安全保障的需求对维持大国与其盟友政治关系的意义更加重要。然而在这方面，苏联的表现更差。

---

① 张曙光：《中苏经济合作的瓦解（1950—1960）》，载李丹慧主编《北京与莫斯科：从联盟走向对抗》，广西师范大学出版社 2002 年版，第 222、226、231 页。

② Shuguang Zhang, "Sino-Soviet Economic Cooperation," in Odd Arne Westad ed., *Brothers in Arms*, pp. 189-217.

③ ［美］梅尔文·来弗勒：《美国赢得冷战的大战略》，牛悦译，载牛军主编《战略的魔咒：冷战时期的美国大战略研究》，上海人民出版社 2009 年版，第 16 页。

美国作为安全保障的提供者，有力地保障了西欧、日本等地区和国家的生存安全。特别在西欧，正是由于美国提供了强大的安全保障服务，才使得西欧国家极大地降低了安全上的顾虑，从而使得这一地区经济和政治的一体化得以启动和不断发展。① 然而，对于苏联在亚洲最重要的盟友中国，苏联并未充分满足其安全方面的需求。② 例如，1954 年，毛泽东曾询问赫鲁晓夫苏联帮助中国发展核武器的可能性，赫鲁晓夫的答复是中国应该集中精力发展经济建设，"不要发展这种武器"。后来，尽管苏联派出了 102 名导弹专家并交出了 2 枚苏式 P-2 短程地对地导弹，但从未打算满足中国对原子弹技术和设备的要求。1960 年 7 月，苏联"突然"通知中国，所有在华的苏联顾问和专家必须在 9 月 1 日前离开中国返回苏联，同时取消了早就确定的派出 900 多名专家的决定。③

　　美苏两国在安全领域对各自非"后院"盟友的行为差异，不仅体现在对盟友安全需求的满足程度不同方面，另一个更为关键的区别是，对于其非"后院"盟友，美国与其结盟后虽然会龃龉不断，但从未动用军事力量威胁过盟友的生存安全。而苏联则曾直接动用自己的军事力量威胁过自己的非"后院"盟友。当它们与各自的盟友在政策立场上出现分歧时，一个采取了尊重盟友主权和决策自由的宽容政策，而另一个则不但放弃了"利益交换"战略，甚至转而对其盟友实施"武力胁迫"。20 世纪 60 年代，法国退出北约军事一体化组织和 60 年代至 70 年代中苏同盟的破裂，分别是美苏管理联盟内分歧的两个经典案例。

　　法国退出北约军事一体化组织的根源是法国和美国在北约领导权上的

---

　　① Kenneth N. Waltz, *Theory of International Politics*, Reading, Massachusetts: Addison-Wesley Publishing Company, 1979, p. 71.

　　② James M. McCormick, *American Foreign Policy and Process*, Itasca, Illinois, F. E. Peacock Publishers, 1992, pp. 93 – 94.

　　③ 张曙光:《中苏经济合作的瓦解（1950—1960）》，载李丹慧主编《北京与莫斯科：从联盟走向对抗》，广西师范大学出版社 2002 年版，第 231—232、240 页。

矛盾。戴高乐上台执政后，对美国和英国在北约中排斥法国致使法国未能进入北约决策领域而大为不满。① 1958 年，戴高乐提议建立"三驾马车"式的北约领导体制，主张北约的所有决策必须经美、英、法三国一致同意才能生效。该提议遭到美英两国的拒绝。与此同时，戴高乐不顾美国的反对，不断推进法国独立核力量的发展，并拒绝美国提出的"多边核力量"方案。② 随着法美两国在欧洲安全防务问题上的分歧的加大，③ 法国于1959 年决定不再允许美国在其境内部署核武器，同时宣布退出北约地中海舰队。随后又于 1964 年宣布从大西洋舰队退出。1966 年 3 月，戴高乐宣布法国撤出北约军事一体化组织，不再接受北约的指挥。④ 6 月，戴高乐正式访问苏联，推行"缓和、谅解、合作"的对苏政策。⑤

面对法国退出北约体系的举动，约翰逊总统认为，尽管很多人都希望美国对法国分裂北约的做法提出谴责并予以抵制，但对于具有强烈民族主义情绪的法国政府来说，克制和忍耐是处理与其关系唯一恰当的方式。因此他对国防部长麦克拉马拉说：如果有人要求你从他的房子离开，你无须做什么抗辩，只需起身走人就好。而如果对法国采取武力胁迫，约翰逊对其后果也有很清醒的认识，他意识到如果这么做，将使法国的民族主义情绪被进一步激化，使法国人的民族自尊心受到挫伤，这样只会加剧摩擦，使问题复杂化。⑥ 总之，抗议和谴责法国对美国及其他盟友

①　许海云：《北约简史》，中国人民大学出版社 2005 年版，第 134—135 页。

②　James M. McCormick, *American Foreign Policy and Process*, Itasca, Illinois: F. E. Peacock Publishers, 1992, p. 95.

③　［美］亨利·基辛格：《大外交》，顾淑馨、林添贵译，海南出版社 1998 年版，第 581 页。

④　任向群：《冷战对峙》，世界知识出版社 1999 年版，第 405 页。

⑤　王绳祖主编：《国际关系史》（第九卷），世界知识出版社 1995 年版，第 203 页。

⑥　［美］林登·贝·约翰逊：《约翰逊回忆录》，复旦大学资本主义国家经济研究所编译组节译，上海人民出版社 1973 年版，第 119 页。

都没有好处。① 最终，美国在此问题上保持了相当大的克制力，② 除表达了遗憾外，很快，欧洲盟军司令部和北约总部以及美国在法国的各种军事设施和军事基地均从法国撤离，美国在法国的7万驻军以及70万吨军事装备也都按照法国规定的期限撤出。法国从北约军事一体化组织中退出以及由此引发的北约危机，以美国的克制和退让而和平结束。③

法国退出北约军事一体化组织，固然对美国的大西洋联盟战略造成了损失，这是美国所不希望看到的。但美国对此事的温和反应，也使得法国并未完全脱离西方阵营。就在法国退出北约军事一体化组织仅仅一年之后的1967年2月，北约与法国谈判，双方就北约现有战略框架下的联合问题达成协议，法国依然是北约的战略伙伴。④ 同时，法国也并未放弃对美国安全保障的依赖。事实上，戴高乐所不满的只是美国对法国的政治控制，而不是美国的军事保护本身。在安全上，美国在西德的驻军以及美国的核威慑力量，依然是法国所非常倚重的安全保障。⑤ 正是拜美国温和处理所赐，随后北约和法国才得以顺利展开谈判，戴高乐后来也才会表示，作为美国的盟友，法国比以往更加可靠。⑥ 2009年3月17日，法国国民

---

① Administrative Histories, Department of State, Vol. 1, Chapter 3, Europe, "France," LBJL, Administrative Histories; Thomas A. Schwartz, "Lyndon Johnson and Europe: Alliance Politics, Political Economy and Growing Out of the Cold War," in H. W. Brands ed. , *The Foreign Policies of Lyndon Johnson: Beyond Vietnam* (College Station: Texas A&M University Press, 1999), 转引自［法］弗雷德里克·伯佐《1966—1967年北约危机：一个法国人的视角》，周娜译，载李丹慧主编《冷战国际史研究 V》，世界知识出版社2008年版，第33页。

② John Lewis Gaddis, *We Now Know: Rethinking Cold War History*, Oxford: Oxford University Press, 1997, p. 219.

③ 张锡昌、周剑卿：《战后法国外交史（1944—1992）》，世界知识出版社1993年版，第156页。

④ 许海云：《北约简史》，中国人民大学出版社2005年版，第136页。

⑤ 张锡昌、周剑卿：《战后法国外交史（1944—1992）》，第157页。

⑥ ［法］弗雷德里克·伯佐：《1966—1967年北约危机：一个法国人的视角》，第41页。

议会通过决议，法国重返北约军事一体化机构。①

与之相比，中苏同盟关系的破裂就没有那么温和了，其结果也严重得多。1958 年 4 月，苏联提出与中国在华共同建立长波电台。7 月，苏联又提出与中国建立联合舰队。这两项提议都因无法解决合作主导权的问题而遭到中国的拒绝。② 而这也成为中苏关系破裂的导火线。8 月 23 日，中国在未事先告知苏联的情况下发动对金门的炮击。赫鲁晓夫对中国隐瞒这次的军事行动极为愤怒，最终于 1959 年 6 月决定暂停向中国提供原子弹的研制技术和材料。与此同时，赫鲁晓夫在苏共二十一大上又影射性地批评了中国正在推行的人民公社制度。这又引起了当时正全力推动国内人民公社和"大跃进"运动的毛泽东的强烈不满，由此引发了两国两党长达数年的论战。③ 两国关系进入了一种螺旋式的恶性循环中。

应当指出的是，苏联在主观上非常看重与中国的联盟关系。赫鲁晓夫认为，苏联与中国的同盟关系无疑是苏联整个第三世界战略中最重要的内容。整个苏共领导层都确信在这个世界上人口最多的国家向社会主义过渡的过程中保持苏联的参与，将有力地凸显苏联经验在社会主义建设中的普遍中心地位。④ 然而，主观上的看重并没有带来客观政策上的克制。1960 年 6 月，在罗马尼亚工人党"三大"上，苏联指责中共"要发动战争"，批评中国"不听苏共的话"，是"宗派主义"，企图孤立和压服中共。中共代表团则反过来对赫鲁晓夫进行了严厉的点名批评。中苏关系由此急剧恶化。7 月，苏联照会中国政府，宣布撤回全部的在华专家并撕毁既定的

① 《法国国民议会通过法重返北约军事一体化机构决定》，http：//news. xinhua-net. com/world/2009－03/18/content_ 11028271. htm（访问时间：2014 年 3 月 12 日）。

② 谢益显主编：《中国当代外交史（1949—2009）》，中国青年出版社 2009 年版，第 157—158 页。

③ 徐天新、沈志华主编：《冷战前期的大国关系》，世界知识出版社 2011 年版，第 272—277 页。

④ ［挪］文安立：《全球冷战：美苏对第三世界的干涉与当代世界的形成》，世界图书出版公司 2012 年版，第 66 页。

科技合作协议。① 此后，虽然中苏关系在 1960 年年末到 1961 年一度出现短暂的缓和迹象，但由于在中国发展核武器、中印边界冲突等事关中国核心安全利益的问题上苏联非但没有支持中国立场反而站在了中国的对立面，最终使得中苏关系的破裂变得难以挽回。②

1966 年 1 月，《苏蒙友好合作条约》签订，依据这一具有军事同盟性质的条约，苏联开始在蒙古境内部署导弹和军事基地，对中国施加现实的军事威胁。③ 在中国原子弹和氢弹研制成功后，苏联就在苏联与中国的边境线苏联一侧不断增加驻守的兵力。④ 与 1967 年相比，1972 年，苏联驻扎在中苏边境上的军队规模增加了近两倍，比同一时期苏联驻扎在东欧的兵力还多 40%。与陆军相配合的是，这一时期苏联 1/4 的空军力量也调至远东。不仅如此，苏联还一度准备采取突然打击销毁中国境内的核武器和核设施。⑤ 1969 年 3 月，中苏在珍宝岛地区的边界冲突甚至还一度引发两国军队的直接交火。⑥

苏联以武力胁迫的方式对待中国，不仅导致了中苏联盟的消亡，更直接将自己在亚洲乃至在整个社会主义阵营最重要的盟友逼向了敌对的阵营。1969 年中苏军事冲突后，中国一度对苏联有可能对中国实施的核打

---

① 《中国苏联的十年论战：中苏从联盟走向彻底决裂》，http://news.china.com/zh_ cn/focus/1949zhsu/gdxw/11074810/20090408/15422483_ 1. html（访问时间：2014 年 3 月 12 日）。

② 牛军：《中苏同盟的兴起与衰亡》，载徐天新、沈志华主编《冷战前期的大国关系》，世界知识出版社 2011 年版，第 150—158 页。

③ 陈开仁：《冷战——实力与谋略的较量》，中共党史出版社 1997 年版，第 339 页。

④ Michael L. Dockrill and Michael F. Hopkins, *The Cold War*, New York：Palgrave Macmillan, 2006, p. 93.

⑤ [美] 保罗·肯尼迪：《大国的兴衰》，蒋葆英等译，中国经济出版社 2002 年版，第 492 页。

⑥ 谢益显：《中国当代外交史（1949—2001）》，中国青年出版社 2002 年版，第 245 页。

击感到极度恐慌。1969 年 9 月 26 日，苏联提议于 10 月 10 日在北京举行两国边境问题会谈，中国对此如临大敌，军队进入全面戒备状态，领导人也都离开北京。而与此同时，美国尼克松政府则做出决定，反对苏联对中国的核武器设施发动攻击，同时通过间接渠道表示希望改善中美两国的关系。① 面对苏联直接的军事威胁和美国的和解姿态，毛泽东毅然选择接受陈毅等老帅提出的"东联孙吴、北拒曹操"的策略建议，批准了周恩来提出的推动中美高层接触的外交方案。② 1972 年 2 月，尼克松正式访华。1979 年 1 月，中美正式建交。通过军事合作，中美构建起准同盟性质的战略安全关系。③

　　美国和法国、苏联和中国，其各自的意识形态相同，都存在联盟内主导权、发展核武器等政治安全方面的矛盾。但美国和苏联在解决各自矛盾时的做法却截然不同。导致这种区别的原因，学界多有论述。美国学者孔华润（Warren I. Cohen）在谈及美国和其西方盟友的关系时指出，历任美国决策者都将美国视为西方世界的保护人和领袖，但他们很少有人将这种领导和被领导的关系视为是美国对西方国家的统治和控制。在这些美国决策者看来，西方国家不是美国的臣属而只是盟友，美国不可以像操控傀儡一样去控制这些国家的决策者。④ 中国学者沈志华在论及苏联与其社会主义盟友关系时则指出，社会主义国家间的同盟之

---

　　① 吕德良：《不期而遇的局面：1969 年中苏美三角关系论析》，载沈志华、李滨主编《脆弱的联盟：冷战与中苏关系》，社会科学文献出版社 2010 年版，第 452—453 页。

　　② 杨奎松：《中美和解过程中的中方变奏：毛泽东"三个世界"理论提出的背景探析》，载沈志华、李滨主编《脆弱的联盟：冷战与中苏关系》，社会科学文献出版社 2010 年版，第 465 页。

　　③ 沈志华主编：《中苏关系史纲：1917—1991 年中苏关系若干问题再探讨》，社会科学文献出版社 2011 年版，第 447 页。

　　④ Warren I. Cohen, *America's Failing Empire: U. S. Foreign Relations since the Cold War*, Malden MA: Blackwell Publishing, 2005, p. 9.

所以没有西方国家同盟稳定,核心在于有两个方面的弊病:其一是国际主义意识形态与民族主义国家诉求存在矛盾,以意识形态的同一性而拒绝承认国家利益的差异性;其二则是将党际关系和国家间的关系相等同或相混淆。①

美国和苏联在处理与各自非"后院"盟友矛盾时的行为存在差异的原因,不是这里关注的重点。因为毕竟干扰和影响一个国家决策的主客观因素非常多。这里更关注的是,对于那些具有相当行为自主性的非"后院"盟国,大国是否坚持以"利益交换"作为其权力护持战略的核心逻辑,会对其权力护持的结果产生直接影响。上述美法和苏中的案例比较好地印证了这一点。事实上,苏联选择的恰恰是大国无战争时代大国权力竞争博弈中的那个"劣势战略",即对中国进行武力胁迫。其结果是苏联失去了其冷战中最重要的盟友,中国倒向了美国一方,社会主义阵营随之瓦解。而包括美日、美韩等亚洲双边同盟在内的美国的同盟阵营,则一直持续到冷战后,并且关系得到了不断加强。

◇◇ 第三节 冷战后大国的权力竞争

一 冷战后美国的权力竞争战略和行为

随着苏联的解体,美国被称为仅有的超级大国。冷战结束初期,俄罗斯国内的经济、社会面临严重困难,② 一度奉行对美国和西方国家保持完

---

① 沈志华:《中苏同盟破裂的原因和结果》,《中共党史研究》2007 年第 2 期。

② Ted Hopf, "Moscow's Foreign Policy, 1945 – 2000: Identities, Institutions and Interests," in Ronald Grigor Suny ed. , *The Cambridge History of Russia*, Vol. Ⅲ, Cambridge: Cambridge University Press, 2006, p. 702.

全一致的"一边倒"政策；① 中国也因国际、国内环境选择了"韬光养晦""不结盟"的外交战略；西欧、日本等经济体则继续保留在美国的同盟体系之内。在冷战结束至 21 世纪初期，真正有能力在全球层面竞争主导权的国家只有美国一家。通过分析美国在冷战后的战略决策，可以检验其是否符合"利益交换"的决策逻辑以及其在"追赶模式"下的行为机制。

在苏联解体之后不久，美国就确立了新的对外战略目标，其核心就是维持其一超独霸的地位，防止新的有可能威胁到现有秩序的全球性竞争对手的出现。② 而在实现这一目标的具体手段上，美国在冷战结束之初就非常明确地意识到同盟战略的重要性。美国在 1991 年 8 月发表《美国国家安全战略报告》中指出："我们的外交政策第一首要的任务就是保持与我们盟友和友邦的团结……那些与我们结盟的国家将依然是我们构建新的国际秩序的最亲密的伙伴。"不仅如此，该报告还强调了扩大联合阵线的重要性，"我们将愈加发现我们有时会与那些与我们没有正式同盟条约的国家拥有相一致的利益……我们可能需要在一个既有传统盟友，又有那些与我们没有成熟的外交和军事合作历史的国家的混合而成的联合阵线中行动"以维护美国的重要战略利益。③

1993 年 9 月 21 日，克林顿政府第一任国家安全事务顾问安东尼·莱克（Anthony Lake）在约翰·霍普金斯大学发表演讲，充分阐述了美国冷战后外交战略的整体思路。他宣称，"遏制主义之后，后继战略必定是扩大战略（strategy of enlargement）——扩大世界市场民主国家的自由共同

---

① 郑羽主编：《既非盟友也非敌人：苏联解体后的俄美关系（1991—2005）》（上卷），世界知识出版社 2006 年版，第 96—104 页。

② "Excerpts from Pentagon's Plan:'Prevent the Re-Emergence of a New Rival,'" *New York Times*, March 8, 1992, A. 14.

③ The White House, *National Security Strategy of the United States*, August 1991, p. 13.

体"。扩大市场民主国家与冷战时期苏联扩张的区别在于，"我们并不试图通过武力、颠覆或镇压的方式扩大我们制度的范围"。为了推进"扩大战略"，"我们应当首先加强那些主要的市场民主国家——包括我们自己，这些国家构成了实施扩大战略的核心"，其次，"我们应当在很可能的情况下帮助培养和巩固那些新兴民主国家和市场经济国家，尤其是它们中那些拥有特殊意义和机会的国家"，此外，"我们应当抵御那些与民主和市场经济国家相敌对的国家的侵略"。①

对于美国所面临的国际环境的性质，到 20 世纪 90 年代中期，美国决策层开始达成共识，即认为美国正处于一个战略机遇期（a period of strategic opportunity）。② 集中阐述这种共识及其战略思路的文件是美国国防部的《1997 年四年防务评估报告》。该报告明确宣称："从现在起到 2015 年，美国将很可能处于一个'不存在全球性的同级别竞争对手'的安全环境中，在这段时期内，没有任何国家能够像冷战时期的苏联那样对美国构成军事上的挑战。不仅如此，在未来 10 年到 15 年内，一旦美国全部的军事潜力得到充分调动和部署，将很可能没有地区性大国或联盟能够聚集足够多的传统军事实力打败我们的武装力量。美国是当今世界上唯一的超级大国，并且可以预计，在 1997 年至 2015 年的这段时期内，这种状态将一直得到保持。"③

这种对美国战略环境的评估，建立在两个重要假定的基础之上，其一就是"美国将在未来 15 年至 20 年内在政治和军事上保持与世界的接触"，其二则是"保持对当前以及潜在竞争者的军事优势"。"如果美国收回其

①　Anthony Lake, "From Containment to Enlargement," *U. S. Department of State Dispatch*, Vol. 4, No. 39, 1993, http://dosfan. lib. uic. edu/ERC/briefing/dispatch/1993/html/Dispatchv4no39. html.

②　William S. Cohen, *Report of the Quadrennial Defense Review*, May 1997, Section Ⅱ, http://www. dod. mil/pubs/qdr/sec2. html.

③　Ibid. .

所做的国际承诺，放弃它的外交领导地位，或者让出它的军事优势，世界将变得更加危险，而对美国以及我们的盟友和朋友的利益的威胁则将更加严峻。"① 换言之，美国意识到要想充分利用这段"战略机遇期"，巩固其权力地位，必须保持乃至加强其对盟友和国际社会的承诺。

具体而言，为了尽可能地保持美国的领导地位，"在那些事关美国核心和重要利益的地区，美国军队应当帮助维持关键盟友和朋友的安全，调整和强化核心联盟和联合阵线，以迎接不断演进的安全环境的挑战"。"美国军队应当经常作为一种受欢迎的方式，与那些既不是忠实的朋友、又不是坚定的敌人的国家进行接触，在当前与它们建立建设性的安全关系，帮助促进其民主体制的进步，并以此防止其在未来成为美国的对手。"而对于那些潜在的对手，"我们应当展示我们的意愿和能力，无论何时何地，一旦遭到挑战，我们就将履行自己的安全承诺"，同时，"美国应当向那些潜在对手有效地告知美国的承诺并告知其可能付出的代价"。②

此外，这份战略报告还强调，美国应当加强其军事实力，使其能够"在现在和可预见的未来有能力同时在两个相距遥远的战区分别慑止或击败大规模、跨边界侵略"。值得注意的是，这份报告并不是从美国自身军事安全的角度来论述同时打赢两场地区大规模战争的必要性的，而是从美国领导地位以及战略信誉的角度："如果美国不能同时在一个以上的战区击败侵略，我们作为全球性大国的身份、作为可靠安全伙伴的身份、作为国际社会领袖的身份就都将受到质疑。"报告进一步指出，如果美国只具备打赢一场战争的实力，那么当其卷入某场地区战争时，某些盟友就将担心美国可能没有能力再来保护他们的利益了。这将损害美国在关键地区安

---

① William S. Cohen, *Report of the Quadrennial Defense Review*, May 1997, Section Ⅱ, http://www.dod.mil/pubs/qdr/sec2.html.

② Ibid..

全承诺的战略信誉，进而增加美国及其盟友的政策分歧。[1]

通过上述文献分析可知，冷战后，美国对外战略的核心目标是维持其唯一超级大国的世界领导地位，而实现这一目标的重要手段就是巩固其已有的联盟阵营，同时扩大友邦和联合阵线的范围，而巩固和扩大友邦范围的内在方式就是强化美国对友邦的安全承诺，其实质就是为小国提供安全保障。

在实际行动层面，美国联盟阵营扩大的最醒目的事件就是北约的东扩。1993 年，第 4 期《外交事务》杂志发表了由兰德公司三位资深欧洲问题专家联合撰写的一篇题为《建立一个新北约》的文章，这篇文章对克林顿政府乃至冷战后美国对欧战略的制定产生了深远影响。[2] 这篇文章第一次对北约东扩的原因和必要性进行了深入的阐释，它认为，苏联的解体和冷战的结束使得欧洲东部出现了安全真空，处于这一地区的一批小国，一方面有能力对邻国施加巨大的暴力，但另一方面，它们又缺乏抵御外部入侵的能力，出于对俄罗斯有可能重建帝国主义的恐惧，它们很可能为了寻求安全而不择手段。这两方面的因素会加剧这一地区的冲突和不稳定性。然而，对于美国在欧洲的重要战略目标——推广民主——而言，没有安全，民主就不可能成功。而能够应对东欧安全挑战的只有北约。因此，北约的范围必须扩大到西欧之外。[3]

1995 年 8 月，时任美国常务副国务卿的斯特罗布·塔尔博特（Strobe Talbott）又在《纽约书评》上撰文进一步阐释北约扩大的动因。他指出，北约接纳中东欧新成员，可以扩大美国在欧洲保持接触的范围，同时也能

---

① William S. Cohen, *Report of the Quadrennial Defense Review*, May 1997, Section Ⅲ, http://www.dod.mil/pubs/qdr/sec2.html.

② 李海东：《北约扩大研究（1948—1999）》，世界知识出版社 2010 年版，第 135、139 页。

③ Ronald D. Asmus, Richard L. Kugler and F. Stephen Larrabee, "Building a New NATO," *Foreign Affairs*, Vol. 72, No. 4, 1993, pp. 29–31.

推动这些国家的民主转型。①

北约的东扩，一方面，固然是美国为加强其在欧洲影响力而主动推进的政治主张，而另一方面，也是原华约组织成员的东欧国家主动而积极要求加入、美国和北约顺应这种要求的结果。② 1993 年 4 月 22 日，在华盛顿出席纪念二战时期犹太人大屠杀纪念馆开馆仪式的中、东欧国家领导人与克林顿总统分别举行会谈时，都表达了希望加入北约的强烈意愿。③ 这也促使美国加快推动北约东扩的进程。1993 年 10 月 21 日，为了给中、东欧国家加入北约提供过渡，美国国防部长阿斯平在北约国防部长会议上提出与中、东欧国家以及独联体国家建立"和平伙伴关系"。④ 随后，北约理事会于 1994 年 12 月决定实施东扩计划。1999 年 3 月，波兰等 3 国正式加入北约。2004 年 3 月，保加利亚等 7 国成为北约正式成员国。2009 年 4 月，阿尔巴尼亚和克罗地亚又加入北约，北约成员国至此增至 28 个。⑤

而对于其亚太地区的联盟，美国也很快意识到了其在冷战后地缘政治竞争中的重要价值，随即调整了政策，开始加强与亚太盟友的政治军事合作。1995 年 2 月，美国国防部出台《美国亚洲太平洋地区安全战略》，全面阐述了美国的亚太联盟政策。对于日本，该报告指出，美日关系比美国的任何其他双边关系都要重要。对于美国在亚太地区的安全政策以及美国

---

① Strobe Talbott, "Why NATO Should Grow," *New York Review of Books*, August 10, 1995, http: //www. nybooks. com/articles/archives/1995/aug/10/why-nato-should-grow/.

② 陈宣圣：《风云变幻看北约》，世界知识出版社 2009 年版，第 67 页。

③ 李海东：《北约扩大研究（1948—1999）》，世界知识出版社 2010 年版，第 109 页。

④ 陈宣圣：《风云变幻看北约》，世界知识出版社 2009 年版，第 51 页。

⑤ 许海云：《北约简史》，中国人民大学出版社 2005 年版，第 267、273 页；李学军、严锋：《东欧 7 国 29 日正式成为北约新成员》，http: //news. xinhuanet. com/ world/2004 - 03/30/content_ 1390530. htm；尚绪谦：《阿尔巴尼亚和克罗地亚正式加入北约》，http: //news. xinhuanet. com/world/2009 - 04/02/content_ 11116166. htm（访问时间：2011 年 8 月 23 日）。

的全球战略而言，美日关系都具有根本性的意义。美日安全同盟在美国亚太安全战略中具有关键性的地位。① 随后在 1996 年 4 月，克林顿访问日本，美日两国领导人就美日安保问题发表联合宣言。第二年 9 月，美日公布新的《美日防卫合作指针》，美日同盟开始由单纯的防御性同盟转变为"地区主导型"同盟。②

对于韩国，美国 1995 年的战略报告指出，"我们与韩国的安全关系在维持朝鲜半岛和东北亚地区稳定方面依然居于中心地位"，"美韩关系不仅仅是一种基于条约的承诺，它还是我们支持和促进民主这一国家目标的重要组成部分。即使在消除了北朝鲜威胁之后，美国依然希望保持与韩国的这一强有力的防御性同盟"。③ 在具体做法上，美国明确强调其对韩国所承担的安全保护责任，通过年度安全磋商机制、美韩共同防御条约等机制，强化与韩国的安全合作，同时，继续保持在韩国的驻军。④ 对于澳大利亚，美国也同样意识到了加强美澳同盟的重要意义："通过提供港口、机场和训练设施，通过双边和多边军事演习，以及通过积极开展的情报和科技合作计划，澳大利亚与美国的同盟关系为促进地区稳定和美国军事活动与部署做出了重要贡献。"⑤ 1996 年 7 月，美澳双方签署军事协议，共同发表《澳美 21 世纪战略伙伴关系》。⑥

---

① Department of Defense, *United States Security Strategy for the East Asia-Pacific Region*, February 1995, p. 10.

② 王帆：《美国的亚太联盟》，世界知识出版社 2007 年版，第 98、100 页。

③ Department of Defense, *United States Security Strategy for the East Asia-Pacific Region*, February 1995, p. 10.

④ 王帆：《美国的亚太联盟》，世界知识出版社 2007 年版，第 107 页。

⑤ Department of Defense, *United States Security Strategy for the East Asia-Pacific Region*, February 1995, p. 11.

⑥ 李凡：《冷战后的美国和澳大利亚同盟关系》，中国社会科学出版社 2010 年版，第 97 页。

二　中共十八大以来中国外交的转型

进入 21 世纪以后，特别是自 2008 年金融危机以及 2010 年中国经济规模超过日本位居世界第二以来，国际结构的中美"两极化"趋势开始凸显，国内外有越来越多的人开始将中国视为事实上的或者即将成为的除美国以外的另一个超级大国。[①] 实力的变化带来的是中国外交的转型。自中共十八大以来，中国外交的战略目标发生了很大的变化。习近平提出，中国周边外交战略的最终目标，就是要实现中华民族的复兴。[②] 这意味着中国外交的首要目标，已经由过去的"以经济建设为中心"开始转变为对国际地位的追求。而要实现民族复兴，需要"更加奋发有为地推进周边外交"。[③] 这意味着中国外交的基本战略开始从过去的"韬光养晦"向"奋发有为"转变。

与中国实力上升和中国外交转型相应的是，国际学界有关中国外交是否正走向"强势"（assertive）的讨论也日趋热烈。[④] 而中国国内学界和政

---

①　Angang Hu, *China in 2020*: *A New Type of Superpower* (Washington, D. C.: Brookings Institution Press, 2011). Arvind Subramanian, "The Inevitable Superpower: Why China's Dominance Is a Sure Thing?" *Foreign Affairs*, Vol. 90, No. 5, 2011, pp. 66 – 78. James Dobbins, "War with China," *Survival*, Vol. 54, No. 4, 2012, pp. 7 – 24. Minxin Pei, "The Loneliest Superpower: How did China End up with Only Rogue States as Its Real Friends?" *Foreign Policy*, March 20, 2012, http://www. foreignpolicy. com/articles/2012/03/20/the_ loneliest _ superpower. 阎学通：《历史的惯性：未来十年的中国与世界》，中信出版社 2013 年版。

②　《习近平在周边外交工作座谈会上发表重要讲话》，http://news. xinhuanet. com/politics/2013 – 10/25/c_ 117878897. htm（访问时间：2014 年 3 月 20 日）。

③　同上。

④　Kai He and Huiyun Feng, "Debating China's Assertiveness: Taking China's Power and Interests Seriously," *International Politics*, Vol. 49, No. 5, 2012, pp. 633 – 644. Alastair Iain Johnston, "How New and Assertive Is China's New Assertiveness?" *International Security*, Vol. 37, No. 4, 2013, pp. 7 – 48. Dingding Chen, Xiaoyu Pu, Alastair Iain Johnston, "Debating China's Assertiveness," *International Security*, Vol. 38, No. 3, 2013/2014, pp. 176 – 183.

策界围绕中国是否应当放弃"不结盟"政策所展开的争论也越来越多。①
然而，时至今日，中国政府依然没有明确宣布放弃"不结盟"政策，尚
未与某个国家缔结正式的军事同盟条约。如果说以前中国选择"不结盟"
政策是因为中国实力尚弱，尚不具备竞争体系主导权的能力，那么在
2008 年以后，当"两极化"趋势凸显时，中国仍选择"不结盟"政策，
物质实力对其的约束作用应当在降低，而在"追赶模式"下崛起国所面
临的权力竞争门槛则开始起主要作用。在美国已经抢先拉拢了大量小国的
情况下，与个别或少数国家结盟对中国权力增长的作用有限，同时中国又
要为结盟承担不容低估的物质成本和安全政治风险，这或许是阻碍中国迟
迟未能选择结盟的原因。

需要承认的是，从方法论上看，解释某事物为何不发生的难度要远
远大于解释某事为何发生的难度。从这个意义上讲，本书对中国至今不
结盟的解释更多地是基于理论的演绎。究竟中国在未来能否突破以及在
何时能够突破大国无战争时代"追赶模式"下崛起国权力竞争的门槛，
开始选择与小国结盟与美国竞争体系主导权，我们还需要等待时间的
检验。

三 冷战后权力竞争的"利益交换"逻辑

"利益交换"逻辑的影响不仅体现在冷战后大国权力竞争的互动模式
上，还体现在微观层次大国具体决策的思路上。不妨以高政治领域中美国
的导弹防御计划为例。美国国防部于 2010 年 2 月出台了新的导弹防御战
略报告。依据该报告，在导弹防御所服务的多个战略目标中，第一个目标
就是对盟友的保护："弹道导弹防御能够对美国对盟友和伙伴所做的安全

---

① Feng Zhang, "China's New Thinking on Alliances," *Survival*, Vol. 54, No. 5, 2012, pp. 129 – 148.

承诺提供帮助和支持。它能使盟友们放心并相信，即使它们所在地区的敌人和竞争者的军事潜能不断上升，美国依然会恪守其安全承诺。"[1] 根据这份报告，美国实施导弹防御共分为 4 个阶段，其中前 3 个阶段（2018年以前）所部属的防御系统都只用来防御欧洲和北约盟国，直到第 4 个阶段才被用来防御美国本土。[2] 美国这种先保护盟友后保护自己的战略步骤，正与其在战略目标上首先是为其盟友提供扩展威慑相一致。换言之，美国发展导弹防御技术的核心目的是通过为盟友提供保护而获取联盟内的领导力和主导权。

不仅美国在护持其霸权时遵循了"利益交换"原则，中共十八大以来，当中国外交的首要目标转变为实现民族复兴后，其制定的具体的实现途径也体现出鲜明的"利益交换"特点。2013 年 10 月 24 日，习近平在中国周边外交工作座谈会上发表的讲话中明确指出，"要诚心诚意对待周边国家，争取更多朋友和伙伴"，"让周边国家得益于我国发展"，同时，"多向发展中国家提供力所能及的帮助"。[3] 而国务委员、中央外办主任杨洁篪在回顾和总结中共十八大以来中国新的外交思想和实践时同样指出，在发展与周边国家关系时，中国应坚持正确的义利观。并特别强调，对于那些与中国友好的国家，在其自身发展遇到困难时，中国的政策应当更多地照顾对方国家的利益。[4]

"利益交换"逻辑在大国权力竞争过程中发挥作用的另一个重要表现是当大国受某种因素的干扰其争夺权力的行为不符合"利益交换"的原则时，它对权力的追求将会事倍功半，甚至适得其反。冷战时期美苏

---

[1] Department of Defense, *Ballistic Missile Defense Review Report*, Feb. 2010, p. 12, http://www. defense. gov/bmdr/.

[2] Ibid. , p. 24, http://www. defense. gov/bmdr/.

[3] 《习近平在周边外交工作座谈会上发表重要讲话》，http://news. xinhuanet. com/politics/2013 – 10/25/c_ 117878897. htm（访问时间：2014 年 3 月 20 日）。

[4] 杨洁篪：《新形势下中国外交理论和实践创新》，《求是》2013 年第 16 期。

两国都曾因违反"利益交换"这个竞赛规则而付出过程度不同的代价。冷战后，小布什执政时期的美国则再次因"犯规"而受到"惩罚"。受新保守主义兴起以及冷战后国际结构变化等多种因素的影响，美国的外交战略在小布什政府时期出现了明显的"单边主义转向"。① 为了获得国际威望和机会主义收益，小布什政府接连退出包括《京都议定书》《全面禁止核试验条约》《反弹道导弹条约》在内的多项国际多边协定。特别是在2003年，美国在缺乏足够法理依据的情况下发动了伊拉克战争。这种单边主义战略不仅导致了美国对国际公共物品供给的减少，而且破坏了已有的秩序，其带来的直接结果就是美国和其欧洲传统盟友的分裂，以及全球范围内的反美主义和对美国的软制衡，② 美国霸权也因此出现了合法性危机。③

另外，对于"利益交换"逻辑在冷战后美国联盟管理中所起的作用，可能还会存在质疑。一种看法认为，美国的盟友之所以会追随美国，不过是因为美国强大武力的控制；这些盟友之所以会听美国的话，是因为它们担心遭到美国的打击和惩罚。就冷战后的情况而言，反事实

---

① David Skidmore, "Understanding the Unilateralist Turn in U. S. Foreign Policy," *Foreign Policy Analysis*, Vol. 1, No. 2, 2005, pp. 207 – 228.

② 有关小布什政府外交政策与反美主义的关系，可参见 Brendon O'Connor and Martin Griffiths eds., *The Rise of Anti-Americanism*, London: Routledge, 2006。有关对美国的软制衡，参见 Robert A. Pape, "Soft Balancing against the United States," *International Security*, Vol. 30, No. 1, 2005, pp. 7 – 45。T. V. Paul, "Soft Balancing in the Age of U. S. Primacy," *International Security*, Vol. 30, No. 1, 2005, pp. 46 – 71.

③ Stephen M. Walt, *Taming American Power: the Global Response to U. S. Primacy*, New York, N. Y.: W. W. Norton & Company, 2005. 张胜军：《全球结构冲突与美国霸权的合法性危机》，《美国研究》2003年第3期。简军波、张敬林：《自负帝国的危机：单边主义与霸权合法性的终结》，《世界经济与政治》2003年第8期。张睿壮：《美国霸权的正当性危机》，《国际问题论坛》2004年夏季号。简军波：《现代国际合法性条件与美国的困境》，《世界经济与政治》2007年第3期。

分析（counterfactual analysis）① 和权威的民意调查数据两种分析方法都不支持这种看法。现在假设美国的盟友不听从美国的指令，那么美国会因此而对这些"不听话的盟友"予以军事打击或强制威胁吗？2003 年，美国不顾法德等北约盟友的坚决反对，毅然发动伊拉克战争，由此导致美欧关系跌至低谷。然而，即使是坚持单边主义和宣扬"先发制人"的小布什政府，面对其盟友对其对外政策的公开而强烈的反对，也甚至从未考虑过因此而对反对它的欧洲盟友"秋后算账"，"兴师问罪"。恰恰相反，小布什连任后即首访欧洲，做出一系列姿态，积极修复美欧关系。②

另外，如果美国的盟友追随美国是源于其对美国所施加的武力胁迫的屈服，那么对于该美国盟国的民众来说，他们对美国军事实力的感知和评价一定是负面的。2008 年，芝加哥全球事务委员会和韩国东亚研究中心曾联合开展了一项旨在测量亚太地区 6 个国家软实力的民意调查。③ 该调查是首次基于东亚地区政治的大背景而就不同国家的民众如何看待他国所

---

① 有关反事实分析作为一种社会科学方法的介绍和应用，参见 David-Hillel Ruben, "A Counterfactual Theory of Causal Explanation," *Noûs*, Vol. 28, No. 4, 1994, pp. 465 –481。Philip E. Tetlock and Aaron Belkin eds., *Counterfactual Thought Experiments in World Politics：Logical, Methodological, and Psychological Perspectives* (Princeton：Princeton University Press, 1996). Richard Ned Lebow, "What's So Different about a Counterfactual?" *World Politics*, Vol. 52, No. 4, 2000, pp. 550 – 585。John Collins, Ned Hall, and L. A. Paul, eds., *Causation and Counterfactuals*, Cambridge, Massachusetts：The MIT Press, 2004。Richard Ned Lebow, "Counterfactual Thought Experiments：A Necessary Teaching Tool," *The History Teacher*, Vol. 40, No. 2, 2007, pp. 153 – 176。Peter Menzies, "Counterfactual Theories of Causation", in Edward N. Zalta ed., *The Stanford Encyclopedia of Philosophy* (Fall 2009 Edition), http：//plato. stanford. edu/archives/fall2009/entries/causation-counterfactual/. Eric Grynaviski, "Contrasts, Counterfactuals, and Causes," *European Journal of International Relations*, 2011, DOI：10. 1177/1354066111428971.

② 孙晋忠、朱传印：《布什着手修复美欧关系》，《瞭望新闻周刊》2005 年第 6 期。邢骅：《跌宕起伏的美欧关系》，《国际问题研究》2007 年第 2 期。

③ 这 6 个国家是：美国、中国、日本、韩国、印度尼西亚和越南。

进行的系统性测量的。① 调查结果却显示，韩国 72% 的受访者和日本 68% 的受访者认为美国在亚太地区的军事存在促进了这一地区的稳定。同时，日本 69% 的受访者和韩国 68% 的受访者支持美国遏制中国政治和军事实力的崛起。② 换言之，美国在东亚地区最重要的两个盟国的民众，大多数人并未将美国的军事实力视为对本国的威胁，反而将其视为一种积极因素，并且这种积极评价的产生在很大程度上是因为他们认为美国的军事实力能够发挥帮助日韩两国遏制中国崛起的功能。

① Byong-kuen Jhee and Nae-young Lee, "Measuring Soft Power in East Asia: An Overview of Soft Power in East Asia on Affective and Normative Dimensions," in Sook Jong Lee and Jan Melissen eds. , *Public Diplomacy and Soft Power in East Asia*, New York: Palgrave Macmillan, 2011, p. 54.

② Christopher B. Whitney and David Shambaugh, *Soft Power in Asia: Results of a 2008 Multinational Survey of Public Opinion*, The Chicago Council on Global Affairs and the East Asia Institute of South Korea, 2008, p. 11.

第 七 章

结 论

◇◇ **第一节　理论总结及启示**

一　理论总结

本书借鉴了演化主义思想，将现代国际体系从时间上划分为"战争频发时代"和"大国无战争时代"两个具有性质差异的时代，进而从利益交换的视角构建了一个用以解释和理解"大国无战争时代"大国权力竞争的理论，揭示了在这一时代中大国以权力为动机的行为原理和互动机制。这个理论批判性地借鉴和糅合了相对实力视角、未来损失视角等现有的理论分析视角，① 通过引入博弈论的分析框架，描述并解释了大国无战

---

① 例如，"追赶模式"下霸权国之所以能够拥有先动优势并因此得以长期遏制崛起国的竞争，一个关键因素是崛起国的初始实力尚未达到参与权力竞争的程度。再如，"追赶模式"下霸权国之所以会在崛起国尚未发起竞争时就不惜花费巨大的成本扩大其安全保障的规模，是因为它会预见到未来潜在的权力竞争。但需要特别注意的是，笔者理论中所说的"崛起国实力不足"与现实主义"相对实力视角"解释所说的"实力不足"存在重要差异。在"相对实力视角"的解释中，崛起国实力是否足够是以是否与霸权国的实力相当为标准的；在笔者的理论中，则是以是否能够为足够多的小国提供安全保障为标准的。这里"足够多"是指接受崛起国安全保障的小国数量超过接受霸权国安全保障的小国数量。有关这个差异的详细阐释，参见本章第三节。

争时代霸权国和崛起国的行为选择和互动结果。正如这个理论所展示的那样，将体系演化、战略互动以及大国权力动机这三个视角加以整合，或许是准确解释和理解 1945 年以后大国权力竞争的前提。

本书的核心理论命题建立在 5 个基本假定之上。这 5 个假定分别包括：

假定 1：追求权力是大国行为的最主要动机。

假定 2：权力是指让他人遵从自己意愿的能力。

假定 3：1945 年以后，核武器的出现，使得大国间战争的成本变得难以承受。

假定 4：1945 年以后，主权规范的深化，使得武力兼并他国领土不再成为大国决策的主要选项。

假定 5：为小国提供好处比武力胁迫小国对小国更有吸引力。

如果不否认上述 5 个假定，那么正如本书第三、第四章所提出并验证的那样，我们将会逻辑地得出大国无战争时代大国权力竞争理论的第一个核心命题。

理论命题 1：大国无战争时代大国权力竞争的核心路径是利益交换。

"利益交换"是指这样一种权力获取方式：大国为小国提供某种利益或好处，以此换取小国在政治上对大国的支持和追随。与利益交换相对应的另一大类权力获取方式被统称为"武力胁迫"。理论命题 1 意味着在大国无战争时代，大国如果想获得和扩大其在国际社会的动员力/号召力/领导力/狭义的影响力/（或者简单统称的）权力，应当在能力范围内为尽可能多的小国提供其迫切需要的东西。反过来，如果大国因为某种原因（包括主观和客观）未能给小国提供其所期待由该大国提供的好处，大国的影响力将难以提升。而如果小国有行动自主性，而大国非但未能为其提供好处，反而对其施加武力胁迫，那么大国的影响力将受到削弱，小国有可能因此转而追随其他的大国。

"利益交换"首先是大国权力获取的一种"原则"或"规则"。由于影响和干扰大国决策的内外部、主客观、宏微观因素非常多，因此没有任何单一的理论可以完全预测大国的行为，就如同所有比赛都有比赛规则但谁也无法保证每个参赛者都不犯规一样。

其次，在不考虑单元层次干扰因素的情况下，"利益交换"又可作为一定程度上预测大国行为的规律。本书给出了"利益交换"行为出现的4个微观条件，分别是有规范保护小国的自主决策；大国争夺的目标是对小国的主导权；存在不止一个大国有足够的竞争意愿；参与竞争的大国的物质实力不是约束条件。其中，最核心的条件是第一个。对于大国无战争时代而言，主权规范的深化是导致大国选择以利益交换战略获取权力的先决条件。但在具体情境中，受地缘、历史等因素的影响，不同的小国所享有的主权存在程度差异，这导致了它们行为自主的程度不同。本书第六章展示了对于行为自主性较高的小国，大国有较大的可能性选择利益交换战略；而对行为自主性较低的小国，大国则会更经常选择武力胁迫战略。

在理论命题1的基础上，本书在第五章和第六章又提出并检验了第二个核心命题。

理论命题2：大国无战争时代大国权力竞争的过程和结果近似于寡头垄断市场中寡头企业间的竞争过程和结果。

在寡头垄断市场中，寡头企业的核心竞争目标是争取市场份额，手段则是扩大产量，降低商品价格，提高商品和服务的质量以更好地满足消费者的需求，树立品牌形象。类似地，在大国无战争时代，大国权力竞争的一个重要的可操作性目标就是争取更多的友好关系，特别是争取更多的小国支持和追随自己。而实现这一目标的核心途径，如理论命题1所述，就是"利益交换"，即为小国提供安全保障、经济援助等小国所需的好处，同时树立自己良好的战略信誉和国际形象，积极承担国际责任。在不考虑其他干扰因素的情况下，当体系内同时存在不止一个大国有能力竞争世界主导权时，这些大国通常会在同一时期积极寻求与小国结盟，建立自己的联盟阵营，最终会形成各大国权力势力范围大致相当的结果；而当体系内只存在一个大国有能力竞争世界主导权时，该大国通常会在其他大国有能力参与权力竞争之前，积极巩固和扩大其联盟阵营，其结果将会使得其他后崛起的大国在短期内难以获得足够的权力资源，从而使后者在国际影响力的层面处于下风。

"大国无战争"是上述两个理论命题得以成立的根本前提。事实上，"大国无战争"这一表述，既是对1945年至今已发生现象的总结以及对未来大国行为的预测，同时，也是指我们这个时代大国与大国互动的一种"原则"或者"规范"，即大国应当尽可能避免自己的某种行为引发与另一个大国的直接战争。冷战时期，美苏两国长期激烈竞争而始终恪守的就是这个"大国无战争"原则。

总之，如果我们将大国的权力竞争看作一场比赛，那么在这里，我们可以总结出1945年以后大国权力竞争的两条核心性的"比赛规则"：规则1："大国无战争"；规则2："利益交换"。其中，规则1是当代大国权力竞争的第一位原则，规则2应当服从于规则1，即如果大国的利益交换战略有可能引发与其他大国的直接战争时，大国应以避免大国间的战争为第一位目标。

二 二战后体系的同质性及与此前体系的异质性

依据本书的理论，冷战时期和冷战后时期的历史不是割裂的，它们之间的差异远没有此前的国际关系研究所认为的那么巨大。至少在大国权力竞争机制这个维度上，冷战时期和冷战后时期的国际体系是没有性质差异的，至多只有具体竞争模式的变化。由于"同果异因"现象以及惯性思维，学界普遍将冷战时期的历史误视为均势理论的经典范例。同时也由于

"同果异因"，所以长期掩盖了均势理论的时代错误，阻碍和延迟了学者们发现冷战时期大国互动内在机制与此前历史存在性质差异的时机。冷战后均势逻辑的长期失灵，才启发并逼迫我们正视现有国际关系理论在时代变迁中所暴露出的严重缺陷。

在本书理论的框架中，现有的许多源于均势理论的热门困惑，诸如"美国在冷战时期的联盟（如北约）冷战后为什么没有解体"？[①] "为什么冷战后美国没有遭遇制衡"？[②] 如此等等，从一开始就不会被作为"疑问"提出。因为在本书的理论框架中，1945 年以后，大国与小国的结盟行为已不再适合被视为是一种均势理论意义上的"制衡"行为；[③] 冷战时期和冷战后时期的大国互动也不再适合被视为是一种制衡和反制衡行为；更为根本地，冷战时期和冷战后时期在大国互动的维度上是同质的，试图以其中任何一个时期作为常态来对照出另一个时期的反常的做法都是缺乏理论意义的。总之，冷战时期和冷战后时期大国的互动看似非常不一致，但在本书的框架内却是彼此自洽的。

在强调冷战时期和冷战后时期国际体系同质性的同时，本书的理论也强调，我们应当将 1945 年以后的国际体系与此前的国际体系的差异予以更多的重视。1945 年以前，一方面，大国对权力的追求建立在牺牲他国主权和生存安全的基础上；另一方面，为了避免丧失主权和领土被他国吞

---

① 冷战后北约延续的原因是各理论流派的学者都津津乐道的议题，这方面的研究，参见 Robert B. McCalla, "NATO's Persistence after the Cold War," *International Organization*, Vol. 50, No. 3, 1996, pp. 445 – 475。Celeste A. Wallander, "Institutional Assets and Adaptability: NATO after the Cold War," *International Organization*, Vol. 54, No. 4, 2000, pp. 705 – 735。刘丰：《联盟、制度与后冷战时代的北约》，《国际论坛》2005 年第 2 期。钟振明：《冷战后北约何以继续存在》，《国际政治科学》2005 年第 4 期。Wallace J. Thies, *Why NATO Endures*.

② 参见本书第二章的回顾。

③ 基于均势理论和超越均势理论对"制衡"概念的探讨，分别参见刘丰《大国制衡行为的概念辨析》，《国际论坛》2010 年第 1 期。Daniel H. Nexon, "*The Balance of Power in the Balance*," pp. 340 – 347.

并，即使无意争夺权力地位的国家也不得不尽可能多地占据土地和资源。① 换言之，在 1945 年以前，领土兼并和霸权战争既可以被那些修正主义国家用来谋求权力，也可以被那些现状国家用来维护自身安全。这两种战略在 1945 年以前的可行性以及它们功能的双重性是导致战争频发时代大国追求权力的战略和追求安全的战略总是被捆绑在一起而难以区分的核心原因。② 追求权力的行为和追求安全的行为难以区分，这也是那些以国家自身安全为理论出发点的现有国际关系理论能够相对较好地解释 1945 年以前大国行为的关键原因。

然而，随着 1945 年核武器的出现，以及随后不久核威慑的建立，大国与大国直接对抗的损失被突然间提高到了双方都无法忍受的程度。从博弈论的角度看，即使在国际体系这样一个缺乏中央权威施加约束的环境下，只要博弈参与方都背叛（即都选择冲突和对抗）的成本高到双方都无法忍受，那么博弈模式就会由鼓励背叛的囚徒困境模式转换到相对更加鼓励妥协和合作的胆小鬼博弈模式。③ 这种博弈结构的转换，再加之主权规范对领土兼并行为的禁止，使得霸权战争和领土兼并作为大国的两种对外战略——无论大国是用它们追求安全还是追求权力——不再可行，由此将大国追求自身安全的战略和追求权力地位的战略根本性地拆分开来。

一方面，大国无战争时代的大国，当然仍然有可能会因为自己身处无政府体系而缺乏安全感，但无论它是否愿意，它都只能选择发展自己的防

---

① John J. Mearsheimer, *Tragedy of Great Power Politic*. Shiping Tang, "Social Evolution of International Politics: From Mearsheimer to Jervis," *European Journal of International Relations*, Vol. 16, No. 1, 2010。

② 巴里·布赞：《人、国家与恐惧——后冷战时代的国际安全研究议程》，闫健、李剑译，中央编译出版社 2009 年版，第 159—160 页。

③ Robert Jervis, "Cooperation under the Security Dilemma," *World Politics*, Vol. 30, No. 2, 1978, pp. 177 – 178. 对这一问题更为深入的探讨，参见 Steven J. Brams, *Superpower Games: Applying Game Theory to Superpower Conflict*, New Haven: Yale University Press, 1985。

御力量这种"保守的"战略来保卫自身安全，而不再能够选择那些"积极的""进攻性的""先发制人式的"扩张战略。另一方面，大国无战争时代的大国，固然会与战争频发时代的大国一样，都有着追求权力地位的冲动。但无论它是否愿意，它都不再能像战争频发时代的"前辈"那样有机会靠发动霸权战争而取得霸权，也不再能够靠兼并小国或将之变为自己的殖民地以扩大自己的势力范围。大国"撞车"的惨烈后果以及领土兼并所带来的巨大规范压力，迫使大国无战争时代任何想要竞争体系主导权的大国不得不选择新的权力争夺战略。

1945 年以后，大国追求权力的方式和追求安全的方式被拆分开来，对国际关系理论研究具有深刻的影响。1945 年以前，国家追求权力的行为在很大程度上等同于（或至少在理论分析中可以简化为）追求安全的行为，因此将权力和安全两种动机杂糅在一起，并在此基础上构建旨在解释国家行为的理论的做法，一般来说是行得通的。然而，到了 1945 年以后，追求两种目的的战略不再重合，不仅迫使大国必须更新它们追求权力的战略，而且也迫使研究大国行为的国际关系理论家们必须严格地区分他们所构建的理论究竟是要解释大国追求安全的行为还是要解释其追求权力的行为。任何不自觉地区分两种动机的理论，或者任何试图用解释大国追求安全行为的逻辑来解释大国无战争时代大国追求权力行为的理论，都会像均势理论一样，在大国无战争时代遭遇失败。

三　体系的时代特点以及游戏规则的变化

依据笔者的理论，1945 年以前的国际体系比 1945 年以后的国际体系更像一个"弱肉强食"的丛林。大国忙于争夺领土和殖民地，同时彼此担心其他大国伺机入侵本国。而小国则处于"人为刀俎，我为鱼肉"的状态。在 1945 年以前，小国是彻底的边缘角色。而 1945 年以后的国际体系，更像一个供给安全保障的寡头市场。一流大国扮演着安全保障供应商的角色，而小国则是安全保障的消费者。大国之间当然存在竞争，但这种竞争越来越不像丛林里两只处于食物链顶端的猛兽对猎食领地的争夺，而越来越像寡头企业对市场份额的竞争。竞争当然有可能非常激烈，但却不会刺刀见红、你死我活。正如市场竞争中消费者的选择对企业竞争的胜败具有决定性的影响一样，大国无战争时代的小国，在国际政治中的影响力也越来越重要。

国际体系的特点随时代变迁而发生了如上所述的变化，使得体系中大国博弈的游戏规则也随之发生了改变。1945 年以前，大国争夺权力的博弈更像是一场象棋比赛，对弈者只有将对方彻底"将死"剿灭，才能取得胜利。① 而 1945 年以后，大国争夺权力的博弈则更像是一场围棋比赛。对弈者不必——而且事实上也不可能——将对方彻底杀灭，而只需一方拥有比对方更大的势力范围，就能赢得这场比赛。②

希特勒德国为争夺世界霸权，曾先后与意大利、日本等国结盟。但结盟绝不是希特勒德国争霸的最终阶段。用弈棋的术语来说，这只不过是它对对手发出致命一击前的准备和蓄势。然而冷战时期的美国和苏联，以及冷战后的美国，它们结盟的目的更像围棋中的"占地"，以争取尽可能多的"活地"。谁能占据更多的活地，谁就能赢得这局围棋的博弈。而"占地"——即通过提供安全保障与小国结盟——差不多就是二战以来的大国

① 可能会有读者指出，象棋存在和棋的可能，并不非得是以一方被"将死"而结束。笔者对此的回应是象棋的和棋很多情况下是双方血拼后两败俱伤谁也无力杀死对方时的无奈结局，"和棋"的"和"与"爱好和平"中的"和"的含义不相干。

② 象棋和围棋的比喻来自孙学峰博士，这里的类比得益于与他的讨论。有学者在承认"大国无战争"这个根本前提下，进一步对冷战和冷战后的权力竞争作了更为具体的区分，将冷战时期的权力竞争比作拳击比赛，将冷战后的权力竞争比作足球比赛。Yan Xuetong and Qi Haixia, "Football Game Rather Than Boxing Match: China – US Intensifying Rivalry Does not Amount to Cold War," *The Chinese Journal of International Politics*, Vol. 5, No. 2, 2012, pp. 105 – 127.

在争夺体系霸权的博弈中所能走到的最后一步。2009 年，美国开始实施所谓的"重返亚洲"战略，试图加强和扩展其盟友体系，这已经是美国所能做的极限。美国不会——也不可能——像希特勒德国或者拿破仑法国或者战国后期的秦国等任何处于战争频发时代的争霸大国那样，在建立联盟之后，继之以对竞争者的武力征服。

游戏规则的改变，迫使游戏的参与者必须相应地改变其战略。当对弈者面前的"棋盘"已经由原先的"象棋"变为了现在的"围棋"时，如果对弈者还在用下象棋的思维方式、战略战术和对弈规则去下围棋，那他一定不会有赢棋的机会。对弈者正确制定对弈战略并赢得这局棋的前提，是意识到面前的棋盘已经更换，并且知道现有棋局取得胜利的条件和规则。

四　中国与小国结盟的意义

根据本书提出的理论，在大国无战争时代，联盟对于大国的最主要的功能是为小国提供安全保障并以此换取小国的政治支持，而不再是像 1945 年以前那样主要是为了维护大国自身的军事安全。明确这一点，有助于我们更清晰地看待目前在中国政策界被广泛讨论的一个战略问题：中国是否应当放弃不结盟政策？从本书的理论视角来看，反对改变不结盟政策的学者的一部分理由是不恰当或不能支持其观点的。

反对中国结盟的学者最常提及的理由是当前中国的外部军事安全威胁小，因此结盟没有必要。在这些学者看来，结盟是针对战争环境而言的，只有在中国真的面临大规模侵略战争并且敌强我弱的情况下，中国才有可能选择结盟。① 而从二战后，当今国际社会应该说进入了一个"防御性现

---

① 李广义、石左：《"不结盟"政策需要重新审视吗？》，《国际展望》1999 年第 21 期，第 17—18 页。

实主义世界"之中。在国家间常规大战发生的可能性大大降低的情况下，联盟并不能解决中国的安全问题。① 况且美国目前并没有"急于和中国进行地缘政治对抗"，② 因此在大国无战争时代，军事力量的作用下降，单纯的军事结盟的方式已变得不合时宜。③

正如本书第二章第五节所指出的那样，这些观点很可能受新现实主义研究纲领以及"战争与和平"观念的影响较深，因而习惯于从"安全"而非"权力"等其他动机来思考中国（应当选择）的对外战略。在某些学者看来，联盟对于中国来说只有唯一一种功能，即制衡安全威胁或抵御军事入侵。这种看法忽视了在大国无战争时代，联盟对于大国来说还有另一个更加重要的功能，即为大国与小国的利益交换提供保证机制。在大国无战争时代，大国已不再有生存安全之虞，因此联盟维护大国自身安全的功能已不再重要；然而与此同时，因为大国的安全威胁不再紧迫，因而联盟帮助大国提升其国际影响力的功能得以凸显出来。就中国来说，恰恰是因为其当前的外部军事威胁小，④ 因此中国才可以将更多的资源用于追求权力等超越安全的目标上，在这种情况下，拥有上述第二种功能的联盟，不仅是必要的，而且是重要的。

反对中国结盟的意见还往往强调结盟的各种成本，以此论证中国保持不结盟政策的合理性。一些学者认为，强者与弱者结盟，弱者往往会"借助联盟的互助承诺而恣意妄为"，从而使强者面临被牵连进入战争的危险。同时，盟友间总是存在利益分歧，因此联盟往往并不可靠。⑤

---

① 尹继武：《中国需要什么样的联盟外交》，《联合早报》2010 年 7 月 29 日。
② 朱锋：《中美会进入地缘政治对抗吗？》，《环球时报》2012 年 1 月 15 日。
③ 凌胜利：《中国不结盟的原因探析——崛起中的安全战略考量》，提交给"第五届全国国际关系、国际政治专业博士生学术论坛"的论文，北京大学国际关系学院，2012 年 10 月。
④ 这里的"军事威胁"是指"外国军事入侵中国领土、军事打击中国战略、军事或民用目标的威胁"。
⑤ 尹继武：《中国需要什么样的联盟外交》，《联合早报》2010 年 7 月 29 日。

相反，坚持不结盟政策，中国的外交立场能够更自由更容易地做出调整，从而占据主动。① 这不仅有助于规避受盟友牵连的风险，而且还能够"进退自如""左右逢源""灵活主动"。② 简而言之，他们强调，结盟会使中国面临被牵连的风险，同时会削弱中国决策的灵活性和自主性。

然而，任何政策都需要支付成本。结盟有成本，继续保持不结盟政策同样有成本。正如本书第三章第四节所指出的，大国损失一定的决策灵活性、承担被小国拖入国际冲突的风险，这都是大国通过结盟实施"利益交换"战略的自然结果。因结盟需承担这些成本而放弃结盟，就好比由于结婚需支付买车买房等物质成本、需承担失去在未来遇到更好的配偶人选的机会成本、需承担遭受配偶背叛而离婚的风险因而拒绝结婚一样。在生活中，只有那些丝毫不为因结婚所产生的高昂成本和巨大风险所动而义无反顾地选择与情侣领取结婚证的人，才会被认为是负责任的人，因而才会获得异性的信任和真正的爱情。相似地，在国际政治中，一个大国当然可以出于规避成本和风险而选择不为他国的安全做出正式的承诺，但这样选择的代价是它将因为不愿承担责任和风险而失去其他国家的信任，并因此丧失对其他国家的影响力和动员力。

从经验上看，美国是冷战后公认的唯一超级大国，很难想象世界上还有比美国更不可能遭到外部军事入侵的国家。假如联盟的功能仅仅只是抵御安全威胁，而其成本又如此巨大，而不结盟又有那么多的"好处"，那么美国的理性选择应当是立即从其加入的所有联盟中退出。可事实上，美国至今仍维持着全球最大规模的军事联盟体系，并且在不断努力巩固和扩大联盟阵营。它为什么会这么做呢？难道是因为美国的决策者和政策分析

---

① 乔新生：《中国是否应放弃不结盟的外交政策》，中评社，2012 年 1 月 22 日。
② 徐光裕：《放弃不结盟中国或"被称霸"，韬光养晦不过时》，《环球时报》2010 年 6 月 8 日。

家们缺乏知识和智慧，尚未意识到上述学者所指出的这些结盟成本和不结盟的"好处"吗？显然是不会的。如果我们承认美国的决策是理性的，承认美国至少不比中国更"傻"，那么那些持反对中国结盟的观点的人就有必要反思其理由为什么不足以抑制美国的结盟行为。

五 冷战后的"战略机遇期"

根据本书的理论，在大国无战争时代，大国间的权力竞争存在"先动优势"。对"先动优势"的理论探讨，有助于我们思考与之紧密相关的一个重要的政策问题：自冷战结束至21世纪初的这段时期，究竟是哪个国家的"战略机遇期"？

2002年，中国共产党第十六次代表大会提出，从宏观全局来看，新世纪初大约20年的时间是中国的重要战略机遇期，中国可以在此期间大有作为，因此应当抓住和利用好这个机遇期。此后，2007年和2012年，中国共产党第十七次和第十八次代表大会又重申了"战略机遇期"的提法。[①] 与此相伴随的是，中国学者围绕着"战略机遇期"的内涵、背景、意义，以及战略机遇期的期限、延长方法等问题做了大量的论述。尽管观点和角度不尽相同，但在"当前中国处于战略机遇期"这个事实判断上，所有学者没有任何分歧，并且大都认为为保障这个战略机遇期不受干扰和

---

① 江泽民：《全面建设小康社会，开创中国特色社会主义事业新局面——在中国共产党第十六次全国代表大会上的报告》，http：//news. xinhuanet. com/newscenter/2002 – 11/17/content_ 632260. htm。胡锦涛：《高举中国特色社会主义伟大旗帜，为夺取全面建设小康社会新胜利而奋斗——在中国共产党第十七次全国代表大会上的报告》，http：//news. xinhuanet. com/newscenter/2007 – 10/24/content_ 6938568. htm。胡锦涛：《坚定不移沿着中国特色社会主义道路前进，为全面建成小康社会而奋斗——在中国共产党第十八次全国代表大会上的报告》，http：//www. xj. xinhuanet. com/2012 – 11/19/c_ 113722546. htm。

影响，任何改变既定外交路线的外交政策都应尽量避免。① 但是，从大国无战争时代和"先动优势"的视角看，"中国处于战略机遇期"这个命题要么是错误的，要么是没有意义的。

首先，如果"战略机遇"指的是由于没有大规模外敌军事入侵，因此中国有机会在一个和平的时期迅速发展经济，从而得以迅速地积累实力（注意：非"权力"），那么这样的"战略机遇期"根本不用中国去争取。早自1945年起，世界就进入了大国无战争时代。如果以"无大规模外部军事入侵和大国间和平"来定义"战略机遇"，那么对于包括中国在内的所有拥有核武器的主要国家来说，1945年以后的绝大多数年份——如果不是每一年的话——都是"战略机遇期"。事实上，就连日本、德国这样因二战而使经济遭受重创的战败国，也都利用二战后长期和平的"红利"，实现了经济的迅速恢复和崛起。中国与其说是在冷战后乃至在21世

---

① 王公龙：《中国崛起的战略机遇期》，《上海行政学院学报》2002年第3期。杨洁勉：《美国的全球战略和中国的战略机遇期》，《国际问题研究》2003年第2期。倪世雄、王义桅：《主权、安全、稳定、地位：国际关系视野中的战略机遇期》，《毛泽东邓小平理论研究》2003年第2期。杨洁勉：《重要战略机遇期与中国外交的历史任务》，《毛泽东邓小平理论研究》2003年第4期。李景治：《战略机遇期和我国的国际战略》，《新视野》2003年第4期。于军：《战略机遇期与中国的外交战略与策略选择》，《国家行政学院学报》2003年第5期。黄仁伟：《论战略机遇期》，《世界经济研究》2003年第6期。潘忠岐：《国际安全秩序的变革与中国的战略机遇期》，《国际问题研究》2003年第6期。夏立平：《论中国和平崛起的重要战略机遇期》，《毛泽东邓小平理论研究》2004年第1期。杨毅：《战略机遇期的中国国家安全》，《教学与研究》2006年第4期。杨毅：《坚持和平发展，维护战略机遇期》，《现代国际关系》2006年第9期。秦亚青：《国际体系转型以及中国战略机遇期的延续》，《现代国际关系》2009年第4期。郑必坚：《继续抓住和用好我国发展的重要战略机遇期》，《党建研究》2010年第11期。官力、孙东方：《战略机遇期与中国的和平发展》，《国际关系学院学报》2011年第3期。官玉萍：《中国战略机遇期进入新时期》，《当代世界》2011年第5期。袁鹏：《中国仍处于战略机遇期》，《当代世界》2011年第9期。叶荷：《中国面临不一样的战略机遇期》，《国际经济评论》2012年第5期。胡鞍钢：《2020年后仍是中国战略机遇期》，http://news.xinhuanet.com/world/2012-12/12/c_124081550.htm。

纪初争取所谓的"战略机遇期"，不如说是由于此前国内频繁的政治运动而一次又一次浪费掉"战略机遇期"之后的"亡羊补牢"。

事实上，用"和平"定义的"战略机遇期"，并不是靠单个国家的主观努力就能争取到的。能否赶上和处于"和平的发展时期"，根本上受制于国家所处的时代。受第一次世界大战惨重损失的刺激，一战后，和平主义思潮在欧洲迅猛发展。① 只可惜当时尚处于战争频发的时代，存在决意以武力扩张改变权力格局的国家，因此无论英法等欧洲大国追求和维持和平的主观愿望如何强烈，也无论它们为此开展了多少外交努力，也无法将它们的"战略机遇期"延续至 1939 年以后。

中国政府反复强调中国选择的是"和平发展的道路"，中国的崛起是"和平崛起"。② 这样的政治宣传似乎意味着还存在其他"非和平"的发展和崛起道路，只不过因为中国"热爱和平"因而主观上放弃了这些道路。然而事实上，在大国无战争时代，任何想要争夺体系主导权的大国都不得不选择以和平的方式崛起。冷战初期苏联的崛起如此，③ 冷战后中国的崛起也必须如此。诚所谓"形势比人强"，"和平发展"和"和平崛起"与其说是中国政府主观挑选的政策，不如说是这个时代逼迫中国不得不如此的一种必然和"无奈"。

总之，如果"战略机遇期"指的是"无大规模外敌军事入侵因而有

---

① Peter Brock and Nigel Young, *Pacifism in the Twentieth Century*, Syracuse, N. Y.: Syracuse University Press, 1999。Chap. IV. Stanislav Andreski, "Pacifism and Human Nature," in Peter van den Dungen ed.，*West European Pacifism and the Strategy for Peace*, London: Macmillan, 1985, p. 15。See also, Martin Ceadel, *Pacifism in Britain* 1914 – 1945: *The Defining of a Faith*, Oxford: Clarendon Press, 1980。

② 国务院新闻办公室:《中国的和平发展》白皮书，2011 年 9 月，http://politics. people. com. cn/GB/1026/15598619. html。胡锦涛:《在纪念毛泽东诞辰 110 周年座谈会的讲话》，2003 年 12 月 26 日，http://www. china. com. cn/chinese/PI – c/469797. htm。

③ 冷战时期苏联虽然发动过入侵阿富汗这样的地区性战争，但始终没有选择像 1945 年以前的崛起国那样最终直接以武力挑战霸权国的霸权战争。

机会和平地发展国内经济的时期"，那么"中国处于战略机遇期"这个命题除了作为政治口号以外没有其他意义。

其次，如果"战略机遇"指的是更容易更快速地扩大权力（注意：非"实力"）的机遇，那么根据上述关于"先动优势"的理论分析，冷战结束至 21 世纪初的这段"战略机遇期"，毫无疑问属于美国，而不属于包括中国在内的任何其他国家。冷战结束后，只有美国一国拥有为争夺权力而"先动"的机会。很多中国学者都以争取和保持中国的"战略机遇期"为由，反对中国主动为小国承担安全保障等责任，反对中国与小国结盟。殊不知这种做法在客观上恰恰延长的是美国——而非中国——的"战略机遇期"，因为如第五章所述，崛起国进入权力竞争的时间越晚，霸权国因此所获得的"先动优势"就越大，崛起国就越难以在国际影响力上赶超霸权国。简单地说，中国坚持"韬光养晦"和"不结盟"战略的时间越长，美国的"战略机遇期"就越长。① 事实上，美国在其国防部《1997 年四年防务评估报告》中就已明确意识到，从维持全球第一影响力这个意义上讲，美国正处在一个战略机遇时期（a period of strategic opportunity）。②

总之，如果"战略机遇期"指的是"有机会迅速扩大权力的时期"，那么大国无战争时代权力竞争的"先动优势"决定了自冷战结束至今的这段"战略机遇期"，一直属于且仅属于美国一个国家。美国的"先动优势"，就是中国的"后动劣势"，因此这段时期毋宁说是中国崛起的"战略背运期""战略不幸期"，或者更直白地说，"生不逢时期"。

---

① 由此可见，如果缺乏对大国无战争时代大国权力竞争内在机制的深入探究和准确理解，那么以扩大国家利益为出发点的政策分析和建议，例如中国学者有关坚持"不结盟"政策的建议，其实际效果很可能会与其初衷恰恰相反。

② William S. Cohen, *Report of the Quadrennial Defense Review*, May 1997, Section Ⅱ, http：//www. dod. mil/pubs/qdr/sec2. html.

◇◇ 第二节 理论和政策意义

一 理论意义

首先，本书提出了重要而新颖的问题。权力是政治的核心议题，大国追求权力的行为是国际关系学所应解释的重要对象。政治理论家需要研究权力在抽象意义上的含义及其在微观上的构成。而对于国际关系的研究者而言，更重要的则是探究权力在宏观层次的运转原理。

所有人都知道，追求权力是大国行为的重要动机，都知道大国之间存在权力竞争。但问题是，大国获取权力的方式是什么？大国权力竞争的内在机制又是怎样的？然而，由于在曾经很长的一段时间里，大国追求权力和追求安全的方式在很大程度上是重合的，而在无政府体系中权力又是维护安全的最有效的手段，因此许多国际关系学者习惯于将"权力"和"实力"作为彼此等同的概念，习惯于将"追求权力"和"追求安全"简化为同一种逻辑。[1] 再加上静态体系观的影响，这些学者又总是习惯于用基于过去经验的理论来解释早已变化了的现实。[2] 这些"习惯"导致的后果就是，我们对当代大国追求权力的行为原理和互动机制缺乏清晰而准确的理解。为了在一般意义上解释当今美国和中国的战略互动，学者们只能反复诉诸以均势理论和权力转移理论为代表的那些基于上述"习惯"的旧理论。[3] 本书理论问题的提出，其本身的意义就在于破旧立新，引发读者对这个重要理论缺口更多的关注。

---

① 详细论述见第三章第三节。
② 详细论述见第二章第五节。
③ 第二章详细展示了基于这些旧理论的解释的缺陷。

除了理论问题本身的重要性之外，本书提出的经验困惑也具有原创性和理论启发性。冷战后，美国遏制中国的崛起，美国的霸权长期没有遭受其他主要国家的制衡，这两个现象几乎所有人都会注意到，而且对这两个现象分别做出解释似乎都不是那么的困难。① 然而，似乎很少有人尝试将这两个孤立看来并不十分奇特的现象捆绑在一起同时做出解释。而正如本书第二章所展示的那样，一旦我们试图用同一个解释框架去解释这两个现象，就会陷入顾此失彼、难以自圆其说的尴尬境地。用同一种理论分别孤立地解释这两个对象时，解释过程都会很顺畅；但一旦试图用这种理论同时解释这两个对象，其解释的逻辑就会出现严重的不一致。这究竟是怎么回事呢？客观现象不会有错，出错的一定是理论本身。发现这个经验困惑的意义就在于警示我们，那些看上去言之成理、理所当然，甚至都已经成为解释某类现象范例的理论，很可能似是而实非，亟待我们去批判和超越。

其次，对于一项学术研究来说，如何解决所提的问题、解决方案的创新程度如何，同样也是衡量该研究学术意义的重要指标。在解决上述理论和经验问题所采取的研究路径上，本书在很大程度上实现了对现有理论路径的突破：①主流国际安全研究普遍假定国际体系的关键性因素不会随时间的变化而变化，因而拒绝用时间上较新的经验事实更新基于旧经验的理论认识。而本书则不仅指出了大国权力互动机制会随时间的前进而发生性质上的改变，而且给出了导致这种改变的原因。更为重要的是，本书进一步展示了无视这种改变是导致 21 世纪的国际关系理论无法解释 21 世纪的国际关系现实的根本原因；正视国际政治的演化，是准确解释和理解当代大国权力竞争的前提。②虽然现有的许多主流理论都试图将霸权国和崛起

---

① 当然，困难的程度是相对而言的。如第二章所述，关于冷战后美国霸权未遭遇明显制衡这个现象的原因，曾引起现实主义阵营内外诸多学者的激烈的讨论和深入的研究。但是，这个现象虽然对均势理论构成了不小的挑战，但基于现实主义范式自身的逻辑（如相对实力、安全威胁等），我们仍然可以在相当大的程度上得到对这个现象的理解。

国的互动纳入其解释框架中，但实际上当它们解释其中一国的行为时，通常的做法都是将另一国的行为或战略反应视为既定不变的。① 这种缺乏实质性互动分析的解释路径，是导致现有理论难以对冷战后霸权国和崛起国行为同时做出自洽解释的另一个重要原因。与这种做法不同的是，本书从互动的视角解释霸权国和崛起国的行为，两国中任何具体的战略选择都不是预先给定的。③主流理论虽然承认权力和安全是国家的两种不同的动机，但在实际构建其对国家行为的解释逻辑时，大都或明确或暗含地将两者混同，试图用同一种逻辑同时解释大国追求权力和追求安全的行为。与此不同的是，本书的理论不仅明确限定了自身的解释范围，只解释大国追求权力的行为，而且证明了把追求安全的行为和追求权力的行为做出区分，不仅是可能的，而且对于准确理解 1945 年以后的大国行为是非常必要的。

最后，本书的理论在解释上述经验困惑的同时，还可化解其他一些曾引发不同理论阵营学者长期争论的问题。例如，为什么冷战后美国霸权没有遭到制衡，为什么美国在冷战时期的联盟（如北约）在冷战后能够延续等。由于这些问题所涉及的经验现象与现实主义的理论预期不符，因此经常被其他理论阵营的学者用来作为证否现实主义的重要例证。现实主义学者为捍卫自己的理论，不得不吃力地通过增加或改变理论假定来试图消化这些反常案例。② 然而依据本书的理论，这些现象都不再构成疑问，而

---

① 例如，均势理论试图解释面对崛起国的崛起时，现状国的行为选择，这种解释暗含地假定无论现状国做出什么样的应对行为，崛起国的行为选择都是不变的，都是要武力扩张并推翻现有国际秩序的。再如，权力转移理论试图解释崛起国实力与霸权国接近时，崛起国的行为，这种解释暗含地假定无论崛起国采取什么样的崛起战略，霸权国的应对战略都是不变的，都是要遏制崛起国的崛起的。这些假定对于这些理论的正确性是不可或缺的。否定这些假定，这些理论对相关类型国家的行为的预测就将失败。

② 因此有学者认为（新）现实主义是一个退化的研究纲领，参见 John A. Vasquez, "The Realist Paradigm and Degenerative versus Progressive Research Programs: An Appraisal of Neotraditional Research on Waltz's Balancing Proposition," in John A. Vasquez and Colin Elman eds. , *Realism and the Balancing of Power: A New Debate*, Upper Saddle River, N. J. : Prentice Hall, 2003, pp. 23 –47。

是理论推导的必然预期。

与此同时，1945 年以后的其他一些现象，从现有理论的视角很少会被注意到，或者即使被注意到也很少会有学者予以严肃的对待，但依据本书的理论，这些现象则具有重大的理论含义。由这些现象所引发的新问题，会对我们发现和理解当代大国的权力竞争机制产生重要的启发。例如，1945 年以前，大战频发，连大国都有亡国之虞，可为什么那时现状国对崛起国的制衡行为反而总是会滞后？1945 年以后，大国之间长期没有打仗，一个大国遭到另一个大国全面军事入侵且被其吞并的可能性低于1945 年以前，可为什么这一时期大国的制衡行为却总是非常积极和超前？再如，1945 年以前，小国完全处于国际政治的边缘，很难想象大国会主动考虑和迎合小国的意愿，可为什么 1945 年以后小国的地位却不断提高，小国的意愿在很多情况下成为大国对外决策的重要考虑因素？这些用现有理论很难解释或解释起来很吃力的现象，在本书的理论中却是"天经地义"般的常态。

二　政策意义

对于任何想追求和竞争体系主导权的大国来说，要想赢得这场"权力游戏"的胜利，必须首先了解游戏的"竞赛规则"，亦即必须首先知道权力竞争内在的运转原理。令人遗憾的是，现有的关于大国崛起战略的研究大都或明确或暗含地假定历史上的崛起国崛起时所面临的困难就是当代崛起国崛起时所面临的困难，相应地，历史上崛起国崛起成功的经验就是当代崛起国崛起时所应遵循的方案。而本书的研究则揭示了 1945 年以后大国权力竞争的"竞赛规则"与此前相比发生了根本性的变化。这种变化使得通过类比 1945 年以前历史经验制定崛起战略的做法变得不再适当。这种做法如同一个人得了新的病，医生只依据这个人曾经得过的病症为他开处方而不管他现在的病症与此前的病症是否存在不同。本书研究的政策意义就在于不仅指出了当代崛起国所面临的"病症"与过去的"病症"是不同的，以及在哪些方面是不同的，而且还揭示了当代崛起国"病症"的"病因"和"病理"。

具体到中国的崛起问题上，本项研究的政策意义具体体现在两个方面。其一，揭示了当代大国获取权力的逻辑和方式。依据本书的理论，中国要想有效提升自己的权力和影响力，必须为小国提供安全保障，并为此承担相应的责任和风险。与此相反的是，目前中国国内主流的战略思想是"避免为他国的安全主动承担责任"。这种主流思想对于中国权力的崛起有害无益。其二，明确了当代崛起国在崛起过程中所面临的真正困难。依据本书的理论，中国崛起的困难并不在于如何避免美国为遏制中国而发动的先发制人式的战争，更不在于如何积累实力等待时机发动霸权战争成功打败美国，而在于在美国早已抢占国际安全保障供给"市场"且拥有巨大"先动优势"的情况下，如何才能拥有比美国更多的追随者。

◇◇ 第三节　新的研究问题

在本书研究的基础上，有以下一些新的理论和战略问题有待做出深入的研究。

第一，大国无战争状态下大国的强制行为和强制外交。强制（coercion）包括了威慑（deterrence）和胁迫（compellence）两类，而强制外交（coercive diplomacy）又包括了强制和安抚（reassurance）两大方面。在大国间直接战争不再是大国可考虑的战略选项的情况下，强制策略和强制外交生效的条件会发生什么样的变化？当面临某种利益冲突（比如领土争夺）时，大国间的强制外交会有哪些可能的互动模式和互动结果？

第二，大国的"利益诱导"或"利益交换"战略的具体实现方式及其生效的具体条件。本书的核心结论之一是，在大国无战争时代，"利益交换"战略，亦即通过为小国提供好处而不是对小国施加武力胁迫是大国获取国际影响力的主要途径。但这只是一个一般性的原理，当面对具体的某个小国时，"利益交换"战略都有哪些可能的实现方式？这些实现方式生效的条件分别是什么？而对于不同的小国，所需要的条件又会有哪些不同？

第三，"大国无战争"与大国权力竞争的关系。1945 年以来，"大国无战争"不仅是对经验现象的一种陈述和概括，而且也是大国对外战略的一项重要原则，即大国很难会为了争夺某个小国或某个势力范围而发动与另一个大国的直接战争。但另一方面，大国又存在对权力的追求，而追求和扩大权力的一个重要方式就是争夺盟友，而要想获得更多的盟友的支持，大国必须树立自身的战略信誉，在小国遇到危难和麻烦时能够为其提供可靠的支持。但在许多情况下，大国对小国的支持和援助，往往有可能会增加该大国与其他大国的矛盾，甚至增加与其他大国发生军事冲突乃至战争的可能性。换言之，"大国无战争"与大国权力竞争这两者之间存在内在的张力，如何处理这两者间的关系？当某个大国（比如美国）因支持其盟友（比如日本）而与其他大国（比如中国）发生冲突乃至危机时，其他大国应当如何应对和化解？

对上述问题的研究，将有助于我们更加深刻地理解大国无战争时代大国权力竞争的微观细节，也有助于制定出更具有针对性的当代大国崛起战略。

参考文献

《奥巴马连任后首次出访锁定东南亚意欲何为》，http：//news. xinhua-net. com/world/2012 – 11/12/c_ 123940327. htm。

《勃列日涅夫在波兰统一工人党五大上的讲话》，《真理报》（苏）1968 年 11 月 13 日。

《代表中共中央给联共（布）中央斯大林的报告》，1949 年 7 月 4 日，载《建国以来刘少奇文稿》（第一册），中央文献出版社 2005 年版。

《邓小平文选》（第三卷），人民出版社 1993 年版。

《法国国民议会通过法重返北约军事一体化机构决定》，http：//news. xin-huanet. com/world/2009 – 03/18/content_ 11028271. htm。访问时间：2014 年 3 月 12 日。

《关于中共中央代表团与联共（布）中央斯大林会谈情况给中央的电报》，1949 年 7 月 18 日，载《建国以来刘少奇文稿》（第一册），中央文献出版社 2005 年版。

《国务院政策设计委员会文件：关于美国援助西欧的政策》，1947 年 5 月 23 日，载刘同舜主编《"冷战"、"遏制"和大西洋联盟》，复旦大学出版社 1993 年版。

《韩非子·说林上第二十二》。

《韩非子·亡征第十五》。

《韩非子·五蠹第四十九》。

《赫鲁晓夫关于柏林危机的讲话摘录》，1961 年 8 月 4 日，载沈志华主编《苏联历史档案选编》（第 27 卷），社会科学文献出版社 2002 年版。

《赫鲁晓夫致纳赛尔的信》，1956 年 10 月 20 日，载沈志华主编《苏联历史档案选编》（第 27 卷），社会科学文献出版社 2002 年版。

《克林顿国务部长发表美国亚太政策讲话》，http：//www. america. gov/st/eap-chinese/2010/October/20101029034247x0. 4677175. html。

《联合国宪章》，http：//www. un. org/zh/documents/charter/chapter1. shtml。

《美国 2013 年度国防预算 911 以来首次下降》，http：//news. xinhua-net. com/world/2012 – 02/14/c_ 122699716. htm。

《美国越南两国进行联合海军演习》，http：//news. xinhuanet. com/mil/2010 – 08/11/content_ 13998168. htm。

《孟子·公孙丑下》。

《莫洛托夫与格罗查、波克关于签订苏罗互助条约的谈话记录》，1948 年 2 月 2 日，载沈志华主编《苏联历史档案选编》（第 23 卷），社会科学文献出版社 2002 年版。

《习近平在周边外交工作座谈会上发表重要讲话》，http：//news. xinhua-net. com/politics/2013 – 10/25/c_ 117878897. htm。访问时间：2014 年 3 月 20 日。

《中国苏联的十年论战：中苏从联盟走向彻底决裂》，http：//news. china. com/zh_ cn/focus/1949zhsu/gdxw/11074810/20090408/15422483 _ 1. html。访问时间：2014 年 3 月 12 日。

C. H. 贡恰罗夫：《科瓦廖夫谈斯大林对中国革命胜利和新中国的最初态度》，马贵凡译，《国外中共党史研究动态》1992 年第 5 期。

D. M. 巴斯：《进化心理学：心理的新科学》，熊哲宏、张勇、晏倩译，华东师范大学出版社 2007 年版。

M. 克莱因：《数学与知识的探求》，刘志勇译，复旦大学出版社 2005

年版。

阿诺德·沃尔弗斯：《纷争与协作——国际政治论集》，于铁军译，世界知识出版社 2006 年版。

阿瑟·奥沙利文、史蒂芬·M. 谢菲林：《经济学》，杜焱等译，梁小民校，北京大学出版社 2001 年版。

埃弗里·戈尔茨坦：《中国的崛起及国际社会的反应：国际环境和民族特性》，载朱锋、罗伯特·罗斯主编《中国崛起：理论与政策的视角》，上海人民出版社 2008 年版。

艾伯华：《中国通史》，王志超、武婵译，金城出版社 2012 年版。

安东尼·吉登斯：《现代性与自我认同》，赵旭东、方文译，生活·读书·新知三联书店 1998 年版。

巴里·布赞：《美国和诸大国：21 世纪的世界政治》，刘永涛译，上海人民出版社 2007 年版。

巴里·布赞：《人、国家与恐惧——后冷战时代的国际安全研究议程》，闫健、李剑译，中央编译出版社 2009 年版。

芭芭拉·格迪斯：《范式与沙堡：比较政治学中的理论建构与研究设计》，陈子恪、刘骥等译，张睿壮、刘骥校，重庆大学出版社 2012 年版。

保罗·肯尼迪：《大国的兴衰》，蒋葆英等译，中国经济出版社 2002 年版。

保罗·肯尼迪：《战争与和平的大战略》，时殷弘、李庆四译，世界知识出版社 2005 年版。

彼得·J. 卡赞斯坦、罗伯特·O. 基欧汉主编：《世界政治中的反美主义》，朱世龙、刘利琼译，中国人民大学出版社 2012 年版。

彼得·M. 布劳：《社会生活中的交换与权力》，李国武译，商务印书馆 2012 年版。

布鲁斯·拉希特、哈维·斯塔尔：《世界政治》（第 5 版），王玉珍等译，华夏出版社 2001 年版。

曹金旭：《同盟政治理论的发展》，《国际政治科学》2011 年第 4 期。

查尔斯·利普森：《经济和安全事务领域的国际合作》，载大卫·A. 鲍德温主编《新现实主义和新自由主义》，肖欢容译，浙江人民出版社 2001 年版。

晁福林：《春秋战国的社会变迁》，商务印书馆 2011 年版。

陈寒溪、杨原：《通信：当代大国行为发生了本质变化?》，《外交评论》2012 年第 1 期。

陈开仁：《冷战——实力与谋略的较量》，中共党史出版社 1997 年版。

陈桐生译注：《国语》，中华书局 2013 年版。

陈宣圣：《风云变幻看北约》，世界知识出版社 2009 年版。

陈玉聃：《国际关系学中的经典与阐释》，《国际政治科学》2008 年第 3 期。

程远：《先秦战争观的发展》，《西北大学学报》（哲学社会科学版）2008 年第 1 期。

程远：《先秦战争观研究》，陕西人民出版社 2006 年版。

大卫·A. 鲍德温：《新自由主义、新现实主义和世界政治》，载大卫·A. 鲍德温主编《新现实主义和新自由主义》，肖欢容译，浙江人民出版社 2001 年版。

戴超武：《美国对第三世界的政策》，载王缉思、牛军主编《缔造霸权：冷战时期的美国战略与决策》，上海人民出版社 2013 年版。

丹尼斯·朗：《权力论》，陆震纶、郑明哲译，中国社会科学出版社 2001 年版。

邓峰：《美国对日经济复兴政策与日本加入关贸总协定的进程（1948—1955 年）》，载崔丕主编《冷战时期美国对外政策史探微》，中华书局 2002 年版。

丁韶彬：《大国对外援助——社会交换论的视角》，社会科学文献出版社 2010 年版。

董青岭：《复合建构主义——进化冲突与进化合作》，时事出版社 2012 年版。

杜瑞芝主编：《数学史辞典》，山东教育出版社 2000 年版。

方连庆、刘金质、王炳元主编：《战后国际关系史（1945—1995）》（上 册），北京大学出版社 1999 年版。

方连庆、王炳元、刘金质主编：《国际关系史》（战后卷），北京大学出版 社 2006 年版。

冯昭奎：《争取实现"和谐世界"之策——也谈"韬光养晦，有所作 为"》，《世界知识》2005 年第 20 期。

弗雷德里克·伯佐：《1966—1967 年北约危机：一个法国人的视角》，周 娜译，载李丹慧主编《冷战国际史研究 V》，世界知识出版社 2008 年版。

高程：《市场扩展与崛起国对外战略》，《国际政治科学》2011 年第 3 期。

高锐：《中国上古军事史》，军事科学出版社 1995 年版。

格罗塞：《战后欧美关系》，刘其中等译，上海译文出版社 1986 年版。

宫力、孙东方：《战略机遇期与中国的和平发展》，《国际关系学院学报》 2011 年第 3 期。

宫玉萍：《中国战略机遇期进入新时期》，《当代世界》2011 年第 5 期。

顾德融、朱顺龙：《春秋史》，上海人民出版社 2003 年版。

关贵海：《冷战时期的苏联对外政策》，载牛军主编《冷战时期的美苏关 系》，北京大学出版社 2006 年版。

国务院新闻办公室：《中国的和平发展》白皮书，2011 年 9 月，http：// politics. people. com. cn/GB/1026/15598619. html。

哈里·杜鲁门：《杜鲁门回忆录》（下卷），李石译，东方出版社 2007

年版。

汉斯·摩根索：《国家间政治——权力斗争与和平》，徐昕、郝望、李保平译，王缉思校，北京大学出版社 2006 年版。

亨利·基辛格：《白宫岁月——基辛格回忆录》（第 1 卷），陈瑶华等译，世界知识出版社 1980 年版。

亨利·基辛格：《大外交》，顾淑馨、林添贵译，海南出版社 1998 年版。

胡鞍钢：《2020 年后仍是中国战略机遇期》，http：//news. xinhuanet. com/world/2012－12/12/c_ 124081550. htm。

胡波：《古代东亚国际关系体系的肇始》，《外交评论》2008 年第 1 期。

胡克森：《春秋争霸与中原"礼"文化传播之特征》，《贵州社会科学》2003 年第 1 期。

黄朴民：《梦残干戈——春秋军事历史研究》，岳麓书社 2013 年版。

黄仁伟：《论战略机遇期》，《世界经济研究》2003 年第 6 期。

简军波、张敬林：《自负帝国的危机：单边主义与霸权合法性的终结》，《世界经济与政治》2003 年第 8 期。

简军波：《现代国际合法性条件与美国的困境》，《世界经济与政治》2007 年第 3 期。

江泽民：《全面建设小康社会，开创中国特色社会主义事业新局面——在中国共产党第十六次全国代表大会上的报告》，http：//news. xinhuanet. com/newscenter/2002－11/17/content_ 632260. htm。

金景芳：《谈"礼"》，《历史研究》1996 年第 6 期。

卡尔·马克思：《资本论》，郭大力、王亚南译，上海三联书店 2009 年版。

康威·汉得森：《国际关系：世纪之交的冲突与合作》，金帆译，海南出版社 2004 年版。

孔华润主编：《剑桥美国对外关系史》（下册），王琛等译，新华出版社

2004 年版。

雷蒙德·加特霍夫：《冷战史：遏制与共存备忘录》，新华出版社 2003
　　年版。

冷鸿基：《制度内恶性竞争与春秋时期国际合作规范的退化》，《世界经济
　　与政治》2013 年第 3 期。

李宝俊：《当代中国外交概论》，中国人民大学出版社 1999 年版。

李彬：《军备控制理论与分析》，国防工业出版社 2006 年版。

李凡：《冷战后的美国和澳大利亚同盟关系》，中国社会科学出版社 2010
　　年版。

李广义、石左：《"不结盟"政策需要重新审视吗?》，《国际展望》1999
　　年第 21 期。

李海东：《北约扩大研究（1948—1999）》，世界知识出版社 2010 年版。

李恒杰：《论邓小平"韬光养晦"的外交战略思想》，《国际关系学院学
　　报》2008 年第 3 期。

李景治：《战略机遇期和我国的国际战略》，《新视野》2003 年第 4 期。

李锐：《华约：苏联与东欧的军事组织》，载沈志华主编《冷战时期苏联
　　与东欧的关系》，北京大学出版社 2006 年版。

李锐：《匈牙利事件：苏匈关系的一面镜子》，载沈志华主编《冷战时期
　　苏联与东欧的关系》，北京大学出版社 2006 年版。

李锐等编著：《华沙条约组织与经济互助委员会》，社会科学文献出版社
　　2010 年版。

李兴、焦佩：《经互会：苏联与东欧的经济组织》，载沈志华主编《冷战
　　时期苏联与东欧的关系》。

李兴：《从全面结盟到分道扬镳：冷战时期的苏联与东欧关系研究》，武
　　汉大学出版社 2000 年版。

李学军、严锋：《东欧 7 国 29 日正式成为北约新成员》，http：//news.

xinhuanet. com/world/2004 – 03/30/content_ 1390530. htm。

李宗侗注译，叶庆炳校订：《春秋左传今注今译》，新世界出版社 2012 年版。

理查德·克罗卡特：《50 年战争》，王振西等译，新华出版社 2003 年版。

林登·贝·约翰逊：《约翰逊回忆录》，复旦大学资本主义国家经济研究 所编译组节译，上海人民出版社 1973 年版。

林利民：《韬光养晦的长久生命力》，《瞭望新闻周刊》2005 年第 45 期。

林民旺：《国际关系的前景理论》，《国际政治科学》2007 年第 4 期。

凌胜利：《中国不结盟的原因探析——崛起中的安全战略考量》，提交给 "第五届全国国际关系、国际政治专业博士生学术论坛"的论文，北京 大学国际关系学院，2012 年 10 月。

刘丰：《大国制衡行为：争论与进展》，《外交评论》2010 年第 1 期。

刘丰：《大国制衡行为的概念辨析》，《国际论坛》2010 年第 1 期。

刘丰：《均势为何难以生成——从结构变迁的视角解释制衡难题》，《世界 经济与政治》2006 年第 9 期。

刘丰：《联盟、制度与后冷战时代的北约》，《国际论坛》2005 年第 2 期。

刘丰：《制衡的逻辑——结构压力、霸权正当性与大国行为》，世界知识 出版社 2010 年版。

刘金质：《冷战史》（上册），世界知识出版社 2003 年版。

罗宾·巴德、迈克尔·帕金：《微观经济学原理》（第四版），张伟等译，

罗伯特·J. 阿特：《美国、东亚和中国崛起：长期的影响》，载朱锋、 罗伯特·罗斯主编《中国崛起：理论与政策的视角》，上海人民出版社 2008 年版。

罗伯特·基欧汉、约瑟夫·奈：《权力与相互依赖》（第 3 版），门洪华 译，北京大学出版社 2002 年版。

罗伯特·杰维斯：《国际政治中的知觉与错误知觉》，秦亚青译，世界知

识出版社 2003 年版。

罗伯特·杰维斯：《系统效应：政治与社会生活中的复杂性》，李少军、杨少华、官志雄译，上海人民出版社 2008 年版。

罗纳德·塔门、亚采克·库格勒：《权力转移与中美冲突》，《国际政治科学》2005 年第 3 期。

吕德良：《不期而遇的局面：1969 年中苏美三角关系论析》，载沈志华、李滨主编《脆弱的联盟：冷战与中苏关系》，社会科学文献出版社 2010 年版。

马丁·怀特：《权力政治》，宋爱群译，世界知识出版社 2004 年版。

马克斯·韦伯：《经济与社会》，林荣远译，商务印书馆 1997 年版。

迈克尔·森：《美国、中共和苏联：对 1948—1950 年的重新评估》，匡萃冶、刘君玲译，士琳校，《现代外国哲学社会科学文摘》1995 年第 8 期。

曼昆：《经济学原理》（第 2 版），梁小民译，生活·新知·读书三联书店 2001 年版。

梅尔文·来弗勒：《美国赢得冷战的大战略》，牛悦译，载牛军主编《战略的魔咒：冷战时期的美国大战略研究》，上海人民出版社 2009 年版。

梅尔文·来弗勒：《人心之争：美国、苏联与冷战》，孙闵欣等译，华东师范大学出版社 2012 年版。

倪世雄、王义桅：《主权、安全、稳定、地位：国际关系视野中的战略机遇期》，《毛泽东邓小平理论研究》2003 年第 2 期。

牛军：《中苏同盟的兴起与衰亡》，载徐天新、沈志华主编《冷战前期的大国关系》，世界知识出版社 2011 年版。

潘忠岐：《国际安全秩序的变革与中国的战略机遇期》，《国际问题研究》2003 年第 6 期。

裴坚章主编：《中华人民共和国外交史》，世界知识出版社 1994 年版。

普拉伊特·K. 杜塔：《策略与博弈——理论及实践》，施锡铨译，上海财经大学出版社 2005 年版。

乔纳森·H. 特纳：《社会学理论的结构》（第 7 版），邱泽奇、张茂元等译，华夏出版社 2006 年版。

乔新生：《中国是否应放弃不结盟的外交政策》，中评社，2012 年 1 月 22 日。

秦亚青：《霸权体系与国际冲突——美国在国际武装冲突中的支持行为》，上海人民出版社 1999 年版。

秦亚青：《国际体系转型以及中国战略机遇期的延续》，《现代国际关系》2009 年第 4 期。

卿文辉：《霸权与安全——美国导弹防御史话》，吉林出版集团 2009 年版。

曲星：《坚持"韬光养晦、有所作为"的外交战略》，《中国人民大学学报》2001 年第 5 期。

任向群：《冷战对峙》，世界知识出版社 1999 年版。

任晓：《论主权的起源》，《欧洲研究》2004 年第 5 期。

瑞典斯德哥尔摩国际和平研究所：《SIPRI 年鉴 2003——军备、裁军和国际安全》，中国军控与裁军协会译，世界知识出版社 2004 年版。

尚绪谦：《阿尔巴尼亚和克罗地亚正式加入北约》，http：//news. xinhua-net. com/world/2009 - 04/02/content_ 11116166. htm。

沈志华：《中苏同盟破裂的原因和结果》，《中共党史研究》2007 年第 2 期。

沈志华主编：《冷战时期苏联与东欧的关系》，北京大学出版社 2006 年版。

沈志华主编：《中苏关系史纲：1917—1991 年中苏关系若干问题再探讨》，社会科学文献出版社 2011 年版。

师哲:《在历史巨人身边——师哲回忆录》,中央文献出版社1991年版。

时殷弘:《现代国际体系史的一大理解范式和根本主题》,载时殷弘《国际政治与国家方略》,北京大学出版社2006年版。

斯蒂芬·范埃弗拉:《政治学研究方法指南》,陈琪译,北京大学出版社2006年版。

宋伟:《国际金融危机与美国的单极地位》,《世界经济与政治》2010年第5期。

苏葆立:《美国对三次台湾"危机"的"管理"》,载张沱生、〔美〕史文主编《对抗·博弈·合作——中美安全危机管理案例分析》,世界知识出版社2007年版。

孙晋忠、朱传印:《布什着手修复美欧关系》,《瞭望新闻周刊》2005年第6期。

孙学峰、杨原:《大国规避体系制衡之谜》,《国际政治科学》2009年第2期。

孙学峰、杨子潇:《韩非子的国家间政治思想》,《国际政治科学》2008年第2期。

孙学峰:《战略选择与崛起成败(1816—1991)》,清华大学博士学位论文,2005年。

孙学峰:《中国对美政策的战略效应》,《国际政治科学》2005年第1期。

台湾三军大学编著:《中国历代战争史》(第1册),中信出版社2012年版。

唐世平:《国际政治理论的时代性》,《中国社会科学》2003年第3期。

唐世平:《与"标签型"和"判定型"文章决裂!》,2011年5月,共识网,http://www.21ccom.net/articles/sxpl/sx/article_2011050935067.html。

童书业:《春秋史》,上海古籍出版社2010年版。

托马斯·库恩:《科学革命的结构》,金吾伦、胡新和译,北京大学出版社 2003 年版。

托马斯·谢林:《选择与结果》,熊昆、刘永谋译,华夏出版社 2007 年版。

汪伟民、张爱华:《单极体系下的联盟理论与实践》,《世界经济与政治论坛》2006 年第 2 期。

王帆:《美国的亚太联盟》,世界知识出版社 2007 年版。

王公龙:《中国崛起的战略机遇期》,《上海行政学院学报》2002 年第 3 期。

王日华、漆海霞:《春秋战国时期国家间战争相关性统计分析》,《国际政治研究》2013 年第 1 期。

王绳祖主编:《国际关系史》(第七卷),世界知识出版社 1995 年版。

王绳祖主编:《国际关系史》(第八卷),世界知识出版社 1995 年版。

王绳祖主编:《国际关系史》(第九卷),世界知识出版社 1995 年版。

王绳祖主编:《国际关系史》(第十卷),世界知识出版社 1996 年版。

王素莉:《"两弹一星"的战略决策与历史经验》,《中共党史研究》2001 年第 4 期。

王泰平主编:《中华人民共和国外交史 1957—1969》(第二卷),世界知识出版社 1998 年版。

王在邦:《论创造性坚持韬光养晦、有所作为》,《现代国际关系》2010 年第 S1 期。

韦宗友:《解读修正主义国家:概念、指标及涵义》,《国际论坛》2006 年第 2 期。

文安立:《全球冷战:美苏对第三世界的干涉与当代世界的形成》,世界图书出版公司 2012 年版。

沃尔特·拉费伯尔:《美国、俄国和冷战,1945—2006》(第 10 版),牛可、翟韬、张静译，世界图书出版公司 2011 年版。

吴伟：《苏波关系：从卡廷事件到十月事件》，载沈志华主编《冷战时期
　　苏联与东欧的关系》，北京大学出版社 2006 年版。

吴征宇：《先秦国家间政治思想与现代国际关系研究》，《当代亚太》2008
　　年第 6 期。

五百旗头真：《日美关系史》，周永生等译，世界知识出版社 2012 年版。

五百旗头真：《战后日本外交史：1945—2010》，吴万虹译，世界知识出
　　版社 2013 年版。

夏尔—菲利普·戴维：《安全与战略：战争与和平的现时代解决方案》，
　　社会科学文献出版社 2011 年版。

夏立平：《论中国和平崛起的重要战略机遇期》，《毛泽东邓小平理论研
　　究》2004 年第 1 期。

小约瑟夫·奈：《理解国际冲突：理论与历史》，张小明译，上海人民出
　　版社 2002 年版。

谢维扬：《中国早期国家》，浙江人民出版社 1995 年版。

谢益显主编：《中国当代外交史（1949—2009）》，中国青年出版社 2009
　　年版。

邢广程：《苏联高层决策 70 年：从列宁到戈尔巴乔夫》（第二分册），世
　　界知识出版社 1998 年版。

邢广程：《苏联高层决策 70 年：从列宁到戈尔巴乔夫》（第四分册），世
　　界知识出版社 1998 年版。

邢骅：《跌宕起伏的美欧关系》，《国际问题研究》2007 年第 2 期。

徐光裕：《放弃不结盟中国或"被称霸"，韬光养晦不过时》，《环球时
　　报》2010 年 6 月 8 日。

徐杰令：《春秋邦交研究》，中国社会科学出版社 2004 年版。

徐进：《春秋时期"尊王攘夷"战略的效用分析》，《国际政治科学》2012

年第 2 期。

徐进：《国际社会的发育与国际社会核心价值观的确立》，《国际关系学院学报》2008 年第 5 期。

徐蓝：《冷战的起源与两极格局的形成》，载牛军主编《冷战时期的美苏关系》，北京大学出版社 2006 年版。

徐天新、沈志华主编：《冷战前期的大国关系：美苏争霸与亚洲大国的外交取向（1945—1972）》，世界知识出版社 2011 年版。

许海云：《北约简史》，中国人民大学出版社 2005 年版。

许海云：《锻造冷战联盟——美国"大西洋联盟政策"研究（1945—1955）》，中国人民大学出版社 2007 年版。

亚当·斯密：《国富论》，唐日松等译，华夏出版社 2005 年版。

亚历山大·温特：《国际政治的社会理论》，秦亚青译，上海人民出版社 2000 年版。

阎学通、孙学峰：《国际关系研究实用方法》，人民出版社 2001 年版。

阎学通：《历史的惯性：未来十年的中国与世界》，中信出版社 2013 年版。

杨洁篪：《新形势下中国外交理论和实践创新》，《求是》2013 年第 16 期。

杨洁勉：《美国的全球战略和中国的战略机遇期》，《国际问题研究》2003 年第 2 期。

杨洁勉：《重要战略机遇期与中国外交的历史任务》，《毛泽东邓小平理论研究》2003 年第 4 期。

杨宽：《战国史》，上海人民出版社 2003 年版。

杨奎松：《中美和解过程中的中方变奏：毛泽东"三个世界"理论提出的背景探析》，载沈志华、李滨主编《脆弱的联盟：冷战与中苏关系》，社会科学文献出版社 2010 年版。

杨倩如:《对先秦国家间政治思想的思考》,《国际政治科学》2009 年第 3 期。

杨倩如:《先秦国际体系的类型与演变》,《国际政治科学》2010 年第 1 期。

杨毅:《坚持和平发展,维护战略机遇期》,《现代国际关系》2006 年第 9 期。

杨毅:《战略机遇期的中国国家安全》,《教学与研究》2006 年第 4 期。

杨原:《大国无战争时代霸权国和崛起国权力竞争的主要机制》,《当代亚太》2011 年第 6 期。

杨原:《国家利益与国家实力量化的新思路》,载王缉思主编《中国学者看世界:世界和中国(2007—2008)》,新世界出版社 2008 年版。

杨原:《崛起国如何与霸权国争夺小国——基于古代东亚历史的案例研究》,《世界经济与政治》2012 年第 12 期。

杨原:《体系层次的国家功能理论——基于对结构现实主义国家功能假定的批判》,《世界经济与政治》2010 年第 11 期。

杨原:《武力胁迫还是利益交换——大国无战争时代大国提高国际影响力的核心路径》,《外交评论》2011 年第 4 期。

杨原:《中国国际关系理论研究(2008—2011)》,《国际政治科学》2012 年第 2 期。

叶荷:《中国面临不一样的战略机遇期》,《国际经济评论》2012 年第 5 期。

叶书宗:《苏军入侵捷克斯洛伐克》,载沈志华主编《冷战时期苏联与东欧的关系》,北京大学出版社 2006 年版。

叶自成:《中国崛起——华夏体系 500 年的大历史》,人民出版社 2013 年版。

伊姆雷·拉卡托斯:《证伪和科学研究纲领方法论》,载〔英〕伊姆雷·

拉卡托斯、艾兰·马斯格雷夫主编《批判与知识的增长》，周寄中译，华夏出版社 1987 年版。

尹继武：《中国需要什么样的联盟外交》，《联合早报》2010 年 7 月 29 日。

于军：《战略机遇期与中国的外交战略与策略选择》，《国家行政学院学报》2003 年第 5 期。

于铁军：《美国的同盟战略》，载王缉思、牛军主编《缔造霸权：冷战时期的美国战略与决策》，上海人民出版社 2013 年版。

袁鹏：《中国仍处于战略机遇期》，《当代世界》2011 年第 9 期。

约翰·伊肯伯里：《中国的崛起：权力、制度与西方秩序》，载朱锋、罗伯特·罗斯主编《中国崛起：理论与政策的视角》，上海人民出版社 2008 年版。

詹姆斯·多尔蒂、小罗伯特·普法尔茨格拉夫：《争论中的国际关系理论》（第五版），阎学通、陈寒溪等译，世界知识出版社 2003 年版。

张博文：《中国会放弃不结盟政策吗？》，《国际展望》2000 年第 10 期。

张飞虹：《刘少奇 1949 年秘密访苏与中苏结盟》，《苏州大学学报》（哲学社会科学版）1999 年第 1 期。

张家栋：《中国与美国：谁是当代国际秩序的挑战者？》，《美国问题研究》2007 年。

张睿壮：《美国霸权的正当性危机》，《国际问题论坛》2004 年夏季号。

张胜军：《全球结构冲突与美国霸权的合法性危机》，《美国研究》2003 年第 3 期。

张曙光：《美国遏制战略与冷战起源再谈》，上海外语教育出版社 2007 年版。

张曙光：《中苏经济合作的瓦解（1950—1960）》，载李丹慧主编《北京与莫斯科：从联盟走向对抗》，广西师范大学出版社 2002 年版。

张维迎：《博弈论与信息经济学》，上海人民出版社 2004 年版。

张锡昌、周剑卿：《战后法国外交史（1944—1992）》，世界知识出版社 1993 年版。

张竹云、王玉辉：《邓小平不结盟外交战略的现实思考》，《吉林师范大学学报》（人文社会科学版）2003 年第 3 期。

赵鼎新：《东周战争与儒法国家的诞生》，夏江旗译，华东师范大学出版社 2011 年版。

郑必坚：《继续抓住和用好我国发展的重要战略机遇期》，《党建研究》 2010 年第 11 期。

郑瑞玲：《浅析"韬光养晦"外交战略的现实性》，《经济与社会发展》 2010 年第 2 期。

郑羽主编：《既非盟友也非敌人：苏联解体后的俄美关系（19912005）》（上卷），世界知识出版社 2006 年版。

中国现代国际关系研究院美欧研究中心：《北约的命运》，时事出版社 2004 年版。

钟振明：《冷战后北约何以继续存在》，《国际政治科学》2005 年第 4 期。

周方银：《国际规范的演化》，清华大学博士学位论文，2006 年。

周方银：《松散等级体系下的合法性崛起——春秋时期"尊王"争霸策略分析》，《世界经济与政治》2012 年第 6 期。

周方银：《无政府状态下小国的长期存在》，《世界经济与政治》2005 年第 2 期。

周方银：《小国为何能长期存在》，《国际政治科学》2005 年第 1 期。

周丕启：《合法性与大战略：北约体系内美国的霸权护持》，北京大学出版社 2005 年版。

朱锋：《"权力转移理论"：霸权性现实主义？》，《国际政治研究》2006 年第 3 期。

朱锋：《冷战中的美苏军备控制与裁军》，载牛军主编《冷战时期的美苏关系》，北京大学出版社 2006 年版。

朱锋：《中国和平崛起：与单极的关系》，载朱锋、罗伯特·罗斯主编
《中国崛起：理论与政策的视角》，上海人民出版社 2008 年版。

朱锋：《中美会进入地缘政治对抗吗?》，《环球时报》2012 年 1 月 15 日。

资中筠主编：《战后美国外交史》，世界知识出版社 1994 年版。

"Excerpts from Pentagon's Plan: ' Prevent the Re-Emergence of a New Rival,' "
New York Times, March 8, 1992, A. 14.

"How to gracefully step aside: China," *The Economist*, Jan. 10th, 2011, ht-
tp: //www. economist. com/blogs/freeexchange/2011/01/china.

"Khrushchev Warns West on a Suez War," *New York Times*, August 24, 1956.

"Letter From Chairman Khrushchev to President Kennedy," October 27, 1962,
United States Department of State, *Foreign Relations of the United States*,
1961 – 1963: *Kennedy-Khrushchev Exchanges*, Vol. Ⅵ, pp. 178 – 181.

"Letter From Chairman Khrushchev to President Kennedy," October 28, 1962,
United States Department of State, *Foreign Relations of the United States*,
1961 – 1963: *Kennedy-Khrushchev Exchanges*, Vol. Ⅵ, pp. 183 – 187.

"Memorandum by the Consultant to the Secretary (Dulles) to the Secretary of
State," June 7, 1950, United States Department of State, *Foreign Relations of
the United States*, 1950: *East Asia and the Pacific*, Vol. Ⅵ, pp. 1207 –
1212.

"Memorandum for the President," September 7, 1950, United States Depart-
ment of State, *Foreign Relations of the United States*, 1950: *East Asia and the
Pacific*, Vol. Ⅵ, pp. 1293 – 1296.

"Memorandum of Conversation, by the Special Assistant to the Secretary (How-
ard)," April 7, 1950, United States Department of State, *Foreign Relations
of the United States*, 1950: *East Asia and the Pacific*, Vol. Ⅵ, pp. 1161 –

1166.

"Summary Report by the Consultant to the Secretary (Dulles)," July 3, 1950, United States Department of State, *Foreign Relations of the United States, 1950: East Asia and the Pacific*, Vol. VI, pp. 1230 – 1237.

"Telegram From the Department of State to the Embassy in the Soviet Union," October 27, 1962, United States Department of State, *Foreign Relations of the United States, 1961 – 1963: Kennedy-Khrushchev Exchanges*, Vol. VI, pp. 181 – 182.

"Telegram From the Department of State to the Embassy in the Soviet Union," October 28, 1962, United States Department of State, *Foreign Relations of the United States, 1961 – 1963: Kennedy-Khrushchev Exchanges*, Vol. VI, pp. 187 – 188.

"Telegram From the Embassy in the Soviet Union to the Department of State," October 26, 1962, United States Department of State, *Foreign Relations of the United States, 1961 – 1963: Kennedy-Khrushchev Exchanges*, Vol. VI, pp. 172 – 177.

Academié Diplomatique Internationale (1993), *Dictionnaire Diplomatique*, Vol. 7, pp. 1, 109 – 112.

Acharya, Amitav, and Buzan, Barry eds. (2010), *Non-Western International Relations Theory: Perspectives on and Beyond Asia*, Abingdon; New York: Routledge.

Alagappa, Muthiah (2011), "International Relations Studies in Asia: Distinctive Trajectories," *International Relations of Asia-Pacific*, Vol. 11, No. 2, pp. 193 – 230.

Aldred, Ken and Smith, Martin A. (1999), *Superpowers in the Post-Cold War Era*, New York: St. Martin's Press.

Allison, Roy and Williams, Phil (1990a), "Superpower Competition and Crisis Prevention in the Third World," in Roy Allison and Phil Williams eds. , *Superpower Competition and Crisis Prevention in the Third World*, New York: Cambridge University Press, pp. 1 – 25.

Allison, Roy and Williams, Phil eds. (1990b), *Superpower Competition and Crisis Prevention in the Third World*, New York: Cambridge University Press.

Altfeld, Michael F. (1984), "The Decision to Ally: A Theory and Test," *The Western Political Quarterly*, Vol. 37, No. 4, pp. 523 – 544.

Andreski, Stanislav (1985), "Pacifism and Human Nature," in Peter van den Dungen ed. , *West European Pacifism and the Strategy for Peace*, London: Macmillan, pp. 3 – 17.

Anievas, Alexander (2011), "1914 in World Historical Perspective: The 'Uneven' and 'Combined' Origins of World War I," *European Journal of International Relations*, DOI: 10. 1177/1354066111427613.

Arnold, Guy (1985), *Aid and the Third World: North/South Divide*, London: Robert Ryce Limitied.

Aron, Raymond (1984), *Paix et Guerre Entre Les Nations*, Paris: Calmann-Lévy.

Art, Robert J. (2007), "The Four Functions of Force," in Robert J. Art and Robert Jervis eds. , *International Politics: Enduring Concepts and Contemporary Issues*, 8th edition, New York: Pearson, 2007, pp. 141 – 148.

Art, Robert J. , and Waltz, Kenneth N. (1983), "Technology, Strategy, and the Use of Force," in Robert J. Art and Kenneth N. Waltz, eds. , *The Use of Force*, 2nd edition, Lanham, MD: University Press of America, pp. 1 – 33.

Asmus, Ronald D. , Kugler, Richard L. and Larrabee, F. Stephen (1993), "Building a New NATO," *Foreign Affairs*, Vol. 72, No. 4, pp. 28 – 40.

Axelrod, Robert (1984), *The Evolution of Cooperation*, New York: Basic Books.

Axelrod, Robert (1997), *The Complexity of Cooperation: Agent-Based Models of Competition and Collaboration*, Princeton: Princeton University Press.

Bachrach, Peter and Baratz, Morton S. (1962), "Two Faces of Power," *The American Political Science Review*, Vol. 56, No. 4, pp. 947 – 952.

Baldwin, David A. (1997), "The Concept of Security," *Review of International Studies*, Vol. 23, No. 1, pp. 5 – 26.

Baldwin, David A. (1998), "Exchange Theory and International Relations", *International Negotiation*, Vol. 3, No. 2, pp. 139 – 149.

Baldwin, David A. (2002), "Power and International Relations," in Walter Carlsnaes, Thomas Risse and Beth Simmons eds., *Handbook of International Relations*, London: Sage Publications, pp. 177 – 191.

Barinaga, Marcia (1996), "Social Status Sculpts Activity of Crayfish Neurons," *Science*, Vol. 271, No. 5247, pp. 290 – 291.

Barkin, Samuel and Cronin, Bruce (1994), "The State and the Nation: Changing Norms and the Rules of Sovereignty in International Relations," *International Organization*, Vol. 48, No. 1, pp. 107 – 130.

Barnett, Michael and Duvall, Raymond (2005), "Power in International Politics," *International Organization*, Vol. 59, No. 1, pp. 39 – 75.

Barnett, Michael N. and Levy, Jack S. (1991), "Domestic Sources of Alliances and Alignments: The Case of Egypt, 1962 – 1973," *International Organization*, Vol. 45, No. 3, pp. 369 – 395.

Bar-Siman-Tov, Yaacov (1987), *Isreal, The Superpowers, and the War in the Middle East*, New York: Praeger Publisher.

Baum, Matthew A. (2004), "Going Private: Public Opinion, Presidential

Rhetoric, and the Domestic Politics of Audience Costs in U. S. Foreign Policy Crises," *The Journal of Conflict Resolution*, Vol. 48, No. 5, pp. 603 – 631.

Beckley, Michael (2011/2012), "China's Century? Why America's Edge Will Endure," *International Security*, Vol. 36, No. 3, pp. 41 – 78.

Beeson, Mark (2009), "Hegemonic Transition in East Asia? The Dynamics of Chinese and American Power," *Review of International Studies*, Vol. 35, No. 1, pp. 95 – 112.

Bennett, Andrew (2010), "Process Tracing and Causal Inference," in Henry E. Brady and David Collier eds. , *Rethinking Social Inquiry: Diverse Tools, Shared Standards, Second Edition*, Lanham, Maryland: Rowman & Littlefield Publishers, Inc. , pp. 207 – 219.

Berman, RussellA. (2004), *Anti-Americanism in Europe: A Cultural Problem*, Stanford, CA: Hoover Institution.

Blair, Bruce G. and Yali, Chen (2006), "The Fallacy of Nuclear Primacy," *China Security*, Autumn, pp. 51 – 77.

Blight, James G. , and Welch, David A. (1989), *On the Brink: Americans and Soviets Reexamine the Cuban Missile Crisis*, New York: Hill and Wang.

Boettcher, William A. (1995), "Context, Methods, Numbers, and Words: Prospect Theory in International Relations," *Journal of Conflict Resolution*, Vol. 39, No. 3, pp. 561 – 583.

Booth, Ken and Wheeler, Nicholas J. (2008), *The Security Dilemma: Fear, Cooperation and Trust in World Politics*, New York: Palgrave Macmillan.

Brady, Henry E. and Collier, David eds. (2010), *Rethinking Social Inquiry: Diverse Tools, Shared Standards, Second Edition*, Lanham, Maryland: Rowman & Littlefield Publishers, Inc. .

Brams, Steven J. (1985), *Superpower Games: Applying Game Theory to Super-*

power Conflict, New Haven: Yale University Press.

Brock, Peter and Young, Nigel (1999), *Pacifism in the Twentieth Century*, Syracuse, N. Y. : Syracuse University Press.

Brooks, Stephen G and Wohlforth, William C. (2002), "American Primacy in Perspective," *Foreign Affairs*, Vol. 81, No. 4, pp. 20 – 33.

Brooks, Stephen G and Wohlforth, William C. (2008a), *World Out of Balance: International Relations and the Challenge of American Primacy*, Princeton and Oxford: Princeton University Press.

Brooks, Stephen G and Wohlforth, William C. (2008b), "Realism, Balance-of-Power Theory, and the Counterbalancing Constraint," in Brooks and Wohlforth, *World Out of Balance: International Relations and the Challenge of American Primacy*, Princeton and Oxford: Princeton University Press, pp. 22 – 59.

Bruck, Sebastian (2009), "Wilhelmine China?" *Asia Times*, July 31, http://www. atimes. com/atimes/China/KG31Ad03. html.

Buzan, Barry (1993), "From International System to International Society: Structural Realism and Regime Theory Meet the English School," *International Organization*, Vol. 47, No. 3, pp. 327 – 352.

Buzan, Barry and Little, Richard (2000), *International Systems in World History: Remaking the Study of International Relations*, Oxford: Oxford University Press.

Buzan, Barry, and Hansen, Lene (2009), *The Evolution of International Security Studies*, Cambridge: Cambridge University Press.

Calleo, David p. (2009), *Follies of Power: America's Unipolar Fantasy*, Cambridge: Cambridge University Press.

Casetti, Emilio (2003), "Power Shifts and Economic Development: When Will

China Overtake the USA," *Journal of Peace Research*, Vol. 40, No. 6, pp. 661 – 675.

Ceadel, Martin (1980), *Pacifism in Britain 1914 – 1945: The Defining of a Faith*, Oxford: Clarendon Press.

Chakravartty, Anjan (2011), "Scientific Realism," in Edward N. Zalta ed., *The Stanford Encyclopedia of Philosophy*, http://plato.stanford.edu/archives/sum2011/entries/scientific-realism/.

Chan, Gerald (2006), *China's Compliance in Global Affairs: Trade, Arms Control, Environmental Protection, Human Rights*, N. J., London: World Scientific Pub..

Chan, Steve (2004), "Realism, Revisionism, and the Great Powers," *Issues & Studies*, Vol. 40, No. 1, pp. 135 – 172.

Chan, Steve (2005), "Is There a Power Transition between the U. S. and China? The Different Faces of National Power," *Asian Survey*, Vol. 45, No. 5, pp. 687 – 701.

Chan, Steve (2008), *China, the U. S., and the Power Transition Theory*, London: Routledge.

Chang, Gordon (2011), "The Coming Collapse of China: 2012 edition," *Foreign Policy*, http://www.foreignpolicy.com/articles/2011/12/29/the_coming_collapse_of_china_2012_edition.

Chen, Dingding, Pu, Xiaoyu, and Johnston, Alastair Iain (2013/2014), "Debating China's Assertiveness," *International Security*, Vol. 38, No. 3, pp. 176 – 183.

Chestnut, Sheena and Johnston, Alastair Iain (2009), "Is China Rising?" in Eva Paus, Penelope Prime, and Jon Western, eds., *Global Giant: Is China Changing the Rules of the Game?*, New York: Palgrave Macmillan, pp. 237 –

260.

Chiozza, Giacomo (2009), *Anti-Americanism and the American World Order*, Baltimore: The Johns Hopkins University Press.

Christensen, Thomas J. (2001), "Posing Problems Without Catching Up: China's Rise and Challenges for U. S. Security Policy," *International Security*, Vol. 25, No. 4, pp. 5 – 40.

Christensen, Thomas J. and Snyder, Jack (1990), "Chain Gangs and Passed Bucks: Predicting Alliance Patterns in Multipolarity," *International Organization*, Vol. 44, No. 2, pp. 137 – 168.

Cioffi-Revilla, Claudio (1999), "Origins and Age of Deterrence: Comparative Research on Old World and New World Systems," *Cross-Cultural Research*, Vol. 33, No. 3, pp. 239 – 264.

Claude, Innis L. (1962), *Power and International Relations*, New York: Random House.

Cohen, Warren I. (1993), *The Cambridge History of American Foreign Relations, Volume IV, America in the Age of Soviet Power*, 1945 – 1991, New York: Cambridge University Press.

Cohen, Warren I. (2005), *America's Failing Empire: U. S. Foreign Relations since the Cold War*, Malden MA: Blackwell Publishing.

Cohen, William S. (1997), *Report of the Quadrennial Defense Review*, May.

Collins, Bennett (2010), "USA: Status Quo or Revisionist Power?" http: // www. e-ir. info/2010/10/07/usa-status-quo-or-revisionist-power/.

Collins, John, Hall, Ned, and Paul, L. A. , eds. (2004), *Causation and Counterfactuals*, Cambridge, Massachusetts: The MIT Press.

Copeland, Dale C. (1996), "Neorealism and the Myth of Bipolar Stability: Toward a New Dynamic Realist Theory of Major War," *Security Studies*,

Vol. 5, No. 3, pp. 29 – 89.

Copeland, Dale C. (2000a), *The Origins of Major War*, Ithaca and London:
Cornell University Press.

Copeland, Dale C. (2000b), "The Constructivist Challenge to Structural Real-
ism: A Review Essay," *International Security*, Vol. 25, No. 2, pp. 187 –
212.

Crabb, Cecil, Jr., Mulcahy, Kevin (1986), *Presidents and Foreign Policy
Making: From FDR to Reagan*, Baton Rouge: Louisiana State University
Press.

Craig, Gordon A. and George, Alexander L. (1995), *Force and Statecraft:
Diplomatic Problems of Our Time*, New York: Oxford University Press.

Creveld, Martin van (1991), *The Transformation of War*, New York: Free
Press.

Creveld, Martin van, "The Waning of Major War," in Raimo Vayrynen ed.,
The Waning of Major War, London and New York: Routledge, pp. 97 – 112.

Dahl, Robert A. (1957), "The Concept of Power," *Behavioral Science*,
Vol. 2, No. 3, pp. 201 – 215.

Davis, Jr., James W. (2000), *Threats and Promises: The Pursuit of Interna-
tional Influence*, Baltimore and London: The John Hopkins University Press.

Dehio, Ludwig (1962), *The Precarious Balance: Four Centuries of the Europe-
an Power Struggle*, New York: Alfred A. Knopf, Inc. .

Department of Defense (1995), *United States Security Strategy for the East Asia-
Pacific Region*, February.

Department of Defense (2010), *Ballistic Missile Defense Review Report*, http: //
www. defense. gov/bmdr/, February.

DePorte, A. W. (1979), *Europe Between the Superpowers: The Enduring Bal-

ance, New Haven and London: Yale University Press.

Desch, Michael C. (2007/2008), "America's Liberal Illiberalism: The Ideological Origins of Overreaction in U. S. Foreign Policy," *International Security*, Vol. 32, No. 3, pp. 7 – 43.

Dessler, David (1991), "Beyond Correlations: Toward a Causal Theory of War," *International Studies Quarterly*, Vol. 35, No. 3, pp. 337 – 355.

DiCicco, Jonathan M. and Levy, Jack (1999), "Power Shifts and Problem Shifts: The Evolution of the Power Transition Research Program," *Journal of Conflict Resolution*, Vol. 43, No. 6, pp. 675 – 704.

Dobbins, James (2012), "War with China," *Survival*, Vol. 54, No. 4, pp. 7 – 24.

Dobrynin, Anatoly (1995), *In Confidence: Moscow's Ambassador to America's Six Cold War Presidents, 1962 – 1986*, New York: Times Books.

Dockrill, Michael L. and Hopkins, Michael F. (2006), *The Cold War, 1951 – 1991*, New York: Palgrave Macmillan.

Drezner, Daniel W. (2011), "China Isn' t Beating the U. S. ," *Foreign Policy*, No. 184, Jan/Feb, p. 67.

Elman, Colin (2003), "Introduction: Appraising Balance of Power Theory," in John A. Vasquez and Colin Elman eds. , *Realism and the Balancing of Power: A New Debate*, Upper Saddle River, N. J. : Prentice Hall, pp. 1 – 22.

Elman, Colin and Elman, Miriam Fendius (2003), "Lakatos and Neorealism: A Reply to Vasquez," in John A. Vasquez and Colin Elman eds. , *Realism and the Balancing of Power: A New Debate*, Upper Saddle River, N. J. : Prentice Hall, pp. 80 – 86.

Emerson, Richard M. (1962), "Power-Dependence Relations," *American So-*

ciological Review, Vol. 27, No. 1, pp. 31 –41.

Epstein, Joshua M. (1988), "Dynamic Analysis and the Conventional Balance in Europe," *International Security*, Vol. 12, No. 4, pp. 154 – 165.

Evera, Stephen Van (1985), "Why Cooperation Failed in 1914," *World Politics*, Vol. 38, No. 1, pp. 80 – 117.

Evera, Stephen Van (1999), *Causes of War: Power and the Roots of Conflict*, Ithaca and London, Cornell University Press.

Fazal, Tanisha M. (2004), "State Death in the International System," *International Organization*, Vol. 58, No. 2, pp. 311 –344.

Fazal, Tanisha M. (2007), *State Death: The Politics and Geography of Conquest, Occupation, and Annexation*, Princeton University Press.

Fearon, James and Wendt, Alexander (2002), "Rationalism v. Constructivism: A Skeptical View;" in Walter Carlsnaes, et al. eds., *Handbook of International Relations*, London: Sage Publications, pp. 52 –72.

Fearon, James D. (1994), "Domestic Political Audiences and The Escalation of International Disputes," *The American Political Science Review*, Vol. 88, No. 3, pp. 577 –592.

Feng, Huiyun (2009), "Is China a Revisionist Power?" *The Chinese Journal of International Politics*, Vol. 2, No. 3, pp. 313 –334.

Fiammenghi, Davide (2011), "The Security Curve and the Structure of International Politics: A Neorealist Synthesis," *International Security*, Vol. 35, No. 4, pp. 126 –154.

Flemes, Daniel and Wojczewski, Thorsten (2011), "Contested Leadership in Comparative Perspective: Power Strategies in South Asia and South America," *Asian Journal of Latin American Studies*, Vol. 24, No. 1, pp. 1 –27.

Freedman, Robert O. (1990), "The Superpowers and the Middle East," in

Roy Allison and Phil Williams eds. , *Superpower Competition and Crisis Prevention in the Third World*, New York: Cambridge University Press, pp. 121 – 143.

Friedberg, Aaron (2000), "Will Europe's Past Be Asia's Future?" *Survival*, Vol. 42, No. 3, pp. 147 – 159.

Friedman, Edward (1997), "The Challenge of A Rising China: Another Germany?" in Robert J. Lieber ed. , *Eagle Adrift: American Foreign Policy at the End of the Century*, New York: Longman, pp. 215 – 243.

Fursenko, Aleksandr A. and Naftali, Timothy (2006), *Khrushchev's Cold War: The Inside Story of an American Adversary*, New York: W. W. Norton & Company.

Gaddis, John Lewis (1986), "The Long Peace: Elements of Stability in the Postwar International System," *International Security*, Vol. 10, No. 4, pp. 99 – 142.

Gaddis, John Lewis (1987), *The Long Peace: Inquiries into the History of the Cold War*, New York: Oxford University Press.

Gaddis, John Lewis (1992/1993), "International Relations Theory and the End of the Cold War," *International Security*, Vol. 17, No. 3, pp. 5 – 58.

Gaddis, John Lewis (1997), *We Now Know: Rethinking Cold War History*, Oxford: Oxford University Press.

Gaddis, John Lewis (1999), "Conclusion," in John Lewis Gaddis, Philip H. Gordon, Ernest R. May, and Jonathan Rosenberg eds. , *Cold War Statesmen Confront the Bomb: Nuclear Diplomacy since 1945*, Oxford: Oxford University Press, pp. 260 – 271.

Garnham, David (1988), *The Politics of European Defense Cooperation: Germany, France, Britain, and America*, Cambridge: Ballinger Publishing Company.

Gartzke, Eric, Li, Quan, and Boehmer, Charles (2001), "Investing in the Peace: Economic Interdependence and International Conflict," *International Organization*, Vol. 55, No. 2, pp. 391 – 438.

Gartzke, Erik and Li, Quan (2003), "War, Peace, and the Invisible Hand: Positive Political Externalities of Economic Globalization," *International Studies Quarterly*, Vol. 47, No. 4, pp. 561 – 586.

George, Alexander and Bennett, Andrew (2005), *Case Studies and Theory Development in the Social Science*, Cambridge: MIT Press.

Gerring, John (2007), *Case Study Research: Principles and Practices*, Cambridge: Cambridge University Press.

Gilpin, Robert (1981), *War and Change in International Politics*, Cambridge: Cambridge University Press.

Gilpin, Robert (1987), *The Political Economy of International Relations*, Princeton: Princeton University Press.

Gilpin, Robert (1988), "The Theory of Hegemonic War," in Robert I. Rotberg and Theodore K. Rabb, eds., *The Origin and Prevention of Major War*, Cambridge: Cambridge University Press, pp. 15 – 37.

Glaser, Charles L. (1992), "Political Consequences of Military Strategy: Expanding and Refining the Spiral and Deterrence Models," *World Politics*, Vol. 44, No. 4, pp. 497 – 538.

Glaser, Charles L. (1994/1995), "Realists as Optimists: Cooperation as Self-help," *International Security*, Vol. 19, No. 3, pp. 50 – 90.

Glaser, Charles L. (1997), "The Security Dilemma Revisited," *World Politics*, Vol. 50, No. 1, pp. 171 – 201.

Glaser, Charles L. (2010), *Rational Theory of International Politics: The Logic of Competition and Cooperation*, Princeton and Oxford: Princeton University Press.

Glaser, Charles L., and Fetter, Steve (2001), "National Missile Defense and the Future of U. S. Nuclear Weapons Policy," *International Security*, Vol. 26, No. 1, pp. 40 – 92.

Glosny, Michael (2011), "The Grand Strategies of Rising Powers: Reassurance, Coercion, and Balancing Responses," Ph. D. Dissertation, *Massachusetts Institute of Technology*.

Goddard, Stacie E. (2008/2009), "When Right Makes Might: How Prussia Overturned the European Balance of Power," *International Security*, Vol. 33, No. 3, pp. 110 – 142.

Goldstein, Avery (2000), *Deterrence and Security in the 21st Century: China, Britain, France, and the Enduring Legacy of the Nuclear Revolution*, Stanford: Stanford University Press.

Goldstein, Avery (2005), *Rising to the Challenge: China's Grand Strategy and International Security*, California: Stanford University Press.

Goncharenko, Sergei (1998), "Sino-Soviet Military Cooperation," in Odd Arne Westad ed., *Brothers in Arms: The Rise and Fall of the Sino-Soviet Alliance, 1945 – 1963*, Stanford: Stanford University Press, pp. 141 – 164.

Green, Donald p. and Gerber, Alan S. (2002), "Reclaiming the Experimental Tradition in Political Science," in Ira Katznelson, and Helen V. Milner, eds., *Political Science: State of the Discipline*, New York: Norton, pp. 805 – 832.

Gries, Peter Hays, Peng, Kaiping, and Crowson, H. Michael (2012), "Determinants of Security and Insecurity in International Relations: A Cross-National Experimental Analysis of Symbolic and Material Gains and Losses," in Vaughn

p. Shannon and Paul A. Kowert eds. , *Psychology and Constructivism in International Relations*, Ann Arbor: The University of Michigan Press, pp. 170 – 193.

Gulick, Edward V. (1955), *Europe's Classical Balance of Power*, New York: Norton.

Haas, Ernst B. (1953), "The Balance of Power: Prescription, Concept, or Propaganda," *World Politics*, Vol. 5, No. 4, pp. 442 – 477.

Haslam, Jonathan (2002), *No Virtue Like Necessity: Realist Thought in International Relations since Machiavelli*, New Haven & London: Yale University Press.

He, Kai (2010), "The Hegemon's Choice between Power and Security: Explaining US Policy Toward Asia after the Cold War," *Review of International Studies*, Vol. 36, No. 4, pp. 1121 – 1143.

He, Kai and Feng, Huiyun (2012), "Debating China's Assertiveness: Taking China's Power and Interests Seriously," *International Politics*, Vol. 49, No. 5, pp. 633 – 644.

Hedstrom, Peter and Ylikoski, Petri (2010), "Causal Mechanisms in the Social Sciences," *Annual Review of Sociology*, Vol. 36, pp. 49 – 67.

Heider, Fritz (1946), "Attitudes and Cognitive Organization," *The Journal of Psychology*, Vol. 21, No. 1, pp. 107 – 112.

Heider, Fritz (1958), *The Psychology of Interpersonal Relations*, New York: John Wiley & Sons, Inc. .

Heikal, Mohamed H. (1973), *The Cairo Documents: The Inside Story of Nasser and His Relationship with World Leaders, Rebels, and Statesmen*, Garden City, N. Y. : Doubleday.

Heikal, Mohamed H. (1975), *The Road to Ramadan*, New York: Ballantine.

Henehan, Marie T. and Vasquez, John (2006), "The Changing Probability of Interstate War, 1986 – 1992, " in Raimo Vayrynen ed. , *The Waning of Major War*, London and New York: Routledge, pp. 280 – 299.

Hensel, Paul R. (2000), "Territory: Theory and Evidence on Geography and Conflict," in John A. Vasquez ed. , *What Do We Know About War?*, Lanham, MD: Rowman & Littlefield, pp. 57 – 84.

Herz, John H. (1950), "Idealist Internationalism and the Security Dilemma," *World Politics*, Vol. 2, No. 2, pp. 157 – 180.

Herz, John H. (1957), "The Rise and Demise of the Territorial State," *World Politics*, Vol. 9, No. 4, pp. 473 – 493.

Holmes, Kim R. (1988), "Measuring the Conventional Balance in Europe," *International Security*, Vol. 12, No. 4, pp. 166 – 173.

Holsti, Kalevi J. (1992), *International Politics*, 6th ed. , Englewood Cliffs, N. J. : Prentice – Hall.

Holsti, Kalevi J. (2006), "The Decline of Interstate War: Pondering Systemic Explanations," in Raimo Vayrynen ed. , *The Waning of Major War* , London and New York: Routledge, pp. 135 – 159.

Homans, George Caspar (1961), *Social Behavior: Its Elementary Forms*, New York: Harcourt, Brace & World, Inc. .

Hopf, Ted (2006), "Moscow's Foreign Policy, 1945 – 2000: Identities, Institutions and Interests," in Ronald Grigor Suny ed. , *The Cambridge History of Russia*, Vol. Ⅲ , Cambridge: Cambridge University Press, pp. 662 – 705.

Hopkins, Michael F. (1991), *The Lessons of History*, New Haven, CT: Yale University Press.

Hopkins, Michael F. (2007), "Continuing Debate and New Approaches in Cold War History," *The Historical Journal*, Vol. 50, No. 4, pp. 913 – 934.

Hsu, Cho – yun（1999）, "The Spring and Autumn Period," in Michael Loewe and Edward L. Shaughnessy eds. , *The Cambridge History of Ancient China: From the Origins of Civilization to* 221 *B. C.* , Cambridge: Cambridge University Press, pp. 545 – 586.

Hu, Angang（2011）, *China in* 2020: *A New Type of Superpower*, Washington, D. C. : Brookings Institution Press.

Hui, Victoria Tin-bor（2005）, *War and State Formation in Ancient China and Early Modern Europe*, New York: Cambridge University Press.

Hume, David（1965）, "Of the Balance of Power," in Paul Seabury ed. , *Balance of Power*, San Francisco: Chandler Publishing Company, pp. 32 – 36.

Huntington, Samuel P. （1993）, "Why International Primacy Matters," *International Security*, Vol. 17, No. 4, pp. 68 – 83.

Huth, Paul K. （2000）, "Territory: Why are Territorial Disputes between States a Central Cause of International Conflict?" in John A. Vasquez ed. , *What Do We Know About War?*, Lanham, MD: Rowman & Littlefield, pp. 85 – 110.

Huysman, Jef（1998）, "Security! What do You Mean? From Concept to Thick Signifer," *European Journal of International Relations*, Vol. 4, No. 2, pp. 226 – 255.

Hyde, Susan D. （2007）, "The Observer Effect in International Politics: Evidence from a Natural Experiment," *World Politics*, Vol. 60, No. 1, pp. 37 – 63.

Ikenberry, G. John（1998/1999）, "Institution, Strategic Restraint, and the Persistence of American Postwar Order," *International Security*, Vol. 23, No. 3, pp. 45 – 78;

Ikenberry, G. John（2002a）, "Democracy, Institutions, and American Restraint," in G. John Ikenberry, ed. , *America Unrivaled: The Future of the Balance of Power*, Ithaca: Cornell University Press, pp. 213 – 238.

Ikenberry, G. John ed. (2002b), *America Unrivaled: The Future of the Balance of Power*, Ithaca: Cornell University Press.

Ikenberry, G. John, Mastanduno, Michael, and Wohlforth, William C. (2009), "Unipolarity, State Behavior, and Systemic Consequences," *World Politics*, Vol. 61, No. 1, pp. 1 – 27.

Jackson, Robert H. and Rosberg, Carl G. (1982), "Why Africa's Weak States Persists: The Empirical and the Juridical in Statehood," *World Politics*, Vol. 35, No. 1, pp. 1 – 24.

Jervis, Robert (1978), "Cooperation under the Security Dilemma," *World Politics*, Vol. 30, No. 2, pp. 167 – 214.

Jervis, Robert (1978), "Cooperation under the Security Dilemma," *World Politics*, Vol. 30, No. 2, pp. 183 – 186.

Jervis, Robert (1989), *The Meaning of the Nuclear Revolution: Statecraft and the Prospect of Armageddon*, Ithaca, NY: Cornell University Press.

Jervis, Robert (1991/1992), "The Future of World Politics: Will It Resemble the Past," *International Security*, Vol. 16, No. 3, pp. 39 – 73.

Jervis, Robert (1998), "Realism in the Study of World Politics," *International Organization*, Vol. 52, No. 4, pp. 971 – 991.

Jervis, Robert (1999), "Realism, Neoliberalism, and Cooperation: Understanding the Debate," *International Security*, Vol. 24, No. 1, pp. 42 – 63.

Jervis, Robert (2001), "Was the Cold War a Security Dilemma?" *Journal of Cold War Studies*, Vol. 3, No. 1, pp. 36 – 60.

Jervis, Robert (2002), "Theories of War in an Era of Leading-Power Peace," *The American Political Science Review*, Vol. 96, No. 1, pp. 1 – 14.

Jervis, Robert (2004), "The Utility of Nuclear Deterrence," in Robert J. Art and Kenneth N. Waltz, eds. , *The Use of Force*, 6th edition, Lanham, MD: Rowman & Littlefield Publishers, pp. 94 – 101.

Jervis, Robert (2005), *American Foreign Policy in a New Era*, New York and London: Routledge.

Jervis, Robert (2009), "Unipolarity: A Structural Perspective," *World Politics*, Vol. 61, No. 1, pp. 188 – 213.

Jhee, Byong-kuen and Lee, Nae-young (2011), "Measuring Soft Power in East Asia: An Overview of Soft Power in East Asia on Affective and Normative Dimensions," in Sook Jong Lee and Jan Melissen eds. , *Public Diplomacy and Soft Power in East Asia*, New York: Palgrave Macmillan, pp. 51 – 64.

Joffe, Josef (2002), "Defying History and Theory: The United States as the 'Last Remaining Superpower'," in G. John Ikenberry, ed. , *America Unrivaled: The Future of the Balance of Power*, Ithaca: Cornell University Press, pp. 155 – 180.

Joffe, Josef (2009), "The Default Power: The False Prophecy of America's Decline," *Foreign Affairs*, Vol. 88, No. 5, pp. 21 – 35.

Johnson, Dominic D. P. , and Toft, Monica Duffy (2013/2014), "Grounds for War: The Evolution of Territorial Conflict," *International Security*, Vol. 38, No. 3, pp. 7 – 38.

Johnston, Alastair Iain (2003), "Is China a Status Quo Power," *International Security*, Vol. 27, No. 4, pp. 5 – 56.

Johnston, Alastair Iain (2011), "Stability and Instability in Sino-US Relations: A Response to Yan Xuetong's Superficial Friendship Theory," *Chinese Journal of International Politics*, Vol. 4, No. 1, pp. 5 – 29.

Johnston, Alastair Iain (2013), "How New and Assertive Is China's New Assertiveness?" *International Security*, Vol. 37, No. 4, pp. 7 – 48.

Jordan, Richard, et al. (2009), "*One Discipline or Many? TRIP Survey of International Relations Faculty in Ten Countries*," College of William and Mary, Williamsburg VA, February.

Kahneman, Daniel and Tversky, Amos (1979), "Prospect Theory: An Analysis of Decision under Risk," *Econometrica*, Vol. 47, No. 2, pp. 263 – 292.

Kaplan, Lawrence S. (1982), "NATO and the Warsaw Pact: The Past," in Robert W. Clawson and Lawrence S. Kaplan eds. , *The Warsaw Pact: Political Purpose and Military Means*, Wilmington, Delaware: Scholarly Resources Inc. , pp. 67 – 92.

Kaplan, Morton A. (1969), "Variants on Six Models of the International System," in James N. Rosenau ed. , *International Politics and Foreign Policy: A Reader in Research and Theory*, New York: Free Press, pp. 291 – 303.

Kastner, Scott L. and Saunders, Phillip C. (2012), "Is China a Status Quo or Revisionist State? Leadership Travel as an Empirical Indicator of Foreign Policy Priorities," *International Studies Quarterly*, Vol. 56, No. 1, pp. 163 – 177.

Kaufman, Stuart J. , Little, Richard and Wohlforth, William C. eds. (2007), *The Balance of Power in World History*, New York: Palgrave Macmillan.

Kaysen, Carl (1990), "Is War Obsolete: A Review Essay," *International Security*, Vol. 14, No. 4, pp. 42 – 69.

Keegan, John (1993), *A History of Warfare*, New York: Knopf.

Kennedy, John F. (1962), "Special Message to Congress on Foreign Aid," March 22, 1961, in *Public Papers of the Presidents of the United States, John F. Kennedy*, 1961, Washington, DC: US Printing Office, pp. 203 – 212.

Khrushchev, Nikita S. (1970), *Khrushchev Remembers*, translated and edited by Strobe Talbott, Boston: Little, Brown.

Khrushchev, Sergei (2000), *Nikita Khrushchev and the Creation of a Superpower*, trans. by Shirley Benson, University Park: Pennsylvania State University Press.

Kimball, Anessa L. (2010), "Political Survival, Policy Distribution, and Alliance Formation," *Journal of Peace Research*, Vol. 47, No. 4, pp. 407 – 419.

King, Gary, Keohane, Robert O., and Verba, Sidney (1994), *Designing Social Inquiry: Scientific Inference in Qualitative Research*, Princeton: Princeton University Press.

Kirshner, Jonathan (2010), "The Tragedy of Offensive Realism: Classical Realism and the Rise of China," *European Journal of International Relations*, Vol. 18, No. 1, pp. 53 – 75.

Korbonski, Andrzej (1982), "The Warsaw Treaty After Twenty-five Years: An Entangling Alliance or an Empty Shell," in Robert W. Clawson and Lawrence S. Kaplan eds., *The Warsaw Pact: Political Purpose and Military Means*, Wilmington, Delaware: Scholarly Resources Inc., pp. 3 – 26.

Korman, Sharon (1996), *The Right of Conquest: The Acquisition of Territory by Force in International Law and Practice*, Oxford: Clarendon Press.

Kratochwil, Friedrich (1993), "The Embarrassment of Changes: Neo-Realism as the Science of Realpolitik without Politics," *Review of International Studies*, Vol. 19, No. 1, pp. 63 – 80.

Kristof, Nicholas D. (1993), "The Rise of China," *Foreign Affairs*, Vol. 72, No. 5, pp. 71 – 72.

Kuik, Cheng-Chwee, Idris, Nor Azizan and Nor, Abd Rahim Md (2012), "The China Factor in the U. S. 'Reengagement' With Southeast Asia: Drivers and Limits of Converged Hedging," *Asian Politics & Policy*, Vol. 4,

No. 3, pp. 315 – 344.

Kundnani, Hans (2012), "Germany's past, China's future?" http://www. ecfr. eu/blog/entry/germanys_ past_ chinas_ future.

Kupchan, Charles A. (1998), "After Pax Americana: Benign Power, Regional Integration, and the Sources of Stable Multipolarity," *International Security*, Vol. 23, No. 2, pp. 40 – 79.

Kupchan, Charles A. (2002), "Hollow Hegemony or Stable Multipolarity," John Ikenberry, ed. , *America Unrivaled: The Future of the Balance of Power*, Ithaca: Cornell University Press, pp. 69 – 75.

Kupchan, Charles A. et al. (2001), *Power in Transition: The Peaceful Change of International Order*, Tokyo: United Nations University Press.

Kydd, Andrew (2005), *Trust and Mistrust in International Relations*, Princeton: Princeton University Press.

LaFeber, Walter (1994), *The American Age: United States Foreign Policy at Home and Abroad*, Second Edition, New York: W. W. Norton & Company.

Lake, Anthony (1993), "From Containment to Enlargement," *U. S. Department of State Dispatch*, Vol. 4, No. 39, http://dosfan. lib. uic. edu/ERC/briefing/dispatch/1993/html/Dispatchv4no39. html.

Lake, David A. (1999), *Entangling Relations: American Foreign Policy in Its Century*, Princeton: Princeton University Press.

Lake, David A. 2007, "Escape from the State of Nature: Authority and Hierarchy in World Politics," *International Security*, Vol. 32, No. 1, pp. 47 – 79.

Lake, David A. (2009), *Hierarchy in International Relations*, Ithaca and London: Cornell University Press.

Lake, David A. andPowell, Robert eds. (1999), *Strategic Choice and International Relations*, Princeton: Princeton University Press.

Larson, Deborah Welch (1998), "Exchange and Reciprocity in International Negotiations," *International Negotiation*, Vol. 3, No. 2, pp. 121 – 128.

Larson, Deborah Welch and Shevchenko, Alexsi (2010), "Status Seekers: Chinese and Russian Response to U. S. Primacy," *International Security*, Vol. 34, No. 4, pp. 63 – 95.

Layne, Christopher (1993), "The Unipolar Illusion: Why New Great Powers Will Rise," *International Security*, Vol. 17, No. 4, pp. 5 – 51.

Layne, Christopher (2006), "The Unipolar Illusion Revisited: The Coming End of the United States' Unipolar Moment," *International Security*, Vol. 31, No. 2, pp. 7 – 41.

Lebow, Richard Ned (1994), "The Long Peace, the End of the Cold War, and the Failure of Realism," *International Organization*, Vol. 48, No. 2, pp. 249 – 277.

Lebow, Richard Ned (2000), "What's So Different about a Counterfactual?" *World Politics*, Vol. 52, No. 4, pp. 550 – 585.

Lebow, Richard Ned (2007), "Counterfactual Thought Experiments: A Necessary Teaching Tool," *The History Teacher*, Vol. 40, No. 2, pp. 153 – 176.

Lebow, Richard Ned (2008), *A Culture Theory of International Relations*, Cambridge: Cambridge University Press.

Lebow, Richard Ned (2010), *Why Nations Fight: Past and Future Motives for War*, New York: Cambridge University Press.

Lee, Gerald Geunwook (2002), "To Be Long or Not to Be Long—That is the Question: The Contradiction of Time-Horizon in Offensive Realism," *Security Studies*, Vol. 12, No. 2, pp. 196 – 217.

Lemke, Douglas and Werne Suzanne (1996), "Power Parity, Commitment to Change, and War," *International Studies Quarterly*, Vol. 40, No. 2, pp.

235 – 260.

Leng, Russell J. (1998), "Reciprocity in Recurring Crises," *International Negotiation*, Vol. 3, No. 2, pp. 197 – 226.

Lepgold, Joseph and Shambaugh, George (1998), "Rethinking the Notion of Reciprocal Exchange in International Negotiation: Sino-American Relations, 1969 – 1997," *International Negotiation*, Vol. 3, No. 2, pp. 227 – 252.

Levy, Jack S. (1983), *War in the Modern Great Power System, 1495 – 1975*, Lexington: University Press of Kentucky.

Levy, Jack S. (1996), "Loss Aversion, Framing, and Bargaining: the Implications of Prospect Theory for International Conflict," *International Political Science Review*, Vol. 17, No. 2, pp. 179 – 195.

Levy, Jack S. (1997), "Too Important to Leave to the Other: History and Political Science in the Study of International Relations," *International Security*, Vol. 22, No. 1, pp. 22 – 33.

Levy, Jack S. (2002), "War and Peace," in Walter Carlsnaes, Thomas Risse and Beth A. Simmons eds., *Handbook of International Relations*, London: Sage Publications, pp. 350 – 368.

Levy, Jack S. (2003), "Balances and Balancing: Concepts, Propositions, and Research Design," in John A. Vasquez and Colin Elman eds., *Realism and the Balancing of Power: A New Debate*, Upper Saddle River, N. J.: Prentice Hall, pp. 128 – 153.

Levy, Jack S. (2004), "What Do Great Powers Balance Against and When?" in T. V. Paul, James J. Wirtz, and Michael Fortmann eds., *Balance of Power: Theory and Practice in the 21st Century*, Stanford: Stanford University Press, pp. 29 – 51.

Lieber, Keir A. (2007), "The New History of World War I and What It Means for International Relations Theory," *International Security*, Vol. 32, No. 2, pp. 155 – 191.

Lieber, Keir A. and Press, Daryl G. (2006), "The End of MAD? The Nuclear Dimension of U. S. Primacy," *International Security*, Vol. 30, No. 4, pp. 7 – 44.

Lin, Bin (2006), "Paper Tiger with Whitened Teeth," *China Security*, Autumn, pp. 78 – 89.

Little, Douglas (2002), *American Orientalism: The United States in the Middle East since 1945*, Chapel Hill: University of North Carolina Press.

Little, Richard (2007a), "British Neutrality versus Offshore Balancing in the American Civil War: The English School Strikes Back," *Security Studies*, Vol. 16, No. 1, pp. 68 – 95.

Little, Richard (2007b), *The Balance of Power in International Relations: Metaphors, Myths and Models*, Cambridge: Cambridge University Press.

Litwak, Robert S. and Wells, Jr., Samuel F. (1988), "Introduction: The Third World and East-West Relations," in Robert S. Litwak and Samuel F. Wells, Jr. eds., *Superpower Competition and Security in the Third World*, Cambridge, Massachusetts: Ballinger Publishing Company, p. x.

Lundestad, Geir (1986), "Empire by Invitation? The United States and Western Europe 1945 – 1952," *Journal of Peace Research*, Vol. 23, No. 3, pp. 263 – 277.

Lundestad, Geir (2003), *The United States and Western Europe since 1945: From "Empire" by Invitation to Transatlantic Drift*, New York: Oxford University Press.

Luttwak, Edward (2008), "The Declinists, Wrong Again," *The American Interest*, Vol. 4, No. 2, pp. 7 – 13.

MacDonald, Paul K. (2003), "Useful Fiction or Miracle Maker: The Competing Epistemological Foundations of Rational Choice Theory," *American Political Science Review*, Vol. 97, No. 4, pp. 551 – 565.

Machado, Barry (2007), *In Search of a Usable Past: The Mashall Plan and Postwar Reconstruction Today*, Lexington, Virginia: George C. Marshall Foundation.

Mackintosh, Malcolm (1984), "The Warsaw Treaty Organization: A History," in David Holloway and Jane M. O. Sharp eds. , *The Warsaw Pact: Alliance in Transition?*, Ithaca, New York: Cornell University Press, pp. 41 – 58.

Maddison, Angus (1998), *Chinese Economic Performance in the Long Run*, Paris: OECD.

Mahoney, James (2001), "Beyond Correlational Analysis: Recent Innovations in Theory and Method," *Sociological Forum*, Vol. 16, No. 3, pp. 575 – 593.

Mahoney, James (2010), "After KKV: The New Methodology of Qualitative Research," *World Politics*, Vol. 62, No. 1, pp. 120 – 147.

Mandelbaum, Michael (1981), *The Nuclear Revolution: International Politics Before and After Hiroshima*, New York: Cambridge University Press.

Mandelbaum, Michael (1998/1999), "Is Major War Obsolete?" *Survival*, Vol. 40, No. 4, pp. 20 – 38.

Mandelbaum, Michael (2002), *The Ideas That Conquered the World: Peace, Democracy, and Free Markets in the Twenty-first Century*, New York: Public Affairs.

Mansfield, Edward and Snyder, Jack (1995), "Democratization and the Danger of War," *International Security*, Vol. 20, No. 1, pp. 5 – 38.

Mansfield, Edward and Snyder, Jack (2002), "Democratic Transitions, Institutional Strength, and War," *International Organization*, Vol. 56, No. 2, pp. 297 – 337.

Mansfield, Edward D. (1994), *Power, Trade, and War*, Princeton: Princeton University Press.

Martin, Philippe, Mayer, Thierry, and Thoenig, Mathias (2008), "Make Trade Not War?" *Review of Economic Studies*, Vol. 75, No. 3 pp. 865 – 900.

Masters, Roger D. (1983), "The Biological Nature of the State," *World Politics*, Vol. 35, No. 2, pp. 161 – 193.

Mastny, Vojtech (2005), "The Warsaw Pact as History," in Vojtech Mastny and Malcolm Byrne eds. , *A Cardboard Castle? An Inside History of the Warsaw Pact*, Budapest: Central European University Press, pp. 1 – 76.

Mattox, Gale A. and Rachwald, Arthur R. eds. (2001), *Enlarging NATO: The National Debates*, Boulder, London: Lynne Rienner Publishers, Inc. .

McCalla, Robert B. (1996), "NATO's Persistence after the Cold War," *International Organization*, Vol. 50, No. 3, pp. 445 – 475.

McCormick, James M. (1992), *American Foreign Policy and Process*, Itasca, Illinois: F. E. Peacock Publishers.

McSweeney, Bill (1999), *Security, Identity and Interests: A Sociology of International Relations*, Cambridge: Cambridge University Press.

Mearsheimer, John J. (1988), "Numbers, Strategy, and the European Balance," *International Security*, Vol. 12, No. 4, pp. 174 – 185.

Mearsheimer, John J. (1990), "Back to the Future: Instability in Europe after the Cold War," *International Security*, Vol. 15, No. 1, pp. 5 – 56.

Mearsheimer, John J. (2001), *The Tragedy of Great Power Politics*, New York: W. W. Norton & Company.

Mearsheimer, John J. (2010), "The Gathering Storm: China's Challenge to US Power in Asia," *The Chinese Journal of International Politics*, Vol. 3, No. 4, pp. 381 – 396.

Menzies, Peter (2009), "Counterfactual Theories of Causation", in Edward N. Zalta eds., *The Stanford Encyclopedia of Philosophy*, http: //plato. stanford. edu/archives/fall2009/entries/causation-counterfactual/. Eric Grynaviski, "Contrasts, Counterfactuals, and Causes," *European Journal of International Relations*, 2011, DOI: 10. 1177/1354066111428971.

Mercer, Jonathan (2005), "Prospect Theory and Political Science," *Annual Review of Political Science*, Vol. 8, No. 1, pp. 1 – 21.

Mesquita, Bruce Bueno De (2003), "Neorealism's Logic and Evidence: When is a Theory Falsified?" in John A. Vasquez and Colin Elman eds., *Realism and the Balancing of Power: A New Debate*, Upper Saddle River, N. J. : Prentice Hall, pp. 166 – 195.

Mesquita, Bruce Bueno De, and Siverson, Randolph M. (1995), "War and the Survival of Political Leaders: A Comparative Study of Regime Types and Political Accountability," *The American Political Science Review*, Vol. 89, No. 4, pp. 841 – 855.

Miller, Benjamin (2010), "Explaining Changes in U. S. Grand Strategy: 9/11, the Rise of Offensive Liberalism, and the War in Iraq," *Security Studies*, Vol. 19, No. 1, pp. 26 – 65.

Miller, Steven E. (2001), "The Flawed Case for Missile Defense," *Survival*, Vol. 43, No. 3, pp. 95 – 109.

Mitzen, Jennifer (2006), "Ontological Security in World Politics: State Identity and the Security Dilemma," *European Journal of International Relations*, Vol. 12, No. 3, pp. 341 – 370.

Morgan, Patrick M. (1977), *Deterrence: A Conceptual Analysis*, London: Sage Publications.

Morgenthau, Hans (1962), "A Political Theory of Foreign Aid," *The American Political Science Review*, Vol. 56, No. 2, p. 301.

Morrow, James D. (1991), "Alliances and Asymmetry: An Alternative to the Capability Aggregation Model for Alliances," *American Journal of Political Science*, Vol. 35, No. 4, pp. 904 – 933.

Morrow, James D. (2000), "Alliance: Why Write Them Down," *Annual Review of Political Science*, Vol. 3, No. 1, pp. 63 – 83.

Mueller, John (1989), *Retreat from Doomsday: the Obsolescence of Major War*, New York: Basic Books.

Mueller, John (2004), *The Remnants of War*, Ithaca, NY: Cornell University Press.

Mueller, John (2009), "War Has Almost Ceased to Exist: An Assessment," *Political Science Quarterly*, Vol. 124, No. 2, pp. 297 – 321.

Nexon, Daniel H. (2009), "The Balance of Power in the Balance," *World Politics*, Vol. 61, No. 2, pp. 330 – 359.

Niebuhr, Reinhold (1960), *Moral Man and Immoral Society: A Study in Ethics and Politics*, New York: Charles Scribner's Sons.

Nieto, Clara (2003), *Masters of War: Latin America and United States Aggression from the Cuban Revolution through the Clinton Years*, New York: Seven Stories Press.

Niou, Emerson M. S., Ordeshook, Peter C., and Rose, Gregory F. (1989), *The Balance of Power: Stability in International System*, New York: Cambridge University Press.

Nobel, Jaap W. (1995), "Morgenthau's Struggle with Power: The Theory of Power Politics and the Cold War," *Review of International Studies*, Vol. 21, No. 1, pp. 61 – 85.

Norrlof, Carla (2010), *America's Global Advantage: US Hegemony and International Cooperation*, New York: Cambridge University Press.

Nye, Joseph S. (2002), *The Paradox of American Power*, New York: Simon & Schuster.

Nye, Joseph S. (2006), "Think Again: Soft Power," *Foreign Policy*, http://www.foreignpolicy.com/articles/2006/02/22/think _ again _ soft _ power.

Nye, Joseph S. (2008), "Public Diplomacy and Soft Power," *Annals of the American Academy of Political and Social Science*, Vol. 616, pp. 94 – 109.

Nye, Joseph S. (2009), "Get Smart: Combining Hard and Soft Power," *Foreign Affairs*, Vol. 88, No. 4, pp. 160 – 163.

O'Connell, Robert L. (1998), "War: Institution Without Portfolio," in Richard W. Bulliet ed. , *The Columbia History of the 20th Century*, New York: Columbia University Press, pp. 248 – 261.

O'Connor, Brendon and Griffiths, Martin eds. (2006), *The Rise of Anti-Americanism*, London: Routledge.

Olson, Mancur (2000), *Power and Prosperity: Outgrowing Communist and Capitalist Dictatorships*, New York: Basic Books.

Organski, A. F. K. (1968), *World Politics*, *Second Edtion*, New York: Alfred A. Knopf.

Organski, A. F. K. and Kugler, Jacek (1980), *The War Ledger*, Chicago: University of Chicago Press.

Owen, John M. (2002), "Transnational Liberalism and American Primacy; or, Benignity Is in the Eye of the Beholder," in G. John Ikenberry, ed. , *American Unraveled: The Future of the Balance of Power*, Ithaca: Cornell University Press, pp. 239 – 259.

Pach, Jr. , Chester J. (1991), *Arming the Free World: The Origins of the United States Military Assistance Program, 1945 - 1950*, Chapel Hill and London: The University of North Carolina Press.

Pape, Robert A. (2005), "Soft Balancing against the United States," *International Security*, Vol. 30, No. 1, pp. 7 - 45.

Patchen, Martin (1998), "When Does Reciprocity in the Actions of Nations Occur?" *International Negotiation*, Vol. 3, No. 2, pp. 171 - 196.

Paterson, Thomas G. (1988), *Meeting the Communist Threat: Truman to Reagan*, Oxford: Oxford University Press.

Paterson, Thomas G. (1990), "The Defense-of-Cuba Theme and the Missile Crisis," *Diplomatic* History, Vol. 14, No. 2, pp. 249 - 256.

Paul, T. V. (2005), "Soft Balancing in the Age of U. S. Primacy," *International Security*, Vol. 30, No. 1, pp. 46 - 71.

Pei, Minxin (2012), "The Loneliest Superpower: How did China End up with Only Rogue States as Its Real Friends?" *Foreign Policy*, March 20, http: // www. foreignpolicy. com/articles/2012/03/20/the_ loneliest_ superpower.

Peterson, Susan, Tierney, Michael J. , and Maliniak, Daniel (2005), "Teaching and Research Practices, Views on the Discipline, and Policy Attitudes of International Relations Faculty at U. S. Colleges and Universities," College of William and Mary, Williamsburg VA, August.

Philpott, Daniel (2001), *Revolutions in Sovereignty: How Ideas Shaped Modern International Relations*, Princeton: Princeton University Press.

Polachek, Solomon and Xiang, Jun (2010), "How Opportunity Costs Decrease the Probability of War in an Incomplete Information Game," *International Organization*, Vol. 64, No. 1, pp. 133 - 144.

Posen, Barry R. (1988), "Is NATO Decisively Outnumbered?" *International*

Security, Vol. 12, No. 4, pp. 186 – 202.

Posen, Barry R. (2003), "Command of the Commons: the Military Foundation of U. S. Hegemony," *International Security*, Vol. 28, No. 1, pp. 5 – 46.

Posner, Richard (2005), "Will China Overtake the U. S. ?" http://www. becker-posner-blog. com/2005/04/will-china-overtake-the-us-posner-comment. html.

Powell, Robert (1999), *In the Shadow of Power: States and Strategies in International Politics*, Princeton, New Jersey: Princeton University Press.

Powell, Robert (2002), "Game Theory, International Relations Theory, and the Hobbesian Stylization," in Ira Katznelson, and Helen V. Milner, eds., *Political Science: State of the Discipline*, New York: Norton, pp. 755 – 783.

Powell, Robert (2006), "War as a Commitment Problem," *International Organization*, Vol. 60, No. 1, pp. 169 – 203.

Pressman, Jeremy (2008), *Warring Friends: Alliance Restraint in International Politics*, Ithaca, N. Y.: Cornell University Press.

Quackenbush, Stephen L. (2006), "National Missile Defense and Deterrence," *Political Research Quarterly*, Vol. 59, No. 4, pp. 533 – 541.

Rachman, Gideon (2011), "Think Again: American Decline," *Foreign Policy*, No. 184, Jan/Feb, pp. 59 – 63.

Ranke, Leopold von (2011), "The Great Powers," in Leopold von Ranke, *The Theory and Practice of History*, ed., Georg G. Iggers, trans. Wilma A. Iggers, London: Routledge, pp. 29 – 53.

Rapkin, David and Thompson, William R. (2003), "Power Transition, Challenge and the (Re) emergence of China," *International Interactions*, Vol. 29, No. 4, pp. 315 – 342.

Rhodes, Edward (2004), "A World Not in the Balance: War, Politics, and

Weapons of Mass Destruction," in T. V. Paul, James J. Wirtz, and Michael Fortmann eds. , *Balance of Power: Theory and Practice in the 21st Century*, Stanford: Stanford University Press, pp. 150 – 176.

Risse, Thomas (2002), "U. S. Power in a Liberal Security Community," in G. John Ikenberry, ed. , *American Unraveled: The Future of the Balance of Power*, Ithaca: Cornell University Press, pp. 260 – 283.

Rosecrance, Richard (1986), *The Rise of the Trading State: Commerce and Conquest in the Modern World*, New York: Basic Books.

Rosecrance, Richard and Lo, Chin-Cheng (1996), "Balancing, Stability, and War: The Mysterious Case of the Napoleonic International System," *International Studies Quarterly*, Vol. 40, No. 4, pp. 479 – 500.

Ross, Robert S. (1999a), "Engagement in US Chin a Policy," in Alastair Iain Johnston and Robert Ross eds. , *Engaging China: The Management of an Emerging Power*, New York: Routledge, pp. 180 – 211.

Ross, Robert S. (1999b), "The Geography of the Peace: East Asia in the Twenty-First Century," *International Security*, Vol. 23, No. 4, pp. 81 – 118.

Rothgeb, Jr. , John M. (1993), *Defining Power: Influence and Force in the Contemporary International System*, New York: St. Martin's Press.

Rothstein, Robert L. (1968), *Alliances and Small Powers*, New York: Columbia University Press.

Roy, Denny (1994), "Hegemon on the Horizon? China's Threat to East Asian Security," *International Security*, Vol. 19, No. 1, pp. 149 – 168.

Ruben, David-Hillel (1994), "A Counterfactual Theory of Causal Explanation," *Noûs*, Vol. 28, No. 4, pp. 465 – 481.

Schaller, Michael (1985), *The American Occupation of Japan: The Origins of Cold War in Asia*, New York: Oxford University Press.

Schelling, Thomas C. (1960), *The Strategy of Conflict*, Cambridge, Mass.：Harvard University Press.

Schelling, Thomas C. (1966), *Arms and Influence*, New Haven：Yale University Press.

Schelling, Thomas C. (1983), "The Diplomacy of Violence," in Robert J. Art and Kenneth N. Waltz, eds., *The Use of Force*, 2nd edition, Lanham, MD：University Press of America, pp. 101 – 122.

Scher, Roger (2010), "China：A bully like Wilhelmine Germany?" http：// foreignpolicyblogs. com/2010/02/05/china-a-bully-like-wilhelmine-germany.

Schirm, Stefan A. (2010), "Leaders in Need of Followers：Emerging Powers in Global Governance," *European Journal of International Relations*, Vol. 16, No. 2, pp. 197 – 221.

Schroeder, Paul W. (1994), "Historical Reality vs. Neorealist Theory," *International Security*, Vol. 19, No. 1, pp. 108 – 148.

Schroeder, Paul W. (2003), "Why Realism Does Not Work Well for International History?" in John A. Vasquez and Colin Elman eds., *Realism and the Balancing of Power：A New Debate*, Upper Saddle River, N. J.：Prentice Hall, pp. 114 – 127.

Schroeder, Paul W. (2004), "Alliances, 1815 – 1945：Weapons of Power and Tools of Management," in Paul W. Schroeder, *Systems, Stability, and Statecraft：Essays on the International History of Modern Europe*, edited by David Wetzel, Robert Jervis, and Jack S. Levy, New York：Palgrave Macmillan, pp. 195 – 222.

Schwartz, Thomas A. (1999), "Lyndon Johnson and Europe：Alliance Politics, Political Economy and Growing Out of the Cold War," in H. W. Brands ed., *The Foreign Policies of Lyndon Johnson：Beyond Vietnam*, College Station，Texas A&M University Press.

Schweller, Randall L. （1993）, "Tripolarity and the Second World War," *International Studies Quarterly*, Vol. 37, No. 1, pp. 73 – 103.

Schweller, Randall L. （1994）, "Bandwagoning for Profit：Bringing the Revisionist State Back In," *International Security*, Vol. 19, No. 1, pp. 72 – 107.

Schweller, Randall L. （1996）, "Neorealism's Status-Quo Bias：What Security Dilemma," *Security Studies*, Vol. 5, pp. 90 – 121.

Schweller, Randall L. （1999a）, "Managing the Rise of Great Powers：History and Theory," in Alastair Iain Johnston and Robert Ross eds. , *Engaging China：The Management of an Emerging Power*, New York：Routledge, pp. 1 – 26.

Schweller, Randall L. （1999b）, "Realism and the Present Great Power System：Growth and Positional Conflict Over Scarce Resource," in Ethan B. Kapstein and Michael Mastanduno eds. , *Unipolar Politics：Realism and State Strategies After the Cold War*, New York：Columbia University Press, pp. 28 – 68.

Schweller, Randall L. （2006）, *Unanswered Threats：Political Constraints on the Balance of power*, Princeton, N. J. ：Princeton University Press.

Schweller, Randall L. （2011）, "Rational Theory for a Bygone Era," *Security Studies*, Vol. 20, No. 3, pp. 460 – 468.

Schweller, Randall L. and Wohlforth, William C. （2000）, "Power Test：Evaluating Realism in Response to the End of the Cold War," *Security Studies*, Vol. 9, No. 3, pp. 60 – 107.

Scott, David （2007）, *China Stands Up：The PRC and the International System*, London：Routledge.

Shambaugh, David （2001）, "China or America：Which is the Revisionist Power?" *Survival*, Vol. 43, No. 3, pp. 25 – 30.

Sheehan, Michael (1996), *The Balance of Power: History and Theory*, London and New York: Routledge.

Shifrinson, Joshua R. Itzkowitz, Beckley, Michael (2012/2013), "Debating China's Rise and U. S. Decline," *International Security*, Vol. 37, No. 3, pp. 172 – 181.

Siverson, Randolph M. and Emmons, Juliann (1991), "Birds of a Feather: Democratic Political Systems and Alliance Choices in the Twentieth Century," *Journal of Conflict Resolution*, Vol. 35, No. 2, pp. 285 – 306.

Skidmore, David (2005), "Understanding the Unilateralist Turn in U. S. Foreign Policy," *Foreign Policy Analysis*, Vol. 1, No. 2, pp. 207 – 228.

Snidal, Duncan (1985), "The Game Theory of International Politics," *World Politics*, Vol. 38, No. 1, pp. 25 – 57.

Snidal, Duncan (2002), "Rational Choice and International Relations," in Walter Carlsnaes, et al. eds., *Handbook of International Relations*, London: Sage Publications, pp. 73 – 94.

Snyder, Glenn H. (1961), "Balance of Power in the Missile Age," *Journal of International Affairs*, Vol. 14, No. 1, pp. 21 – 34.

Snyder, Glenn H. (1984), "The Security Dilemma in Alliance Politics," *World Politics*, Vol. 36, No. 4, pp. 461 – 495.

Snyder, Glenn H. (1997), *Alliance Politics*, Ithaca and London: Cornell University Press.

Spanier, John (1985), *American Foreign Policy Since World War II*, Tenth Edition, New York: CBS College Publishing.

Stefano, Guzzini (1998), *Realism in International Relations and International Political Economy*, London: Routledge.

Stern, Sheldon M. (2005), *The Week the World Stood Still: Inside the Secret Cuban Missile Crisis*, Stanford, California: Stanford University Press.

Stoessinger, John G. (2008), *Why Nations Go to War*, Tenth Edition, Boston: Wadsworth.

Stoker, Gerry (2010), "Exploring the Promise of Experimentation in Political Science: Micro-Foundational Insights and Policy Relevance," *Political Studies*, Vol. 58, pp. 300 – 319.

Subramanian, Arvind (2011), "The Inevitable Superpower: Why China's Dominance Is a Sure Thing?" *Foreign Affairs*, Vol. 90, No. 5, pp. 66 – 78.

Swaine, Michael D. (2011), *America's Challenge, Engaging a Rising China in the Twenty-First Century*, Washington D. C.: Carnegie Endowment for International Peace.

Tajfel, Henri, ed. (1978), *Differentiation between Social Groups: Studies in the Social Psychology of Intergroup Relations*, London: Academic Press.

Talbott, Strobe (1995), "Why NATO Should Grow," *New York Review of Books*, August 10, http://www. nybooks. com/articles/archives/1995/aug/10/why-nato-should-grow/.

Taliaferro, Jeffrey W. (2000/2001), "Security Seeking under Anarchy: Defensive Realism Revisited," *International Security*, Vol. 25, No. 3, pp. 128 – 161.

Tammen, Ronald L. (2008), "The Organski Legacy: A Fifty-Year Research Program," *International Interactions*, Vol. 34, No. 4, pp. 324 – 332.

Tammen, Ronald L. et al. (2000), *Power Transitions: Strategies for the 21st Century*, Washington D. C.: CQ Press.

Tang, Shiping (2008), "Fear in International Politics: Two Positions," *International Studies Review*, Vol. 10, No. 3, pp. 451 – 471.

Tang, Shiping (2009), "The Security Dilemma: A Conceptual Analysis," *Security Studies*, Vol. 18, No. 3, pp. 587 – 623.

Tang, Shiping (2010a), "Appendix I: World War I and the Cold War Revisited," in Shiping Tang, *A Theory of Security Strategy for Our Time: Defensive Realism*, New York: Palgrave Macmillan, pp. 185 – 187.

Tang, Shiping (2010b), "Social Evolution of International Politics: From Mearsheimer to Jervis," *European Journal of International Relations*, Vol. 16, No. 1, pp. 31 – 55.

Tang, Shiping (2010c), *A Theory of Security Strategy for Our Time: Defensive Realism*, New York: Palgrave Macmillan.

Tang, Shiping (2011), "Foundational Paradigms of Social Sciences," *Philosophy of the Social Sciences*, Vol. 41, No. 2, pp. 211 – 249.

Taubman, William (2003), *Khrushchev: The Man and His Era*, New York: W. W. Norton & Company.

Taylor, A. J. p. (1954), *The Struggle for Mastery in Europe 1848 – 1918*, Oxford: Oxford University Press.

Taylor, Adam (2012), "How China Resembles Pre-World War I Germany," http://www.businessinsider.com/china-and-pre-world-war-i-germany – 2012 – 9.

Taylor, Alan R. (1991), *The Superpowers and the Middle East*, New York: Syracuse University Press.

Taylor, Nicholas (2007), "China as a Status Quo or Revisionist Power? Implications for Australia," *Security Challenges*, Vol. 3, No. 1, pp. 29 – 45.

Tetlock, Philip E. and Belkin Aaron eds. (1996), Counterfactual Thought Experiments in World Politics: Logical, Methodological, and Psychological Perspectives, Princeton: Princeton University Press.

Thayer, Bradley A. (2000), "Bringing in Darwin: Evolutionary Theory, Realism, and International Politics," *International Security*, Vol. 25, No. 2, pp. 124 – 151.

The White House (1991), *National Security Strategy of the United States*, August.

Thibaut, John W. and Kelley, Harold H. (1959), *The Social Psychology of Groups*, New York: John Wiley & Sons, Inc. .

Thies, Wallace J. (2009), *Why NATO Endures?*, Cambridge: Cambridge University Press.

Thompson, Peter (2007), "The Case of the Missing Hegemon: British Nonintervention in the American Civil War," *Security Studies*, Vol. 16, No. 1, pp. 96 – 132.

Tilly, Charles (2001), "Mechanisms in Political Processes", *Annual Review of Political Science*, Vol. 4, pp. 21 – 41.

Tovias Alfred (2000), "The Economic Aspects of Stable Peace-Making," in Arie. M. Kacowicz et al. eds. , *Stable Peace among Nations*, Lanham: Rowman & Littlefield Publishers, Inc. , pp. 150 – 164.

Troyanovsky, Oleg (2000), "The Making of Soviet Foreign Policy," in William Taubman, Sergei Khrushchev, and Abbott Gleason eds. , *Nikita Khrushchev*, trans. by David Gehrenbeck, Eileen Kane, and Alla Bashenko, New Haven: Yale University Press, pp. 209 – 241.

Truman, Harry S. (1964), "Inaugural Address," January 20, 1949, in *Public Papers of the Presidents of United States*, *Harry S. Truman*, 1949, Washington D. C. : Government Printing Office, pp. 112 – 116.

Tyler, Patrick (1992), "The Lone Superpower Plan: Ammunition for Critics," *New York Times*, March 10, p. A12.

Vagts, Alfred (1948), "The Balance of Power: Growth of an Idea," *World Politics*, *Vol.* 1, No. 1, pp. 82 – 101.

Vasquez, John A. (1998), *The Power of Power Politics: From Classical Realism to Neotraditionalism*, Cambridge: Cambridge Univeristy Press.

Vasquez, John A. (2003), "The Realist Paradigm and Degenerative versus Progressive Research Programs: An Appraisal of Neotraditional Research on Waltz's Balancing Proposition," in John A. Vasquez and Colin Elman eds. , *Realism and the Balancing of Power: A New Debate*, Upper Saddle River, N. J. : Prentice Hall, pp. 23 – 47.

Vayrynen, Raimo (2006), "Introduction," in Raimo Vayrynen ed. , *The Waning of Major War*, London and New York: Routledge, pp. 1 – 30.

Volgy, Thomas J. and Mayhall, Stacey (1995), "Status Inconsistency and International War: Exploring the Effects of Systemic Change," *International Studies Quarterly*, Vol. 39, No. 1, pp. 67 – 84.

Wagner, R. Harrison (1983), "The Theory of Games and the Problem of International Cooperation," *The American Political Science Review*, Vol. 70, No. 2, pp. 330 – 346.

Wagner, R. Harrison (2007), *War and the State: The Theory of International Politics*, Ann Arbor: The University of Michigan Press.

Waldner, David (2007), "Transforming Inferences into Explanations: Lessons from the Study of Mass Extinctions," in Richard Ned Lebow and Mark Irving Lichbach eds. , *Theory and Evidence in Comparative Politics and International Relations*, New York: Palgrave Macmillan, pp. 145 – 175.

Waldron, Arthur (1995), "Deterring China," *Commentary*, Vol. 100, No. 4, pp. 17 – 21.

Wallander, Celeste A. (2000), "Institutional Assets and Adaptability: NATO

after the Cold War," *International Organization*, Vol. 54, No. 4, pp. 705 –
735.

Walt, Stephen M. (1987), *The Origins of Alliances*, Ithaca, N. Y.: Cornell
University Press.

Walt, Stephen M. (2002), "Keeping the World 'off Balance': Self Restraint
and U. S. Foreign Policy," in G. John Ikenberry ed. , *America Unrivaled*:
The Future of the Balance of Power, Ithaca: Cornell University Press, pp.
133 – 141.

Walt, Stephen M. (2005), *Taming American Power: The Global Response to
U. S. Primacy*, New York: W. W. Norton & Company.

Walt, Stephen M. (2009), "Alliances in a Unipolar World," *World Politics*,
Vol. 61, No. 1, pp. 86 – 120.

Waltz, Kenneth N. (1959), *Man, the State and War: A Theoretical Analysis*,
New York: Columbia University Press.

Waltz, Kenneth N. (1979), *Theory of International Politics*, Reading, Massa-
chusetts: Addison-Wesley Publishing Company.

Waltz, Kenneth N. (1990), "Nuclear Myths and Political Realities," *The A-
merican Political Science Review*, Vol. 84, No. 3, pp. 731 – 745.

Waltz, Kenneth N. (1991), "America as a Model for the World? A Foreign
Policy Perspective," *PS: Political Science and Politics*, Vol. 24, No. 4,
pp. 667 – 670.

Waltz, Kenneth N. (1993), "The Emerging Structure of International Poli-
tics," *International Security*, Vol. 18, No. 2, pp. 44 – 79.

Waltz, Kenneth N. (1996), "International Politics Is Not Foreign Policy," *Se-
curity Studies*, Vol. 6, No. 1, pp. 54 – 57.

Waltz, Kenneth N. (1997), "Evaluating Theories," *American Political Science*

Review, Vol. 91, No. 4, pp. 913 – 917.

Waltz, Kenneth N. (2000), "Globalization and American Power," *The National Interest*, Vol. 59, Spring, pp. 46 – 56.

Waltz, Kenneth N. (2000), "Structural Realism after the Cold War," *International Security*, Vol. 25, No. 1, pp. 54 – 41.

Waltz, Kenneth N. (2008), "The Myth of National Interdependence," in Kenneth N. Waltz, *Realism and International Politics*, New York: Routledge, p. 156.

Watson, Adam (1992), *The Evolution of International Society: A Comparative Historical Analysis*, London: Routledge.

Weber, Max (1994), "The Profession and Vocation of Politics," in Peter Lassman and Ronald Speirs eds. , *Weber: Political Writings*, Cambridge: Cambridge University Press, pp. 309 – 369.

Weitsman, Patricia A. (2004), *Dangerous Alliances: Proponents of Peace, Weapons of War*, Stanford, Calif. : Stanford University Press.

Westad, Odd Arne ed. (1998), *Brothers in Arms: The Rise and Fall of the Sino-Soviet Alliance, 1945 – 1963*, Stanford: Stanford University Press.

Westad, Odd Arne ed. (2005), *The Global Cold War: Third World Interventions and the Making of Our Times*, Cambridge: Cambridge University Press.

Whitney, Christopher B. and Shambaugh, David (2008), *Soft Power in Asia: Results of a 2008 Multinational Survey of Public Opinion*, The Chicago Council on Global Affairs and the East Asia Institute of South Korea.

Wilkins, Thomas S. (2012), " 'Alignment', not 'Alliance' – The Shifting Paradigm of International Security Cooperation: Toward a Conceptual Taxonomy of Alignment," *Review of International Studies*, Vol. 38, No. 1, pp. 53 – 76.

Wilkinson, David (1999), "Unipolarity Without Hegemony," *International Studies Review*, Vol. 1, No. 2, pp. 140 – 172.

Wohlforth, William C. (1994/1995), "Realism and the End of the Cold War," *International Security*, Vol. 19, No. 3, pp. 91 – 129.

Wohlforth, William C. (1999), "The Stability of a Unipolar World," *International Security*, Vol. 24, No. 1, pp. 5 – 41.

Wohlforth, William C. (2000), "A Certain Idea of Science: How International Relations Theory Avoids Reviewing the Cold War," in Odd Arne Westad ed. , *Reviewing the Cold War: Approaches, Interpretations, Theory*, London: Frank Cass, pp. 133 – 134.

Wohlforth, William C. (2002), "U. S. Strategy in a Unipolar World," in G. John Ikenberry, ed. , *America Unrivaled: The Future of the Balance of Power*, Ithaca and London: Cornell University Press, pp. 98 – 118.

Wohlforth, William C. (2003), "Measuring the Power and the Power of Theories," in John A. Vasquez and Colin Elman, eds. , *Realism and the Balance of Power: A New Debate*, Upper Saddle River, N. J. : Prentice Hall, pp. 250 – 264.

Wohlforth, William C. (2009), "Unipolarity, Status Competition, and Great Power War," *World Politics*, Vol. 61, No. 1, pp. 28 – 57.

Wohlforth, William C. , Kaufman, Stuart J. and Little, Richard (2007), "Introduction: Balance and Hierarchy in International Systems," in Stuart J. Kaufman, Richard Little and William C. Wohlforth, eds. , *The Balance of Power in World History*, New York: Palgrave Macmillan, pp. 1 – 21.

Wolfowitz, Paul (1997), "Bridging Centuries: Fin de Siecle All Over Again," *The National Interest*, Vol. 47, Spring, pp. 3 – 8.

Womack, Brantly (2001), "How Size Matters: The United States, China and

Asymmetry," *Journal of Strategic Studies*, Vol. 24, No. 4, pp. 123 – 150.

Womack, Brantly (2003), "Asymmetry and Systemic Misperception: China, Vietnam and Cambodia during the 1970s," *Journal of Strategic Studies*, Vol. 26, No. 2, pp. 92 – 119.

Wright, Quincy (1965), *A Study of War*, Vol. 1, Chicago: University of Chicago Press.

Xiang, Lanxin (2001), "Washington's Misguided China Policy," *Survival*, Vol. 43, No. 3, pp. 7 – 23.

Yan, Xuetong and Qi, Haixia (2012), "Football Game Rather Than Boxing Match: China – US Intensifying Rivalry Does not Amount to Cold War," *The Chinese Journal of International Politics*, Vol. 5, No. 2, pp. 105 – 127.

Yee, Herbert and Storey, Ian, eds. (2002), *The China Threat: Perceptions, Myths and Reality*, New York: Routledge Curzon.

Zacher, Mark W. (2001), "The Territorial Integrity Norm: International Boundaries and the Use of Force," *International Organization*, Vol. 55, No. 2, pp. 215 – 250.

Zakaria, Fareed (1994), "A Conversation with Lee Kuan Yew," *Foreign Affairs*, Vol. 73, No. 2, pp. 124 – 125.

Zakaria, Fareed (1996), "Speak Softly, Carry a Veiled Threat," *New York Times Magazine*, February 18, pp. 36 – 37.

Zhang, Feng (2011), "Reconceiving the Balance of Power," *Review of International Studies*, Vol. 37, No. 2, pp. 641 – 651.

Zhang, Feng (2012), "China's New Thinking on Alliances," *Survival*, Vol. 54, No. 5, pp. 129 – 148.

Zhang, Shuguang (1998), "Sino-Soviet Economic Cooperation," in Odd Arne Westad ed., *Brothers in Arms: The Rise and Fall of the Sino-Soviet Alliance*,

1945 – 1963, Stanford: Stanford University Press, pp. 189 – 217.

Zubok, Vladislav M. (1999), "Stalin and the Nuclear Age," in John Lewis Gaddis, Philip H. Gordon, Ernest R. May, and Jonathan Rosenberg eds., *Cold War Statesmen Confront the Bomb: Nuclear Diplomacy since 1945*, Oxford: Oxford University Press, pp. 39 – 61.

Zubok, Vladislav M. and Harrison, Hope M. (1999), "The Nuclear Education of Nikita Khrushchev," in John Lewis Gaddis, Philip H. Gordon, Ernest R. May, and Jonathan Rosenberg eds., *Cold War Statesmen Confront the Bomb: Nuclear Diplomacy since 1945*, Oxford: Oxford University Press, pp. 141 – 168.

后 记

古希腊哲学家德谟克利特曾说："吾宁知一事之究竟而毋为波斯之国王。"这真是一种不寻常的价值观。对知识的追求究竟有什么吸引人的地方，居然能让人连至高无上的王权都可以不要？随着不断学习，我开始逐渐理解这种价值观。科学研究的最大魅力就在于，它能够激发人类与生俱来的好奇心和求知欲，并通过科研者自己的才智和劳动，使这种欲望得到满足。就像人饿了就想吃饭，渴了就想喝水一样，当遇到一个困惑无法理解时，我们的大脑也会产生"饥饿感"，这时即使没有任何外力逼迫，没有任何奖励激励，你也会自发地去寻找答案。就像人从来不是因为谁拿刀架在自己脖子上才想着去吃饭一样，春晚魔术节目之所以会有那么多网友争相"揭秘"，也绝不是因为搞清楚魔术是怎么变的能多拿份工资。同样，包括德谟克利特在内的许多贡献卓著的哲学家、科学家，之所以会那么物我两忘地去钻研知识，不是因为什么高尚的道德说教，也不是因为什么崇高的理想信念，而仅仅只是因为他们的智识系统"饿"了。从这个意义上讲，科研的魅力与其说是一种"乐趣"，不如更准确地说，是一种满足生理需求的"必需"。拥有和保持这种需求，是做好一切创造性工作的前提。那位因不断创新而征服全世界的史蒂夫·乔布斯（Steve Jobs），谆谆告诫他母校学子的前半句话就是"stay hungry"。

我最早体验到这种"饥饿感"进而产生求知的欲望，是在很偶然地旁听了一门名叫"国际关系分析"的课之后。那还是在 2005 年，我刚上本科二年级，虽然已经学了一年多国际关系学，但对什么是国际关系、什么是学术都还是一片迷惘，对一切与本专业有关的东西都兴味索然。杨永海第一次带我去清华蹭课之前，我甚至都没听说过阎学通这个名字。但当旁听完第一次课之后，我就开始像着了魔似的每天手不释卷地像小时候读金庸小说一样读那本《国际关系研究实用方法》。旁听完一学期的"国际关系分析"课之后，这位清华教授写的那几本我当时能找到的书都已经快被我翻烂了。我又马不停蹄地四处打听我们专业有哪些经典必读书目，找来之后就一本一本没日没夜地看。有些书找不到中文译本，可又实在太想知道里面写的是什么，就直接啃原著。有一次生病发烧住进校医院，室友们见我实在很难受，就问我要不要看点小说听点京剧转移转移注意力，我说别的都不需要，你们把我宿舍床上那本《猜想与反驳》拿来就行……

光阴荏苒，转眼十多年过去了，国际关系学已经发生了很大的变化。与十年前相比，如今的国际关系学已经完全进入了后范式时代，宏理论探讨和范式间论战性文章在各种主流期刊上已经很少见到，中观和微观层面的问题导向性研究早已成为学科的主流研究路径。这种趋势并非国际关系学所专有。从生物学、心理学这样的生命科学，到经济学、社会学这样的社会科学，都在向学科分支越来越细、研究领域越来越专的方向发展。这是人类知识不断扩展的必然结果。在科学探索早期，由于已知的世界还很小，所以还有可能有一两个理论能够覆盖已知的世界，已知世界里的绝大部分现象都能用这一两个理论及其衍生理论来解释，我们管这种理论叫"范式"。但随着已知世界的扩大，越来越不可能有什么理论能够一劳永逸地解释所有的现象，因为客观世界本身就是复杂的、多样的、不断演化的。从这个意义上讲，范式性研究的衰落意味着国际关系学的进步而非退步。在这个后范式时代，发现引人入胜的困惑，可能比以往任何时候都更重要。

杨原

2016 年 11 月 28 日